高等教育财经类核心课程系列教材
高等院校应用技能型精品规划教材
高等院校教育教学改革融合创新型教材

富媒体 智能化

财经法规与会计职业道德

FINANCIAL REGULATIONS AND ACCOUNTING PROFESSIONAL ETHICS

（第三版）

应用・技能・实务・案例

李贺 ◎ 主编

视频版・课程思政

上海财经大学出版社
SHANGHAI UNIVERSITY OF FINANCE & ECONOMICS PRESS
上海学术・经济学出版中心

图书在版编目(CIP)数据

财经法规与会计职业道德：应用·技能·实务·案例 / 李贺主编. -- 3版. -- 上海：上海财经大学出版社, 2024.10. -- (高等教育财经类核心课程系列教材) (高等院校应用技能型精品规划教材) (高等院校教育教学改革融合创新型教材). -- ISBN 978-7-5642-4496-5

Ⅰ.D922.2; F233

中国国家版本馆 CIP 数据核字第 2024T9U919 号

□ 责任编辑　汝　涛
□ 封面设计　贺加贝

财经法规与会计职业道德
——应用·技能·实务·案例
（第三版）
李　贺　主编

上海财经大学出版社出版发行
（上海市中山北一路 369 号　邮编 200083）
网　　址：http://www.sufep.com
电子邮箱：webmaster@sufep.com
全国新华书店经销
上海新文印刷厂有限公司印刷装订
2024 年 10 月第 3 版　2024 年 10 月第 1 次印刷

787mm×1092mm　1/16　16.5 印张　455 千字
印数：8 501—11 500　定价：56.00 元

第三版前言

为落实党的教育方针和二十大精神，深化应用技能型人才教育教学改革融合创新，也为推进中国式现代化法治建设做出应有的贡献，编者根据习近平总书记对学校思政课建设作出的重要指示精神，以最新的财经法律法规对本教材进行了修订，以期为新时代大学生知法、守法、懂法、学法发挥积极作用，夯实学生可持续发展基础，从而提高学生职业活动能力和职业生涯所需要的个人综合能力。第三版教材以习近平新时代中国特色社会主义思想为指导思想，贯彻习近平总书记的重要论述和重要指示、批示精神，以教育部《关于印发〈高等学校课程思政建设指导纲要〉的通知》（教高〔2020〕3号）为指导依据，把知识要素、技能要素、素质要素和思政要素落实到具体内容中，实现了课堂教学与实践应用的零距离对接，并将二十大精神中的新思想、新观点、新论断融入教材，以习近平新时代中国特色社会主义思想启智润心。

《财经法规与会计职业道德》（第三版）力求在内容上有所突破，系统地介绍了对财务人员而言最基本的财经法规和会计职业道德的基本原理、基本技能及基础知识，以最新的内容体现知识点的具体应用。根据"项目导向、任务驱动、应用技能"的课程体系要求，把社会主义核心价值观教育和课程思政融入教材内容，以增强学生的理想与信念，注重理论联系实际，并兼顾了"就业导向"和"生涯导向"。教材依照"原理先行、实务跟进、案例同步、应用到位"的原则，体现新的课程体系、新的教学内容和新的教学方法，以提高学生整体素质为基础，以能力为本位，力求做到：从项目引导出发，提出问题，引入含义，设计情境，详尽解读。在结构安排上，采用"项目引领、任务驱动"的编写方式，力求结构严谨、层次分明；在表述安排上，力求语言平实凝练、通俗易懂；在内容安排上，尽可能考虑到财经类专业不同层次的不同需求，课后的应知考核和应会考核结合每个项目的内容和技能要求而编写，以使读者在学习每一项目内容时做到有的放矢，增强学习效果。

根据培养应用技能型人才的需要，第三版教材力求体现如下特色：

第一，结构合理，体系规范。作为教科书，以中共二十大精神为指引，坚持为党育人、为国育人，落实立德树人的根本任务，因此在内容上特别注意吸收最新的财经法规改革与实践，按理论与实务兼顾的原则设置教材内容。教材针对教学课程的特点，将内容庞杂的基础知识系统地呈现出来，力求做到"必需、够用"原则，体系科学规范，内容简明实用。

第二，与时俱进，紧跟动态。教材按照最新修订和颁布的行政复议法、会计法、税收法律制度、支付结算管理办法、代理记账管理办法、会计档案管理办法、预算法、会计人员职业道德规范要求、会计人员专业技术继续教育等改革的内容而编写，使内容的介绍更加全面、系统、翔实和新颖。

第三，突出应用，实操技能。教材以实践应用为核心，强化学生的实际操作技能，内容紧密结合行业需求，通过同步案例、做中学、学中做等多种形式，引导学生将理论知识转化为解决实际问题的能力,有助于培养学生的创新思维和职业竞争力,以学促做,做学合一,一边学理论,一边将理论知识加以应用,实现理论和实际应用一体化。

第四,栏目丰富,形式生动。教材栏目形式丰富多样,每个项目设有"知识目标""技能目标""素质目标""项目引例""做中学""学中做""思政吾身""同步案例""拓展阅读""提示""注意""视频""应知考核"(单项选择题、多项选择题、判断题)、"应会考核"(不定项选择题、计算题、案例分析题)等栏目,并添加了二维码解析等,充分体现教材的新时代数字化富媒体特色。

第五,课证融通,双证融合。本次修订依据全国会计专业技术资格考试领导小组办公室修订印发的《初级会计专业技术资格考试大纲》对教材进行了全面修订,能满足读者对初级会计师考试的基本需要,做到考证对接、课证融通,并为后续中级财务会计、纳税实务等专业核心课程的学习打下良好基础。

第六,职业素养,素能共育。为体现应用技能型教育的特色,编者力求在内容上有所突破,以课程思政工作贯穿全过程,营造全员育人环境,全面提升人文素养,强化职业道德素质,激发学生的学习兴趣和学习热情,设计适合学生了解、熟悉、掌握的考核要点,并提供相应的配套习题,以培养和提高学生在特定业务情境中分析问题、解决问题的能力。

第七,课程资源,配套上网。为了配合课堂教学,编者精心设计和制作了教师课件、参考答案、教师教案、教学大纲、学习指南与项目检测、配套习题、模拟试卷、课程标准、动漫视频等,充分发挥网络数字教学资源的作用,探索课堂教学和网络教育有机结合的新途径。详情请登录上海财经大学出版社"上财云津"数字教材服务平台查阅。

本教材由李贺主编。杨阳、赵昂、李虹、王海涛、王玉春、李洪福6人负责全书教学资源包的制作。本教材得到了上海财经大学出版社的大力支持,特别是获得了上海学术经济学出版中心的学术基金支持数字媒体融合重大项目的支持,以及参考文献中作者们的贡献,谨此一并表示衷心的感谢!本教材在编写过程中参阅了参考文献中的教材、著作、法律、法规等资料。由于编写时间仓促,加之编者水平有限,教材中难免存在一些不足之处,恳请专家、学者批评指正,以便不断地更新、改进与完善。

内容更新与修订

编 者

2024 年 10 月

目 录

项目一　总论 ………………………………………………………………………… 001
　任务一　法律基础 …………………………………………………………………… 002
　任务二　经济纠纷的解决途径 ……………………………………………………… 014
　任务三　法律责任 …………………………………………………………………… 027
　　应知考核 ………………………………………………………………………… 030
　　应会考核 ………………………………………………………………………… 031

项目二　会计法律制度 ……………………………………………………………… 034
　任务一　会计法律制度概述 ………………………………………………………… 035
　任务二　会计核算与会计监督 ……………………………………………………… 040
　任务三　会计机构和会计人员 ……………………………………………………… 057
　任务四　会计法律责任 ……………………………………………………………… 063
　　应知考核 ………………………………………………………………………… 067
　　应会考核 ………………………………………………………………………… 068

项目三　支付结算法律制度 ………………………………………………………… 072
　任务一　支付结算概述 ……………………………………………………………… 073
　任务二　银行结算账户 ……………………………………………………………… 076
　任务三　票据 ………………………………………………………………………… 085
　任务四　银行卡 ……………………………………………………………………… 103
　任务五　网上支付 …………………………………………………………………… 106
　任务六　结算方式和其他支付工具 ………………………………………………… 110
　任务七　支付结算纪律与法律责任 ………………………………………………… 115

应知考核 ··· 117
　　应会考核 ··· 119

项目四　税收法律制度 ··· 123
任务一　税收法律制度概述 ··· 124
任务二　增值税和消费税法律制度 ··· 129
任务三　企业所得税和个人所得税法律制度 ·· 137
任务四　城市维护建设税和教育费附加法律制度 ··· 149
任务五　其他税收法律制度 ··· 152
　　应知考核 ··· 167
　　应会考核 ··· 169

项目五　税收征收管理法律制度 ··· 174
任务一　税收征收管理法概述 ·· 175
任务二　税务管理 ··· 177
任务三　税款征收与税务检查 ·· 183
任务四　税务行政复议 ··· 188
任务五　税收法律责任 ··· 191
　　应知考核 ··· 193
　　应会考核 ··· 195

项目六　财政法律制度 ·· 197
任务一　预算法律制度 ··· 198
任务二　政府采购法律制度 ··· 208
任务三　国库集中收付制度 ··· 215
　　应知考核 ··· 218
　　应会考核 ··· 220

项目七　会计职业道德 ·· 221
任务一　会计职业道德概述 ··· 222
任务二　会计职业道德与会计法律制度的关系 ·· 236
任务三　会计职业道德机制与法治协调 ·· 237
任务四　会计职业道德教育 ··· 244

任务五　会计职业道德建设组织与实施 ·· 247
任务六　会计职业道德的检查与奖惩 ·· 249
　应知考核 ··· 251
　应会考核 ··· 252

参考文献 ·· 254

项目一　总　论

● **知识目标**

　　了解：经济纠纷的概念与解决途径。
　　熟悉：法律部门与法律体系；法律责任；仲裁、民事诉讼；行政复议、行政诉讼。
　　掌握：法和法律；法律关系；法律事实；法的形式和分类。

● **技能目标**

　　能够遵循财经活动中的法律行为规范；能够从法律的视角审视行业活动；能够重视法律的效用，提高守法、用法的自觉性。

● **素质目标**

　　能够学习领悟法律在现实生活中的意义，运用所学的总论知识研究相关案例，培养和提高学生在特定业务情境中分析问题与决策设计的能力；结合行业规范或标准，运用法律知识分析行为的善恶，强化学生的职业道德素质；做到知法、懂法、守法、敬法，养成自觉约束与规范会计职业行为的良好习惯。

● **思政目标**

　　习近平总书记在中共二十大报告中强调，要广泛践行社会主义核心价值观，学生要认识并树立正确的世界观、人生观、价值观、法治观和道德观，以养成良好的职业素养，做到学思用贯通、知信行统一；通过总论知识，坚持制度自信，勇担时代使命，提升法律意识，在未来的会计工作中依法办事，并能够运用法律知识维护自己的合法权益。

● **项目引例**

正确理解法律的概念和法律效力

　　A外商与中国B公司合作创办一家中外合作经营企业。合作协议中有如下约定：该企业要遵守中国的法律、法规的要求；该企业生产用原材料由A外商所在国的C公司提供。该企业在经营过程中，合作双方因C公司提供的原材料不符合规定而发生争议，中国B公司按中国法律规定，向履行地的当地人民法院提起诉讼。但A外商以自己不是中国人且C公司不在中国为由，拒绝按中国的法律审理该案。

思考：你知道法律的含义吗？如何理解法律的效力？通过对经济法律知识的学习，掌握法律常识要领，培养遵纪守法的基本职业道德修养。

● 知识精讲

任务一　法律基础

一、法和法律

（一）法和法律的概念

1. 法的概念

法作为一种特殊的社会规范，是人类社会发展的产物。从古至今，许多思想家、法学家对法的起源问题进行了探讨。法的起源是指法的起始和发源。在长期的社会发展过程中，对法的起源问题，存在过神创说、暴力说、契约说、发展说等。马克思主义认为，法是随着生产力的发展、私有制和阶级的产生、国家的出现而产生的。

一般来说，法是由国家制定或认可，以权利和义务为主要内容，并由国家强制力保证实施的社会行为规范及其相应的规范性文件的总称。

【提示】法既是一种明确社会主体权利义务范围的规则，又是规范社会关系中人们基本行为的准则。

2. 法律的概念

法律的概念有狭义和广义之分。狭义的法律是指国家立法机关依照法定权限和程序制定颁布的规范性文件；广义的法律是指法的整体，即国家制定或认可，并由国家强制力保证实施的各种行为规范的总和。在一般情况下，"法"与广义的法律同义；但在某些场合，"法"又与狭义的法律同义，如《中华人民共和国会计法》（简称《会计法》）、《中华人民共和国证券法》（简称《证券法》）等。在我国历史上很长一段时期，把法称为律，如"秦律""汉律""隋律""唐律""明律"等。近代才把法与律连用，称为法律。

（二）法的本质和特征

1. 法的本质

法是统治阶级意志的体现。法不是超阶级的产物，并非社会各阶级的意志都能体现为法，法只能是统治阶级意志的体现。但法所体现的统治阶级的意志不是随心所欲、凭空产生的，而是由统治阶级的物质生活条件决定的，是社会客观需要的反映。它体现的是统治阶级的整体意志和根本利益，而不是统治阶级每个成员个人意志的简单相加。法体现的也不是一般的统治阶级意志，而是被奉为法律的统治阶级意志，即统治阶级的国家意志。

【提示】法是统治阶级的国家意志的体现，这是法的本质。

✎ **做中学 1-1**

会计小王在学习了法律课程后感到疑惑：法是统治阶级意志的体现，那是不是说统治阶级想制定什么样的法律就制定什么样的法律，被统治阶级在法律的制定方面就无能为力呢？

做中学 1-2

小李和小王讨论:法既然是统治阶级意志的体现,那么统治阶级违法犯罪是否就不用受到法律的制裁呢?

2. 法的特征

(1)法是经过国家制定或认可才得以形成的规范,具有国家意志性

统治阶级意志并不能直接形成法,它必须通过一定的组织和程序,即通过国家制定或认可,才能形成法。制定和认可是国家创制法的两种方式,也是统治阶级把自己的意志变为国家意志的两条途径。法是通过国家制定和发布的,但并不是国家发布的任何文件都是法。首先,法是国家发布的规范性文件;其次,法是按照法定的职权和方式制定和发布的,有确定的表现形式。也就是说,法需要通过特定的国家机关,按照特定的方式,表现为特定的法律文件形式才能成立。

(2)法凭借国家强制力的保证而获得普遍遵行的效力,具有国家强制性

法是由国家强制力保障其实施的规范。法的强制性是由国家提供和保证的,因而与一般社会规范的强制性不同。其他社会规范虽然也有一定的强制性,如道德主要依靠社会舆论的强制、习惯受到习惯势力的强制,但这些强制都不同于国家的强制。国家强制力是以国家的强制机构(如军队、警察、法庭、监狱)为后盾的,与国家制裁相联系,表现为对违法者采取国家强制措施。法是最具有强制力的规范。

(3)法是确定人们在社会关系中权利和义务的行为规范,具有规范性

法是调节人们行为的一种社会规范,具有能为人们提供一个行为模式、标准的属性。法的主要内容是由规定权利和义务的条文构成的,通过规定人们的权利和义务来分配利益,从而影响人们的动机和行为,进而影响社会关系,实现统治阶级的意志和要求,维护社会秩序。

(4)法是明确而普遍适用的规范,具有明确公开性和普遍约束性

法具有明确的内容,能使人们预知自己或他人一定行为的法律后果。法具有普遍适用性,凡是在国家权力管辖和法律调整的范围、期限内,对所有社会成员及其活动都普遍适用。

思政吾身　　　学法、懂法,为推进中国式法治现代化做贡献

中共二十大报告将"坚持以人民为中心的发展思想"作为全面建设社会主义现代化国家必须牢牢把握的重大原则,明确要求"维护人民根本利益,增进民生福祉,不断实现发展为了人民、发展依靠人民、发展成果由人民共享,让现代化建设成果更多、更公平惠及全体人民"。中国式现代化区别于西方式现代化的重要特征就在于坚持以人民为中心,而西方式现代化是以资本为中心。习近平总书记强调,全面依法治国最广泛、最深厚的基础是人民;要始终坚持以人民为中心,坚持法治为了人民、依靠人民、造福人民、保护人民,把体现人民利益、反映人民愿望、维护人民权益、增进人民福祉落实到法治体系建设全过程。习近平法治思想创造性地提出了系统化的以人民为中心的法治思想,推动以人民为中心贯彻到法治运行全过程和各方面,构建起以人民为中心的法治现代化新样态。作为新时代的大学生,应当胸怀"国之大者",刻苦钻研习近平法治思想,打好基础,掌握本领,为推进中国式法治现代化贡献力量。

习总书记在庆祝中国共产党成立一百周年大会上发表重要讲话时说道:"新时代的中国青年要以实现中华民族伟大复兴为己任,增强做中国人的志气、骨气、底气,不负时代,不负韶华,不负党和人民的殷切期望!"这是习总书记对我们青年人的殷切厚望,更是"吾日三省吾身"的上佳标准。

一省"志气",新时代青年当志存高远,坚定理想。一百年前,一群新青年以救亡图存为己任,高举马克思主义思想火炬,为满目疮痍的中国探出了一条复兴的道路。一百年来,一代又一代青年,

在这条道路上奉献青春,挥洒汗水。抬头仰望星空,我们才能看到远方,去探寻更多未知。我们准备好了,接过前辈的接力棒,为实现中华民族伟大复兴而不懈奋斗。这是远大的理想,是崇高的追求。

二省"骨气",新时代青年要不忘初心,挺直脊梁。"富贵不能淫,贫贱不能移,威武不能屈。"《孟子》中的名句,几千年来指引着中国人堂堂正正做人、明明白白做事。在我国经济飞速发展的今天,诱惑层出不穷;在网络信息纷繁杂乱的今天,思想难免摇摆。面对诱惑和怀疑,我们必须时刻谨记初心,树牢"四个意识",坚定"四个自信",明辨是非。

三省"底气",新时代青年当勤学多思,锤炼本领。我们要加强政治理论学习,加强党史、新中国史、改革开放史、社会主义发展史学习,以史为鉴,知兴替,明得失。我们要自觉学习科学文化知识,拓宽眼界和视野,不断增强本领,学海无涯,进步不止。我们要面向实际、深入实践,知行合一,苦干实干,在实践中学真知、悟真谛。"胸藏点墨怀若谷,腹有诗书气自华。"理论结合实践,知识加上本领,夯实基础,方能起高楼万丈。

"未来属于青年,希望寄予青年。"作为新时代的中国青年,我们要牢记历史,不忘初心,勇于担当新使命,在新征程中镌刻下属于我们这一代的青春印记。

二、法律关系

(一)法律关系的概念

法律关系是法律规范在调整人们的行为过程中所形成的一种特殊的社会关系,即法律上的权利与义务关系。或者说,法律关系是指被法律规范所调整的权利与义务关系。社会关系是多种多样的,因而调整它的法律规范也是多种多样的。调整平等主体之间的财产关系和人身(非财产)关系而形成的法律关系,称为民事法律关系,如合同法律关系、物权法律关系;调整行政管理关系而形成的法律关系,称为行政法律关系,如行政许可法律关系、行政处罚法律关系;调整因国家对经济活动的管理而产生的社会经济关系,称为经济法律关系,如税收法律关系、反垄断法律关系。

(二)法律关系的构成要素

法律关系由法律关系的主体、法律关系的内容和法律关系的客体三个要素构成。缺少任何一个要素,都不能构成法律关系。

1. 法律关系的主体

(1)法律关系主体的概念

法律关系主体又称权利主体或义务主体,是指参加法律关系,依法享有权利和承担义务的当事人。法律关系主体的数目因法律关系的具体情况而定,但任何一个法律关系至少要有两个主体,因为最少要有两个主体,才能在它们之间形成以权利和义务为内容的法律关系。

(2)法律关系主体的种类

什么人或者组织可以成为法律关系主体,是由一国法律所规定和确认的。根据我国法律规定,能够参与法律关系的主体包括以下几类:

①自然人(公民)。所谓自然人,是指具有生命的个体的人,即生物学上的人,是基于出生而取得主体资格的人,既包括中国公民,也包括居住在中国境内或在境内活动的外国公民和无国籍人。公民是各国法律关系的基本主体之一,是指具有一国国籍的自然人。

②组织(法人组织和非法人组织)。法人是具有民事权利能力和民事行为能力,依法独立享有民事权利和承担民事义务的组织。法人应当依法成立,应当有自己的

名称、组织机构、住所、财产或者经费。法人组织分为营利法人、非营利法人和特别法人。营利法人包括有限责任公司、股份有限公司和其他企业法人等。非营利法人包括事业单位、社会团体、基金会、社会服务机构等。特别法人包括机关法人、农村集体经济组织法人、城镇农村的合作经济组织法人、基层群众性自治组织法人。非法人组织是指不具有法人资格,但是能够依法以自己的名义从事民事活动的组织。非法人组织包括个人独资企业、合伙企业、不具有法人资格的专业服务机构等。非法人组织应当依照法律的规定登记。设立非法人组织,法律、行政法规规定须经有关机关批准的,依照其规定。非法人组织的财产不足以清偿债务的,其出资人或者设立人承担无限责任。法律另有规定的,依照其规定。

③国家。在特殊情况下,国家可以作为一个整体成为法律关系主体。如在国内,国家是国家财产所有权唯一和统一的主体;在国际上,国家作为主权者可以是国际法关系的主体,也可以成为对外贸易关系中的债权人或债务人。

【学中做1-1】 下列各项中,不属于法律关系主体的是(　　)。(单项选择题)
A. 个人独资企业　　B. 有限责任公司　　C. 自然人小明　　D. 机器人阿尔法
答案:D
解析:①选项A:属于非法人组织。②选项B:属于营利法人。③选项C:属于自然人。④选项ABC均可成为法律关系的主体。

(3)法律关系主体的资格
法律关系主体的资格包括权利能力和行为能力两个方面。

①权利能力。权利能力是指法律关系主体能够参加某种法律关系,依法享有一定的权利和承担一定的义务的法律资格。或者说,权利能力就是自然人或组织能够成为法律关系主体的资格。它是任何个人或组织参加法律关系的前提条件。

公民权利能力依不同标准可以进行不同的分类。根据享有权利能力的主体范围不同,公民权利能力可以分为一般权利能力和特殊权利能力。一般权利能力又称基本的权利能力,是一国所有公民均具有的权利能力。它是任何人取得公民法律资格的基本条件,不能被任意剥夺或解除。特殊权利能力是公民在特定条件下具有的法律资格,这种资格并不是每个公民都可以享有的,而只授予某些特定的法律主体。如国家机关及其工作人员行使职权的资格,就是特殊的权利能力。按照法律部门的不同,公民权利能力可以分为民事权利能力、政治权利能力、劳动权利能力、诉讼权利能力等。

【注意】 法人权利能力的范围则由法人成立的宗旨和业务范围决定,自法人成立时产生,至法人终止时消灭。

②行为能力。行为能力是指法律关系主体能够通过自己的行为实际取得权利和履行义务的能力。法人的行为能力和权利能力是一致的,同时产生、同时消灭。而自然人的行为能力不同于其权利能力,具有行为能力必须先具有权利能力,但具有权利能力并不必然具有行为能力。确定自然人有无行为能力,一看该自然人能否认识自己行为的性质、意义和后果;二看该自然人能否控制自己的行为并对自己的行为负责。

我国法律将自然人民事行为能力划分为三类:
一是完全民事行为能力人。完全民事行为能力人,是指达到法定年龄、智力健全、能够对自己行为负完全责任的自然人。18周岁以上的自然人是成年人,不满18周岁的自然人为未成年人。成年人为完全民事行为能力人,可以独立实施民事法律行为。

【注意】 16周岁以上的未成年人,以自己的劳动收入为主要生活来源的,视为完全民事行为能力人。

二是限制民事行为能力人。限制民事行为能力人,是指行为能力受到一定的限制,只有部分行为能力的自然人。8周岁以上的未成年人,不能完全辨认自己行为的成年人为限制民事行为能力人,实施民事法律行为由其法定代理人代理或者经其法定代理人同意、追认;但是,可以独立实施纯获利益的民事法律行为或者与其年龄、智力、精神健康状况相适应的民事法律行为除外。

三是无民事行为能力人。无民事行为能力人,是指完全不能以自己的行为行使权利、履行义务的自然人。不满8周岁的未成年人,8周岁以上的不能辨认自己行为的未成年人,以及不能辨认自己行为的成年人为无民事行为能力人。

【注意】无民事行为能力人,由其法定代理人代理实施民事法律行为。

【提示】无民事行为能力人、限制民事行为能力人的监护人是其法定代理人。

2. 法律关系的内容

法律关系的内容是指法律关系主体所享有的权利和承担的义务。

(1)法律权利,是指法律关系主体依法享有的权益,表现为权利享有者依照法律规定有权自主决定做出或者不做出某种行为、要求他人做出或者不做出某种行为。该权利一旦被侵犯,有权请求国家予以法律保护。依法享有权利的主体称为权利主体或权利人,如财产所有权人可以自主占有、使用其财产以获得收益;债权人有权请求债务人偿还债务。

(2)法律义务,是指法律关系主体依照法律规定所担负的、必须做出某种行为或者不得做出某种行为的负担或约束。依法承担义务的主体称为义务主体或义务人。义务主体必须做出某种行为,是指以积极的作为方式去履行义务,称为积极义务,如缴纳税款、履行兵役等。义务主体不得做出某种行为,是指以消极的不作为方式去履行义务,称为消极义务,如不得毁坏公共财物、不得侵害他人生命健康权等。

法律上的权利和义务,是法律关系的一个重要构成要素,没有法律权利和义务,也就不存在法律关系。法律关系就是法律关系主体之间在法律上的一种权利和义务关系。法律权利与法律义务的关系如下:

①辩证统一。法律权利与法律义务不可分割,相互依存。没有权利,义务的设定就失去了目的和根据;没有义务,权利的实现也就成为空话。在社会生活中,每个人既是享受各种法律权利的主体,又是承担各种法律义务的主体。首先,法律权利和法律义务是相互依存的关系,法律权利的实现必须以相应法律义务的履行为条件;法律义务的设定和履行也必须以法律权利的行使为根据,法治社会中不存在没有权利根据的法律义务。其次,法律权利与法律义务是目的与手段的关系。离开了法律权利,法律义务就失去了履行的价值和动力。同样,离开了法律义务,法律权利也形同虚设。最后,有些法律权利和法律义务具有复合性关系,即一个行为可以同时是权利行为和义务行为。

②一律平等。法律权利与法律义务平等,是现代法治的基本原则,是社会公平正义的重要方面。首先,法律权利与法律义务平等表现为法律面前人人平等被确立为基本原则。其次,在法律权利和法律义务的具体设定上要平等。最后,权利与义务的实现要体现平等。法律权利与法律义务的平等实现,要求权利人只能按照权利的内容行使权利,不能"得理不饶人",向义务人提出过分要求。同样,义务人必须满足权利人的合法权益,不得变相或部分逃避应当承担的法律义务。

③互利互赢。在法律权利与法律义务相一致的情况下,一个人无论是行使权利还是履行义务,都是对自己有利的。不能简单、机械、静止地理解法律权利与法律义务的关系。

3. 法律关系的客体

(1)法律关系客体的概念

法律关系客体,是指法律关系主体的权利和义务所指向的对象。客体是确立权利与义务关系性质和具体内容的依据,也是确定权利行使与否和义务是否履行的客观标准。

(2)法律关系客体的内容和范围

法律关系客体的内容和范围是由法律规定的。法律关系客体应当具备的特征是能为人类所控制并对人类有价值。在不同的国家与不同的历史时期,法律关系客体的具体内容及范围不同,并且随着经济、科技的发展,不断出现新的法律关系客体,如数据、网络虚拟财产。

一般认为,法律关系的客体主要包括物,人身和人格,智力成果,行为,信息、数据、网络虚拟财产五大类。

①物。物是指能满足人们的需要,具有一定的稀缺性,并能为人们现实支配和控制的各种物质资源。物可以是自然物,如土地、矿藏、水流、森林;也可以是人造物,如建筑、机器、各种产品等;还可以是财产物品的一般价值表现形式——货币及有价证券。物既可以是有体物,也可以是无体物。有体物既可以是固定形态的,也可以是没有固定形态的,如天然气、电力等。无体物,如权利、数据信息等,依照相关法律的规定,也都可以作为物权客体。

②人身和人格。人身和人格分别代表着人的物质形态和精神利益,是人之为人的两个不可或缺的要素。一方面,人身和人格是生命权、身体权、健康权、姓名权、肖像权、名誉权、荣誉权、隐私权、婚姻自主权等人身权指向的客体。另一方面,人身和人格又是禁止非法拘禁他人、禁止对犯罪嫌疑人刑讯逼供、禁止侮辱或诽谤他人、禁止卖身为奴、禁止卖淫等法律义务所指向的客体。以人身和人格作为法律关系客体的范围,法律有严格的限制。人的整体只能是法律关系的主体,不能作为法律关系的客体。而人的部分是可以作为客体的"物",如当人的头发、血液、骨髓、精子和其他器官从身体中分离出去,成为与身体相分的外部之物时,在某些情况下也可视为法律上的"物"。

③智力成果。智力成果也称精神产品或精神财富,包括知识产品和荣誉产品。知识产品也称智力成果,是指人们通过脑力劳动创造的能够带来经济价值的精神财富,如作品、发明、实用新型、外观设计和商标等。智力成果是一种精神形态的客体,是一种思想或者技术方案,不是物,但通常有物质载体,如书籍、图册、录像、录音等。荣誉产品,是指人们在各种社会活动中所取得的物化或非物化的荣誉价值,如荣誉称号、奖章、奖品等。荣誉产品是荣誉权的法律关系客体。

④行为。行为,作为法律关系的客体不是指人们的一切行为,而是指法律关系的主体为达到特定目的所进行的作为(积极行为)或不作为(消极行为),是人的有意识的活动,如生产经营行为、经济管理行为、完成一定工作的行为和提供一定劳务的行为等。行为是行为过程与其结果的统一。

⑤信息、数据、网络虚拟财产。作为法律关系客体的信息,是指有价值的情报或资讯,如矿产情报、产业情报、国家机密、商业秘密、个人隐私等。随着信息时代的到来,特别是互联网的扩展和数码存储技术的发展,信息在法律关系客体中的地位更加重要。《中华人民共和国个人信息保护法》第4条规定:"个人信息是以电子或者其他方式记录的与已识别或者可识别的自然人有关的各种信息,不包括匿名化处理后的信息。"《中华人民共和国网络安全法》第44条规定:"任何个人和组织不得窃取或者以其他非法方式获取个人信息,不得非法出售或者非法向他人提供个人信息。"这明确说明信息可以成为法律关系的客体,并且应该予以保护。《中华人民共和国民法典》(简称《民法典》)[①]第127条规定:"法律对数据、网络虚拟财产的保护有规定的,依照其规定。"该条规定明确了数据、网络虚拟财产的财产属性,也说明其可以成为法律关系的客体。

---

① 《中华人民共和国民法典》于2020年5月28日第十三届全国人民代表大会第三次会议通过,于2021年1月1日正式实施。

同步案例 1-1　　　　眼角膜无偿捐赠

公民王某与上海某医疗中心签订了协议,承诺去世后将自己的眼角膜无偿捐赠给该医疗中心,用于帮助失明患者重见光明。你能指出王某与该医疗中心形成的法律关系吗?

三、法律事实

任何法律关系的发生、变更或消灭,都要有法律事实的存在。法律事实,是指由法律规范所确定的,能够产生法律后果,即能够直接引起法律关系发生、变更或消灭的情况。法律规范和法律主体只是法律关系产生的抽象的、一般的前提,并不能直接引起法律关系的变化;法律事实则是法律关系产生的具体条件,只有当法律规范规定的法律事实发生时,才会引起法律关系的发生、变更或消灭。法律事实是法律关系发生、变更或者消灭的直接原因。按照是否以当事人的意志为转移,法律事实可以划分为两大类:法律事件和法律行为。

(一)法律事件

法律事件是指不以当事人的主观意志为转移的,能够引起法律关系发生、变更或消灭的法定情况或者现象。

事件可以是自然现象,如地震、洪水、台风、森林大火等不因人的因素而造成的自然灾害;也可以是某些社会现象,如爆发战争、重大政策的改变等,虽然这些社会现象属人的行为引起,但其出现在特定法律关系中,不以当事人的意志为转移时也构成法律事实。自然灾害可引起保险赔偿关系的发生或合同关系的解除;人的出生可引起抚养关系、户籍管理关系的发生;人的死亡可引起抚养关系、婚姻关系、劳动合同关系的消灭,继承关系的发生;重大社会变迁与社会革命可引起整个社会关系状况的全面变革,进而引致国家法律关系的变化。由自然现象引起的事实又称绝对事件,由社会现象引起的事实又称相对事件。它们的出现都是不以人们(当事人)的意志为转移的,具有不可抗力的特征。

(二)法律行为

法律行为,是指以法律关系主体意志为转移,能够引起法律后果,即引起法律关系发生、变更或消灭的人们的有意识的活动。它是引起法律关系发生、变更或消灭的最普遍的法律事实。其对应的是"非法律行为",即不受法律调整、不发生法律效力、不产生法律后果的行为,简言之,就是不具有法律意义的行为。根据不同的标准,可以对法律行为作不同的分类。

1. 合法行为与违法行为

这是根据行为是否符合法律规范的要求,即行为的法律性质所作的分类。合法行为,是指行为人所实施的具有一定的法律意义、与法律规范要求相符合的行为;违法行为,是指行为人所实施的违反法律规范的要求、应承担不利的法律后果的行为。

2. 积极行为(作为)与消极行为(不作为)

这是根据行为的表现形式不同,对法律行为所作的分类。积极行为又称作为,是指以积极、主动作用于客体的形式表现的,具有法律意义的行为;消极行为又称不作为,是指以消极的、抑制的形式表现的,具有法律意义的行为。

3. 意思表示行为与非表示行为

这是根据行为是否通过意思表示所作的分类。意思表示行为又称表示行为,是指行为人基于意思表示做出的具有法律意义的行为;非表示行为,是指非经行为者意思表示而是基于某种事实状态即具有法律效果的行为,如拾得遗失物、发现埋藏物等。

4. 单方行为与多方行为

这是根据主体意思表示的形式所作的分类。单方行为,是指由法律主体一方的意思表示即可成立的法律行为,如遗嘱、行政命令等;多方行为,是指由两个或两个以上的多方法律主体意思表示一致而成立的法律行为,如合同行为等。

5. 要式行为与非要式行为

这是根据行为是否需要特定形式或实质要件所作的分类。要式行为,是指必须具备某种特定形式或程序才能成立的法律行为;非要式行为,是指无需特定形式或程序即能成立的法律行为。

6. 自主行为与代理行为

这是根据主体实际参与行为的状态所作的分类。自主行为,是指法律主体在没有其他主体参与的情况下,以自己的名义独立从事的法律行为;代理行为,是指法律主体根据法律授权或其他主体的委托而以被代理人的名义所从事的法律行为。

做中学1-3　　　是否构成法律行为?

会计张某在其单位领导的授意下,将一私自购入的空白发票填写虚构的交易金额后入账。会计张某与其单位领导的行为是否构成法律行为?

四、法的形式和分类

(一)法的形式

法的形式,即法学上所谓的法的渊源,简称法源,是指法的具体的表现形态,即法是由何种国家机关,依照什么方式或程序创制出来的,并表现为何种形式、具有何种效力等级的规范性法律文件。

1. 我国法的主要形式

(1)宪法。宪法由国家最高权力机关即全国人民代表大会制定,是国家的根本大法。宪法规定国家的基本制度和根本任务、公民的基本权利和义务,具有最高的法律效力,也具有最为严格的制定和修改程序。我国现行宪法是1982年12月4日第五届全国人民代表大会第五次会议通过的《中华人民共和国宪法》,全国人民代表大会于1988年、1993年、1999年、2004年、2018年先后五次以宪法修正案的形式对现行宪法作了修改和补充。

(2)法律。法律是由全国人民代表大会及其常务委员会经一定的立法程序制定颁布的规范性文件,如《中华人民共和国刑法》(简称《刑法》)《中华人民共和国会计法》(简称《会计法》)《中华人民共和国公司法》(简称《公司法》)①《中华人民共和国税收征收管理法》(简称《税收征管法》)等。法律通常规定和调整国家、社会和公民生活中某一方面带有根本性的社会关系或基本问题。其法律效力和地位仅次于宪法,是制定其他规范性文件的依据。

下列事项只能制定法律:①国家主权的事项;②各级人民代表大会、人民政府、人民法院和人民检察院的产生、组织和职权;③民族区域自治制度、特别行政区制度、基层群众自治制度;④犯罪和刑罚;⑤对公民政治权利的剥夺、限制人身自由的强制措施和处罚;⑥税种的设立、税率的确定和税收征收管理等税收基本制度;⑦对非国有财产的征收、征用;⑧民事基本制度;⑨基本经济制度以及财政、海关、金融和外贸的基本制度;⑩诉讼和仲裁制度;必须由全国人民代表大会及其常务委员会

---

① 2023年12月29日,第十四届全国人大常委会第七次会议审议通过了《中华人民共和国公司法》(2023年修订)(简称《新公司法》),并于2024年7月1日起实施。

制定法律的其他事项。

(3)行政法规。行政法规是由国家最高行政机关即国务院在法定职权范围内为实施宪法和法律制定、发布的规范性文件,通常冠以条例、办法、规定等名称,如国务院令第 287 号发布的《企业财务会计报告条例》。

(4)地方性法规、自治条例和单行条例。省、自治区、直辖市和设区的市、自治州的人民政府根据本行政区域的具体情况和实际需要,在不同宪法、法律、行政法规相抵触的前提下,可以制定地方性法规。设区的市、自治州的人民代表大会及其常务委员会根据本市的具体情况和实际需要,在不同宪法、法律、行政法规和本省、自治区的地方性法规相抵触的前提下,可以对城乡建设与管理、环境保护、历史文化保护等方面的事项制定地方性法规。经济特区所在的省市的人民代表大会及其常务委员会根据全国人民代表大会的授权决定,制定法规,在经济特区范围内实施。民族自治地方的人民代表大会有权依照当地民族的政治、经济和文化的特点,制定自治条例和单行条例。

(5)特别行政区的法。我国宪法规定,国家在必要时得设立特别的行政区。在特别行政区内实行的制度按照具体情况由全国人民代表大会以法律规定。

(6)规章。国务院各部、委员会、中国人民银行、审计署和具有行政管理职能的直属机构根据法律和国务院的行政法规、决定、命令,在本部门的权限范围内制定规章。

(7)国际条约。国际条约属于国际法而不属于国内法的范畴,但我国签订和加入的国际条约对于我国的国家机关、社会团体、企业、事业单位和公民具有与国内法同样的约束力,因此此类国际条约也是我国法律的形式之一,如《国际民用航空公约》。

2. 法的效力范围

法的效力范围也称法的生效范围,是指法在什么时间和什么空间对什么人有效。

(1)法的时间效力

法的时间效力,是指法的效力的起始和终止的时限以及对其实施以前的事件和行为有无溯及力。

法规定生效期限的方式主要有两种:①明确规定一个具体生效时间;②规定具备何种条件后开始生效。

法的终止又称法的终止生效,是指使法的效力绝对消灭。具体来讲,大致有两种情况:①明示终止,即直接用语言文字表示法的终止时间,这种方法为现代国家所普遍采用;②默示终止,即不用明文规定该法终止生效的时间,而是在实践中贯彻"新法优于旧法""后法优于前法"的原则,从而使旧法在事实上被废止。

我国法的终止方式主要有以下四种:①新法取代旧法,由新法明确规定旧法废止,这是通常做法;②有的法在完成一定的历史任务后不再适用;③由有权的国家机关发布专门的决议、决定,废除某些法律;④同一国家机关制定的法,虽然名称不同,在内容上旧法与新法发生冲突或相互抵触时,以新法为准,旧法中的有关条款自动终止效力。法的溯及力,也称法的溯及既往的效力,是指新法对其生效前发生的行为和事件是否适用。如果不适用,就没有溯及力;如果适用,新法就有溯及力。我国法律采用的是从旧兼从轻原则,就是说原则上新法无溯及力,对行为人适用旧法,但新法对行为人的处罚较轻时则适用新法。《中华人民共和国立法法》(简称《立法法》)[①]第 93 条规定:"法律、行政法规、地方性法规、自治条例和单行条例、规章不溯及既往,但为了更好地保护公民、法人和其他组织的权利和利益而作的特别规定除外。"

(2)法的空间效力

---

① 2023 年 3 月 13 日,中华人民共和国第十四届全国人民代表大会第一次会议通过《全国人民代表大会关于修改〈中华人民共和国立法法〉的决定》,自 2023 年 3 月 15 日起施行。

法的空间效力,是指法在哪些空间范围或地域范围内发生效力。法的空间效力与国家主权直接相关,法直接体现国家主权,它适用于该国主权所及一切领域,包括领陆、领水及其领土和领空;也包括延伸意义的领土,如驻外使馆;还包括在境外的飞行器和停泊在境外的船舶。当然,由于法的制定机关和内容不同,其效力范围也有区别,一般分为域内效力与域外效力两个方面。以我国为例,其域内效力大致有如下两种情况:①在全国范围内有效;②在我国局部地区有效。在域外效力方面,我国在互相尊重领土主权的基础上,本着保护本国利益和公民权益的精神和原则,也规定了某些法律或某些法律条款具有域外效力。

(3)法的对人效力

法的对人效力,也称法的对象效力,是指法适用于哪些人或法适用主体的范围。我国法律对人效力采用的是结合主义原则,即以属地主义为主,但又结合属人主义与保护主义的一项原则。属人主义原则,是根据自然人的国籍来确定法的适用范围。按照这一原则,凡是本国人,不论是在国内还是在国外,一律受本国法的约束。属地主义原则,是根据领土来确定法的适用范围。按照这一原则,凡属一国管辖范围的一切人,不管是本国人,还是外国人,都受该国法的约束。保护主义原则,是从保护本国利益出发来确定法的适用范围。其含义是,只要损害了本国利益,不论侵犯者在何地域或是何国国籍,一律受本国法律约束。

根据我国有关法律规定,法的对人效力主要包括两个方面:①对中国公民的效力。凡是中华人民共和国的公民,在中国领域内一律适用中国法律,平等地享有法律权利和承担法律义务。中国公民在国外的,仍然受中国法律的保护,也有遵守中国法律的义务。但由于各国法律规定不同,这就必然涉及中国法律与居住国法律之间的关系问题。总的原则是既要维护中国主权,也要尊重他国主权。也就是说,中国公民也要遵守居住国的法律。发生冲突时,应根据有关国际条约、惯例和两国签订的有关协定予以解决。②对外国人的效力。我国法律既保护外国人的合法权益,又依法查处其违法犯罪行为。这实际上是国家主权在法律领域的体现。凡在中国领域内的外国人均应遵守中国法律。但在刑事领域,对有外交特权和豁免权的外国人犯罪需要追究刑事责任的,通过外交途径解决。

【提示】对于外国人的人身权利、财产权利、受教育权利和其他合法权利,我国法律均予以保护。

【注意】外国人不能享有我国公民的某些权利或承担我国公民的某些义务,如选举权、担任公职和服兵役等。

3.法的效力冲突及其解决方式

法的效力等级,也称效力位阶,是指在一国法的体系中因制定法的国家机关地位不同而形成的法在效力上的等级差别。这种效力等级的形成同该国立法体制有直接关系。制定法的国家机关地位越高,其制定的法的效力等级就越高。法的效力冲突,是指在适用法律的过程中,一国法律内部对同一问题作出不同规定从而产生的冲突。

(1)解决法的效力冲突的一般原则

①根本法优于普通法。在成文宪法国家,宪法是国家根本法,具有最高法律效力,普通法必须以宪法为依据,不得同宪法相抵触。这是国家法制统一的必然要求。

②上位法优于下位法。不同位阶的法之间发生冲突,遵循上位法优于下位法的原则,适用上位法。在我国,法律的效力高于行政法规、地方性法规、规章。行政法规的效力高于地方性法规、规章。地方性法规的效力高于本级和下级地方政府规章。

③新法优于旧法。同一国家机关在不同时期颁布的法产生冲突时,遵循新法优于旧法的原则。

④特别法优于一般法。这一原则的适用是有条件的,这就是要求必须是同一国家机关制定的法,并包括以下两种情况:在适用对象上,对特定主体和特定事项的法,优于对一般主体和一般事项

的法;在适用空间上,对特定时间和特定区域的法,优于平时和一般地区的法。

(2)解决法的效力冲突的特殊方式

如果法的效力冲突不能按照一般原则予以解决,只能采取特殊方式。以我国为例,依据《立法法》的有关规定,出现下列情况可由有权的国家机关予以裁决:①法律之间对同一事项的新的一般规定与旧的特别规定不一致,不能确定如何适用时,由全国人民代表大会常务委员会裁决。行政法规之间对同一事项的新的一般规定与旧的特别规定不一致,不能确定如何适用时,由国务院裁决。地方性法规、规章之间不一致时,由制定机关依照规定的权限作出裁决;同一机关制定的新的一般规定与旧的特别规定不一致时,由制定机关裁决。②地方性法规与部门规章之间对同一事项的规定不一致,不能确定如何适用时,由国务院提出意见,国务院认为应当适用地方性法规的,应当决定在该地方适用地方性法规的规定。认为应当适用部门规章的,应当提请全国人民代表大会常务委员会裁决;部门规章之间、部门规章与地方政府规章之间对同一事项的规定不一致时,由国务院裁决。③根据授权制定的法规与法律规定不一致时,由全国人民代表大会常务委员会裁决。

(二)法的分类

根据不同的标准,可以对法作不同的分类。事实上,法的渊源、法律部门等也是从一定角度对法所作的分类,法的历史类型也属于对法的一种分类。

1. 根据法的创制方式和发布形式的不同,分为成文法和不成文法

成文法,是指有立法权的国家机关,依照法定程序所制定的具有条文形式的规范性文件。不成文法,是指国家机关认可的、不具有条文形式的习惯。有的观点认为判例法也是不成文法。

【提示】我国是成文法国家;在没有明确法律依据时,习惯和判例中的内容不能成为法律。

2. 根据法的内容、效力和制定程序的不同,分为根本法和普通法

根本法就是宪法,它规定国家制度和社会制度的基本原则,具有最高的法律效力,是普通法立法的依据。因此,它的制定和修改通常需要经过比普通法更为严格的程序。普通法泛指宪法以外的所有法律。它根据宪法确认的原则就某个方面或某些方面的问题作出具体规定,其效力低于宪法。

3. 根据法的内容的不同,分为实体法和程序法

实体法,是指从实际内容上规定主体的权利和义务的法律,如民法、刑法、公司法、行政法等。程序法,是指为了保障实体权利和义务的实现而制定的关于程序方面的法律,如刑事诉讼法、民事诉讼法、行政诉讼法等。

4. 根据法的空间效力、时间效力或对人的效力的不同,分为一般法和特别法

一般法,是指在一国领域内对一般公民、法人、组织和一般事项都普遍适用,而且在它被废除前始终有效的法律,如宪法、民法、刑法、民事诉讼法、刑事诉讼法等。特别法,是指只在一国的特定地域内或只对特定主体或在特定时期内或对特定事项有效的法律。一般法与特别法的划分是相对的。如《公司法》相对于《民法典》是特别法,相对于各具体企业法就是一般法。

5. 根据法的主体、调整对象和渊源的不同,分为国际法和国内法

国际法的主体主要是国家,调整的对象主要是国家间的相互关系,渊源主要是国际条约和各国公认的国际惯例,实施则以国家单独或集体的强制措施为保证。国内法的主体主要是该国的公民和社会组织,调整对象是一国内部的社会关系,渊源主要是制定国立法机关颁布的规范性文件,实施则以该国的强制力加以保证。

6. 根据法的运用目的的不同,分为公法和私法

这种划分方法,始于古罗马法学家,在法学界中得到广泛应用。但是,划分公法和私法的标准

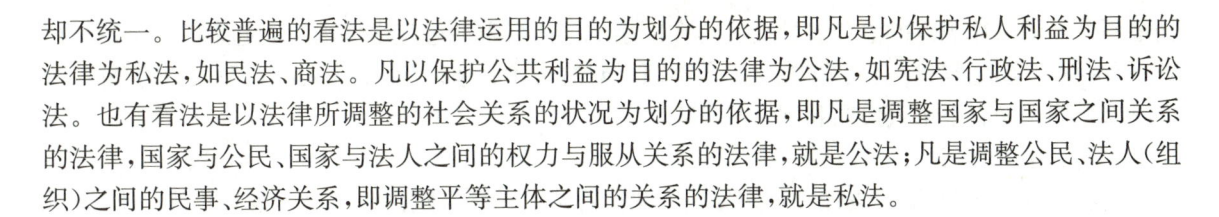

却不统一。比较普遍的看法是以法律运用的目的为划分的依据,即凡是以保护私人利益为目的的法律为私法,如民法、商法。凡以保护公共利益为目的的法律为公法,如宪法、行政法、刑法、诉讼法。也有看法是以法律所调整的社会关系的状况为划分的依据,即凡是调整国家与国家之间关系的法律,国家与公民、国家与法人之间的权力与服从关系的法律,就是公法;凡是调整公民、法人(组织)之间的民事、经济关系,即调整平等主体之间的关系的法律,就是私法。

五、法律部门与法律体系

(一)法律部门和法律体系的概念

法律部门又称部门法,是指根据一定的标准和原则所划定的同类法律规范的总称。法律部门划分的标准首先是法律调整的对象,即法律调整的社会关系。例如,调整行政主体与行政相对人之间行政管理关系的法律规范的总和,即构成行政法法律部门。其次是法律调整的方法。例如,民法和刑法都调整财产关系和人身关系,但民法是以自行调节为主要方式,而刑法是以强制干预为主要调整方式;民法要求对损害予以财产赔偿,而刑法则对犯罪人处以严厉的人身惩罚。

(二)我国现行的法律部门与法律体系

1. 宪法及宪法相关法法律部门

宪法是国家的根本法,宪法相关法是与宪法相配套、直接保障宪法实施和国家政权运作等方面的法律规范的总和,主要包括四个方面的法律:①有关国家机构的产生、组织、职权和基本工作制度的法律;②有关民族区域自治制度、特别行政区制度、基层群众自治制度的法律;③有关维护国家主权、领土完整和国家安全的法律;④有关保障公民基本政治权利的法律。

2. 民商法法律部门

民法、商法是规范民事、商事活动的法律规范的总和,所调整的是自然人、法人和其他组织之间以平等地位发生的各种法律关系(称为横向关系)。民法调整的是自然人、法人和其他组织等平等主体之间的财产关系以及人身关系。商法可以看作民法中的一个特殊部分,是在民法基本原则的基础上适应现代商事活动的需要逐渐发展起来的,是调整平等主体之间的商事关系或商事行为的法律,主要包括公司、破产、证券、期货、保险、票据、海商等方面的法律。

3. 行政法法律部门

行政法是规范国家行政管理活动的法律规范的总和,包括有关行政管理主体、行政行为、行政程序、行政监督以及国家公务员制度等方面的法律规范。行政法调整的是行政机关与行政管理相对人(公民、法人和其他组织)之间因行政管理活动而发生的法律关系(称为纵向关系)。在这种管理与被管理的纵向法律关系中,行政机关与行政管理相对人的地位是不平等的,行政行为由行政机关单方面依法做出,不需要双方平等协商。如《中华人民共和国行政许可法》《中华人民共和国行政处罚法》。

4. 经济法法律部门

经济法是调整国家从社会整体利益出发对市场经济活动实行干预、管理、调控所产生的社会经济关系的法律规范的总和。经济法是在国家干预市场经济活动过程中逐渐发展起来的一个法律门类,与行政法、民法和商法的联系很密切。在同一个经济法中往往包括两种不同性质的法律规范,既有调整纵向法律关系的,也有调整横向法律关系的,因而具有相对的独立性。如财政法律关系、会计法律关系、税收法律关系等。

5. 劳动法和社会法法律部门

劳动法是调整劳动关系以及与劳动关系有密切联系的其他社会关系的法律关系的总称,如《中华人民共和国劳动法》《中华人民共和国劳动合同法》。社会法是调整有关劳动关系、社会保障和社会福利关系的法律规范的总和。社会法是在国家干预社会生活过程中逐渐发展起来的一个法律门类,所调整的是政府与社会之间、社会不同部门之间的法律关系。如《中华人民共和国劳动合同法》(简称《合同法》)、《中华人民共和国未成年人保护法》。

6.刑法法律部门

刑法是规范犯罪、刑事责任和刑事处罚的法律规范的总和。刑法是一个传统的法律门类,与其他门类相比,具有所调整的社会关系最广泛和强制性最严厉两个显著特点。

7.诉讼与非诉讼程序法法律部门

诉讼与非诉讼程序法是调整因诉讼活动和非诉讼活动而产生的社会关系的法律规范的总和。我国的诉讼制度分为刑事诉讼、民事诉讼、行政诉讼三种。解决经济纠纷,除通过诉讼"打官司"外,还可以通过仲裁这种非诉讼的途径。非诉讼程序法主要有《中华人民共和国人民调解法》《中华人民共和国仲裁法》(简称《仲裁法》)、《中华人民共和国公证法》等。

任务二　经济纠纷的解决途径

一、经济纠纷的概念及其解决途径

(一)经济纠纷的概念

经济纠纷,是指市场经济主体之间因经济权利和经济义务的矛盾而引起的权益争议,包括平等主体之间涉及经济内容的纠纷和公民、法人或者其他组织作为行政管理相对人与行政机关之间因行政管理所发生的涉及经济内容的纠纷。

(二)经济纠纷的解决途径

在我国,解决经济纠纷的途径和方式主要有仲裁、民事诉讼、行政复议、行政诉讼。

(1)仲裁和民事诉讼适用于解决横向关系经济纠纷,即平等民事主体的当事人之间发生的经济纠纷。

(2)行政复议和行政诉讼适用于解决纵向关系经济纠纷,即行政管理相对人与行政机关之间发生的经济纠纷。

【提示】平等主体之间出现经济纠纷时,当事人只能在仲裁或者民事诉讼中选择一种解决方式。仲裁实行自愿原则,只有双方当事人自愿达成书面仲裁协议的情况下,才可以申请仲裁。

行政复议和行政诉讼的选择取决于具体纠纷:①一般情况下(如甲公司对市场监督管理局的罚款决定不服),当事人可以直接提起行政诉讼(对人民法院的判决不服时不能再申请行政复议)。也可以先申请行政复议,对行政复议决定不服时再提起行政诉讼。②特殊情况下(如甲公司对税务机关的征税行为不服时),必须先申请行政复议,只有对行政复议决定不服时才能提起行政诉讼。

二、仲裁

(一)仲裁的概念与特征

1.仲裁的概念

仲裁,是指由经济纠纷的各方当事人共同选定仲裁机构,对纠纷依法定程序做出具有约束力的裁决的活动。

2.仲裁的特征

仲裁具有以下三个特征:

(1)仲裁以双方当事人自愿协商为基础。

(2)仲裁由双方当事人自愿选择的中立第三者(仲裁机构)进行裁判。仲裁机构是民间性的组织,不是国家行政机关或司法机关,对经济纠纷案件没有强制管辖权。

(3)仲裁裁决对双方当事人都具有约束力。

1994年8月31日第八届全国人民代表大会常务委员会第九次会议通过,历经2009年、2017年两次修正的《中华人民共和国仲裁法》(简称《仲裁法》)是仲裁活动进行的基本法律依据。

(二)仲裁的适用范围

(1)平等主体的公民、法人和其他组织之间发生的合同纠纷和其他财产权益纠纷,可以仲裁。

(2)下列纠纷不能提请仲裁:①关于婚姻、收养、监护、抚养、继承的纠纷;②依法应当由行政机关处理的行政争议。

(3)下列仲裁不适用《仲裁法》,不属于《仲裁法》所规定的仲裁范围,而由其他法律予以调整:①劳动争议的仲裁;②农业集体经济组织内部的农业承包合同纠纷的仲裁。

(三)仲裁的基本原则

1. 自愿原则

当事人采用仲裁方式解决纠纷,应当双方自愿,达成仲裁协议。没有仲裁协议,一方申请仲裁的,仲裁委员会不予受理。

2. 依据事实和法律,公平、合理地解决纠纷的原则

仲裁要坚持以事实为根据、以法律为准绳的原则,在法律没有规定或者规定不完备的情况下,仲裁庭可以按照公平、合理的一般原则来解决纠纷。

3. 独立仲裁原则

仲裁机关不依附于任何机关而独立存在,仲裁依法独立进行,不受任何行政机关、社会团体和个人的干涉。

4. 一裁终局原则

仲裁实行一裁终局的制度,即仲裁庭做出的仲裁裁决为终局裁决。裁决做出后,当事人就同一纠纷再申请仲裁或者向人民法院起诉的,仲裁委员会或者人民法院不予受理。

同步案例1-2   一裁终局

甲、乙两公司因合同纠纷向某市仲裁委员会申请仲裁。仲裁庭做出裁决后,甲公司不服,拟再次申请仲裁,或向法院起诉。甲公司是否可以再次申请仲裁或向法院起诉?

(四)仲裁机构

仲裁机构主要是指仲裁委员会。仲裁委员会是有权对当事人提交的经济纠纷进行审理和裁决的机构。仲裁委员会可以在直辖市和省、自治区人民政府所在地的市设立,也可以根据需要在其他设区的市设立,不按行政区划层层设立。

【注意】仲裁委员会独立于行政机关,与行政机关没有隶属关系。仲裁委员会之间也没有隶属关系。

(五)仲裁协议

1. 仲裁协议的概念

仲裁协议,是指双方当事人自愿把他们之间可能发生或者已经发生的经济纠纷提交仲裁机构裁决的书面约定。仲裁协议应当以书面形式订立,口头达成仲裁的意思表示无效。

2. 仲裁协议的内容

仲裁协议包括合同中订立的仲裁条款和以其他书面方式在纠纷发生前或者纠纷发生后达成的请求仲裁的协议。仲裁协议应当具有下列内容:①请求仲裁的意思表示;②仲裁事项;③选定的仲

裁委员会。

仲裁协议对仲裁事项或者仲裁委员会没有约定或者约定不明确的,当事人可以补充协议;达不成补充协议的,仲裁协议无效。

3.仲裁协议的效力

仲裁协议一经依法成立,即具有法律约束力。仲裁协议独立存在,合同的变更、解除、终止或者无效,不影响仲裁协议的效力。

仲裁庭有权确认合同的效力。当事人对仲裁协议的效力有异议的,可以请求仲裁委员会做出决定或者请求人民法院做出裁定。一方请求仲裁委员会做出决定,另一方请求人民法院做出裁定的,由人民法院裁定。当事人对仲裁协议的效力有异议的,应当在仲裁庭首次开庭前提出。

当事人达成仲裁协议,一方向人民法院起诉未声明有仲裁协议,人民法院受理后,另一方在首次开庭前提交仲裁协议的,人民法院应当驳回起诉,但仲裁协议无效的除外;另一方在首次开庭前未对人民法院受理该案提出异议的,视为放弃仲裁协议,人民法院应当继续审理。

做中学1—4　你能选择合理的纠纷解决途径吗?

甲、乙公司因租赁合同发生纠纷,甲公司向某仲裁委员会申请仲裁,乙公司向法院提起诉讼。据了解,双方并没有签订仲裁协议。甲、乙公司解决纠纷的途径是什么?仲裁委员会和法院对甲、乙公司的请求分别会做出怎样的处理?

(六)仲裁裁决

仲裁不实行级别管辖和地域管辖,仲裁委员会应当由当事人协议选定。仲裁庭可以由3名仲裁员或者1名仲裁员组成。由3名仲裁员组成的,设首席仲裁员。当事人约定由3名仲裁员组成仲裁庭的,应当各自选定或者各自委托仲裁委员会主任指定1名仲裁员,第3名仲裁员由当事人共同选定或者共同委托仲裁委员会主任指定。第3名仲裁员是首席仲裁员。当事人约定由1名仲裁员成立仲裁庭的,应当由当事人共同选定或者共同委托仲裁委员会主任指定。当事人没有在仲裁规则规定的期限内约定仲裁庭的组成方式或者选定仲裁员的,由仲裁委员会主任指定。仲裁庭组成后,仲裁委员会应当将仲裁庭的组成情况书面通知当事人。

仲裁员有下列情形之一的,必须回避,当事人也有权提出回避申请:①是本案当事人或者当事人、代理人的近亲属;②与本案有利害关系;③与本案当事人、代理人有其他关系,可能影响公正仲裁的;④私自会见当事人、代理人,或者接受当事人、代理人的请客送礼的。

仲裁应当开庭进行。当事人协议不开庭的,仲裁庭可以根据仲裁申请书、答辩书以及其他材料做出裁决。所谓开庭审理,是指在仲裁庭的主持下,在双方当事人和其他仲裁参与人的参加下,按照法定程序,对案件进行审理并做出裁决的方式。

仲裁不公开进行。当事人协议公开的,可以公开进行,但涉及国家秘密的除外。所谓不公开进行,是指仲裁庭在审理案件时不对社会公开,不允许群众旁听,也不允许新闻记者采访和报道。

当事人申请仲裁后,可以自行和解。达成和解协议的,可以请求仲裁庭根据和解协议做出裁决书,也可以撤回仲裁申请。当事人达成和解协议,撤回仲裁申请后反悔的,可以根据仲裁协议申请仲裁。

仲裁庭在做出裁决前,可以先行调解。当事人自愿调解的,仲裁庭应当调解。调解不成的,应当及时做出裁决。调解达成协议的,仲裁庭应当制作调解书或者根据协议的结果制作裁决书。调解书与裁决书具有同等法律效力。

调解书经双方当事人签收后,即发生法律效力。在调解书签收前当事人反悔的,仲裁庭应当及时做出裁决。

裁决应当按照多数仲裁员的意见做出,少数仲裁员的不同意见可以记入笔录。仲裁庭不能形成多数意见时,裁决应当按照首席仲裁员的意见做出。裁决书自做出之日起发生法律效力。

当事人应当履行裁决。一方当事人不履行的,另一方当事人可以依照《中华人民共和国民事诉讼法》(简称《民事诉讼法》)的有关规定向人民法院申请执行。受申请的人民法院应当执行。

三、民事诉讼

诉讼,是指国家审判机关即人民法院,依照法律规定,在当事人和其他诉讼参与人的参加下,依法解决讼争的活动。平等主体当事人之间发生经济纠纷提起诉讼的,适用《民事诉讼法》解决纷争。1991年4月9日第七届全国人民代表大会第四次会议通过,历经2007年、2012年、2017年、2021年、2023年五次修正的《民事诉讼法》是民事诉讼活动进行的法律依据。

(一)民事诉讼的适用范围

公民之间、法人之间、其他组织之间以及他们相互之间因财产关系和人身关系发生纠纷,可以提起民事诉讼。适用《民事诉讼法》的案件主要如下:

(1)民事案件,具体包括:①由民法调整的物权关系、债权关系、知识产权关系、人身权关系引起的诉讼,如房屋产权争议案件、合同纠纷案件、侵犯著作权案件、侵犯名誉权案件等;②由婚姻法、继承法、收养法调整的婚姻家庭关系、继承关系、收养关系引起的诉讼,如离婚案件、追索扶养费案件、财产继承案件、解除收养关系案件等;③由经济法调整的经济关系中属于民事性质的诉讼,如因污染引起的侵权案件、因不正当竞争行为引起的损害赔偿案件等。

(2)商事案件,是指由商法调整的商事关系引起的诉讼,如票据案件、股东权益纠纷案件、保险合同纠纷案件、海商案件等。

(3)劳动争议案件,是指因劳动法调整的社会关系发生的争议,法律规定适用民事诉讼程序的案件,如劳动合同纠纷案件等。

(4)法律规定人民法院适用民事诉讼法审理的非诉案件,主要形式有三种:①适用特别程序审理的案件,如选民资格案件、宣告失踪或宣告死亡案件、认定公民无民事行为能力或限制行为能力案件等非诉案件;②适用督促程序审理的案件;③适用公示催告程序审理的案件。

(二)审判制度

1. 合议制度

合议制度,是指由3名以上审判人员组成审判组织,代表法院行使审判权,对案件进行审理并做出裁判的制度。合议制度是相对于独任制度而言的,后者是指由一名审判员独立地对案件进行审理和裁判的制度。法院审理第一审民事案件,除适用简易程序、特别程序、督促程序、公示催告程序审理的民事案件由审判员一人独任审理外,一律由审判员、陪审员共同组成合议庭或者由审判员组成合议庭;选民资格案件或者重大、疑难的案件,由审判员组成合议庭。法院审理第二审民事案件,由审判员组成合议庭。合议庭的成员,应当是3人以上的单数。

2. 回避制度

回避制度,是指参与某案件民事诉讼活动的审判人员、书记员、翻译人员、鉴定人、勘验人是案件当事人或者当事人、诉讼代理人的近亲属,或者与案件有利害关系,或者与案件当事人、诉讼代理人有其他关系,可能影响对案件公正审理的,应当自行回避,当事人有权用口头或者书面方式申请他们回避。

3. 公开审判制度

公开审判制度，是指法院的审判活动依法向社会公开的制度。法律规定，法院审理民事或行政案件，除涉及国家秘密、个人隐私或者法律另有规定的以外，应当公开进行。公开审理案件，应当在开庭前公告当事人姓名、案由和开庭的时间、地点，以便群众旁听。公开审判包括审判过程公开和审判结果公开两项内容。

【提示】不论案件是否公开审理，一律公开宣告判决。

4. 两审终审制度

两审终审制度，是指一个诉讼案件经过两级法院审判后即终结的制度。我国法院分为最高人民法院、高级人民法院、中级人民法院、基层人民法院四级。除最高人民法院外，其他各级法院都有自己的上一级法院。按照两审终审制，一个案件经第一审法院审判后，当事人如果不服，有权在法定期限内向上一级法院提起上诉，由该上一级法院进行第二审。二审法院的判决、裁定是终审的判决、裁定。

根据《民事诉讼法》的规定，两审终审制度的例外有：①适用特别程序、督促程序、公示催告程序和简易程序中的小额诉讼程序审理的案件，实行一审终审；②最高人民法院所做的一审判决、裁定，为终审判决、裁定。

对终审判决、裁定，当事人不得上诉。如果发现终审裁判确有错误，可以通过审判监督程序予以纠正。

（三）民事诉讼管辖

诉讼管辖，是指各级法院之间以及不同地区的同级法院之间，受理第一审民事案件、经济纠纷案件的职权范围和具体分工。管辖可以按照不同标准进行多种分类，其中最重要、最常用的是级别管辖和地域管辖。

1. 级别管辖

级别管辖是根据案件性质、案情繁简、影响范围来确定上、下级法院受理第一审案件的分工和权限。大多数民事案件均归基层人民法院管辖。在我国，基层人民法院管辖第一审民事案件，但另有规定的除外。中级人民法院管辖下列第一审民事案件：①重大涉外案件；②在本辖区有重大影响的案件；③最高人民法院确定由中级人民法院管辖的案件。高级人民法院管辖在本辖区有重大影响的第一审民事案件。最高人民法院管辖下列第一审民事案件：①在全国有重大影响的案件；②认为应当由本院审理的案件。

2. 地域管辖

各级法院的辖区和各级行政区划是一致的。按照地域标准即按照法院的辖区和民事案件的隶属关系，确定同级法院之间受理第一审民事案件的分工和权限，称为地域管辖。地域管辖又分为一般地域管辖、特殊地域管辖、专属管辖、协议管辖、共同管辖和选择管辖。

（1）一般地域管辖

一般地域管辖也称普通管辖，即按照当事人所在地与法院辖区的隶属关系来确定案件管辖法院。

①原告就被告原则。对公民提起的民事诉讼，由被告住所地人民法院管辖；被告住所地与经常居住地不一致的，由被告经常居住地人民法院管辖。

②被告就原告原则。对不在中华人民共和国领域内居住的人和对下落不明或者宣告失踪的人提起的有关身份关系的诉讼，对被采取强制教育措施或者被监禁的人提起的诉讼，由原告住所地人民法院管辖；原告住所地与经常居住地不一致的，由原告经常居住地人民法院管辖。

（2）特殊地域管辖

特殊地域管辖也称特别管辖，即以诉讼标的所在地、法律事实所在地为标准确定管辖法院。属于特殊地域管辖的诉讼有以下几类：

①因合同纠纷提起的诉讼，由被告住所地或者合同履行地的人民法院管辖。

②因保险合同纠纷提起的诉讼，由被告住所地或者保险标的物所在地的人民法院管辖。

③因票据纠纷提起的诉讼，由票据支付地或者被告住所地的人民法院管辖。

④因侵权行为提起的诉讼，由侵权行为地（包括侵权行为实施地、侵权结果发生地）或者被告住所地的人民法院管辖。

【提示】信息网络侵权行为实施地包括实施被诉侵权行为的计算机设备所在地，侵权结果地包括被侵权人住所地。

【注意】因产品、服务质量不合格造成他人财产、人身损害提起的诉讼，产品制造地、产品销售地、服务提供地、侵权行为地和被告住所地的人民法院均有管辖权。

⑤因公司设立、确认股东资格、分配利润、解散等纠纷提起的诉讼，由公司住所地的人民法院管辖。

⑥因铁路、公路、水上和航空事故请求损害赔偿提起的诉讼，由事故发生地或者车辆、船舶最先到达地，航空器最先降落地或者被告住所地的人民法院管辖。

⑦因铁路、公路、水上、航空运输和联合运输合同纠纷提起的诉讼，由运输始发地、目的地或者被告住所地的人民法院管辖。

⑧因船舶碰撞或者其他海事损害事故请求损害赔偿提起的诉讼，由碰撞发生地、碰撞船舶最先到达地、加害船舶被扣留地或者被告住所地的人民法院管辖。

⑨因海难救助费用提起的诉讼，由救助地或者被救助船舶最先到达地的人民法院管辖。

⑩因共同海损提起的诉讼，由船舶最先到达地、共同海损理算地或者航程终止地的人民法院管辖。

(3) 专属管辖

专属管辖，是指法律强制规定某案件必须由特定的人民法院管辖，其他人民法院无权管辖，当事人也不得协议变更的管辖。专属管辖的案件主要有三类：①因不动产纠纷提起的诉讼，由不动产所在地人民法院管辖；②因港口作业中发生纠纷提起的诉讼，由港口所在地人民法院管辖；③因继承遗产纠纷提起的诉讼，由被继承人死亡时住所地或者主要遗产所在地人民法院管辖。

(4) 协议管辖

协议管辖又称合意管辖或者约定管辖，即双方当事人在合同纠纷或者其他财产权益纠纷发生之前或发生之后，以协议的方式选择解决他们之间纠纷的管辖人民法院。合同纠纷或者其他财产权益纠纷的当事人可以书面协议选择被告住所地、合同履行地、合同签订地、原告住所地、标的物所在地等与争议有实际联系的地点的人民法院管辖，但不得违反《民事诉讼法》对级别管辖和专属管辖的规定。

(5) 共同管辖和选择管辖

两个以上人民法院都有管辖权（共同管辖）的诉讼，原告可以向其中一个法院起诉（选择管辖）；原告向两个以上有管辖权的法院起诉的，由最先立案的法院管辖。

(四)诉讼时效

1. 诉讼时效的概念

诉讼时效，是指权利人在法定期间内不行使权利而失去诉讼保护的制度。诉讼时效期间，是指权利人请求法院或仲裁机关保护其民事权利的法定期间。

诉讼时效期间届满，权利人丧失的是胜诉权，即丧失依诉讼程序强制义务人履行义务的权利。诉讼时效期间届满的，义务人可以提出不履行义务的抗辩。诉讼时效期间届满后，义务人同意履行的，不得以诉讼时效期间届满为由抗辩；义务人已自愿履行的，不得请求返还。人民法院不得主动适用诉讼时效的规定。

【注意】诉讼时效的期间、计算方法以及中止、中断的事由由法律规定,当事人约定无效。

2.诉讼时效期间

(1)普通诉讼时效期间。《民法典》第188条规定,向人民法院请求保护民事权利的诉讼时效期间为3年;法律另有规定的,依照其规定。

(2)最长诉讼时效期间。诉讼时效期间自权利人知道或者应当知道权利受到损害以及义务人之日起计算;法律另有规定的,依照其规定。但是,自权利受到损害之日起超过20年的,人民法院不予保护;有特殊情况的,人民法院可以根据权利人的申请决定延长。

3.诉讼时效的中止

《民法典》第914条规定,在诉讼时效期间的最后6个月内,因下列障碍而不能行使请求权的,诉讼时效中止:①不可抗力;②无民事行为能力人或者限制民事行为能力人没有法定代理人,或者法定代理人死亡、丧失民事行为能力、丧失代理权;③继承开始后未确定继承人或者遗产管理人;④权利人被义务人或者其他人控制;⑤其他导致权利人不能行使请求权的障碍。

【注意】自中止时效的原因消除之日起满6个月,诉讼时效期间届满。

4.诉讼时效的中断

《民法典》第915条规定,有下列情形之一的,诉讼时效中断,从中断、有关程序终结时起,诉讼时效期间重新计算:①权利人向义务人提出履行请求;②义务人同意履行义务;③权利人提起诉讼或者申请仲裁;④与提起诉讼或者申请仲裁具有同等效力的其他情形。

5.不适用诉讼时效的情形

下列请求权不适用诉讼时效的规定:①请求停止侵害、排除妨碍、消除危险;②不动产物权和登记的动产物权的权利人请求返还财产;③请求支付抚养费、赡养费或者扶养费;④依法不适用诉讼时效的其他请求权。

(五)判决和执行

1.调解

人民法院审理民事案件,根据当事人自愿的原则,在事实清楚的基础上,分清是非,进行调解。当事人一方或者双方坚持不愿调解的,应当及时裁判。人民法院审理离婚案件,应当进行调解,但不应久调不决。适用特别程序、督促程序、公示催告程序的案件,婚姻等身份关系确认案件以及其他根据案件性质不能调解的案件,不得调解。

除特别情况外,调解达成协议,人民法院应当制作调解书。调解书应当写明诉讼请求、案件的事实和调解结果。调解书由审判人员、书记员署名,加盖人民法院印章,送达双方当事人。调解书经双方当事人签收后,即具有法律效力。

2.判决

当事人不服地方人民法院第一审判决的,有权在判决书送达之日起15日内向上一级人民法院提起上诉。最高人民法院的一审判决,以及依法不准上诉或者超过上诉期没有上诉的一审判决,是发生法律效力的判决。第二审法院的判决是终审的判决,也就是发生法律效力的判决。

3.执行

发生法律效力的民事判决、裁定,当事人必须履行。一方拒绝履行的,对方当事人可以向人民法院申请执行,也可以由审判员移送执行员执行。

调解书和其他应当由人民法院执行的法律文书,当事人必须履行。一方拒绝履行的,对方当事人可以向人民法院申请执行。

对于发生法律效力的民事判决、裁定,以及刑事判决、裁定中的财产部分,由第一审法院或者与第一审人民法院同级的被执行的财产所在地人民法院执行；法律规定由人民法院执行的其他法律文书，则由被执行人住所地或者被执行的财产所在地人民法院执行。

四、行政复议

行政复议，是指国家行政机关在依照法律、法规的规定履行对社会的行政管理职责过程中，作为行政管理主体的行政机关一方与作为行政管理相对人的公司、法人或者其他组织一方，对于法律规定范围内的具体行政行为发生的争议，由行政管理相对人向做出具体行政行为的行政机关的上一级行政机关或者法律规定的其他行政机关提出申请，由该行政机关对引起争议的具体行政行为进行审查，并做出相应决定的一种行政监督活动。行政复议是国家保护公民免受行政机关具体行政行为不法侵害的一种重要的法律制度。

1999年4月29日，第九届全国人民代表大会常务委员会第9次会议通过，历经2009年、2017年、2023年三次修正的《中华人民共和国行政复议法》（简称《行政复议法》）[①]和2007年5月29日国务院发布的《中华人民共和国行政复议法实施条例》（国务院令第499号），是行政复议活动进行的基本法律依据。

（一）行政复议范围

公民、法人或者其他组织认为行政机关的具体行政行为侵犯其合法权益，符合《行政复议法》规定范围内的，可以申请行政复议。

1. 可以申请行政复议的事项

有下列情形之一的，公民、法人或者其他组织可以依照本法申请行政复议：①对行政机关作出的行政处罚决定不服；②对行政机关作出的行政强制措施、行政强制执行决定不服；③申请行政许可，行政机关拒绝或者在法定期限内不予答复，或者对行政机关作出的有关行政许可的其他决定不服；④对行政机关作出的确认自然资源的所有权或者使用权的决定不服；⑤对行政机关作出的征收征用决定及其补偿决定不服；⑥对行政机关作出的赔偿决定或者不予赔偿决定不服；⑦对行政机关作出的不予受理工伤认定申请的决定或者工伤认定结论不服；⑧认为行政机关侵犯其经营自主权或者农村土地承包经营权、农村土地经营权；⑨认为行政机关滥用行政权力排除或者限制竞争；⑩认为行政机关违法集资、摊派费用或者违法要求履行其他义务；⑪申请行政机关履行保护人身权利、财产权利、受教育权利等合法权益的法定职责，行政机关拒绝履行、未依法履行或者不予答复；⑫申请行政机关依法给付抚恤金、社会保险待遇或者最低生活保障等社会保障，行政机关没有依法给付；⑬认为行政机关不依法订立、不依法履行、未按照约定履行或者违法变更、解除政府特许经营协议、土地房屋征收补偿协议等行政协议；⑭认为行政机关在政府信息公开工作中侵犯其合法权益；⑮认为行政机关的其他行政行为侵犯其合法权益。

2. 行政复议的排除事项

下列事项不属于行政复议范围：①国防、外交等国家行为；②行政法规、规章或者行政机关制定、发布的具有普遍约束力的决定、命令等规范性文件；③行政机关对行政机关工作人员的奖惩、任免等决定；④行政机关对民事纠纷作出的调解。

（二）行政复议申请和受理

1. 行政复议申请

公民、法人或者其他组织认为行政行为侵犯其合法权益的，可以自知道或者应当知道该行政行

---

① 2023年9月1日第十四届全国人民代表大会常务委员会第五次会议修订的《中华人民共和国行政复议法》，自2024年1月1日起施行。

为之日起60日内提出行政复议申请;但是法律规定的申请期限超过60日的除外。

因不可抗力或者其他正当理由耽误法定申请期限的,申请期限自障碍消除之日起继续计算。

行政机关做出行政行为时,未告知公民、法人或者其他组织申请行政复议的权利、行政复议机关和申请期限的,申请期限自公民、法人或者其他组织知道或者应当知道申请行政复议的权利、行政复议机关和申请期限之日起计算,但是自知道或者应当知道行政行为内容之日起最长不得超过1年。

因不动产提出的行政复议申请自行政行为作出之日起超过20年,其他行政复议申请自行政行为作出之日起超过5年的,行政复议机关不予受理。

申请人申请行政复议,可以书面申请;书面申请有困难的,也可以口头申请。①书面申请的,可以通过邮寄或者行政复议机关指定的互联网渠道等方式提交行政复议申请书,也可以当面提交行政复议申请书。行政机关通过互联网渠道送达行政行为决定书的,应当同时提供提交行政复议申请书的互联网渠道。②口头申请的,行政复议机关应当当场记录申请人的基本情况、行政复议请求,以及申请行政复议的主要事实、理由和时间。

【提示】申请人对两个以上行政行为不服的,应当分别申请行政复议。

有下列情形之一的,申请人应当先向行政复议机关申请行政复议,对行政复议决定不服的,可以再依法向人民法院提起行政诉讼:①对当场作出的行政处罚决定不服;②对行政机关作出的侵犯其已经依法取得的自然资源的所有权或者使用权的决定不服;③认为行政机关存在规定的未履行法定职责情形;④申请政府信息公开,行政机关不予公开;⑤法律、行政法规规定应当先向行政复议机关申请行政复议的其他情形。

行政复议机关受理行政复议申请,不得向申请人收取任何费用。行政复议期间具体行政行为不停止执行。但是,有下列情形之一的,可以停止执行:①被申请人认为需要停止执行的;②行政复议机关认为需要停止执行的;③申请人申请停止执行,行政复议机关认为其要求合理,决定停止执行的;④法律规定停止执行的。

2.行政复议受理

行政复议机关收到行政复议申请后,应当在5日内进行审查。对符合下列规定的,行政复议机关应当予以受理:①有明确的申请人和符合规定的被申请人;②申请人与被申请行政复议的行政行为有利害关系;③有具体的行政复议请求和理由;④在法定申请期限内提出;⑤属于本法规定的行政复议范围;⑥属于本机关的管辖范围;⑦行政复议机关未受理过该申请人就同一行政行为提出的行政复议申请,并且人民法院未受理过该申请人就同一行政行为提起的行政诉讼。

对不符合规定的行政复议申请,行政复议机关应当在审查期限内决定不予受理并说明理由;不属于本机关管辖的,还应当在不予受理决定中告知申请人有管辖权的行政复议机关。

行政复议申请的审查期限届满,行政复议机关未作出不予受理决定的,审查期限届满之日起视为受理。

行政复议申请材料不齐全或者表述不清楚,无法判断行政复议申请是否符合《行政复议法》第30条第1款规定的,行政复议机关应当自收到申请之日起5日内书面通知申请人补正。补正通知应当一次性载明需要补正的事项。

申请人应当自收到补正通知之日起10日内提交补正材料。有正当理由不能按期补正的,行政复议机关可以延长合理的补正期限。无正当理由逾期不补正的,视为申请人放弃行政复议申请,并记录在案。

对当场作出或者依据电子技术监控设备记录的违法事实作出的行政处罚决定不服申请行政复议的,可以通过作出行政处罚决定的行政机关提交行政复议申请。

行政机关收到行政复议申请后,应当及时处理;认为需要维持行政处罚决定的,应当自收到行政复议申请之日起5日内转送行政复议机关。

行政复议机关受理行政复议申请后,发现该行政复议申请不符合规定的,应当决定驳回申请并说明理由。

法律、行政法规规定应当先向行政复议机关申请行政复议、对行政复议决定不服再向人民法院提起行政诉讼的,行政复议机关决定不予受理、驳回申请或者受理后超过行政复议期限不作答复的,公民、法人或者其他组织可以自收到决定书之日起或者行政复议期限届满之日起15日内,依法向人民法院提起行政诉讼。

公民、法人或者其他组织依法提出行政复议申请,行政复议机关无正当理由不予受理、驳回申请或者受理后超过行政复议期限不作答复的,申请人有权向上级行政机关反映,上级行政机关应当责令其纠正;必要时,上级行政复议机关可以直接受理。

(三)行政复议参加人和行政复议机关

1. 行政复议参加人

行政复议参加人,是指具体参加行政复议活动全过程,以保护其合法权益不受非法侵害的人,包括申请人、被申请人和第三人。依照《行政复议法》第11条的规定,申请行政复议的公民、法人或者其他组织是申请人,做出具体行政行为的行政机关是被申请人。同申请行政复议的具体行政行为有利害关系的其他公民、法人或者其他组织,可以作为第三人参加行政复议。第三人不参加行政复议,不影响行政复议案件的受理。

2. 行政复议机关

依照《行政复议法》履行行政复议职责的行政机关是行政复议机关。

(1)对省、自治区、直辖市人民政府依照本法第24条第2款的规定、国务院部门依照规定作出的行政复议决定不服的,可以向人民法院提起行政诉讼;也可以向国务院申请裁决,国务院依照规定作出最终裁决。

(2)对海关、金融、外汇管理等实行垂直领导的行政机关、税务和国家安全机关的行政行为不服的,向上一级主管部门申请行政复议。

(3)对履行行政复议机构职责的地方人民政府司法行政部门的行政行为不服的,可以向本级人民政府申请行政复议,也可以向上一级司法行政部门申请行政复议。

(4)公民、法人或者其他组织申请行政复议,行政复议机关已经依法受理的,在行政复议期间不得向人民法院提起行政诉讼。公民、法人或者其他组织向人民法院提起行政诉讼,人民法院已经依法受理的,不得申请行政复议。

(四)行政复议决定

行政复议机关依照《行政复议法》审理行政复议案件,由行政复议机构对行政行为进行审查,提出意见,经行政复议机关的负责人同意或者集体讨论通过后,以行政复议机关的名义作出行政复议决定。

提请行政复议委员会提出咨询意见的行政复议案件,行政复议机关应当将咨询意见作为作出行政复议决定的重要参考依据。

适用普通程序审理的行政复议案件,行政复议机关应当自受理申请之日起60日内作出行政复议决定;但是法律规定的行政复议期限少于60日的除外。情况复杂,不能在规定期限内作出行政复议决定的,经行政复议机构的负责人批准,可以适当延长,并书面告知当事人;但是延长期限最多不得超过30日。

【提示】适用简易程序审理的行政复议案件,行政复议机关应当自受理申请之日起30日内作出行政复议决定。

行政行为有下列情形之一的,行政复议机关决定变更该行政行为:①事实清楚、证据确凿、适用依据正确、程序合法,但是内容不适当;②事实清楚、证据确凿、程序合法,但是未正确适用依据;③事实不清、证据不足,经行政复议机关查清事实和证据。

【注意】行政复议机关不得作出对申请人更为不利的变更决定,但是第三人提出相反请求的除外。

行政行为有下列情形之一的,行政复议机关决定撤销或者部分撤销该行政行为,并可以责令被申请人在一定期限内重新做出行政行为:①主要事实不清、证据不足;②违反法定程序;③适用的依据不合法;④超越职权或者滥用职权。

行政复议机关责令被申请人重新做出行政行为的,被申请人不得以同一事实和理由做出与被申请行政复议的行政行为相同或者基本相同的行政行为,但是行政复议机关以违反法定程序为由决定撤销或者部分撤销的除外。

行政行为有下列情形之一的,行政复议机关不撤销该行政行为,但是确认该行政行为违法:①依法应予撤销,但是撤销会给国家利益、社会公共利益造成重大损害;②程序轻微违法,但是对申请人权利不产生实际影响。

行政行为有下列情形之一,不需要撤销或者责令履行的,行政复议机关确认该行政行为违法:①行政行为违法,但是不具有可撤销内容;②被申请人改变原违法行政行为,申请人仍要求撤销或者确认该行政行为违法;③被申请人不履行或者拖延履行法定职责,责令履行没有意义。

被申请人不履行法定职责的,行政复议机关决定被申请人在一定期限内履行。

行政行为有实施主体不具有行政主体资格或者没有依据等重大且明显违法情形,申请人申请确认行政行为无效的,行政复议机关确认该行政行为无效。行政行为认定事实清楚、证据确凿、适用依据正确、程序合法、内容适当的,行政复议机关决定维持该行政行为。行政复议机关受理申请人认为被申请人不履行法定职责的行政复议申请后,发现被申请人没有相应法定职责或者在受理前已经履行法定职责的,决定驳回申请人的行政复议请求。

被申请人不按照规定提出书面答复,提交做出行政行为的证据、依据和其他有关材料的,视为该行政行为没有证据、依据,行政复议机关决定撤销、部分撤销该行政行为,确认该行政行为违法、无效或者决定被申请人在一定期限内履行,但是行政行为涉及第三人合法权益,第三人提供证据的除外。

被申请人不依法订立、不依法履行、未按照约定履行或者违法变更、解除行政协议的,行政复议机关决定被申请人承担依法订立、继续履行、采取补救措施或者赔偿损失等责任。

被申请人变更、解除行政协议合法,但是未依法给予补偿或者补偿不合理的,行政复议机关决定被申请人依法给予合理补偿。

申请人在申请行政复议时一并提出行政赔偿请求,行政复议机关对依照《中华人民共和国国家赔偿法》的有关规定应当不予赔偿的,在作出行政复议决定时,应当同时决定驳回行政赔偿请求;对符合《中华人民共和国国家赔偿法》的有关规定应当给予赔偿的,在决定撤销或者部分撤销、变更行政行为或者确认行政行为违法、无效时,应当同时决定被申请人依法给予赔偿;确认行政行为违法的,还可以同时责令被申请人采取补救措施。

申请人在申请行政复议时没有提出行政赔偿请求的,行政复议机关在依法决定撤销或者部分撤销、变更罚款,撤销或者部分撤销违法集资、没收财物、征收征用、摊派费用以及对财产的查封、扣押、冻结等行政行为时,应当同时责令被申请人返还财产,解除对财产的查封、扣押、冻结措施,或者赔偿相应的价款。

当事人经调解达成协议的,行政复议机关应当制作行政复议调解书,经各方当事人签字或者签章,并加盖行政复议机关印章,即具有法律效力。调解未达成协议或者调解书生效前一方反悔的,行政复议机关应当依法审查或者及时作出行政复议决定。

当事人在行政复议决定作出前可以自愿达成和解,和解内容不得损害国家利益、社会公共利益和他人合法权益,不得违反法律、法规的强制性规定。当事人达成和解后,由申请人向行政复议机构撤回行政复议申请。行政复议机构准予撤回行政复议申请、行政复议机关决定终止行政复议的,申请人不得再以同一事实和理由提出行政复议申请。但是,申请人能够证明撤回行政复议申请违背其真实意愿的除外。

行政复议机关作出行政复议决定,应当制作行政复议决定书,并加盖行政复议机关印章。行政复议决定书一经送达,即发生法律效力。

行政复议机关在办理行政复议案件过程中,发现被申请人或者其他下级行政机关的有关行政行为违法或者不当的,可以向其制发行政复议意见书。有关机关应当自收到行政复议意见书之日起60日内,将纠正相关违法或者不当行政行为的情况报送行政复议机关。

被申请人应当履行行政复议决定书、调解书、意见书。被申请人不履行或者无正当理由拖延履行行政复议决定书、调解书、意见书的,行政复议机关或者有关上级行政机关应当责令其限期履行,并可以约谈被申请人的有关负责人或者予以通报批评。

申请人、第三人逾期不起诉又不履行行政复议决定书、调解书的,或者不履行最终裁决的行政复议决定的,按照下列规定分别处理:①维持行政行为的行政复议决定书,由做出行政行为的行政机关依法强制执行,或者申请人民法院强制执行;②变更行政行为的行政复议决定书,由行政复议机关依法强制执行,或者申请人民法院强制执行;③行政复议调解书,由行政复议机关依法强制执行,或者申请人民法院强制执行。

行政复议机关根据被申请行政复议的行政行为的公开情况,按照国家有关规定将行政复议决定书向社会公开。县级以上地方各级人民政府办理以本级人民政府工作部门为被申请人的行政复议案件,应当将发生法律效力的行政复议决定书、意见书同时抄告被申请人的上一级主管部门。

五、行政诉讼

拓展阅读1-5
中华人民共和国行政诉讼法

行政诉讼,是指公民、法人或者其他组织认为行政机关或法律、法规授权的组织的行政行为侵犯其合法权益,依法向人民法院请求司法保护,人民法院通过对被诉行政行为的合法性进行审查,在双方当事人和其他诉讼参与人的参与下,对该行政争议进行审理和裁判的司法活动。1989年4月4日,由第七届全国人民代表大会第2次会议通过、2014年11月1日第十二届全国人民代表大会常务委员会第十一次会议第一次修正,2017年6月27日第十二届全国人民代表大会常务委员会第二十八次会议第二次修正的《中华人民共和国行政诉讼法》(简称《行政诉讼法》)是行政诉讼的法律依据。在我国,行政诉讼与刑事诉讼、民事诉讼并称为三大诉讼,是国家诉讼制度的基本形式之一。行政诉讼也是行政法制监督的一种特殊形式。

(一)行政诉讼的适用范围

公民、法人或者其他组织认为行政机关和行政机关工作人员的具体行政行为侵犯其合法权益,有权向人民法院提起行政诉讼。

人民法院受理公民、法人和其他组织提起的下列行政诉讼:

(1)对行政拘留、暂扣或者吊销许可证和执照、责令停产停业、没收违法所得、没收非法财物、罚款、警告等行政处罚不服的。

(2)对限制人身自由或者对财产的查封、扣押、冻结等行政强制措施和行政强制执行不服的。

(3)申请行政许可,行政机关拒绝或者在法定期限内不予答复,或者对行政机关作出的有关行政许可的其他决定不服的。

(4)对行政机关作出的关于确认土地、矿藏、水流、森林、山岭、草原、荒地、滩涂、海域等自然资源的所有权或者使用权的决定不服的。

(5)对征收、征用决定及其补偿决定不服的。

(6)申请行政机关履行保护人身权、财产权等合法权益的法定职责,行政机关拒绝履行或者不予答复的。

(7)认为行政机关侵犯其经营自主权或者农村土地承包经营权、农村土地经营权的。

(8)认为行政机关滥用行政权力排除或者限制竞争的。

(9)认为行政机关违法集资、摊派费用或者违法要求履行其他义务的。

(10)认为行政机关没有依法支付抚恤金、最低生活保障待遇或者社会保险待遇的。

(11)认为行政机关不依法履行、未按照约定履行或者违法变更、解除政府特许经营协议、土地房屋征收补偿协议等协议的。

(12)认为行政机关侵犯其他人身权、财产权等合法权益的。

【提示】公民、法人或者其他组织认为行政行为所依据的国务院部门和地方人民政府及其部门制定的"规范性文件"(不含规章)不合法,在对行政行为提起诉讼时,可以一并请求对该"规范性文件"(不含规章)进行审查。

法院不受理公民、法人或者其他组织对下列事项提起的诉讼:

(1)国防、外交等国家行为。

(2)行政法规、规章或者行政机关制定、发布的具有普遍约束力的决定、命令。

(3)行政机关对行政机关工作人员的奖惩、任免等决定。

(4)法律规定由行政机关最终裁决的具体行政行为。

【提示】当事人对"行政机关对行政机关工作人员的奖惩、任免决定"不服,既不能提起行政复议,也不能提起行政诉讼。

(二)行政诉讼管辖

1. 级别管辖

基层人民法院管辖第一审行政案件,中级人民法院管辖下列第一审行政案件:①海关处理的案件;②对国务院各部门或者县级以上地方人民政府所做的行政行为提起诉讼的案件;③本辖区内重大、复杂的案件;④其他法律规定由中级人民法院管辖的案件。

2. 地域管辖

行政案件由最初做出具体行政行为的行政机关所在地人民法院管辖。经复议的案件,也可以由复议机关所在地人民法院管辖。对限制人身自由的行政强制措施不服提起的诉讼,由被告所在地或者原告所在地人民法院管辖。因不动产提起的行政诉讼,由不动产所在地人民法院管辖。

(三)起诉和受理

对属于人民法院受案范围的行政案件,公民、法人或者其他组织可以先向行政机关申请复议,对复议决定不服的,再向人民法院提起诉讼;也可以直接向人民法院提起诉讼。

公民、法人或者其他组织申请行政复议,行政复议机关已经依法受理的,或者法律、法规规定应当先向行政复议机关申请行政复议、对行政复议决定不服再向人民法院提起行政诉讼的,在法定行政复议期限内不得向人民法院提起行政诉讼。

法律、法规规定应当先向行政复议机关申请行政复议、对行政复议决定不服再向人民法院提起行政诉讼的,行政复议机关决定不予受理或者受理后超过行政复议期限不作答复的,公民、法人或者其他组织可以自收到不予受理决定书之日起或者行政复议期满之日起15日内,依法向人民法院提起行政诉讼。

公民、法人或者其他组织直接向人民法院提起诉讼的,应当自知道或者应当知道做出具体行政行为之日起6个月内提出,法律另有规定的除外。因不动产提起诉讼的案件自行政行为做出之日起超过20年,其他案件自行政行为做出之日起超过5年提起诉讼的,人民法院不予受理。

公民、法人或者其他组织因不可抗力或者其他不属于其自身的原因耽误起诉期限的,在障碍消除后10日内,可以申请延长期限,是否准许由人民法院决定。

人民法院在接到起诉状时对符合法律规定的起诉条件的,应当登记立案。对当场不能判定是否符合法律规定的起诉条件的,应当接收起诉状,出具注明收到日期的书面凭证,并在7日内决定是否立案。不符合起诉条件的,做出不予立案的裁定。裁定书应当载明不予立案的理由。原告对裁定不服的,可以提起上诉。

公民、法人或者其他组织认为行政行为所依据的国务院部门和地方人民政府及其他部门制定的规范性文件(不含规章)不合法,在对行政行为提起诉讼时,可以一并请求对该规范性文件进行审查。

(四)审理和判决

人民法院公开审理行政案件,但涉及国家秘密、个人隐私和法律另有规定的除外。人民法院审理行政案件,不适用调解。但是,行政赔偿、补偿以及行政机关行使法律、法规规定的自由裁量权的案件可以调解。

人民法院审理行政案件,以法律和行政法规、地方性法规为依据。地方性法规适用于本行政区域内发生的行政案件。人民法院审理民族自治地方的行政案件,应以该民族自治地方的自治条例和单行条例为依据。人民法院审理行政案件,参照规章。

人民法院应当在立案之日起6个月内做出第一审判决。当事人不服人民法院第一审判决的,有权在判决书送达之日起15日内向上一级人民法院提起上诉。当事人不服人民法院第一审裁定的,有权在裁定书送达之日起10日内向上一级人民法院提起上诉。逾期不提起上诉的,人民法院的第一审判决或裁定发生法律效力。

任务三 法律责任

一、法律责任的概念

法律责任这一概念可以从正反两个方面理解,即积极意义(正面)的法律责任与消极意义(反面)的法律责任。积极意义上的法律责任,是指所有组织和个人都有遵守法律的义务,即将法律责任与法律义务含义等同,也称广义的法律责任。现行立法所用的法律责任是一种消极意义上的法律责任,是指法律关系主体由于违反法定的义务而应承担的不利的法律后果,也称狭义的法律责任。

二、法律责任的种类

根据我国法律的有关规定,可将法律责任分为民事责任、行政责任和刑事责任三种,也有人将民事责任和行政责任中的经济内容部分称为经济责任。

（一）民事责任

民事责任，是指民事主体违反了约定或法定的义务所应承担的不利民事法律后果。根据《民法典》的规定，承担民事责任的主要形式有以下11种：

(1)停止侵害。这种责任形式适用于侵权行为正在进行或仍在延续中，受害人可依法要求侵害人立即停止其侵害行为。

(2)排除妨碍。不法行为人实施的侵害行为使受害人无法行使或不能正常行使自己的财产权利、人身权利的，受害人有权请求排除妨碍。

(3)消除危险。行为人的行为对他人人身和财产安全造成威胁，或存在着侵害他人人身或者财产的可能，他人有权要求行为人采取有效措施消除危险。

(4)返还财产。不法行为人非法占有财产，权利人有权要求其返还。

(5)恢复原状。这是指恢复权利被侵害前的原有状态。

(6)修理、重作、更换。这是指将被损害的财产通过修理、重新制作或者更换损坏的部分，使财产恢复到原有正常状态。

(7)继续履行。这是指行为人不履行或者不当履行合同义务，另一方合同当事人有权要求违反合同义务的行为人承担继续履行合同义务的责任。

(8)赔偿损失。这是指行为人因违反合同或者侵权行为而给他人造成损害，应以其财产赔偿受害人所受的损失。

(9)支付违约金。这是指行为人因违反合同规定的义务，而应按照合同的规定，向权利人支付一定数额的货币作为违约的惩罚或补偿。

(10)消除影响，恢复名誉。这是指行为人因其侵害了公民或者法人的人格、名誉而应承担的，在影响所及的范围内消除不良后果，将受害人的名誉恢复到未受侵害时的状态。

(11)赔礼道歉。这是指违法行为人向受害人公开认错、表示歉意的责任形式，既可由加害人向受害人口头表示，也可以由加害人以写道歉书的形式进行。

【注意】以上承担民事责任的方式，可以单独适用，也可以合并适用。

（二）行政责任

行政责任，是指违反法律法规规定的单位和个人所应承受的由国家行政机关或国家授权单位对其依行政程序所给予的制裁。行政责任包括行政处罚和行政处分。

1.行政处罚

行政处罚，是指行政主体对行政相对人违反行政法律规范尚未构成犯罪的行为所给予的法律制裁。行政处罚分为人身自由罚(行政拘留)、行为罚(责令停产停业、吊销或暂扣许可证和执照)、财产罚(罚款、没收财物)和声誉罚(警告)等多种形式。根据《行政处罚法》的规定，行政处罚的具体种类有：

(1)警告，是行政主体对违法者实施的一种书面形式的谴责和告诫。

(2)罚款，是指行政主体强制违法相对方承担金钱给付义务的处罚形式。

(3)没收违法所得、没收非法财物，是由行政主体实施的将行政违法行为人的违法收入、物品或者其他非法占有的财物收归国家所有的处罚形式。

(4)责令停产停业，是限制违法相对方从事生产经营活动的处罚形式。一般常附有限期整顿的要求，如果受罚人在限期内纠正了违法行为，则可恢复生产、营业。

(5)暂扣或者吊销许可证、暂扣或者吊销执照，是禁止违法相对方从事某种特许权利或资格的处罚，即行政主体依法收回或暂扣违法者已获得的从事某种活动的权利或资格证书。吊销许可证、执照是对违法者从事某种活动或者其享有的某种资格的彻底取消的处罚；而暂扣许可证和执照，则是中止行为人从事某项活动的资格,待行为人改正以后或经过一定期限后再发还的处罚。

(6)行政拘留,是对违反治安管理的人,依法在短期内限制其人身自由的处罚。

(7)法律、行政法规规定的其他行政处罚。

2.行政处分

行政处分,是指对违反法律规定的国家机关工作人员或被授权、委托的执法人员所实施的内部制裁措施。

根据《中华人民共和国公务员法》,对因违法违纪应当承担纪律责任的公务员给予的行政处分种类有警告、记过、记大过、降级、撤职、开除六类。

做中学 1—5

下列法律责任形式中,属于行政责任的有(　　)。(多项选择题)

A.记过　　　　　B.撤职　　　　　C.行政拘留　　　　　D.没收违法所得

答案:ABCD。

解析:行政责任分为行政处罚和行政处分。①行政处罚包括:警告、罚款、没收违法所得(选项D)、没收非法财物、责令停产停业、暂扣或吊销许可证、暂扣或者吊销执照、行政拘留(选项C)。②行政处分包括:警告、记过(选项A)、记大过、降级、撤职(选项B)、开除。

(三)刑事责任

刑事责任,是指触犯刑法的犯罪人所应承受的由国家审判机关(法院)依照刑事法律给予的制裁后果,即刑罚。刑罚是法律责任中最严厉的责任形式,分为主刑和附加刑两类。

1.主刑

主刑是对犯罪分子适用的主要刑罚方法,包括:

(1)管制,是对犯罪分子不实行关押,但是限制其一定的自由,交由公安机关管束和监督的刑罚方法。期限为3个月以上2年以下。

(2)拘役,是剥夺犯罪分子短期的人身自由的刑罚方法,由公安机关就近执行的刑罚方法。期限为1个月以上6个月以下。

(3)有期徒刑,是剥夺犯罪分子一定期限的人身自由,实行劳动改造的刑罚方法。期限为6个月以上15年以下。

(4)无期徒刑,是剥夺犯罪分子终身自由,实行劳动改造的刑罚方法。

(5)死刑,是剥夺犯罪分子生命的刑罚方法。死刑只适用于罪行极其严重的犯罪分子。对于应当判处死刑的犯罪分子,如果不是必须立即执行的,可以判处死刑,同时宣告缓期2年执行。

2.附加刑

附加刑是补充、辅助主刑适用的刑罚方法。附加刑可以附加于主刑之后作为主刑的补充,同主刑一起适用,也可以独立适用。附加刑包括:

(1)罚金,是强制犯罪分子或者犯罪的单位向国家缴纳一定数额金钱的刑罚方法。

(2)剥夺政治权利,是剥夺犯罪分子参加国家管理和政治活动权利的刑罚方法。剥夺的具体政治权利包括:选举权和被选举权;言论、出版、集会、结社、游行、示威自由的权利;担任国家机关职务的权利;担任国有公司或企业、事业单位和人民团体领导职务的权利。

(3)没收财产,是没收犯罪分子个人所有财产的一部分或者全部,强制无偿地收归国有的刑罚方法。

(4)驱逐出境,是强迫犯罪的外国人离开中国国(边)境的刑罚方法。

一人犯数罪的,除判处死刑和无期徒刑的以外,应当在总和刑期以下、数刑中最高刑期以上,酌情决定执行的刑罚,但是管制最高不能超过3年,拘役最高不能超过1年,有期徒刑总和刑期不满35年的,最高不能超过20年;总和刑期在35年以上的,最高不能超过25年。数罪中有判处附加刑的,附加刑仍须执行,其中,附加刑种类相同的,合并执行;种类不同的,分别执行。

应知考核

一、单项选择题

1. 甲公司因生产的奶制品所含食品添加剂严重超标,被市场监督机构责令停产停业。甲公司承担的该项法律责任属于( )。
   A. 刑事责任　　　　B. 行政处分　　　　C. 民事责任　　　　D. 行政处罚

2. 下列各项中,属于刑事责任中主刑的是( )。
   A. 管制　　　　　　B. 赔偿损失　　　　C. 没收财产　　　　D. 罚金

3. 下列主体中,属于非法人组织的是( )。
   A. 基金会　　　　　B. 有限责任公司　　C. 事业单位　　　　D. 合伙企业

4. 赵某,15周岁,系甲省体操队专业运动员,月收入3 000元,完全能够满足自己生活所需。下列关于赵某民事行为能力的表述中,正确的是( )。
   A. 赵某视为完全民事行为能力人　　　　B. 赵某属于完全民事行为能力人
   C. 赵某属于限制民事行为能力人　　　　D. 赵某属于无民事行为能力人

5. 下列各项中,属于法律行为的是( )。
   A. 流星陨落　　　　B. 签发支票　　　　C. 火山爆发　　　　D. 台风登陆

6. 下列法律责任形式中,属于行政责任形式的是( )。
   A. 责令停产停业　　B. 支付违约金　　　C. 继续履行　　　　D. 赔偿损失

7. 下列法律事实中,属于法律事件的是( )。
   A. 赠与房屋　　　　B. 书立遗嘱　　　　C. 火山喷发　　　　D. 登记结婚

8. 根据我国《民法典》的规定,向人民法院请求保护民事权利的诉讼时效期间为( ),法律另有规定的,依照其规定。
   A. 1年　　　　　　B. 2年　　　　　　C. 3年　　　　　　D. 5年

9. 下列各项中,属于行政复议范围的是( )。
   A. 赵某对市场督管理局暂扣其营业执照的决定不服而引起的纠纷
   B. 王某对税务局将其调职到其他单位的决定不服而引起的纠纷
   C. 张某对交通局与其解除劳动合同的决定不服而引起的纠纷
   D. 李某对环保局给予其撤职处分决定不服而引起的纠纷

10. 下列法律责任形式中,属于行政处罚的是( )。
    A. 记过　　　　　　B. 罚款　　　　　　C. 开除　　　　　　D. 降级

二、多项选择题

1. 下列纠纷中,当事人可以向行政复议机关申请行政复议的有( )。
   A. 李某对公安机关做出的给予其行政拘留决定不服引起的纠纷
   B. 甲公司对行政机关做出的查封其财产的行政强制措施决定不服引起的纠纷
   C. 杨某对所任职的税务局做出的免除其职务决定不服引起的纠纷
   D. 乙公司对市场监督机构做出的吊销其餐饮服务许可证决定不服引起的纠纷

2. 下列各项中,属于法律关系的客体的有( )。
A. 有价证券　　　B. 库存商品　　　C. 提供劳务行为　　　D. 智力成果
3. 下列关于自然人民事行为能力的说法中正确的有( )。
A. 年满18周岁的自然人是完全民事行为能力人
B. 不能辨认自己行为的成年人是限制民事行为能力人
C. 8周岁以下的自然人是无民事行为能力人
D. 16周岁以上的未成年人但以自己的劳动收入为主要生活来源的自然人是完全民事行为能力人
4. 下列纠纷中,当事人可以提请仲裁的有( )。
A. 王某和赵某的继承纠纷　　　B. 张某与丙公司的商品房买卖纠纷
C. 甲公司与乙公司的货物保管纠纷　　　D. 孙某和李某的离婚纠纷
5. 下列自然人中,属于限制民事行为能力人的有( )。
A. 范某,20周岁,有精神障碍,不能辨认自己的行为
B. 孙某,7周岁,不能辨认自己的行为
C. 周某,15周岁,系体操队专业运动员
D. 杨某,13周岁,系大学少年班在校大学生

三、判断题

1. 国务院制定和发布的规范性文件都是法律。（　　）
2. 对省级地方人民政府工作部门的具体行政行为不服的,只能向省级地方人民政府申请行政复议。（　　）
3. 当事人对仲裁协议的效力有异议的,可以请求仲裁委员会做出决定或者请求人民法院做出裁定。（　　）
4. 经济纠纷案件当事人只能向纠纷发生地仲裁机构提请仲裁。（　　）
5. 仲裁协议既能在纠纷发生前订立,也能在纠纷发生后订立。（　　）
6. 被告住所和经常居住地不一致,应以被告住所地为准。（　　）
7. 仲裁庭不能形成多数意见时,裁决应当由仲裁委员会主任做出。（　　）
8. 对终审民事判决,当事人不得上诉。（　　）
9. 因确认股东资格纠纷提起的民事诉讼,由公司住所地人民法院管辖。（　　）
10. 经过行政复议的行政诉讼案件,均由行政复议机关所在地人民法院管辖。（　　）

应会考核

一、不定项选择题

(一) 2024年6月1日,A市的甲公司和B市的乙公司在C市签订了一份货物买卖合同,同时签订了书面仲裁协议。合同中约定,甲公司向乙公司销售一批货物,双方应于2024年6月10日在D市付款交货。2024年6月10日,甲公司按约定交货后,乙公司认为甲公司的货物存在质量问题,不符合合同约定,遂拒绝付款。由此双方发生纠纷。

要求:根据上述资料,不考虑其他因素,分析回答下列问题。

1. 下列表述中,不正确的是( )。
A. 仲裁协议一经依法成立,即具有法律约束力

B.甲公司向人民法院起诉时未申明有仲裁协议的,人民法院受理后,乙公司在首次开庭前未对人民法院受理该案提出异议的,视为放弃仲裁协议,人民法院应当继续审理

C.甲公司向人民法院起诉时未申明有仲裁协议的,人民法院受理后,乙公司在人民法院首次开庭前提交仲裁协议的,人民法院应当驳回起诉

D.甲公司向人民法院起诉时未申明有仲裁协议的,人民法院受理后,乙公司在人民法院做出判决前提交仲裁协议的,人民法院应当驳回起诉

2.根据上述资料,下列表述中正确的是(　　)。

A.甲乙双方可以协议选定仲裁委员会,不受级别管辖和地域管辖的限制

B.甲乙双方可以协议仲裁不开庭进行

C.甲乙双方可以协议仲裁公开进行

D.申请仲裁后,甲乙双方可以自行和解,双方当事人达成和解协议,撤回仲裁申请后又反悔的,可以根据仲裁协议申请仲裁

3.甲公司选定X仲裁员,乙公司选定Y仲裁员,另外由仲裁委员会主任指定Z担任首席仲裁员,3人组成仲裁庭。仲裁庭做出裁决时产生了两种不同意见。下列表述中,正确的是(　　)。

A.按多数仲裁员的意见做出裁决　B.按首席仲裁员的意见做出裁决

C.提请仲裁委员会做出裁决　D.提请仲裁委员会主任做出裁决

4.仲裁裁决做出后,下列表述中,不正确的是(　　)。

A.仲裁庭在做出裁决前,可以先行调解

B.裁决书经双方当事人签收后,发生法律效力

C.如果甲公司对仲裁不服,可以向人民法院提起民事诉讼

D.如果甲公司不履行仲裁裁决,乙公司可以向人民法院申请执行

(二)请结合本项目的内容对(1)~(4)的内容进行分析:

(1)张某有祖传的玉雕一尊,委托德龙拍卖公司进行拍卖,最终被一家文化公司以140万元的价格买到。

(2)某省人大常务委员会认为一项法律的个别条款在适用上存在某些困难,并认为有必要对该条款作出法律解释。

(3)林某,9岁,系某小学三年级学生。一天放学回家路上遇到某公司业务员赵某向其推销一种名为"学习效率机"的低配置电脑,开价5 800元。林某信其言,用自己积攒的"压岁钱"1 000元交付了定金,并在分期付款合同上签了字。事后林某父母知晓此事,以"行为人对行为内容有重大误解"为由,要求赵某撤销合同并退款。

(4)甲京剧团与乙剧院签订合同演出某传统剧目一场,合同约定京剧团主要演员曾某、廖某、潘某出演剧中主要角色,剧院支付人民币1万元。演出当日,曾某在异地演出未能及时赶回,潘某生病在家,没有参加当天的演出,致使大部分观众退票,剧院实际损失1.5万元。后剧院向法院起诉京剧团,要求赔偿损失。

要求:根据上述(1)~(4)的资料,分析回答下列小题。

1.结合(1),分析下列表述正确的是(　　)。

A.这个事件中只有一种法律关系

B.在拍卖过程中,拍卖公司和竞拍者的关系属于隶属性的法律关系

C.在该案件涉及的法律关系中,法律关系的主体既有自然人也有法人

D.在本案中,导致拍卖成交的客观情况是法律事件

2.结合(2),根据我国宪法和立法法规定,该省人大常委会正确的做法是(　　)。

A. 对该条款直接作出法律解释
B. 提请全国人民代表大会常务委员会就该条款作出法律解释
C. 提请最高人民法院就该条款作出司法解释
D. 提请全国人民代表大会就该条款作出法律解释

3. 结合（3），下列（　　）理解是正确的。
A. 从法律角度看，林某表达的意思都是无效的
B. 林某不能辨别自己行为的性质，所以不享有人身自由
C. 林某父母要求撤销合同所持的理由是一种法律事实
D. 根据行为能力的原理，林某父母所持理由在本案中不成立

4. 结合（4），下列意见中（　　）为正确的。
A. 在这一事例中，法律关系主体仅为甲京剧团与乙剧院
B. 京剧团与剧院的法律关系为保护性法律关系
C. 京剧团与剧院的法律权利和法律义务都不是绝对的
D. 在这一事例中，法律权利和法律义务针对的主体是不特定的

二、案例分析题

甲公司与乙公司因合同纠纷诉至法院。法院经审理判决甲公司败诉，甲公司不服，提起上诉。二审法院判决驳回上诉，维持原判。二审法院判决的法律效力有哪些？

项目二　会计法律制度

● **知识目标**

　　了解：会计法律制度的概念及其构成；代理记账。
　　熟悉：会计工作管理体制；会计法律责任。
　　掌握：会计核算与会计监督；会计机构、会计岗位设置、会计人员。

● **技能目标**

　　能够填制和审核原始凭证与记账凭证；能够按照会计工作交接的程序做好会计交接工作；能够准确地界定会计核算与会计监督的联系和区别；能够准确判断会计不相容岗位设置。

● **素质目标**

　　运用所学的会计法律制度知识研究相关案例，培养和提高学生在特定业务情境中分析问题与决策设计的能力；结合行业规范或标准，运用会计法律知识分析行为的善恶，强化学生的职业道德素质。在今后实际工作中，财务人员应做到廉洁奉公，不违法乱纪，坚决抵制拜金主义和拜权主义。

● **思政目标**

　　习近平总书记指出，教育是国之大计、党之大计。培养什么人、怎么培养人、为谁培养人是教育的根本问题。育人的根本在于立德。能够在实践中做到深入业务活动，培养责任感和使命感，能以联系的、全面的、发展的观点看问题；通过会计法律制度知识，加强内部控制，遵守会计人员基本业务素养；树立崇高的职业道德和操守，养成"遵纪守法、诚信友善"的道德品质。

● **项目引例**

正确理解《会计法》

　　某上市公司财务部经理在组织会计人员学习会计法规知识的讨论会上说："《会计法》是从事财务会计工作的根本规范，我们一定要认真学习并贯彻好《会计法》。此外，只要认真执行会计行政法规和《企业会计准则》，坚持会计人员职业道德，就能把会计服务企业、服务经济的工作做好。"

思考：作为财务人员通过学习《会计法》知识，努力提高专业技能，加强职业认同感。你认为这位上市公司财务部经理的话是否正确？

● 知识精讲

任务一　会计法律制度概述

一、会计法律制度的概念

会计法律制度，是指国家权力机关和行政机关制定的各种会计规范性文件的总称，包括会计法律、会计行政法规、会计规章等。它是调整会计关系的法律规范。

会计机构和会计人员在办理会计事务的过程中，以及国家在管理会计工作的过程中发生的经济关系称为会计关系。例如，供销关系、债权债务关系、信贷关系、分配关系、税款征纳关系、管理与被管理关系等经济关系，就需要用会计法律制度来规范。

二、会计法律制度的构成

我国会计法律制度主要包括会计法律、会计行政法规、会计部门规章和地方性会计法规。

（一）会计法律

会计法律是指由全国人民代表大会及其常务委员会经过一定立法程序制定的有关会计工作的法律。我国目前有两部会计法律，分别是《中华人民共和国会计法》（简称《会计法》）和《中华人民共和国注册会计师法》（简称《注册会计师法》）。

1.《会计法》

《会计法》是会计法律制度中层次最高的法律规范，是制定其他会计法规的依据，也是指导会计工作的最高准则，在 2024 年 6 月 28 日由全国人民代表大会常务委员会第三次修正。《会计法》的立法宗旨是规范会计行为，保证会计资料的真实和完整，促进经济管理和财务管理，提高经济效益，维护社会主义市场的经济秩序。

拓展阅读2-1

中化人民共和国会计法

2.《注册会计师法》

《注册会计师法》是规范注册会计师及其行业行为规范的最高准则。早在 1986 年，国务院就颁布了《中华人民共和国注册会计师条例》，但由于当时没有经过全国人民代表大会的审议，只以行政法规的形式发布。直到 1993 年 10 月 31 日，第八届全国人民代表大会常务委员会第四次会议审议通过了《注册会计师法》，并于 1994 年 1 月 1 日起开始施行，才正式成为法律，2014 年 8 月 31 日第十二届全国人民代表大会常务委员会第十次会议修正。

【提示】《注册会计师法》是我国中介行业的第一部法律。

（二）会计行政法规

会计行政法规是指由国家最高行政管理机关——国务院制定并发布，或者国务院有关部门拟定并经国务院批准发布，调整经济生活中某些方面会计关系的法律规范。会计行政法规是由国务院制定的，其效力低于会计法律、高于会计部门规章和地方性会计法规，其制定依据是《会计法》。

【提示】我国目前已经施行的会计行政法规主要有两部，分别是《总会计师条例》和《企业财务会计报告条例》。

1.《总会计师条例》

《总会计师条例》是由国务院于 1990 年 12 月 31 日以第 72 号令颁布的，是对《会计法》中相关规定的细化和补充。《总会计师条例》主要规定了单位总会计师的职责、权限、任免奖惩等。该条例规定,国有大、中型企业及国有资产占控股地位或者主导地位的大、中型企业,必须设置总会计师。

2.《企业财务会计报告条例》

《企业财务会计报告条例》是由国务院于2000年6月21日以第287号令颁布的,自2001年1月1日起施行。《企业财务会计报告条例》主要规定了企业财务会计报告的构成、编制和对外提供的要求、法律责任等。该条例是对《会计法》中相关财务会计报告的规定的细化。

(三)会计部门规章

会计部门规章是指国家主管会计工作的行政部门,即财政部以及其他相关部委根据法律和国务院的行政法规、决定、命令,在本部门的权限范围内制定的、调整会计工作中某些方面内容的国家统一的会计准则制度和规范性文件。它主要包括国家统一的会计核算制度、会计监督制度、会计机构和会计人员管理制度、会计工作管理制度等。国务院其他部门根据其职责权限制定的会计方面的规范性文件也属于会计部门规章,但制定的规章必须报财政部审核或者备案。会计部门规章不得与宪法、法律和行政法规相违背,其效力低于宪法、法律和行政法规。会计部门规章如《企业会计准则》《小企业会计准则》《企业会计制度》《会计基础工作规范》等。

(四)地方性会计法规

地方性会计法规是指由省、自治区、直辖市人民代表大会或常务委员会在同宪法、会计法律、行政法规和国家统一的会计准则制度不相抵触的前提下,根据本地区情况制定发布的关于会计核算、会计监督、会计机构和会计人员以及会计工作管理的规范性文件。地方性会计法规是会计法律制度的重要组成部分。

三、会计工作管理体制

(一)会计工作的行政管理

1.会计工作行政管理体制

我国会计工作行政管理体制实行统一领导、分级管理的原则。国务院财政部门主管全国的会计工作,县级以上地方各级人民政府财政部门管理本行政区域内的会计工作。财政、审计、税务、证券监管、保险监管等部门应当依照有关法律行政法规规定的职责,对有关单位的会计资料实施监督检查。

2.会计工作行政管理的内容

会计工作的行政管理主要包括:①制定国家统一的会计准则、制度;②会计市场管理;③会计专业人才评价;④会计监督检查。

国家统一的会计准则和制度包括:国家统一的会计核算制度、国家统一的会计监督制度、国家统一的会计机构和会计人员管理制度,以及国家统一的会计工作管理制度。会计市场管理包括会计市场准入管理、会计市场的运行监管和会计市场的退出管理三个方面。会计专业人才评价包括:会计专业技术职务资格管理、会计人员评优表彰奖惩以及会计人员继续教育等。财政部门负责对会计法规、会计制度和会计准则的执行情况以及注册会计师的执业质量等进行监督检查,主要包括会计信息质量检查和会计师事务所执业质量检查。

(二)会计工作的自律管理

会计工作的自律管理,又称会计工作的行业管理,或者行业自律管理[①]。我国会计工作的行业自律管理组织主要有中国注册会计师协会、中国会计学会和中国总会计师协会。

---

① 行业自律是指行业协会根据会员一致的意愿,自行制定规则,并据此对各成员进行管理,以促进成员之间的公平竞争和行业的有序发展。会计行业自律管理制度是对行政管理制度的一种有益的补充。

1. 中国注册会计师协会

中国注册会计师协会是依据《注册会计师法》和《社会团体登记条例》的有关规定设立,在财政部党组和理事会的领导下开展行业管理和服务的法定组织。中国注册会计师协会是由注册会计师组成的社会团体,履行行业自律管理职能。中国注册会计师协会是注册会计师行业的全国性组织,省、自治区、直辖市注册会计师协会是注册会计师行业的地方性组织。

中国注册会计师协会的主要职责有:制定行业自律管理规范,对违反行业自律管理规范的行为予以惩戒;对注册会计师任职资格和执业情况进行年度检查;组织和推动会员培训工作;协调行业内、外部关系,支持会员依法执业,维护会员合法权益等。

2. 中国会计学会

中国会计学会创建于1980年,是财政部所属由全国会计领域各类专业组织,以及会计理论界、实务界会计工作者自愿结成的学术性、专业性、非营利性社会组织。各省、自治区、直辖市和计划单列市会计学会和全国性专业会计学会可申请成为中国会计学会的会员。其主要职责有:组织协调全国会计科研力量,开展会计理论研究和学术交流,促进科研成果的推广和运用;总结我国会计工作和会计教育经验,研究和推动会计专业的教育改革;发挥学会的智力优势,开展多层次、多形式的智力服务工作,包括组织开展中高级会计人员培养、会计培训和会计咨询与服务;开展会计领域国际学术交流与合作等。

中国总会计师协会是经财政部审核同意、民政部正式批准,依法注册登记成立的跨地区、跨部门、跨行业、跨所有制的非营利性国家一级社团组织,是总会计师行业的全国性自律组织。

3. 中国总会计师协会

中国总会计师协会成立于1990年5月,是经财政部审核同意、民政部正式批准,依法注册登记成立的跨地区、跨部门、跨行业、跨所有制的非营利性国家一级社团组织,是总会计师行业的全国性自律组织,其主管单位为国务院财政部,业务指导单位为国务院财政部。

中国总会计师协会最高权力机构为全国会员代表大会,全国会员代表大会选举产生理事会。理事会选举产生会长、副会长、秘书长和常务理事会。常务理事会在理事会闭会期间行使理事会职权。协会下设秘书处,为其常设执行机构。

【学中做2—1】 张某认为,中国注册会计师协会是在财政部党组领导下开展行业管理和服务的法定组织,因此只要是在会计师事务所从事专业工作的人员都可以申请加入。请分析张某的观点是否正确。

(三)单位内部的会计工作管理

1. 单位负责人的职责

单位负责人并不是指具体从事经营管理事务的负责人,也不包括副职领导人。单位负责人是指法定代表人或者法律、行政法规规定代表单位行使职权的主要负责人。单位负责人主要包括以下两类人员:

(1)单位的法定代表人(也称法人代表),是指依法代表法人单位行使职权的负责人,如国有工业企业的厂长(经理)、公司制企业的董事长、国家机关的最高行政官员等。

(2)按照法律、行政法规的规定代表单位行使职权的负责人,是指依法代表非法人单位行使职权的负责人,如代表合伙企业执行合伙企业事务的合伙人、个人独资企业的投资人等。

《会计法》规定的单位负责人的职责主要有以下三项:①对本单位的会计工作和会计资料的真实性、完整性负责;②应当保证财务会计报告真实、完整;③应当保证会计机构、会计人员依法履行职责,不得授意、指使、强令会计机构和会计人员违法办理会计事项。

【提示】 对单位的会计工作和会计资料的真实性、完整性负责的并不是"会计机构负责人",而是"单位负责人"。"单位负责人"才是单位的会计责任主体。

📖 同步案例2—1

甲上市公司的董事长(单位负责人)李某为粉饰公司的业绩,授意公司的财务负责人采取虚提返利、推迟管理费用列账等不正当的手段,虚增会计利润8 500多万元,造成相当坏的社会影响。

请分析此案被相关部门查处后,甲上市公司的董事长李某能否以"自己不懂会计,会计工作应当由会计机构负责人承担责任"为由推脱责任。该理由是否成立?

2.会计机构的设置

《会计法》规定,各单位应当根据会计业务的需要,设置会计机构,或者在有关机构中设置会计人员并指定会计主管人员;不具备设置条件的,应当委托经批准设立从事会计代理记账业务的中介机构代理记账。

一个单位是否需要单独设置会计机构,需要考虑的因素主要有以下三点:

(1)单位规模的大小。一个单位的规模大小,决定了这个单位内部职能部门的设置,也决定了是否需要设置会计机构。一般来说,大中型企业、实行企业化管理的事业单位,应当设置会计机构;业务较多的行政单位、社会团体和其他组织,也应当设置会计机构。而规模较小的企业,业务和人员都不多的行政事业单位、社会团体和其他组织,可以不单独设置会计机构,而是在有关机构中设置会计人员并指定会计主管人员,或委托经批准设立从事会计代理记账业务的中介机构代理记账。

(2)经济业务和财务收支的繁简。在是否设置会计机构的问题上,应考虑全面、合理有效的原则。一般来说,多数大中型企业以及少数小型企业的经济业务复杂多样,财务收支频繁,应当设置会计机构;少数大中型企业以及多数小型企业的经济业务单一,财务收支简单,则不需要设置会计机构。

(3)经营管理的需要。有效的经营管理是以信息的及时准确和全面系统为前提的。一个单位在经营管理上的要求越高,对会计信息系统的要求也就越高,则越有必要设置会计机构;反之,就越不需要设置会计机构。

3.会计人员的选拔任用

财政部对从事会计工作人员的相关任职资格条件进行了统一规定。《会计法》第38条规定,会计人员应当具备从事会计工作所需要的专业能力,担任单位会计机构负责人(会计主管人员)的,应该具备会计师以上专业技术职务资格或者从事会计工作3年以上经历;担任总会计师的,应当取得会计师任职资格后,主管一个单位或者单位内一个重要方面的财务会计工作时间不少于3年。

另外,国有的和国有资产占控股地位或者主导地位的大、中型企业必须设置总会计师。凡设置总会计师的单位,在单位行政领导成员中,不设与总会计师职权重复的副职。

会计人员从事会计工作,应当符合下列要求:①遵守《会计法》和国家统一的会计制度等法律法规;②具备良好的职业道德;③按照国家有关规定参加继续教育;④具备从事会计工作所需要的专业能力。

会计机构负责人或会计主管人员,是指在一个单位内具体负责会计工作的中层领导人员。会计机构负责人、会计主管人员应当具备下列基本条件:①坚持原则,廉洁奉公;②具备会计师以上专业技术职务资格或者从事会计工作不少于3年;③熟悉国家财经法律、法规、规章和方针、政策,掌握本行业业务管理的有关知识;④有较强的组织能力;⑤身体状况能够适应本职工作的要求。

(四)会计人员回避制度

回避制度是指为了保证执法或者执业的公正性,对可能影响其公正性的执法或者执业人员实行职务回避的一种制度。

国家机关、国有企业、事业单位任用会计人员应当实行回避制度,单位负责人的直系亲属不得担任本单位的会计机构负责人、会计主管人员;会计机构负责人、会计主管人员的直系亲属不得在本单位会计机构中担任出纳工作。

须回避的直系亲属包括夫妻、直系血亲、三代以内旁系血亲以及近姻亲,相关内容如图 2—1 所示。

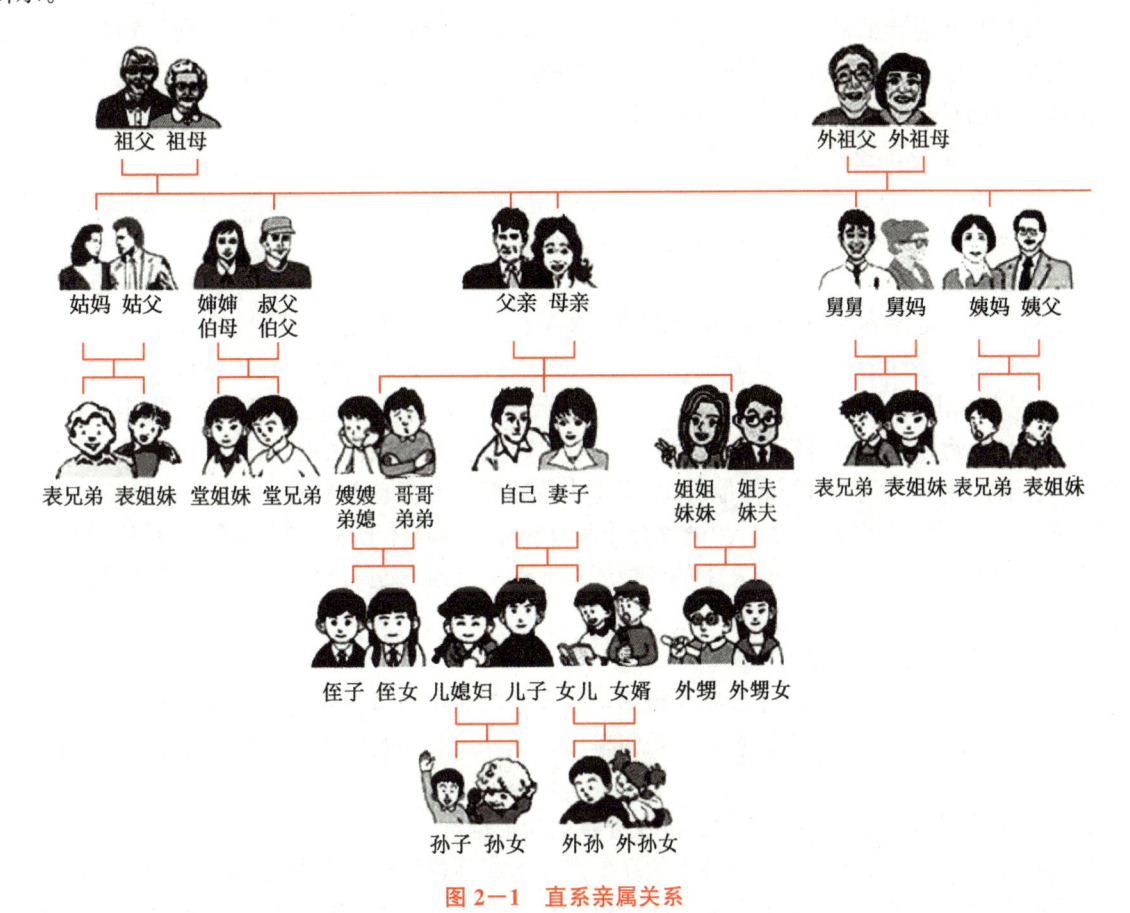

图 2—1 直系亲属关系

同步案例 2-2

王某毕业于某大学中文系,毕业后一直在甲国有企业办公室从事管理工作,职位为办公室主任。到本年1月,甲国有企业决定任命办公室主任王某担任本单位财务科科长。本年10月,王某因身体不适辞去财务科科长的职务,经领导班子集体决定,改由厂长刘某的妻子张某担任本单位的财务科科长。经查,张某具有多年从事会计工作的经历,并且具备会计师职称。

请分析甲国有企业任命王某、张某担任财务科科长的行为是否符合我国《会计法》的规定?

任务二　会计核算与会计监督

一、会计核算

会计核算，是以货币为主要计量单位，运用专门的会计方法，对生产经营活动或预算执行过程及其结果进行连续、系统、全面的记录、计算、分析，定期编制并提供财务会计报告和其他一系列内部管理所需的会计资料，为经营决策和宏观经济管理提供依据的一项会计活动。

会计核算是会计最基本的职能。我国会计法律制度从会计信息质量要求、会计资料的基本要求以及会计年度、记账本位币、填制会计凭证、登记会计账簿、编制财务会计报告、财产清查、会计档案管理等方面对会计核算进行了统一规定。

（一）会计核算的基本要求

会计核算是会计工作的基本职能之一，是会计工作的重要环节。我国会计法律制度对会计核算作出了统一规定，提出了基本核算要求，具体包括以下方面：

1. 依法建账

建账是如实记录和反映经济活动情况的重要前提。依法建账是建账的最基本要求。这里所说的"法"，既包括《会计法》《会计基础工作规范》，也包括其他法律、行政法规，如《税收征收管理法》《中华人民共和国公司法》(简称《公司法》)等。《会计法》和《会计基础工作规范》均规定，各单位应当设置会计账簿，进行会计核算。这是各单位建账应当遵循的法律依据，具体要求包括：①国家机关、社会团体、企业、事业单位和其他组织，都应当按照要求设置会计账簿，进行会计核算。不具备建账条件的，应当实行代理记账。②设置会计账簿的种类和具体要求，应当符合《会计法》和国家统一的会计制度的规定。③各单位发生的各项经济业务应当统一进行核算，不得违反规定私设会计账簿进行登记、核算。

2. 对会计核算依据的基本要求

《会计法》第9条规定："各单位必须根据实际发生的经济业务事项进行会计核算，填制会计凭证，登记会计账簿，编制财务会计报告。任何单位不得以虚假的经济业务事项或者资料进行会计核算。"

(1) 会计核算必须以实际发生的经济业务事项为依据

实际发生的经济业务事项是指各单位在生产经营或预算执行过程中发生的包括引起或未引起资金增减变化的经济活动。并非所有实际发生的经济业务事项都需要进行会计记录和会计核算。如签订合同或协议的经济业务事项，在签订合同或协议时，往往无须进行会计核算，只有当实际履行合同或协议并引起资金运动时，才需要对履行合同或协议这一经济业务事项如实记录和反映，进行会计核算。以实际发生的经济业务事项为依据进行会计核算，是会计核算的重要前提，是填制会计凭证、登记会计账簿、编制财务会计报告的基础，是保证会计资料质量的关键。

(2) 以虚假的经济业务事项或资料进行会计核算，是一种严重的违法行为

没有经济业务事项，会计核算也就失去了对象；以不真实甚至虚拟的经济业务事项为核算对象，会计核算就没有规范、没有约束、没有科学可言，据此提供的会计资料不仅没有可信度，而且会误导使用者，扰乱社会经济秩序。在实际工作中，有些单位利用虚假或虚拟经济业务事项编造不真实的会计资料，借以欺骗投资者、债权人和社会公众，达到种种非法目的。针对这种严重违法行为，《会计法》作出了禁止性规定，即任何单位不得以虚假的经济业务事项或者资料进行会计核算。否则，即为严重违法行为，将受到法律的严厉制裁。

3. 对会计资料的基本要求

会计资料主要是指会计凭证、会计账簿、财务会计报告等会计核算专业资料。它是会计核算的重要成果，是投资者做出投资决策、经营者进行经营管理、国家进行宏观调控的重要依据。因此，《会计法》和《会计基础工作规范》都要求，会计资料的内容和要求必须符合国家统一的会计制度的规定，保证会计资料的真实性和完整性，不得伪造、变造会计凭证和会计账簿，不得提供虚假的财务会计报告。

会计资料的真实性，主要是指会计资料所反映的内容和结果应当同单位实际发生的经济业务的内容及其结果相一致。会计资料的完整性，主要是指构成会计资料的各项要素都必须齐全，以使会计资料如实、全面地记录和反映经济业务发生情况，便于会计资料使用者全面、准确地了解经济活动情况。会计资料的真实性和完整性是会计资料最基本的质量要求，是会计工作的生命，各单位必须保证所提供的会计资料真实和完整。

与会计资料的真实性、完整性相对的是会计资料的不真实、不完整。造成会计资料的不真实、不完整的原因是多方面的，但伪造、变造会计资料是重要手段之一。伪造会计资料包括伪造会计凭证和会计账簿，是以虚假的经济业务为前提来编制会计凭证、登记会计账簿，旨在以假充真；变造会计资料包括会计凭证和会计账簿，用涂改、挖补等手段来改变会计凭证和会计账簿的真实内容，以歪曲事实真相。伪造、变造会计资料，其结果是会计资料失实、失真，误导会计资料的使用者，损害投资者、债权人、国家和社会公众利益。因此，《会计法》对伪造、变造会计资料和提供虚假财务会计报告等弄虚作假行为作出了禁止性规定。

【学中做 2—2】 北京市朝阳区财政局例行执法检查时发现当地甲公司的会计工作存在以下问题：①甲公司会计人员孙某制作的工资单有问题。事后查明，甲公司会计人员孙某在单位负责人赵某的要求下，在工资单上将王某的工资由 3 500 元改为 4 500 元，而实际只向王某发放 3 500 元。②甲公司会计人员孙某在单位负责人赵某的要求下，在未向职工发放中秋福利的情况下，制作了与中秋福利相关的产品出库单。请分析上述资料中出现的违法行为。

4. 正确采用会计处理方法

会计处理方法，是指在会计核算中所采用的具体方法。它通常包括：收入确认方法、企业所得税的会计处理方法、存货计价方法、坏账损失的核算方法、固定资产折旧方法、编制合并财务报表的方法、外币折算的会计处理方法等。采取不同的会计处理方法，或者在不同会计期间采用不同的会计处理方法，都会影响会计资料的一致性和可比性，进而影响会计资料的使用。因此，《会计法》和国家统一的会计制度规定，各单位采用的会计处理方法，前后各期应当保持一致，不得随意变更。确有必要变更的，应当按照国家统一的会计制度的规定进行变更，并将变更的原因、情况及影响在财务会计报告中予以说明，以便会计资料使用者了解会计处理方法变更及其对会计资料影响的情况。

5. 正确使用会计记录文字

会计记录文字是进行会计核算时，为记载经济业务发生情况和辅助说明会计数字所体现的经济内涵而使用的文字。会计记录文字是进行会计核算和提供会计资料不可缺少的主要媒介，是会计资料的重要组成部分。我国的法定官方语言文字是中文。根据《会计法》第 22 条的规定："会计记录的文字应当使用中文。在民族自治地方，会计记录可以同时使用当地通用的一种民族文字。在中华人民共和国境内的外商投资企业、外国企业和其他外国组织的会计记录可以同时使用一种外国文字。"

【学中做 2—3】 北京市海淀区财政局在对一家外商投资企业甲公司进行检查时发现：甲公司的股东为德国人，其母公司在德国，甲公司主要的购销业务面向欧洲市场。甲公司选择德文作为会计记录文字、欧元作为记账本位币，编制财务报表时以欧元反映。鉴于甲公司的做法，北京市海淀区财政局对甲公司作出整改要求。

请指出北京市海淀区财政局对甲公司提出整改的具体要求以及法律依据。

6. 使用电子计算机进行会计核算必须符合法律规定

使用电子计算机进行会计核算的会计电算化，是采用电子计算机代替手工记账、算账和报账，以及对会计资料进行电子化分析和利用的现代记账手段，其软件及其生成的会计凭证、会计账簿、财务会计报告和其他会计资料必须符合国家统一的会计制度的规定。为保证电子计算机生成的会计核算资料真实、完整和安全，《会计法》对会计电算化作出了两个方面的规定：①使用的会计核算软件必须符合国家统一的会计制度的规定。使用的会计软件必须符合财政部关于会计软件应达到的标准并经相应机构评审通过。②用电子计算机软件生成的会计资料必须符合国家统一的会计制度的要求。

做中学 2—1

本年9月10日，北京甲机械有限公司收到一张法院传票，经询问得知，这是北京丙石油液化气公司将其告上了法庭，要求北京甲机械有限公司支付本年5月向北京丙石油液化气公司采购的液化气款项130 000元。

在法庭审理中，北京甲机械有限公司作为被告承认购货事实，但坚称已经于本年6月10日以其自产的设备抵付了该笔货款，并提供原告（北京丙石油液化气公司）向其开具的增值税普通发票为证。但原告北京丙石油液化气公司认为，他们至今没有收到北京甲机械有限公司的设备以及相关发票，且并未向北京甲机械有限公司开具与石油液化气相关的增值税普通发票。经过核对北京甲机械有限公司提供的增值税普通发票，发现发票上发票专用章的供货商名称是"北京丙液化气公司"，比原告名称"北京丙石油液化气公司"少了"石油"两个字。

要求：

（1）分析被告北京甲机械有限公司是否要支付130 000元款项或者提供相应款项的设备给原告，并说明原因。

（2）根据本案例，我们可以吸取哪些经验教训？

思政吾身　　　　增强文化自信与民族自豪感

会计作为信息系统，存在使用电子计算机和手工账两种核算形式。在手工账核算形式下，珠算是进行数字计算的重要工具，且历史悠久，在经济社会、科技文化的发展进程中发挥了极其重要的作用。以算盘为工具进行数字计算的珠算，是中国古代的重大发明，伴随中国人经历了1 800多年的漫长岁月。这一发明极为卓越和独特，充分表现了中国人的聪明智慧。2013年12月4日晚，联合国教科文组织在阿塞拜疆首都巴库通过决议，将中国珠算列入人类非物质文化遗产名录。它以简便的计算工具和独特的数理内涵，被誉为"世界上最古老的计算机"、中国第五大发明。随着计算机技术的发展，珠算的计算功能逐渐被削弱，但是古老的珠算依然有顽强的生命力。珠算成功申遗，有助于让更多的人认识珠算、了解珠算，增强民族自豪感，吸引更多的人加入弘扬与保护珠算文化的行列中来。

有文化自信的民族，才能立得住、站得稳、行得远。习近平总书记对宣传思想文化工作作出重要指示强调，要"坚定文化自信，秉持开放包容，坚持守正创新"。新时代新征程上，我们要以习近平文化思想为指引,推进文化自信自强,巩固文化主体性,铸就社会主义文化新辉煌,为强国建设、民族复兴凝聚磅礴的精神伟力。2023年10月,全国宣传思想文化工作会议正式提出习近平文化思想,标志着我们党对中国特色社会主义文化建设规律的认识达到了新高度,表明我们党的历史自信、文化自信达到了新高度。

"坚定中国特色社会主义道路自信、理论自信、制度自信,说到底是要坚定文化自信,文化自信是更基本、更深沉、更持久的力量。"中共十八大以来,习近平总书记高度重视文化建设,把文化自信和道路自信、理论自信、制度自信并列为中国特色社会主义"四个自信"。

坚定文化自信,我们有足够的底气和充分的理由。文化是一个国家、一个民族的灵魂。历史和现实都表明,一个抛弃了或者背叛了自己历史文化的民族,不仅不可能发展起来,而且很可能上演一幕幕历史悲剧。习近平总书记指出,坚定文化自信的首要任务,就是立足中华民族伟大历史实践和当代实践,用中国道理总结好中国经验,把中国经验提升为中国理论,既不盲从各种教条,也不照搬外国理论,实现精神上的独立自主。不断夯实文化自信之基,不断巩固文化主体性,亿万中华儿女自信自强、豪情满怀,在强国建设、民族复兴伟大征程上昂首阔步。

(二)会计核算的主要内容

会计核算的内容也称为会计核算的对象,是指必须进行会计核算的经济业务事项。根据《会计法》的规定,各单位应当对下列经济业务事项办理会计手续,进行会计核算:①资产的增减和使用;②负债的增减;③净资产(所有者权益)的增减;④收入、支出、费用、成本的增减;⑤财务成果的计算和处理;⑥需要办理会计手续,进行会计核算的其他事项。

各单位进行会计核算不得有下列行为:①随意改变资产、负债、净资产(所有者权益)的确认标准或者计量方法,虚列、多列、不列或者少列资产、负债、净资产(所有者权益);②虚列或者隐瞒收入,推迟或者提前确认收入;③随意改变费用、成本的确认标准或者计量方法,虚列、多列、不列或者少列费用、成本;④随意调整利润的计算、分配方法,编造虚假利润或者隐瞒利润;⑤违反国家统一的会计制度规定的其他行为。

【学中做2-4】 根据会计法律制度的规定,下列各项中,不属于会计核算内容的是(   )。(单项选择题)

A.递延税款的余额调整　　　　　　B.货物买卖合同的审核
C.有价证券溢价的摊销　　　　　　D.资本公积的增减变动

答案:B。

精析:会计核算的内容包括:①资产的增减和使用;②负债的增减;③净资产(所有者权益)的增减;④收入、支出、费用、成本的增减;⑤财务成果的计算和处理;⑥需要办理会计手续,进行会计核算的其他事项。选项B,货物买卖合同的审核不涉及"钱"的变动,不属于会计核算的内容。

(三)会计年度

会计年度,是指以年度为单位进行会计核算的时间区间,是反映单位财务状况、核算经营成果的时间界限。《会计法》第11条规定,会计年度自公历1月1日起至12月31日止。这一规定表明,我国以公历年度为会计年度,即以每年公历的1月1日起至12月31日止为一个会计年度。每一个会计年度还可以按照公历日期具体划分为半年度、季度、月度。我国的会计年度之所以采用公历制,主要是与我国的计划、财政年度保持一致,以便于国民经济的计划、统计和财政管理。各单位按会计年度提供的会计资料是国家进行宏观调控的重要依据。

【提示】 小于年度的会计期间(如半年度、季度和月度)称为会计中期。

(四)记账本位币

记账本位币,是指登记会计账簿和编制财务会计报告时用来计量的货币,也就是单位主要会计核算业务所使用的货币。根据《会计法》第12条的规定,会计核算以人民币为记账本位币。业务收支以人民币以外的货币为主的单位,可以选定其中一种货币作为记账本位币,但是编报的财务会计报告应当折算为人民币。

(五)会计凭证

会计凭证,是指具有一定格式、用来记录经济业务事项发生和完成情况,明确经济责任,并作为记账凭证的书面证明,是会计核算的重要会计资料。各单位在按照《会计法》《会计基础工作规范》的有关规定办理会计手续、进行会计核算时,必须以会计凭证为依据。会计凭证按其来源和用途,分为原始凭证和记账凭证两种。

1. 原始凭证填制的基本要求

原始凭证填制的基本要求如表2-1所示。

表2-1　　　　　　　　　　　　　　原始凭证填制的基本要求

项目	内容	
原始凭证的概念	原始凭证,又称单据,是指在经济业务发生时,由业务经办人员直接取得或者填制,用以表明某项经济业务已经发生或完成情况并明确有关经济责任的一种原始凭据,如发票	
原始凭证的来源	原始凭证是会计核算的原始依据,源于实际发生的经济业务事项	
	既有来自单位外部的,也有单位自制的	
	既有国家统一印制的具有固定格式的发票(通用凭证),也有由发生经济业务事项双方认可并自行填制的凭证(专用凭证)等	
原始凭证的审核	会计机构、会计人员必须按照国家统一的会计制度的规定对原始凭证进行审核	对不真实、不合法的原始凭证	有权不予接受,并向单位负责人报告
		对记载不准确、不完整的原始凭证	予以退回,并要求按照国家统一的会计制度的规定更正、补充
原始凭证的更改	原始凭证记载的各项内容均不得涂改	
	原始凭证金额有错误的	应当由出具单位重开,不得在原始凭证上更正
	原始凭证上除金额以外的其他事项有错误的	应当由出具单位重开或者更正,更正处应当加盖出具单位印章
原始凭证必须具备的内容	(1)凭证的名称 (2)填制凭证的日期 (3)填制凭证单位名称或者填制人姓名 (4)经办人员的签名或者盖章 (5)接受凭证单位名称 (6)经济业务内容 (7)数量、单价和金额	
原始凭证的填制要求	签章	(1)从外单位取得的原始凭证,必须盖有填制单位的公章 (2)从个人取得的原始凭证,必须有填制人员的签名或者盖章 (3)自制原始凭证必须有经办单位领导人或者其指定的人员签名或者盖章 (4)对外开出的原始凭证,必须加盖本单位公章
	金额	凡填有大写和小写金额的原始凭证,大写与小写金额必须相符
	联次	一式多联的原始凭证,应当注明各联的用途,只能以一联作为报销凭证
	证明	(1)购买实物的原始凭证,必须有验收证明 (2)支付款项的原始凭证,必须有收款单位和收款人的收款证明 (3)发生销货退回的,除填制退货发票外,还必须有退货验收证明。退款时,必须取得对方的收款收据或者汇款银行的凭证,不得以退货发票代替收据 (4)经上级有关部门批准的经济业务,应当将批准文件作为原始凭证附件。如果批准文件需要单独归档的,应当在凭证上注明批准机关名称、日期和文件字号

原始凭证示例如图 2—2、图 2—3 所示。

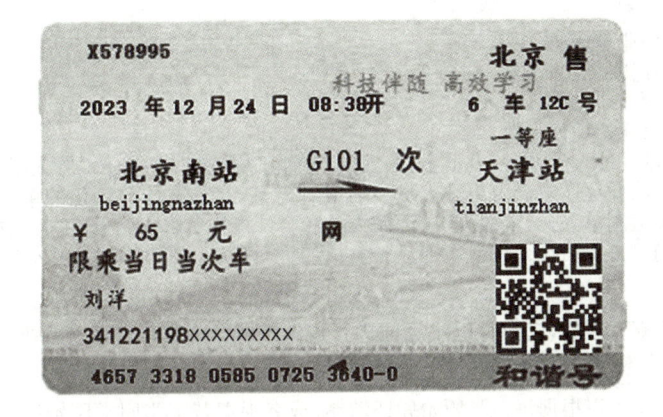

图 2—2　原始凭证示例 1

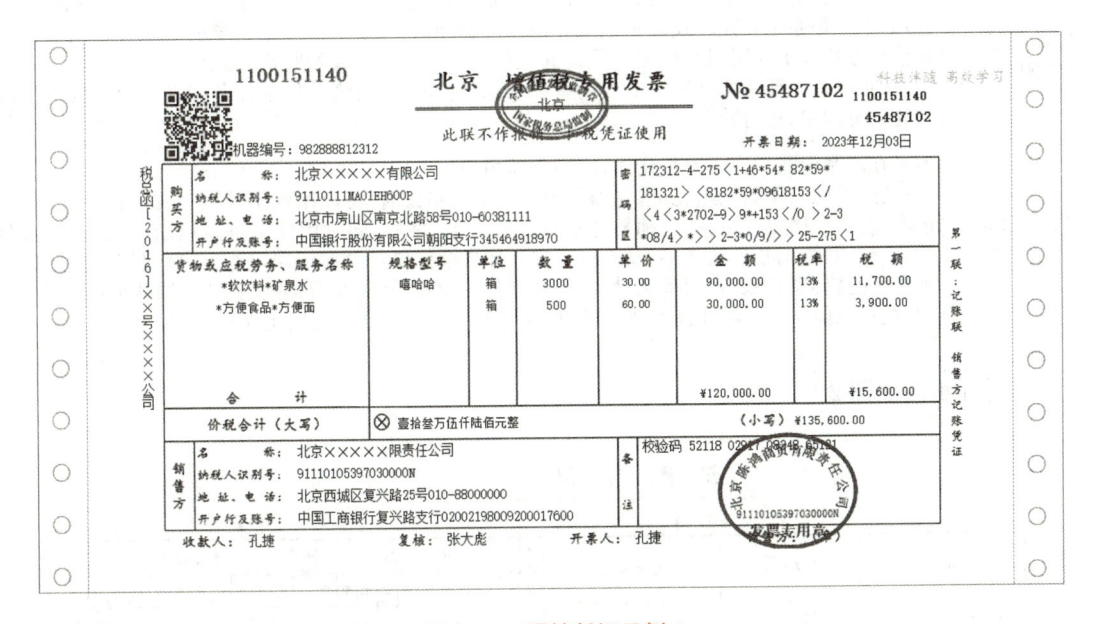

图 2—3　原始凭证示例 2

2. 记账凭证填制的基本要求

记账凭证填制的基本要求如表 2—2 所示。

表 2—2　　　　　　　　　　　记账凭证填制的基本要求

记账凭证的概念	记账凭证,是指对经济业务事项按其性质加以归类,确定会计分录,并据以登记会计账簿的凭证。它具有分类归纳原始凭证和满足登记会计账簿需要的作用
分类	记账凭证可以分为收款凭证、付款凭证和转账凭证,也可以使用通用记账凭证
记账凭证的填制依据	记账凭证应当根据审核无误的原始凭证及有关资料编制

续表

记账凭证必须具备的内容	(1)填制凭证的日期 (2)凭证编号 (3)经济业务摘要 (4)会计科目 (5)金额 (6)所附原始凭证张数 (7)填制凭证人员、稽核人员、记账人员、会计机构负责人(会计主管人员)签名或者盖章；收款和付款记账凭证还应当由出纳人员签名或者盖章；实行会计电算化的单位，打印出的机制记账凭证要加盖制单人员、审核人员、记账人员和会计机构负责人(会计主管人员)印章或者签字 【提示】以自制的原始凭证或者原始凭证汇总表代替记账凭证的，也必须具备记账凭证应有的项目
记账凭证的编号	填制记账凭证时，应当对记账凭证进行连续编号。一笔经济业务需要填制两张以上记账凭证的，可以采用分数编号法编号(如转字1/2号)
记账凭证的汇总填制	记账凭证可以根据每一张原始凭证填制，或者根据若干张同类原始凭证汇总填制，也可以根据原始凭证汇总表填制。但不得将不同内容和类别的原始凭证汇总填制在一张记账凭证上
原始凭证的附列	(1)除结账和更正错误的记账凭证可以不附原始凭证外，其他记账凭证必须附有原始凭证 (2)如果一张原始凭证涉及几张记账凭证，可以把原始凭证附在一张主要的记账凭证后面，并在其他记账凭证上注明附有原始凭证的记账凭证的编号或者附原始凭证复印件 (3)一张原始凭证所列支出需要几个单位共同负担的，应当将其他单位负担的部分，开给对方原始凭证分割单，进行结算
记账凭证的重新填制	如果在填制记账凭证时发生错误，应当重新填制： (1)已经登记入账的记账凭证，在当年内发现填写错误时，可以用红字填写一张与原内容相同的记账凭证，在摘要栏注明"注销某月某日某号凭证"字样，同时用蓝字重新填制一张正确的记账凭证，注明"订正某月某日某号凭证"字样。如果会计科目没有错误，只是金额错误，也可以将正确数字与错误数字之间的差额，另编一张调整的记账凭证，调增金额用蓝字，调减金额用红字 (2)发现以前年度记账凭证有错误的，应当用蓝字填制一张更正的记账凭证

记账凭证示例如图 2-4 所示。

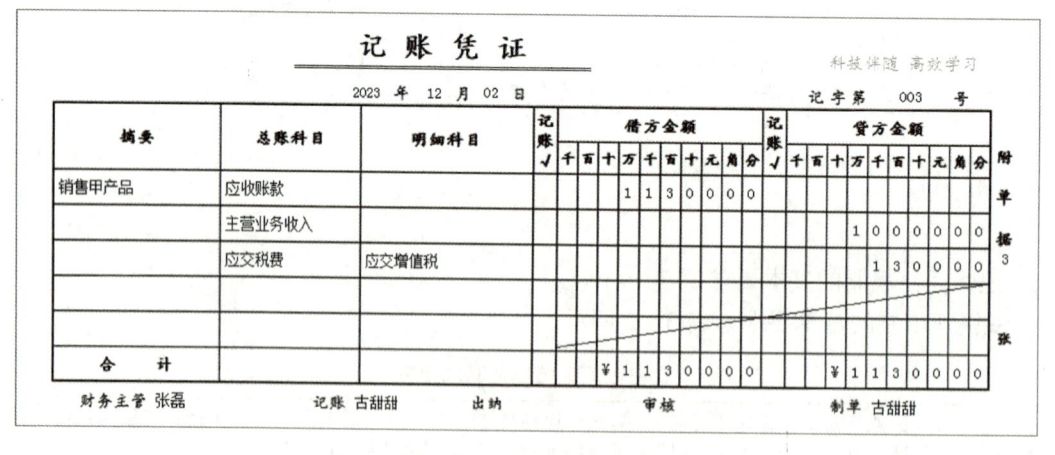

图 2-4 记账凭证示例

3. 会计凭证的保管

会计凭证的保管如表 2-3 所示。

表 2-3　会计凭证的保管

基本要求	会计凭证登记完毕后,应当按照分类和编号顺序保管,不得散乱丢失
原始凭证的处理	(1)记账凭证应当连同所附的原始凭证或者原始凭证汇总表,按照编号顺序,折叠整齐,按期装订成册,并加具封面,注明单位名称、年度、月份和起讫日期、凭证种类、起讫号码,由装订人在装订线封签外签名或者盖章 (2)对于数量过多的原始凭证,可以单独装订保管,在封面上注明记账凭证日期、编号、种类,同时在记账凭证上注明"附件另订"和原始凭证名称及编号 (3)各种经济合同、存出保证金收据以及涉外文件等重要原始凭证,应当另编目录,单独登记保管,并在有关的记账凭证和原始凭证上相互注明日期和编号
原始凭证的外借与复制	(1)原始凭证不得外借,其他单位如因特殊原因需要使用原始凭证时,经本单位会计机构负责人、会计主管人员批准,可以复制 (2)向外单位提供的原始凭证复制件,应当在专设的登记簿上登记,并由提供人员和收取人员共同签名或者盖章
原始凭证的遗失处理	(1)从外单位取得的原始凭证如有遗失,应当取得原开出单位盖有公章的证明,并注明原来凭证的号码、金额和内容等,由经办单位会计机构负责人、会计主管人员和单位领导人批准后,才能代作原始凭证 (2)如果确实无法取得证明的,如火车、轮船、飞机票等凭证,由当事人写出详细情况,由经办单位会计机构负责人、会计主管人员和单位领导人批准后,代作原始凭证

做中学 2-2

某公司从外地购买了一批原材料,收到发票后,与实际支付款项进行核对时发现发票金额错误。经办人员因急于休假,交接工作,又一时找不到销售方有关人员了解情况,因此自行在原始凭证上进行了更改,写明情况并加盖了自己的印章,拟作为原始凭证据此入账。请分析上述做法有无不妥之处?

(六)会计账簿

1.会计账簿的种类

会计账簿是全面记录和反映一个单位的经济业务,把大量分散的数据或资料进行归类整理,逐步加工成有用会计信息的簿籍。它是编制财务会计报告的重要依据。

会计账簿的种类主要有:

(1)总账。总账也称总分类账,是根据会计科目(也称总账科目)开设的账簿,用于分类登记单位的全部经济业务事项,提供资产、负债、所有者权益、费用、成本、收入等总括核算的资料。总账一般有订本账和活页账两种。

(2)明细账。明细账也称明细分类账,是根据总账科目所属的明细科目设置的,用于分类登记某一类经济业务事项,提供有关明细核算资料。明细账一般使用活页账。

(3)日记账。日记账是一种特殊的序时明细账。它是按照经济业务事项发生的时间先后顺序,逐日逐笔地进行登记的账簿,包括现金日记账和银行存款日记账。日记账一般使用订本账。

(4)其他辅助账簿。其他辅助账簿也称备查账簿,是为备忘备查而设置的。在会计实务中,其他辅助账簿主要包括各种租借设备、物资的辅助登记或有关应收、应付款项的备查簿,担保、抵押备查簿等。

2.启用会计账簿的基本要求

(1)封面。启用会计账簿时,应当在账簿封面上写明单位名称和账簿名称。

(2)扉页。在账簿扉页上应当附启用表,内容包括启用日期、账簿页数、记账人员和会计机构负责人、会计主管人员姓名,并加盖名章和单位公章。另外,记账人员或者会计机构负责人、会计主管人员调动工作时,应当注明交接日期、接办人员或者监交人员姓名,并由交接双方人员签名或者盖章。

(3)账页编号。启用订本式账簿,应当从第一页到最后一页顺序编定页数,不得跳页、缺号。使用活页式账页,应当按账户顺序编号,并须定期装订成册。装订后再按实际使用的账页顺序编定页码。另加目录,记明每个账户的名称和页次。

3.登记会计账簿的基本要求

(1)登记会计账簿时,应当将会计凭证日期、编号、业务内容摘要、金额和其他有关资料逐项记入账内,做到数字准确、摘要清楚、登记及时、字迹工整。

(2)登记完毕后,要在记账凭证上签名或者盖章,并注明已经登账的符号,表示已经记账。

(3)账簿中书写的文字和数字上面要留有适当空格,不要写满格;一般应占格距的1/2。

(4)登记账簿要用蓝黑墨水或者碳素墨水书写,不得使用圆珠笔(银行的复写账簿除外)或者铅笔书写。但下列情况,可以用红色墨水记账:按照红字冲账的记账凭证,冲销错误记录;在不设借贷等栏的多栏式账页中,登记减少数;在三栏式账户的余额栏前,如未印明余额方向的,在余额栏内登记负数余额;根据国家统一会计制度的规定可以用红字登记的其他会计记录。

(5)各种账簿按页次顺序连续登记,不得跳行、隔页。如果发生跳行、隔页,应当将空行、空页划线注销,或者注明"此行空白""此页空白"字样,并由记账人员签名或者盖章。

(6)凡需要结出余额的账户,结出余额后,应当在"借或贷"等栏内写明"借"或者"贷"等字样。没有余额的账户,应当在"借或贷"等栏内写"平"字,并在余额栏内用"0"表示。现金日记账和银行存款日记账必须逐日结出余额。

(7)结计要求。一是每一账页登记完毕结转下页时,应当结出本页合计数及余额,写在本页最后一行和下页第一行有关栏内,并在摘要栏内注明"过次页"和"承前页"字样;也可以将本页合计数及金额只写在下页第一行有关栏内,并在摘要栏内注明"承前页"字样。二是对需要结计本月发生额的账户,结计"过次页"的本页合计数应当为自本月初起至本页末止的发生额合计数;对需要结计本年累计发生额的账户,结计"过次页"的本页合计数应当为自年初起至本页末止的累计数;对既不需要结计本月发生额也不需要结计本年累计发生额的账户,可以只将每页末的余额结转次页。

(8)实行会计电算化的单位,用计算机打印的会计账簿必须连续编号,经审核无误后装订成册,并由记账人员和会计机构负责人、会计主管人员签字或者盖章。

4.账簿记录发生错误的更正方法

账簿记录发生错误,不准涂改、挖补、刮擦或者用药水消除字迹,不准重新抄写,必须按照下列方法进行更正:

(1)登记账簿时发生错误,应当将错误的文字或者数字划红线注销,但必须使原有字迹仍可辨认;然后在划线上方填写正确的文字或者数字,并由记账人员在更正处盖章。

【提示】对于错误的数字,应当全部划红线更正,不得只更正其中的错误数字;对于文字错误,可只划去错误的部分。

(2)由于记账凭证错误而使账簿记录发生错误,应当按更正的记账凭证登记账簿。

做中学2—3

甲公司是一家国有大型企业。2024年2月,公司召开董事会。董事长兼总经理胡某提出,财务会计报告专业性很强,其精力有限,以前在财务会计报告上签字盖章,也只是履行程序而已。以后公司对外报送的财务会计报告一律改由公司总会计师范某一人签字盖章后报出。请分析该公司董事长兼总经理胡某的观点有无不妥之处。

5.结账

(1)各单位应当按照规定定期结账。结账前,必须将本期内所发生的各项经济业务全部登记入账。结账时,应当结出每个账户的期末余额。

(2)年度终了结账时,所有总账账户都应当结出全年发生额和年末余额。年度终了,要把各账户的余额结转到下一会计年度,并在摘要栏注明"结转下年"字样;在下一会计年度新建有关会计账簿的第一行余额栏内填写上年结转的余额,并在摘要栏注明"上年结转"字样。

(七)财务会计报告

财务会计报告也称财务报告,是指单位对外提供的、反映单位某一特定日期财务状况和某一会计期间经营成果、现金流量等会计信息的文件。

1.财务会计报告的构成

企业财务会计报告包括会计报表、会计报表附注和财务情况说明书。会计报表应当包括资产负债表、利润表、现金流量表及相关附表。企业财务会计报告按编制时间分为年度、半年度、季度和月度财务会计报告。季度、月度财务会计报告通常仅指会计报表,会计报表至少应当包括资产负债表和利润表。国家统一的会计制度规定季度、月度财务会计报告需要编制会计报表附注的,从其规定。

2.财务会计报告的对外提供

企业对外提供的财务会计报告反映的会计信息应当真实、完整。企业应当依照法律、行政法规和国家统一的会计制度有关财务会计报告提供期限的规定,及时对外提供财务会计报告。企业对外提供的财务会计报告应当由企业负责人和主管会计工作的负责人、会计机构负责人(会计主管人员)签名并盖章。设置总会计师的企业,还应由总会计师签名并盖章。

国有企业、国有控股的或者占主导地位的企业,应当至少每年一次向本企业的职工代表大会公布财务会计报告并重点说明下列事项:①反映与职工利益密切相关的信息,包括管理费用的构成情况,企业管理人员工资、福利和职工工资、福利费的发放、使用和结余情况,公益金的提取及使用情况,利润分配的情况以及其他与职工利益相关的信息;②内部审计发现的问题及纠正情况;③注册会计师审计的情况;④国家审计机关发现的问题及纠正情况;⑤重大的投资、融资和资产处置决策及其原因的说明等;⑥需要说明的其他重要事项。

企业应依照《企业财务会计报告条例》的规定向有关各方提供财务会计报告,其编制基础、编制依据、编制原则和方法应当一致,不得提供编制基础、编制依据、编制原则和方法不同的财务会计报告。财务会计报告须经注册会计师审计的,企业应当将注册会计师及其会计师事务所出具的审计报告随同财务会计报告一并对外提供。

【注意】接受企业财务会计报告的组织或者个人,在企业财务会计报告未正式对外披露前,应当对其内容保密。

(八)账务核对及财产清查

1.账务核对

账务核对又称账账核对、账表核对、账证核对或对账,是保证会计账簿记录质量的重要程序。各单位应当定期对会计账簿记录的有关数字与库存实物、货币资金、有价证券、往来单位或者个人等进行相互核对,保证账证相符、账账相符、账实相符。对账工作每年至少进行一次。

2.财产清查

财产清查,是会计核算工作的一项重要程序,特别是在编制年度财务会计报告之前,必须进行财产清查,并对账实不符等问题根据国家统一的会计制度的规定进行会计处理,以保证财务会计报告反映的会计信息真实、完整。

财产清查制度是通过定期或不定期、全面或部分地对各项财产物资进行实地盘点和对库存现金、银行存款、债权债务进行清查核实的一种制度。通过清查，可以发现财产管理工作中存在的问题，以便查清原因、改善经营管理、保护财产的完整和安全；可以确定各项财产的实存数，以便查明实存数与账面数是否相符，并查明不符的原因和责任，制定相应措施，做到账实相符，保证会计资料的真实性。

二、会计档案管理

会计档案是记录和反映经济业务事项的重要历史资料和证据。《会计法》第23条规定："各单位对会计凭证、会计账簿、财务会计报告和其他会计资料应当建立档案，妥善保管。"

（一）会计档案的概念

会计档案，是指单位在进行会计核算等过程中接收或形成的，记录和反映单位经济业务事项的，具有保存价值的文字、图表等各种形式的会计资料，包括通过计算机等电子设备形成、传输和存储的电子会计档案。

【注意】各单位的预算、计划、制度等文件材料属于文书档案，不属于会计档案。

（二）会计档案的归档

1. 会计档案的归档范围

下列会计档案应当进行归档：①会计凭证类，包括原始凭证、记账凭证；②会计账簿类，包括总账、明细账、日记账、固定资产卡片及其他辅助性账簿；③财务报告类，包括月度、季度、半年度、年度财务报告；④其他会计资料类，包括银行存款余额调节表、银行对账单、纳税申报表、会计档案移交清册、会计档案保管清册、会计档案销毁清册、会计档案鉴定意见书及其他具有保存价值的会计资料。

2. 会计档案的归档要求

（1）单位会计管理机构负责定期将应当归档的会计资料整理立卷，编制会计档案保管清册。

（2）单位内部形成的属于归档范围的电子会计资料，同时满足下列条件的，可仅以电子形式保存，形成电子会计档案：①形成的电子会计资料来源真实有效，由计算机等电子设备形成和传输；②使用的会计核算系统能够准确、完整、有效接收和读取电子会计资料，能够输出符合国家标准归档格式的会计凭证、会计账簿、财务会计报表等会计资料，设定了经办、审核、审批等必要的审签程序；③使用的电子档案管理系统能够有效接收、管理、利用电子会计档案，符合电子档案的长期保管要求，并建立了电子会计档案与相关联的其他纸质会计档案的检索关系；④采取有效措施，防止电子会计档案被篡改；⑤建立电子会计档案备份制度，能够有效防范自然灾害、意外事故和人为破坏的影响；⑥形成的电子会计资料不属于具有永久保存价值或者其他重要保存价值的会计档案；⑦单位从外部接收的电子会计资料附有符合《中华人民共和国电子签名法》规定的电子签名。

（3）当年形成的会计档案，在会计年度终了后，可由单位会计机构临时保管1年，再移交单位档案管理机构保管。因工作需要确需推迟移交的，应当经单位档案管理机构同意，但临时保管期限最长不得超过3年。临时保管期间，会计档案的保管应当符合国家档案管理的有关规定，且出纳人员不得兼管会计档案。

（三）会计档案的移交和利用

1. 会计档案的移交

会计机构在向单位档案管理机构移交会计档案时要编制移交清册，详细登记所移交档案的名称、卷号、册数、起止年度、应保管期限、已保管期限等内容，便于分清责任，加强对会计档案的管理。

纸质会计档案移交时应当保持原卷的封装。电子会计档案移交时应当将电子会计档案及其元数据一并移交，且文件格式应当符合国家档案管理的有关规定。特殊格式的电子会计档案应当与其读取平台一并移交。

单位档案管理机构接收电子会计档案时，应当对电子会计档案的准确性、完整性、可用性、安全性进行检测，符合要求的才能接收。

2.会计档案的利用

单位应当严格按照相关制度利用会计档案，在进行会计档案查阅、复制、借出时履行登记手续，严禁篡改和损坏。单位保存的会计档案一般不得对外借出。确因工作需要且根据国家有关规定必须借出的，应当严格按照规定办理相关手续。会计档案借用单位应当妥善保管和利用借入的会计档案，确保借入会计档案的安全完整，并在规定时间内归还。

（四）会计档案的保管期限

根据《会计档案管理办法》第14条的规定，会计档案的保管期限分为永久和定期两类。永久，是指会计档案须永久保存；定期，是指会计档案保存应达到法定的时间。定期保管期限分为10年和30年，该保管期限为最低保管期限。会计档案的保管期限，从会计年度终了后的第一天算起。会计档案的具体保管期限如表2-4、表2-5所示。

【注意】单位会计档案的具体名称如有与《会计档案管理办法》所列档案名称不相符的，应当比照类似档案的保管期限办理。

表2-4　　　　　　　　　企业和其他组织会计档案保管期限表

序号	档案名称	保管期限	备注
一	会计凭证类		
1	原始凭证	30年	
2	记账凭证	30年	
二	会计账簿类		
3	总账	30年	
4	明细账	30年	
5	日记账	30年	
6	固定资产卡片账		固定资产报废清理后保管5年
7	其他辅助性账簿	30年	
三	财务会计报告类		
8	月度、季度、半年度财务报告	10年	
9	年度财务报告	永久	
四	其他会计资料类		
10	银行存款余额调节表	10年	
11	银行对账单	10年	
12	纳税申报表	10年	
13	会计档案移交清册	30年	
14	会计档案保管清册	永久	
15	会计档案销毁清册	永久	
16	会计档案鉴定意见书	永久	

表 2—5　　　　　财政总预算、行政单位、事业单位和税收会计档案保管期限表

序号	档案名称	财政总预算	行政事业单位	税收会计	备注
一	会计凭证				
1	国家金库编送的各种报表及缴库退库凭证	10年		10年	
2	各收入机关编送的报表	10年			
3	行政单位和事业单位的各种会计凭证		30年		包括原始凭证、记账凭证和传票汇总表
4	财政总预算拨款凭证及其他会计凭证	30年			包括拨款凭证和其他会计凭证
二	会计账簿				
5	日记账		30年	30年	
6	总账	30年	3年	30年	
7	税收日记账(总账)			30年	
8	明细分类、分户账或登记簿	30年	30年	30年	
9	行政单位和事业单位固定资产(卡片)				固定资产报废清理后保管5年
三	财务会计报告				
10	政府综合财务报告	永久			下级财政、本级部门和单位报送的保管2年
11	部门财务报告		永久		所属单位报送的保管2年
12	财政总决算	永久			下级财政、本级部门和单位报送的保管2年
13	部门决算		永久		所属单位报送的保管2年
14	税收年报(决算)			永久	
15	国家金库年报(决算)	10年			
16	基本建设拨、贷款年报(决算)	10年			
17	行政单位和事业单位会计月、季度报表		10年		所属单位报送的保管2年
18	税收会计报表			10年	所属税务机关报送的保管2年
四	其他会计资料				
19	银行存款余额调节表	10年	10年		
20	银行对账单	10年	10年	10年	
21	会计档案移交清册	30年	30年	30年	
22	会计档案保管清册	永久	永久	永久	
23	会计档案销毁清册	永久	永久	永久	
24	会计档案鉴定意见书	永久	永久	永久	

注:税务机关的税务经费会计档案保管期限,按行政单位会计档案保管期限规定办理。

(五)会计档案的鉴定与销毁

1. 会计档案的鉴定

(1)单位应当定期对已到保管期限的会计档案进行鉴定,并形成会计档案鉴定意见书。经鉴定,仍需继续保存的会计档案,应当重新划定保管期限;对保管期满,确无保存价值的会计档案,可以销毁。

(2)会计档案鉴定工作应当由单位档案管理机构牵头,组织单位会计、审计、纪检监察等机构或人员共同进行。

2. 会计档案的销毁

(1)单位档案管理机构编制会计档案销毁清册,列明拟销毁会计档案的名称、卷号、册数、起止年度、档案编号、应保管期限、已保管期限和销毁时间等内容。

(2)单位负责人、档案管理机构负责人、会计管理机构负责人、档案管理机构经办人、会计管理机构经办人在会计档案销毁清册上签署意见。

(3)监销。①单位档案管理机构负责组织会计档案销毁工作,并与会计管理机构共同派员监销。②监销人在会计档案销毁前,应当按照会计档案销毁清册所列内容进行清点核对;在会计档案销毁后,应当在会计档案销毁清册上签名或盖章。③电子会计档案的销毁还应当符合国家有关电子档案的规定,并由单位档案管理机构、会计管理机构和信息系统管理机构共同派员监销。

3. 不得销毁的会计档案

(1)保管期满但未结清的债权债务原始凭证和涉及其他未了事项的会计凭证不得销毁,纸质会计档案应当单独抽出立卷,电子会计档案单独转存,保管到未了事项完结时为止。

(2)单独抽出立卷或转存的会计档案,应当在会计档案鉴定意见书、会计档案销毁清册和会计档案保管清册中列明。

(六)特殊情况下的会计档案处置

1. 单位分立情况下的会计档案处置

(1)单位分立后,原单位存续的,其会计档案应当由分立后的存续方统一保管。

(2)单位分立后,原单位解散的,其会计档案应当经各方协商后,由其中一方代管,或按照国家档案管理的有关规定处置。

(3)单位分立中未结清的会计事项所涉及的会计凭证,应当单独抽出,由业务相关方保存。

(4)单位因业务移交其他单位办理所涉及的会计档案,应当由原单位保管,承接业务单位可以查阅、复制与其业务相关的会计档案。对其中未结清的会计事项所涉及的会计凭证,应当单独抽出,由承接业务单位保存。

2. 单位合并情况下的会计档案处置

(1)单位合并后原各单位解散或者一方存续、其他方解散的,原各单位的会计档案,应当由合并后的单位统一保管。

(2)单位合并后,原各单位仍存续的,其会计档案应当由原各单位保管。

3. 建设单位项目建设会计档案的交接

建设单位在项目建设期间形成的会计档案,需要移交给建设项目接受单位的,应当在办理竣工财务决算后及时移交,并按照规定办理交接手续。

4. 单位之间交接会计档案的手续

(1)移交会计档案的单位,应当编制会计档案移交清册,列明应当移交的会计档案名称、卷号、册数、起止年度、档案编号、应保管期限和已保管期限等内容。

(2)交接会计档案时,交接双方应按照会计档案移交清册所列内容逐项交接,并由交接双方的单位有关负责人负责监督。

（3）交接完毕后，交接双方经办人和监督人，应当在会计档案移交清册上签名或盖章。

（4）电子会计档案应当与其元数据一并移交，特殊格式的电子会计档案应当与其读取平台一并移交。

（5）档案接收单位应当对保存电子会计档案的载体及其技术环境进行检验，确保所接收电子会计档案的准确、完整、可用和安全。

三、会计监督

会计监督是会计的基本职能之一，是对经济活动的本身进行检查监督，借以控制经济活动，使经济活动能够根据一定的方向、目标、计划，遵循一定的原则正常进行。会计监督可分为单位内部会计监督、会计工作的政府监督和会计工作的社会监督，简称为"三位一体"的会计监督，其分别属于"自我监督""对自我监督的再监督""对再监督的再监督"。其中，单位内部会计监督为内部监督，会计工作的社会监督、会计工作的政府监督为外部监督。

（一）单位内部会计监督

单位内部会计监督制度，是指为了保护其资产的安全、完整，保证其经营活动符合国家法律、法规和内部有关管理制度，提高经营管理水平和效率，而在单位内部采取的一系列相互制约、相互监督的制度与方法。

1. 单位内部会计监督的概念

单位内部会计监督，是指各单位的会计机构、会计人员依据法律法规制度规定，通过会计手段对本单位经济活动的合法性、合理性和有效性进行监督。

【注意】内部会计监督的主体是各单位的会计机构、会计人员，内部会计监督的对象是单位的经济活动。

2. 单位内部会计监督的要求

单位内部会计监督制度应当符合下列要求：①记账人员与经济业务事项和会计事项的审批人员、经办人员、财务保管人员的职责权限应当明确，并相互分离、相互制约。这是机构控制和职业控制的基本要求。②重大对外投资、资产处置、资金调度和其他重要经济业务事项的决策和执行的相互监督、相互制约程序应当明确。这是对业务处理程序控制的基本要求，是对盲目对外投资、擅自处置资产、随意调度资金所作的限制性规定，具有很强的针对性。③财产清查的范围、期限和组织程序应当明确。这是财产安全控制和会计信息控制的基本要求。④对会计资料定期进行内部审计的办法和程序应当明确。这是内部审计控制的基本要求。

3. 单位内部控制制度

（1）内部控制的概念与原则

内部控制，是指单位为实现控制目标，通过制定制度、实施措施和执行程序，对经济活动的风险进行防范和管控。

单位建立与实施内部控制，应当遵循下列原则：①全面性原则要求内部控制应当贯穿单位经济活动的决策、执行和监督全过程。②重要性原则要求在全面控制的基础上，应当关注单位重要经济活动和经济活动的重大风险。③制衡性原则要求内部控制应当在治理结构、机构设置及权责分配、业务流程等方面形成相互制约、相互监督。④适应性原则要求内部控制应当符合国家有关规定和单位的实际情况，并随着情况的变化及时加以调整。⑤成本效益原则要求企业内部控制应当权衡实施成本与预期效益，以适当的成本实现有效控制。

小企业建立与实施内部控制,应当遵循下列原则:①风险导向原则要求内部控制应当以防范风险为出发点,重点关注对实现内部控制目标造成重大影响的风险领域。②适应性原则要求内部控制应当与企业发展阶段、经营规模、管理水平等相适应,并随着情况的变化及时加以调整。③实质重于形式原则要求内部控制应当注重实际效果,而不局限于特定的表现形式和实现手段。④成本效益原则要求内部控制应当权衡实施成本与预期效益,以合理的成本实现有效控制。

(2)企业内部控制措施

①不相容职务分离控制要求企业全面系统地分析、梳理业务流程中所涉及的不相容职务,实施相应的分离措施,形成各司其职、各负其责、相互制约的工作机制。不相容职务,是指那些如果由一个人担任,既可能发生错误舞弊行为,又可能掩盖其错误和舞弊行为的职务。不相容职务主要包括授权批准与业务经办、业务经办与会计记录、会计记录与财产保管、业务经办与稽核检查、授权批准与监督检查等。

②授权审批控制要求企业根据常规授权和特别授权的规定,明确各岗位办理业务和事项的权限范围、审批程序和相应责任。

③会计系统控制要求企业严格执行国家统一的会计准则制度,加强会计基础工作,明确会计凭证、会计账簿和财务会计报告的处理程序,保证会计资料真实完整。

④财产保护控制要求企业建立财产日常管理和定期清查制度,采取财产记录、实物保管、定期盘点、账实核对等措施,确保财产安全。

⑤预算控制要求企业实施全面预算管理制度,明确各责任单位在预算管理中的职责权限,规范预算的编制、审定、下达和执行程序,强化预算约束。

⑥运营分析控制要求企业建立运营情况分析制度,经理层应当综合运用生产、购销、投资、筹资、财务等方面的信息,通过因素分析、对比分析、趋势分析等方法,定期开展运营情况分析,发现存在的问题,及时查明原因并加以改进。

⑦绩效考评控制要求企业建立和实施绩效考评制度,科学设置考核指标体系,对企业内部各责任单位和全体员工的业绩进行定期考核和客观评价,将考核结果作为确定员工薪酬以及职务晋升、评优、降级、调岗、辞退等的依据。

(3)行政事业单位内部控制方法

①不相容岗位相互分离。合理设置内部控制关键岗位,明确划分职责权限,实施相应的分离措施,形成相互制约、相互监督的工作机制。

②内部授权审批控制。明确各岗位办理业务和事项的权限范围、审批程序和相关责任,建立重大事项集体决策和会签制度。相关工作人员应当在授权范围内行使职权、办理业务。

③归口管理。根据本单位实际情况,按照权责对等的原则,采取成立联合工作小组并确定牵头部门或牵头人员等方式,对有关经济活动实行统一管理。

④预算控制。强化对经济活动的预算约束,使预算管理贯穿于单位经济活动的全过程。

⑤财产保护控制。建立资产日常管理制度和定期清查机制,采取资产记录、实物保管、定期盘点、账实核对等措施,确保资产安全完整。

⑥会计控制。建立健全本单位财会管理制度,加强会计机构建设,提高会计人员业务水平,强化会计人员岗位责任制,规范会计基础工作,加强会计档案管理,明确会计凭证、会计账簿和财务会计报告处理程序。

⑦单据控制。要求单位根据国家有关规定和单位的经济活动业务流程,在内部管理制度中明确界定各项经济活动所涉及的表单和票据,要求相关工作人员按照规定填制、审核、归档、保管单据。

⑧信息内部公开。要求建立健全经济活动相关信息内部公开制度,根据国家有关规定和单位

的实际情况,确定信息内部公开的内容、范围、方式和程序。

(二)会计工作的社会监督

1. 会计工作社会监督的概念

会计工作的社会监督,主要是指由注册会计师及其所在的会计师事务所等中介机构接受委托,依法对单位的经济活动进行审计,出具审计报告,发表审计意见的一种监督制度。

根据《会计法》的规定,法律、行政法规规定须经注册会计师进行审计的单位,应当向受委托的会计师事务所如实提供会计凭证、会计账簿、财务会计报告和其他会计资料以及有关情况。任何单位或者个人不得以任何方式要求或者示意注册会计师及其所在的会计师事务所出具不实或者不当的审计报告。

《会计法》规定,任何单位和个人对违反《会计法》和国家统一的会计制度规定的行为,有权检举。这是为了充分发挥社会各方面的力量,鼓励任何单位和个人检举违法会计行为,也属于会计工作社会监督的范畴。

2. 注册会计师审计报告

(1)审计报告的概念和要素

审计报告,是指注册会计师根据审计准则的规定,在执行审计工作的基础上,对被审计单位财务报表发表审计意见的书面文件。注册会计师应当就财务报表是否在所有重大方面按照适用的财务报表编制基础编制并实现公允反映形成审计意见。

审计报告应当包括下列要素:①标题;②收件人;③引言段;④管理层对财务报表的责任段;⑤注册会计师的责任段;⑥审计意见段;⑦注册会计师的签名和盖章;⑧会计师事务所的名称、地址和盖章;⑨报告日期。

(2)审计报告的种类和审计意见的类型

审计报告分为标准审计报告和非标准审计报告。

①标准审计报告,是指不含有说明段、强调事项段、其他事项段或其他任何修饰性用语的无保留意见的审计报告;包含其他报告责任段,但不含有强调事项段或其他事项段的无保留意见的审计报告也被视为标准审计报告。

②非标准审计报告,是指带强调事项段或其他事项段的无保留意见的审计报告和非无保留意见的审计报告。非无保留意见,包括保留意见、否定意见和无法表示意见三种类型。

无保留意见,是指当注册会计师认为财务报表在所有重大方面按照适用的财务报表编制基础编制并实现公允反映时发表的审计意见。

当存在下列情形之一时,注册会计师应当在审计报告中发表非无保留意见:①根据获取的审计证据,得出财务报表整体存在重大错报的结论;②无法获取充分、适当的审计证据,不能得出财务报表整体不存在重大错报的结论。

当存在下列情形之一时,注册会计师应当发表保留意见:①在获取充分、适当的审计证据后,注册会计师认为错报单独或汇总起来对财务报表影响重大,但不具有广泛性;②注册会计师无法获取充分、适当的审计证据以作为形成审计意见的基础,但认为未发现的错报(如存在)对财务报表可能产生的影响重大,但不具有广泛性。

在获取充分、适当的审计证据以作为形成审计意见的基础,但认为未发现的错报(如存在)对财务报表可能产生的影响重大且具有广泛性时,注册会计师应当发表否定意见。

如果无法获取充分、适当的审计证据以作为形成审计意见的基础,但认为未发现的错报(如存在)对财务报表可能产生的影响重大且具有广泛性,注册会计师应当发表无法表示意见。在极其特殊的情况下,可能存在多个不确定事项。尽管注册会计师对每个单独的不确定事项获取了充分、适当的审计证据,但由于不确定事项之间可能存在相互影响,以及可能对财务报表产生累积影响,注册会计师不可能对财务报表形成审计意见。在这种情况下,注册会计师应当发表无法表示意见。

(三)会计工作的政府监督

1. 会计工作政府监督的概念

会计工作政府监督,主要是指财政部门代表国家对各单位和单位中相关人员的会计行为实施的监督检查,以及对发现的会计违法行为实施行政处罚。这里所说的财政部门,是指县级以上人民政府财政部门和国务院财政部门、省级以上人民政府财政部门派出机构。

除财政部门外,审计、税务、金融监管、证券监管等部门依照有关法律、行政法规规定的职责和权限,可以对有关单位的会计资料实施监督检查。依法实施监督检查后应当出具检查结论。

2. 财政部门会计监督的主要内容

财政部门对各单位的下列情况实施监督:①是否依法设置会计账簿;②会计凭证、会计账簿、财务会计报告和其他会计资料是否真实、完整;③会计核算是否符合《会计法》和国家统一的会计制度的规定;④从事会计工作的人员是否具备专业能力、遵守职业道德。

在对各单位会计凭证、会计账簿、财务会计报告和其他会计资料的真实性、完整性实施监督,发现重大违法嫌疑时,国务院财政部门及其派出机构可以向与被监督单位有经济业务往来的单位和被监督单位开立账户的金融机构查询有关情况,有关单位和金融机构应当给予支持。

依法对有关单位的会计资料实施监督检查的部门及其工作人员对在监督检查中知悉的国家秘密和商业秘密负有保密义务。

会计信息质量检查是财政部门在总结多年会计监督实践经验的基础上,开拓创新出的一种实施会计监督的重要方式。会计信息质量检查是贯彻落实《会计法》、认真履行财政部门会计监督职责的基本要求,是严肃财经纪律、整顿和规范市场经济秩序的客观需要,是推进财政改革、加强财政管理的重要手段。财政部门要充分认识开展会计信息质量检查的重要意义,切实加强组织领导,采取有效措施,完善工作制度、创新工作方法,促进会计信息质量检查工作不断发展。

任务三 会计机构和会计人员

一、会计机构

会计机构,是指各单位办理会计事务的职能部门。根据《会计法》第36条的规定,各单位应当根据会计业务的需要,设置会计机构,或者在有关机构中设置会计人员并指定会计主管人员;不具备设置条件的,应当委托经批准从事会计代理记账业务的中介机构代理记账。由此可见,各单位应当根据本单位经营管理的实际要求和会计业务的繁简情况决定是否设置会计机构。

各单位办理会计事务的组织方式有以下三种:

(一)单独设置会计机构

单独设置会计机构是指单位依法设置独立负责会计事务的内部机构,负责会计核算工作,实行会计监督,拟定本单位办理会计事务的具体办法,参与拟订经济计划、业务计划,考核、分析预算、财务计划的实行情况,办理其他会计事务等。会计机构内部应当建立稽核制度。会计机构应当配备会计机构负责人。

【注意】各单位可以根据本单位会计业务的繁简情况决定是否设置会计机构,通常取决于单位规模的大小、经济业务和财务收支的繁简以及经营管理的需要等因素。

【学中做2—5】　周某了解到,我国《会计法》规定:"单位负责人对本单位的会计工作和会计资料的真实性、完整性负责。"所以他个人认为,一个单位是否需要单独设置会计机构应该由单位负责人说了算。

请分析周某的想法是否正确。

(二)在有关机构中设置会计人员并指定会计主管人员

不具备单独设置会计机构条件的,应当在有关机构中设置会计人员,并指定会计主管人员。会计主管人员,是不设置会计机构的单位在会计人员中指定的会计工作负责人,不同于我们平常所说的会计主管、主管会计、主办会计。

不具备单独设置会计机构条件的单位,主要是指财务收支数额不大、会计业务比较简单的企业、机关、团体、事业单位和个体工商户等。这些单位虽然不设置会计机构,而只设置会计人员,但也必须具有健全的财务会计制度和严格的财务手续,其会计人员的专业职能不能被其他职能所替代。

(三)实行代理记账

《会计基础工作规范》第8条规定:"没有设置会计机构和配备会计的单位,应当根据《代理记账管理暂行办法》委托会计师事务所或者持有代理记账许可证书的其他代理记账机构进行代理记账。"此项规定适用于不具备设置会计机构条件和不配备会计人员的小型经济组织。

二、代理记账

代理记账,是指代理记账机构接受委托办理会计业务。代理记账机构,是指依法取得代理记账资格,从事代理记账业务的机构。会计师事务所及其分所可以依法从事代理记账业务。为规范代理记账活动,财政部于2019年3月修订发布了《代理记账管理办法》(财政部第98号令)。该办法对代理记账资格的申请、取得和管理,以及代理记账机构从事代理记账业务作了基本规定。

(一)代理记账机构的审批

除会计师事务所以外的机构从事代理记账业务,应当经县级以上地方人民政府财政部门(简称审批机关)批准,领取由财政部统一规定样式的代理记账许可证书。具体审批机关由省、自治区、直辖市、计划单列市人民政府财政部门确定。

【提示】会计师事务所及其分所可以依法从事代理记账业务。

申请代理记账资格的机构应当同时具备以下条件:①为依法设立的企业;②专职从业人员不少于3名,专职从业人员是指仅在一个代理记账机构从事代理记账业务的人员;③主管代理记账业务的负责人具有会计师以上专业技术职务资格或者从事会计工作不少于3年,且为专职从业人员;④有健全的代理记账业务内部规范。

【注意】代理记账机构从业人员应当具有会计类专业基础知识和业务技能,能够独立处理基本会计业务,并由代理记账机构自主评价认定。

(二)代理记账的业务范围

代理记账机构可以接受委托办理下列业务:①根据委托人提供的原始凭证和其他相关资料,按照国家统一的会计制度的规定进行会计核算,包括审核原始凭证、填制记账凭证、登记会计账簿、编制财务会计报告等;②对外提供财务会计报告;③向税务机关提供税务资料;④委托人委托的其他会计业务。

(三)委托人、代理记账机构及其从业人员各自的义务

(1)委托人委托代理记账机构代理记账,应当在相互协商的基础上,订立书面委托合同。委托合同除应具备法律规定的基本条款外,应当明确下列内容:①双方对会计资料真实性、完整性各自应当承担的责任;②会计资料传递程序和签收手续;③编制和提供财务会计报告的要求;④会计档案的保管要求及相应的责任;⑤终止委托合同应当办理的会计业务交接事宜。

(2)委托人应当履行下列义务:①对本单位发生的经济业务事项,应当填制或者取得符合国家统一的会计制度规定的原始凭证;②应当配备专人负责日常货币收支和保管;③及时向代理记账机构提供真实、完整的原始凭证和其他相关资料;④对于代理记账机构退回的,要求按照国家统一的会计制度的规定进行更正、补充的原始凭证,应当及时予以更正、补充。

(3)代理记账机构及其从业人员应当履行下列义务:①遵守有关法律、法规和国家统一的会计制度的规定,按照委托合同办理代理记账业务;②对在执行业务中知悉的商业秘密予以保密;③对委托人要求其做出不当的会计处理,提供不实的会计资料,以及其他不符合法律、法规和国家统一的会计制度行为的,予以拒绝;④对委托人提出的有关会计处理相关问题予以解释。

【提示】代理记账机构为委托人编制的财务会计报告,经代理记账机构负责人和委托人负责人签名并盖章后,按照有关法律、法规和国家统一的会计制度的规定对外提供。

(四)对代理记账机构的管理

(1)代理记账机构应当于每年4月30日之前,向审批机关报送下列材料:①代理记账机构基本情况表;②专职从业人员变动情况。代理记账机构设立分支机构的,分支机构应当于每年4月30日之前向其所在地的审批机关报送上述材料。

(2)县级以上人民政府财政部门对代理记账机构及其从事代理记账业务情况实施监督,随机抽取检查对象、随机选派执法检查人员,并将抽查情况及查处结果依法及时向社会公开。对委托代理记账的企业因违反财税法律、法规受到处理处罚的,县级以上人民政府财政部门应当将其委托的代理记账机构列入重点检查对象。对其他部门移交的代理记账违法行为线索,县级以上人民政府财政部门应当及时予以查处。

(3)代理记账机构有下列情形之一的,审批机关应当办理注销手续,收回代理记账许可证书并予以公告:①代理记账机构依法终止的;②代理记账资格被依法撤销或撤回的;③法律、法规规定的应当注销的其他情形。

三、会计岗位设置

(一)会计工作岗位设置要求

会计工作岗位,是指一个单位会计机构内部根据业务分工而设置的职能岗位。根据《会计基础工作规范》的要求,各单位应当根据会计业务的需要设置会计机构;不具备单独设置会计机构条件的,应当在有关机构中配备专职会计人员。会计工作岗位一般可分为:会计机构负责人或者会计主管人员、出纳、财产物资核算、工资核算、成本费用核算、财务成果核算、资金核算、往来结算、总账报表、稽核、档案管理等。开展会计电算化和管理会计的单位,可以根据需要设置相应工作岗位,也可以与其他工作岗位相结合。

会计工作岗位,可以一人一岗、一人多岗或者一岗多人。但出纳人员不得兼管稽核、会计档案保管以及收入、费用、债权债务账目的登记工作。会计人员的工作岗位应当有计划地进行轮换。

(二)会计人员回避制度

国家机关、国有企业、事业单位任用会计人员应当实行回避制度。单位领导人的直系亲属不得

担任本单位的会计机构负责人、会计主管人员。会计机构负责人、会计主管人员的直系亲属不得在本单位会计机构中担任出纳工作。需要回避的直系亲属为：夫妻关系、直系血亲关系、三代以内旁系血亲以及近姻亲关系。

（三）会计工作交接

会计人员工作调动或者因故离职，必须将本人所经管的会计工作全部移交给接替人员。没有办清交接手续的，不得调动或者离职。

会计人员办理移交手续前，必须及时做好以下工作：

(1)已经受理的经济业务尚未填制会计凭证的，应当填制完毕。

(2)尚未登记的账目，应当登记完毕，并在最后一笔余额后加盖经办人员印章。

(3)整理应该移交的各项资料，对未了事项写出书面材料。

(4)编制移交清册，列明应当移交的会计凭证、会计账簿、会计报表、印章、现金、有价证券、支票簿、发票、文件、其他会计资料和物品等内容；实行会计电算化的单位，从事该项工作的移交人员还应当在移交清册中列明会计软件及密码、会计软件数据磁盘（磁带等）及有关资料、实物等内容。

会计人员办理交接手续，必须有监交人负责监交。一般会计人员交接，由单位会计机构负责人、会计主管人员负责监交；会计机构负责人、会计主管人员交接，由单位负责人负责监交，必要时可由上级主管部门派人会同监交。

移交人员在办理移交时，要按移交清册逐项移交；接替人员要逐项核对点收。

(1)现金、有价证券要根据会计账簿有关记录进行点交。库存现金、有价证券必须与会计账簿记录保持一致。不一致时，移交人员必须限期查清。

(2)会计凭证、会计账簿、会计报表和其他会计资料必须完整无缺。如有短缺，必须查清原因，并在移交清册中注明，由移交人员负责。

(3)银行存款账户余额要与银行对账单核对，如不一致，应当编制银行存款余额调节表调节相符，各种财产物资和债权债务的明细账户余额要与总账有关账户余额核对相符；必要时，要抽查个别账户的余额，与实物核对相符，或者与往来单位、个人核对清楚。

(4)移交人员经管的票据、印章和其他实物等，必须交接清楚；移交人员从事会计电算化工作的，要对有关电子数据在实际操作状态下进行交接。

(5)会计机构负责人、会计主管人员移交时，还必须将全部财务会计工作、重大财务收支和会计人员的情况等，向接替人员详细介绍。对需要移交的遗留问题，应当写出书面材料。

交接完毕后，交接双方和监交人员要在移交清册上签名或者盖章，并应在移交清册上注明：单位名称，交接日期，交接双方和监交人员的职务、姓名，移交清册页数以及需要说明的问题和意见等。移交清册一般应当填制一式三份，交接双方各执一份，存档一份。

接替人员应当继续使用移交的会计账簿，不得自行另立新账，以保持会计记录的连续性。

会计人员临时离职或者因病不能工作且需要接替或者代理的，会计机构负责人、会计主管人员或者单位负责人必须指定有关人员接替或者代理，并办理交接手续。

临时离职或者因病不能工作的会计人员恢复工作的，应当与接替或者代理人员办理交接手续。

单位撤销时，必须留有必要的会计人员，会同有关人员办理清算工作，编制决算。未移交前，不得离职。接收单位和移交日期由主管部门确定。

移交人员对所移交的会计凭证、会计账簿、会计报表和其他有关资料的合法性、真实性承担法律责任。

📰 **同步案例 2—3**

2024年8月,甲服装公司发生如下事项:

(1)7日,该公司会计人员王某脱产学习一个星期,会计科长指定出纳李某临时兼管债权债务账目的登记工作,未办理会计工作交接手续。

(2)10日,该公司档案科会同会计科销毁一批保管期限已满的会计档案,未编制会计档案销毁清册。

请分析以上事项中的不妥之处。

(四)会计专业职务与会计专业技术资格

1. 会计专业职务

会计专业职务,即会计职称,是区别会计人员业务技能的技术等级。根据《人力资源和社会保障部、财政部关于深化会计人员职称制度改革的指导意见》(人社部发〔2019〕8号),会计人员职称层级分为初级、中级、副高级和正高级。初级职称只设助理级;高级职称分设副高级和正高级,形成初级、中级、高级层次清晰、相互衔接、体系完整的会计人员职称评价体系。初级、中级、副高级和正高级职称名称依次为助理会计师、会计师、高级会计师和正高级会计师。

助理会计师应具备以下条件:①基本掌握会计基础知识和业务技能。②能正确理解并执行财经政策、会计法律法规和规章制度。③能独立处理一个方面或某个重要岗位的会计工作。④具备国家教育部门认可的高中毕业(含高中、中专、职高、技校)以上学历。

会计师应具备以下条件:①系统掌握会计基础知识和业务技能。②掌握并能正确执行财经政策、会计法律法规和规章制度。③具有扎实的专业判断和分析能力,能独立负责其领域的会计工作。④具备博士学位;或具备硕士学位,从事会计工作满1年;或具备第二学士学位或研究生毕业,从事会计工作满2年;或具备大学本科学历或学士学位,从事会计工作满4年,或具备大学专科学历,从事会计工作满5年。

高级会计师应具备以下条件:①系统掌握和应用经济与管理理论、财务会计理论与实务;②具有较高的政策水平和丰富的会计工作经验,能独立负责某领域或一个单位的财务会计管理工作;③工作业绩较为突出,有效提高了会计管理水平或经济效益;④有较强的科研能力,取得一定的会计相关理论研究成果,或主持完成会计相关研究课题、调研报告、管理方法或制度创新等;⑤具备博士学位,取得会计师职称后,从事与会计师职责相关工作满2年;或具备硕士学位,或第二学士学位或研究生班毕业,或大学本科学历或学士学位,取得会计师职称后,从事与会计师职责相关工作满5年;或具备大学专科学历,取得会计师职称后,从事与会计师职责相关工作满10年。

正高级会计师应具备以下条件:①系统掌握和应用经济与管理理论、财务会计理论与实务,把握工作规律;②政策水平高,工作经验丰富,能积极参与一个单位的生产经营决策;③工作业绩突出,主持完成会计相关领域重大项目,解决重大会计相关疑难问题或关键性业务问题,提高单位管理效率或经济效益;④科研能力强,取得重大会计相关理论研究成果,或其他创造性会计相关研究成果,推动会计行业发展;⑤一般应具有大学本科及以上学历或学士以上学位,取得高级会计师职称后,从事与高级会计师职责相关工作满5年。

总会计师是主管本单位会计工作的行政领导,是单位行政领导成员,协助单位主要行政领导人工作,直接对单位主要行政领导人负责。凡设置总会计师的单位,在单位行政领导成员中,不设与总会计师职权重叠的副职。总会计师组织领导本单位的财务管理、成本管理、预算管理、会计核算和会计监督等方面的工作,参与本单位重要经济问题的分析和决策。《会计法》规定,国有的和国有资产占控股地位或者主导地位的大中型企业必须设置总会计师。《会计基础工作规范》要求,大中型企业、事业单位、业务主管部门应当根据法律和国家有关规定设置总会计师。总会计师由具有会计师以上专业技术资格的人员担任。《总会计师条例》规定,事业单位和业务主管部门根据需要,经批准可以设置总会计师。其他单位可以根据业务需要,自行决定是否设置总会计师。

2.会计专业技术资格

会计专业技术资格,简称会计资格,是指担任会计专业职务的任职资格。会计专业技术资格分为初级资格、中级资格和高级资格三个级别,分别对应初级、中级、副高级会计职称(会计专业职务)的任职资格。目前,初级、中级资格实行全国统一考试制度,高级会计师资格实行考试与评审相结合制度,通过全国统一考试取得初级或中级会计专业技术资格的会计人员,表明已具备担任相应级别会计专业职务的任职资格。用人单位可根据工作需要和德才兼备的原则,从获得会计专业技术资格的会计人员中择优聘任。

(1)初级、中级会计专业技术资格

初级、中级会计专业技术资格(简称初级资格、中级资格)的取得实行全国统一考试制度,实行全国统一组织、统一考试时间、统一考试大纲、统一考试命题和统一合格标准。初级资格的考试科目分为初级会计实务、经济法基础两个科目。参加初级资格考试的人员必须在一个考试年度内通过全部科目的考试。中级资格的考试科目分为中级会计实务、财务管理和经济法。中级资格考试成绩以2年为一个周期,单科成绩采取滚动计算的方法;初级资格考试未实行单科成绩滚动的方法,而实行1年内一次通过全部科目考试的方法。

报名参加初级资格考试的人员,还必须具备教育部门认可的高中毕业以上学历。报名参加中级资格考试的人员,除各项基本条件外,还必须具备下列条件之一:取得大学专科学历,从事会计工作满5年;取得大学本科学历,从事会计工作满4年;取得双学士学位或研究生班毕业,从事会计工作满2年;取得硕士学位,从事会计工作满1年;取得博士学位。

对于已取得中级资格并符合国家有关规定的会计人员,可聘任会计师职务;对于已取得初级资格的人员,如具备大专毕业且担任会计员职务满2年,或中专毕业担任会计员职务满4年,或者不具备规定学历,担任会计员职务满5年并符合国家有关规定的,可聘任助理会计师职务。不符合以上条件的人员,可聘任会计员职务。

(2)高级会计师资格

高级会计师资格的取得实行考试与评审相结合制度。凡申请参加高级会计师资格评审的人员,须通过考试合格后,方可参加评审。考试科目为高级会计实务。高级会计师考试实行国家统一考试,考试大纲由财政部制定并公布,主要考核应试者运用会计、财务、税收等相关的理论知识、政策法规,对所提供的有关背景资料进行分析、判断和处理业务的综合能力。参加国家统一考试并达到合格标准的人员,由全国会计专业技术资格考试办公室核发高级会计师资格考试成绩合格证,该证书在全国范围内3年有效。考试合格并符合规定条件的可在考试合格成绩有效期内,向所在省、自治区、直辖市或中央单位会计专业高级职务评审委员会申请进行评审,通过后即表示其已具备担任高级会计师的资格,经单位聘任或任命后担任高级会计师。

(五)会计专业技术人员继续教育

会计专业技术人员继续教育,是指对会计从业人员持续接受一定形式的、有组织的理论知识、专业技能和职业道德的教育和培训活动,不断提高和保持其专业胜任能力和职业道德水平。我国财政部于2018年7月1日起施行最新的《会计专业技术人员继续教育规定》。

会计专业技术人员继续教育工作应当遵循下列基本原则:以人为本,按需施教;突出重点,提高能力;加强指导,创新机制。

根据《会计专业技术人员继续教育规定》,国家机关、企业、事业单位以及社会团体等组织具有会计专业技术资格的人员,或不具有会计专业技术资格但从事会计工作的人员(简称会计专业技术人员)享有参加继续教育的权利和接受继续教育的义务。用人单位应当保障本单位会计专业技术人员参加继续教育的权利。

具有会计专业技术资格的人员应当自取得会计专业技术资格的次年开始参加继续教育,并在规定时间内取得规定学分。不具有会计专业技术资格但从事会计工作的人员应当自从事会计工作的次年开始参加继续教育,并在规定时间内取得规定学分。继续教育内容包括公需科目和专业科目。公需科目包括专业技术人员应当普遍掌握的法律法规、政策理论、职业道德、技术信息等基本知识。专业科目包括会计专业技术人员从事会计工作应当掌握的财务会计、管理会计、财务管理、内部控制与风险管理、会计信息化、会计职业道德、财税金融、会计法律法规等相关知识。会计专业技术人员参加继续教育实行学分制管理。每年参加继续教育取得的学分不少于90学分,其中,专业科目一般不少于总学分的2/3。会计专业技术人员参加继续教育取得的学分,在全国范围内当年度有效,不得结转以后年度。对会计专业技术人员参加继续教育情况实行登记管理。

用人单位应当建立本单位会计专业技术人员继续教育与使用、晋升相衔接的激励机制,将参加继续教育情况作为会计专业技术人员考核评价、岗位聘用的重要依据。会计专业技术人员参加继续教育情况,应当作为聘任会计专业技术职务或者申报评定上一级资格的重要条件。

(六)总会计师

总会计师是主管本单位会计工作的行政领导,是单位行政领导成员,是单位会计工作的主要负责人,协助单位主要领导人工作,直接对单位主要领导人负责。总会计师组织领导本单位的财务管理、成本管理、成本核算和会计监督等方面的工作,参与本单位重要经济问题的分析与决策。国有的和国有资产占控股地位或者主导地位的大、中型企业必须设置总会计师,其他单位可以根据业务需要,自行决定是否设置总会计师。

任务四　会计法律责任

一、应承担法律责任的会计行为

根据《会计法》的规定,有下列行为之一的[见下面(一)到(十)的内容],由县级以上人民政府财政部门责令限期改正,给予警告、通报批评,对单位可以并处二十万元以下的罚款,对其直接负责的主管人员和其他直接责任人员可以处五万元以下的罚款;情节严重的,对单位可以并处二十万元以上一百万元以下的罚款,对其直接负责的主管人员和其他直接责任人员可以处五万元以上五十万元以下的罚款;属于公职人员的,还应当依法给予处分。

(一)不依法设置会计账簿的行为

不依法设置会计账簿的行为,是指违反《会计法》和国家统一的会计制度的规定,应当设置会计账簿的单位不设置会计账簿或者未按规定的种类、形式及要求设置会计账簿的行为。对于不依法设置会计账簿的行为,应当追究有关单位和个人的法律责任。

(二)私设会计账簿的行为

私设会计账簿的行为,俗称"两本账"或"账外账",是指不在依法设置的会计账簿上对经济业务事项进行统一登记核算,而另外私自设置会计账簿进行登记核算的行为。鉴于现实中有的单位将发生的经济业务事项和财务收支不通过法定会计账簿统一核算,而是记入私设的会计账簿,形成"小金库",因此有必要对这种违法行为追究其法律责任。

(三) 未按照规定填制、取得原始凭证或者填制、取得的原始凭证不符合规定的行为

根据《会计法》和国家统一的会计制度的规定,办理经济业务事项必须取得或者填制原始凭证,并及时送交会计机构,以保证会计核算工作得以顺利进行。为了保证原始凭证记录的真实性,对原始凭证不能涂改、挖补,如果发现原始凭证有错误,应当由出具单位重开或者更正,更正处应当加盖出具单位的印章。原始凭证金额有错误的,应当由出具单位重开,不得在原始凭证上更正。对于未按照规定填制、取得原始凭证或者填制、取得的原始凭证不符合规定的,应当追究有关单位和个人的法律责任。

(四) 以未经审核的会计凭证为依据登记会计账簿或者登记会计账簿不符合规定的行为

根据《会计法》和国家统一的会计制度的规定,会计人员应当根据审核无误的会计凭证登记会计账簿。登记会计账簿时,应当将会计凭证日期、编号、业务内容摘要、金额等事项逐项记入账内。登记完毕后,记账人员要在记账凭证上签名或盖章。各种账簿要按页次顺序连续登记,不得跳行、隔页。如果会计账簿记录发生错误,不得采取涂改、挖补等手段更正,而应当按照规定采取划线更正等方法进行更正。因此,任何单位不得以未经审核的会计凭证为依据登记会计账簿。违反上述规定的,应当追究有关单位和个人的法律责任。

(五) 随意变更会计处理方法的行为

会计处理方法的变更会直接影响会计资料的质量和可比性,因此不得违反《会计法》和国家统一的会计制度的规定,随意变更会计处理方法。

(六) 向不同的会计资料使用者提供的财务会计报告编制依据不一致的行为

财务会计报告应当根据登记完整、核对无误的会计账簿记录和其他有关会计资料编制,使用的确认原则、计量标准、计量方法应当一致,做到数字真实、计算准确、内容完整、说明清楚。不得向不同的会计资料使用者提供编制依据不一致的财务会计报告。

(七) 未按照规定使用会计记录文字或者记账本位币的行为

根据《会计法》的有关规定,会计记录的文字应当使用中文。在民族自治地方,会计记录可以同时使用当地通用的一种民族文字。在中华人民共和国境内的外商投资企业、外国企业和其他外国组织的会计记录可以同时使用一种外国文字。会计核算以人民币为记账本位币。业务收支以人民币以外的货币为主的单位,可以选定其中一种货币作为记账本位币,但是编报的财务会计报告应当折算为人民币。对于未按照规定使用会计记录文字或者记账本位币的,应当追究有关单位和个人的法律责任。

(八) 未按照规定保管会计资料,致使会计资料毁损、灭失的行为

根据《会计法》的有关规定,各单位对会计凭证、会计账簿、财务会计报告和其他会计资料应当建立档案,妥善保管。对于未按照国家规定的期限、方式和要求保管会计资料,致使会计资料毁损、灭失的,应当追究有关单位和个人的法律责任。

(九) 未按照规定建立并实施单位内部会计监督制度,或者拒绝依法实施的监督,或者不如实提供有关会计资料及有关情况的行为

根据《会计法》的有关规定,各单位应当建立、健全本单位内部会计监督制度。单位内部会计监督制度应当符合法定要求。对会计工作的外部监督,按照有关规定,财政部门对各单位是否依法设置会计账簿、会计资料是否真实、完整,会计核算是否符合规定,从事会计工作的人员是否具备从业资格等情况实施监督。各单位应当依照规定接受有关监督检查部门依法实施的监督检查,如实提供会计凭证、会计账簿、财务会计报告和其他会计资料以及说明有关情况,不得拒绝、隐匿、谎报。违反上述规定的,应当追究有关单位和个人的法律责任。

(十)任用会计人员不符合《会计法》规定的行为

根据《会计法》的有关规定,会计人员应当具备从事会计工作所需要的专业能力,担任单位会计机构负责人和会计主管人员的,应当具备会计师以上专业技术职务资格或者从事会计工作3年以上经历。设置总会计师的单位,任用的总会计师,也应当符合国家规定的资格条件。违反上述规定的,应当追究有关单位和个人的法律责任。

有上述行为之一,构成犯罪的,依法追究刑事责任。会计人员有上述行为之一,情节严重的,5年内不得从事会计工作。

二、会计违法行为应承担的法律责任

根据《会计法》的规定,上述违法行为应当承担以下法律责任:

(1)责令限期改正。所谓责令限期改正,是指要求违法行为人在一定期限内停止违法行为,并将其违法行为恢复到合法状态。县级以上人民政府财政部门有权责令违法行为人限期改正,停止违法行为。

(2)罚款。县级以上人民政府财政部门在责令违法行为人限期改正的同时,可以对单位并处3 000元以上5 0000元以下的罚款;对其直接负责的主管人员和其他直接责任人员,可以处2 000元以上20 000元以下的罚款。

(3)5年内不得从事会计工作。会计人员有不依法设置会计账簿等会计违法行为之一情节严重的,5年内不得从事会计工作。

(4)给予行政处分。对上述不依法设置会计账簿等会计违法行为直接负责的主管人员或其他直接责任人员中的国家工作人员,视情节轻重,由其所在单位或者有关单位依法给予行政处分。

(5)追究刑事责任。不依法设置会计账簿等会计违法行为构成犯罪的,依法追究刑事责任。

同步案例2-4

财政部门对甲合伙企业进行会计监督时,遇到以下情况:

①甲合伙企业经营规模不大,未建立完整的账项记录。该合伙企业认为,合伙企业无独立企业法人地位,且每位合伙人均依法承担无限连带责任,可以不用建账。

②甲合伙企业中无国有资产投入。该合伙企业认为,本企业无须接受国家监督,财政部门进行的会计监督属于政府对合伙企业正常经营的干涉。

③甲合伙企业准备将部分已超过法定保管期的会计档案销毁,但财政部门人员发现其中有两张原始凭证虽然保管期满,但是涉及的债权债务尚未结清,要求保留这两张批准销毁的原始凭证。

根据上述资料,回答下列问题:

(1)甲合伙企业是否应依法建账?
(2)甲合伙企业是否应接受财政部门的监督?
(3)对已保管到期但涉及的债权债务尚未结清的原始凭证应如何处理?

【学中做2-6】 甲企业的仓储部门工作人员将原材料的包装箱等废弃料每月定期出售给废品回收站,每月所得的收入用于补充仓库管理部门管理费用及员工福利。同时,甲企业管理层也默许这种做法,不将此项收入纳入企业统一的会计核算,而另设会计账簿进行核算。甲企业管理层认为,这种处理方法对仓库管理也是一种激励。

请分析甲企业及相关人员的做法是否违法?

三、其他会计违法行为应承担的法律责任

（一）伪造、变造会计凭证、会计账簿，编制虚假的财务会计报告的法律责任

伪造、变造会计凭证、会计账簿，编制虚假的财务会计报告，构成犯罪的，依法追究刑事责任。有上述行为，尚不构成犯罪的，由县级以上人民政府财政部门予以通报，可以对单位并处 5 000 元以上 10 万元以下的罚款；对其直接负责的主管人员和其他直接责任人员，可处 3 000 元以上 5 万元以下的罚款；属于国家工作人员的，还应当由其所在单位或者有关单位依法给予撤职直至开除的行政处分；其中的会计人员，5 年内不得从事会计工作。

（二）隐匿或者故意销毁依法应当保存的会计资料的法律责任

隐匿或者故意销毁依法应当保存的会计凭证、会计账簿、财务会计报告，构成犯罪的，依法追究刑事责任。有上述行为，尚不构成犯罪的，由县级以上人民政府财政部门予以通报，可以对单位并处 5 000 元以上 10 万元以下的罚款；对其直接负责的主管人员和其他直接责任人员，可以处 3 000 元以上 5 万元以下的罚款；属于国家工作人员的，还应当由其所在单位或者有关单位依法给予撤职直至开除的行政处分；其中的会计人员，5 年内不得从事会计工作。

（三）授意、指使、强令会计机构、会计人员和其他人员伪造、变造会计凭证、会计账簿，编制虚假的财务会计报告或者隐匿、故意销毁依法应当保存的会计资料的法律责任

授意，是指暗示他人按其意思行事。指使，是指通过明示方式，指示他人按其意思行事。强令，是指明知其命令是违反法律的，而强迫他人执行其命令的行为。

授意、指使、强令会计机构、会计人员和其他人员伪造、变造会计凭证、会计账簿，编制虚假的财务会计报告或者隐匿、故意销毁依法应当保存的会计凭证、会计账簿、财务会计报告，构成犯罪的，依法追究刑事责任；尚不构成犯罪的，可以处 5 000 元以上 5 万元以下的罚款；属于国家工作人员的，还应当由其所在单位或者有关单位依法给予降级、撤职、开除等行政处分。

（四）单位负责人对依法履行职责、抵制违反《会计法》规定行为的会计人员实行打击报复的法律责任

单位负责人对依法履行职责、抵制违反《会计法》规定行为的会计人员以降级、撤职、调离工作岗位、解聘或者开除等方式实行打击报复，构成犯罪的，依法追究刑事责任；尚不构成犯罪的，由其所在单位或者有关单位依法给予行政处分。对受打击报复的会计人员，应当恢复其名誉和原有职务、级别。

根据《刑法》的规定，公司、企业、事业单位、机关、团体的领导人对依法履行职责、抵制违反《会计法》规定行为的会计人员实行打击报复，情节恶劣的，构成打击报复会计人员罪。对犯打击报复会计人员罪的，处 3 年以下有期徒刑或者拘役。

（五）财政部门及有关行政部门工作人员职务违法行为的法律责任

财政部门及有关行政部门的工作人员在实施监督管理中滥用职权、玩忽职守、徇私舞弊或者泄露国家秘密、商业秘密，构成犯罪的，依法追究刑事责任；尚不构成犯罪的，依法给予行政处分。

做中学 2—4　　　　　法律责任的辨析

审计机关对大连某股份有限公司 2024 年上半年的财务情况进行审计，发现以下行为：

①公司作为一般纳税人，在未发生存货购入业务的情况下，从其他企业买入空白增值税发票，并在发票上注明购入商品，金额 2 000 万元，增值税税额 260 万元。财

精析

做中学2-4

务部门以该发票为依据,编制购入商品的记账凭证;纳税申报时作为增值税进项税额抵扣税款。

②会计人员有充分证据证明以上行为属于公司总经理强令会计人员所为。

③公司销售商品开出发票时,"发票联"内容真实,但本单位"记账联"和"存根联"的金额比真实金额小。会计以"记账联"编制记账凭证,登记账簿,导致少记销售收入900万元,少记增值税117万元。

请问:以上三种行为分别属于什么行为?应如何处理?

应知考核

一、单项选择题

1. 单位之间会计档案交接后,交接双方的(　　)应当在会计档案移交清册上签名或者盖章。
   A. 经办人　　　　　B. 监交人　　　　C. 会计机构负责人　　D. 经办人和监督人

2. 根据会计法律制度的规定,下列行为中,属于伪造会计资料的是(　　)。
   A. 用挖补的手段改变会计凭证和会计账簿的真实内容
   B. 由于过失导致会计凭证与会计账簿记录不一致
   C. 以虚假的经济业务编制会计凭证和会计账簿
   D. 用涂改的手段改变会计凭证和会计账簿的真实内容

3. 根据会计法律制度规定,下列各项中,不属于会计核算内容的是(　　)。
   A. 固定资产盘盈　　　　　　　　　B. 合同的审核和签订
   C. 无形资产的购入　　　　　　　　D. 货币资金的收入

4. 根据会计法律制度的规定,下列关于原始凭证的表述中,正确的是(　　)。
   A. 原始凭证必须来源于单位外部
   B. 除日期外,原始凭证记载的内容不得涂改
   C. 对不真实的原始凭证,会计人员有权拒绝接受
   D. 原始凭证金额有错误的,应当由出具单位更正并加盖印章

5. 甲公司出纳刘某在为员工孙某办理业务时,发现采购发票上所注单价、数量与总金额不符,经查是销货单位填写单价错误。刘某采取的下列措施符合会计法律制度规定的是(　　)。
   A. 由孙某写出说明,并加盖公司公章后入账
   B. 将发票退给孙某,由销货单位重新开具发票后入账
   C. 按总金额入账
   D. 将单价更正后入账

6. 根据会计法律制度的规定,下列企业中,必须设置总会计师的是(　　)。
   A. 个人独资企业　　B. 国有大中型企业　　C. 普通合伙企业　　D. 外商独资企业

7. 根据会计法律制度的规定,注册会计师已经获取被审计单位充分、适当的审计证据作为形成审计意见的基础,但认为未发现的错报对财务报表可能产生的影响重大且具有广泛性时,应发表的审计意见是(　　)。
   A. 保留意见　　　B. 无法表示意见　　　C. 否定意见　　　D. 先保留意见

8. 根据会计法律制度的规定,下列人员中,负责监交一般会计人员办理会计工作交接手续的是(　　)。
   A. 单位人事部门工作人员　　　　　　B. 单位负责人
   C. 单位会计机构负责人或会计主管人员　　D. 单位审计部门工作人员

9. 不属于会计专业职务的是（　　）。
A. 高级会计师　　　B. 助理会计师　　　C. 会计员　　　D. 总会计师
10. 银行存款余额调节表的保管期限为（　　）年。
A. 10　　　　　　B. 30　　　　　　C. 永久　　　　D. 2

二、多项选择题

1. 下列属于会计人员工作交接范围的有（　　）。
A. 会计人员临时离职　　　　　　B. 会计人员离职
C. 会计人员调动工作　　　　　　D. 会计人员因病不能工作
2. 根据会计法律制度的规定，下列各项中，属于会计核算内容的有（　　）。
A. 资本、基金的增减　　　　　　B. 财务成果的计算和处理
C. 款项和有价证券的收付　　　　D. 债权债务的发生和结算
3. 根据会计法律制度的规定，下列各项中，属于会计账簿类型的有（　　）。
A. 备查账簿　　　B. 日记账　　　C. 明细账　　　D. 总账
4. 根据会计法律制度的规定，单位下列资料中，应当按照会计档案归档的有（　　）。
A. 固定资产卡片　　B. 纳税申报表　　C. 年度预算方案　　D. 年度财务工作计划
5. 单位档案管理机构在接受电子会计档案时，应当对电子档案进行检测。下列各项中，属于应检测的内容有（　　）。
A. 可用性　　　　B. 安全性　　　　C. 准确性　　　　D. 完整性

三、判断题

1. 会计核算必须根据实际发生的经济业务事项进行。（　　）
2. 会计核算以公历每年7月1日起至次年6月30日止为一个会计年度。（　　）
3. 业务收支以人民币以外的货币为主的单位，可以选定其中一种货币作为记账本位币，但对外报出的财务会计报告应当折算为人民币。（　　）
4. 会计凭证按其来源和用途，分为原始凭证和记账凭证。（　　）
5. 会计档案销毁之后，监销人应该在销毁清册上签名和盖章。（　　）
6. 单位合并后一方存续、其他方解散的，各单位的会计档案应由存续方统一保管。（　　）
7. 国有企业、事业单位、股份制企业必须设置总会计师。（　　）
8. 有限责任公司应当设置总会计师。（　　）
9. 我国会计年度为每年公历的1月1日起至12月31日止。（　　）
10. 企业生产车间多次使用一张限额领料单，则该凭证为累计原始凭证。（　　）

应会考核

一、不定项选择题

（一）2023年2月，甲公司会计机构负责人组织会计人员对纸质及电子会计资料进行整理，移交给甲公司档案管理机构。2024年2月，甲公司档案管理机构负责人组织相关机构对已到保管期限的会计档案进行鉴定。对确无保存价值可以销毁的会计档案，由档案管理员编制会计档案销毁清册，经相关人员签署意见后销毁。

要求：根据上述资料，不考虑其他因素，分析回答下列小题。

1. 甲公司下列会计资料中,应当按照会计档案归档的是(   )。
A. 纳税申报表　　　B. 财务会计报告　　　C. 年度财务预算　　　D. 银行对账单
2. 关于甲公司移交会计档案的下列表述中,正确的是(   )。
A. 纸质会计档案移交时应当拆封整理重新封装
B. 接收电子会计档案时,应当对其准确性、完整性、可用性、安全性进行检验
C. 电子会计档案移交时应当将电子会计档案及其原数据一并移交
D. 应当编制会计档案移交清册
3. 关于甲公司对会计档案鉴定的下列表述中,正确的是(   )。
A. 会计档案鉴定工作应当由单位会计机构牵头
B. 会计档案鉴定工作由会计、审计、纪检监察、档案管理等机构或人员共同进行
C. 应当定期对已到保管期限的会计档案进行鉴定
D. 鉴定后认为仍需继续保存的会计档案,应当重新划定保管期限
4. 除档案管理机构经办人外,还应当在会计档案销毁清册上签署意见的有(   )。
A. 法定代表人　　　　　　　　　　B. 档案管理机构负责人
C. 会计机构经办人　　　　　　　　D. 会计机构负责人

(二)2023年1月甲公司有一批会计档案保管期满。其中有尚未结清的债权债务原始凭证。甲公司档案管理机构请会计机构负责人张某及相关人员在会计档案销毁清册上签署意见,将该批会计档案全部销毁。2023年9月,出纳郑某调岗,与接替其工作的王某办理了会计工作交接。2023年12月,为完成利润指标,会计机构负责人张某采取虚增营业收入等方法,调整了财务会计报告,并经法定代表人周某同意,向乙公司提供了未经审计的财务会计报告。

要求:根据上述资料,不考虑其他因素,分析回答下列小题。
1. 关于甲公司销毁会计档案的下列表述中,正确的是(   )。
A. 档案管理机构负责人应在会计档案销毁清册上签署意见
B. 法定代表人周某应在会计档案销毁清册上签署意见
C. 保管期满但未结清的债权债务原始凭证不得销毁
D. 会计机构负责人张某不应在会计档案销毁清册上签署意见
2. 下列关于会计人员郑某与王某交接会计工作的表述中,正确的是(   )。
A. 移交完毕,王某可自行另立新账进行会计记录
B. 应由会计机构负责人张某监交
C. 郑某与王某应按移交清册逐项移交,核对点收
D. 移交完毕,郑某与王某以及监交人应在移交清册上签名或盖章
3. 关于甲公司向乙公司提供财务会计报告的下列表述中,正确的是(   )。
A. 会计机构负责人张某应在财务会计报告上签名并盖章
B. 主管会计工作的负责人应在财务会计报告上签名并盖章
C. 法定代表人周某应在财务会计报告上签名并盖章
D. 财务会计报告经注册会计师审计后才能向乙公司提供
4. 关于会计机构负责人张某采取虚增营业收入等方法调整财务会计报告行为性质及法律后果的下列表述中,正确的是(   )。
A. 可对张某处以行政拘留　　　　　B. 该行为属于编制虚假财务会计报告
C. 可对张某处以罚款　　　　　　　D. 张某5年之内不得从事会计工作

(三)甲企业为工业生产企业,其会计相关工作情况如下:

(1)由于业务调整,安排出纳人员小王负责登记库存现金、银行存款日记账、费用明细账以及会计档案保管。

(2)单位招聘一名管理会计人员小赵,已知小赵已从事会计工作3年,但因交通肇事罪被判处有期徒刑,现已刑满释放满1年。

(3)会计小李由于个人原因离职,与小孙进行了会计工作交接,由单位会计机构负责人监交。小孙接替之后为了分清责任,将原账簿保存好之后另立账簿进行接手之后会计事项的记录。后发现小李任职期间存在账目问题,小李与小孙之间相互推卸责任。

(4)税务部门发现报税资料存在疑点,因此派专员到甲企业进行调查,遭到甲企业拒绝,甲企业认为只有财政部门有权对本企业进行监管。

要求:根据上述资料,不考虑其他因素,分析回答下列小题。

1.根据资料(1),下列表述错误的是(   )。

A.小王作为出纳可以负责会计档案保管

B.小王登记库存现金、银行存款日记账以及费用明细账符合规定

C.小王担任在财务部负责的会计档案管理岗位属于会计工作岗位

D.小王作为出纳不能负责登记费用明细账

2.根据资料(2),下列表述正确的是(   )。

A.小赵因被追究过刑事责任,不得再从事会计工作

B.小赵刑满释放只满1年,未满5年不得从事会计工作

C.小赵可以担任甲企业会计人员

D.刑满释放时间不影响小赵从事会计工作

3.根据资料(3),下列表述正确的是(   )。

A.单位会计机构负责人监交符合规定

B.小孙另立账簿符合规定

C.出现的账目问题应由小李承担责任

D.出现的账目问题应由小孙承担责任

4.根据资料(4),下列表述正确的是(   )。

A.税务部门有权对甲企业进行监督检查

B.甲企业拒绝接受税务部门调查的做法合理

C.税务部门的检查属于会计工作的政府监督范畴

D.除财政部外,审计、税务、人民银行、证券监管、保险监管等部门均依法有权对有关单位的会计资料实施监督检查

(四)甲公司公开招聘会计机构负责人,录用张某接替即将退休的会计机构负责人陈某。张某与陈某办理工作交接后,法定代表人刘某安排张某梳理检查公司的会计工作。在检查中,张某发现出纳王某错账更正的方法有误,账簿金额"78 900"被误登记为"79 800",王某仅划红线更正了登记错误的百位和千位数字。

张某指出此处的不当后,王某改正了此项登记。检查完毕后,甲公司会计机构将临时保管期限届满的会计档案移交给公司档案管理机构保管。

要求:根据上述资料,不考虑其他因素,分析回答下列小题。

1.张某具备的下列条件中,使其满足会计机构负责人任职资格的法定条件是(   )。

A.注册会计师资格   B.会计师专业技术职务资格

C.会计专业硕士学位   D.2年会计工作经历

2. 张某与陈某办理工作交接手续的下列表述中,正确的是( )。
A. 陈某应将甲公司全部财务会计工作、会计人员的情况等向张某详细介绍
B. 应由刘某负责监交
C. 交接完毕后,张某、陈某和刘某应在移交清册上签名或盖章
D. 对需要移交的遗留问题,陈某应写出书面材料

3. 下列账簿登记的改正措施中,王某应采用的是( )。
A. 在原更正处,补充加盖王某个人印章
B. 将错误数字"79 800"全部重新划红线更正,并在更正处加盖王某个人印章
C. 将错误数字"79 800"全部清除字迹后填上正确数字,并在更正处加盖王某个人印章
D. 在原更正处,补充加盖王某个人印章和公司印章

4. 下列关于甲公司会计机构移交会计档案的表述中,正确的是( )。
A. 会计机构应编制会计档案移交清册
B. 电子会计档案移交时应将电子会计档案及其元数据一并移交
C. 公司档案管理机构接收电子会计档案时,应对其准确性、完整性、可用性和安全性进行检测
D. 纸质会计档案移交时应重新封装

二、案例分析题

1. 某大学为了加强管理财务工作,对财务处处长岗位进行调换,将长期从事会计教学的会计学博士任命为财务处处长。请分析此安排是否妥当。

2. 财政部门对某企业进行会计信息质量检查时发现如下问题:
（1）企业销售商品开发票时"发票联"内容真实,但"记账联"和"存根联"的金额比真实金额小,致使少记销售收入,从而少计增值税。
（2）企业的现金日记账和银行存款日记账未按页顺序连续登记,有跳行、隔页现象。
请分析上述行为违反了什么会计法律法规?

3. 某企业准备销毁一批保管期满的会计档案,在清理会计档案时发现一张债权债务业务还没结清的原始凭证。会计人员小张说,只要是会计档案保管期满的会计档案就可以销毁。会计人员老张说,没有结清债务的原始凭证不可以销毁。分析谁的观点是对的,原因是什么。

4. 某企业主管会计因对单位调整其工作岗位不满,提出辞职。临走时拒不移交其保管的账簿、凭证和报表,致使企业经济业务受到重大影响。该单位多次出面要求其交出这些会计资料未果,遂向公安局报案。
请分析该企业主管会计的行为违反了哪些法律规定。

5. 某企业是国有独资有限责任公司,2024年年初发生如下经济事项:为掩盖2023年经营业绩大滑坡的事实,总经理要求会计机构调整报表,遭到会计机构负责人王某的拒绝。总经理遂将王某革职,并调离会计机构,同时任命刘某担任会计机构负责人。刘某原是办公室主任,没有会计师专业技术职务资格,也没有做过会计工作。当王某和刘某自行交接工作时,刘某要求王某写保证书,要王某承诺对以前的会计资料的真实性、完整性负责,被王某拒绝。王某认为工作交接后,会计资料上的任何问题均与她无关。
请分析本案例存在哪些问题,该如何处理?请说明理由。

项目三　支付结算法律制度

● **知识目标**

　　了解：支付结算的概念和支付结算的工具；银行结算账户的概念和种类；银行卡的概念和分类、银行卡清算市场、银行卡收单；网上银行、第三方支付；国内信用证。
　　熟悉：银行结算账户的开立、变更、撤销；各类银行结算账户的开立和使用；银行结算账户的管理；预付卡；结算纪律、违反支付结算法律制度的法律责任。
　　掌握：支付结算的原则、支付结算的基本要求；票据的概念与特征、票据权利与责任、票据行为、票据追索；银行汇票、商业汇票、银行本票、支票；银行卡账户和交易、银行卡计息和收费；汇兑、委托收款。

● **技能目标**

　　能够填写票据和结算凭证，具备办理支付结算的能力；能够准确独立完成银行账户开立与银行业务的办理；能够准确填写票据并完成票据业务。

● **素质目标**

　　树立端正的工作态度、强烈的职业责任和严明的规范意识。运用所学的支付结算法律制度知识研究相关案例，培养和提高学生在特定业务情境中分析问题与决策设计的能力；结合行业规范或标准，运用支付结算知识分析行为的善恶，强化学生的职业道德素质。了解国家基本法律法规，具备深入社会实践、解决问题的能力，培养德技双修、诚信服务的职业素养。

● **思政目标**

　　习近平总书记在中共二十大报告中指出，要深入实施人才强国战略。培养造就大批德才兼备的高素质人才，是国家和民族长远发展大计。通过支付结算法律制度知识，加强自身业务处理能力和实践工作态度，保持真实、公正、客观的工作态度，不忘初心；养成依法结算、严谨细致、廉洁求实的良好习惯。

● **项目引例**

小错误引起大损失

某公司开出支付劳务费用的转账支票 20 550 元,却被提走 920 550 元。经调查发现,该公司出纳开支票没有填写大写金额,收到支票的人便在支票小写金额前加了"9",自己再填上大写金额,从而顺利地将 920 550 元款项从银行划走。

思考:作为会计业务人员应提高自身的业务素质和基本业务功底,为今后的会计工作打下坚实基础,学以致用。请分析该公司被多取走 90 万元的原因。

● **知识精讲**

任务一　支付结算概述

一、支付结算的概念和特征

(一)支付结算的概念

支付结算,是指单位、个人在社会经济活动中使用票据、银行卡和汇兑等结算方式进行货币给付及其资金清算的行为。其主要功能是完成资金从一方当事人向另一方当事人的转移。银行、城市信用合作社、农村信用合作社(以下统称银行)以及单位(含个体工商户)和个人是办理支付结算的主体。其中,银行是支付结算和资金清算的中介机构。

(二)支付结算的特征

支付结算作为一种法律行为,具有以下法律特征:

1. 支付结算必须通过中国人民银行批准的金融机构进行

支付结算方式包括票据、托收承付、委托收款、信用卡和信用证等结算行为。其中,票据包括支票、银行本票、银行汇票和商业汇票等。上述结算为必须通过中国人民银行批准的金融机构或其他机构进行。《支付结算办法》第 6 条规定:"银行是支付结算和资金清算的中介机构。未经中国人民银行批准的非银行金融机构和其他单位不得作为中介机构经营支付结算业务。但法律、行政法规另有规定的除外。"这一规定明确说明了支付结算不同于一般的货币给付及资金清算行为。

2. 支付结算是一种要式行为

所谓要式行为,是指法律规定必须依照一定形式进行的行为。如果该行为不符合法定的形式要件,即为无效。支付结算行为也必须符合中国人民银行发布的《支付结算办法》的规定。根据《支付结算办法》第 9 条的规定,"票据和结算凭证是办理支付结算的工具。单位、个人和银行办理支付结算,必须使用按中国人民银行统一规定印制的票据凭证和统一规定的结算凭证","未使用按中国人民银行统一规定格式的结算凭证,银行不予受理"。中国人民银行除了对票据结算凭证的格式有统一的要求外,对票据和结算凭证的填写也提出了基本要求。例如,票据和结算凭证的金额、出票和签发日期;收款人名称不得更改,更改的票据无效;更改的结算凭证,银行不予受理。

3. 支付结算的发生取决于委托人的意志

银行在支付结算中充当中介机构的角色,因此,银行以善意且符合规定的正常操作程序审查,对伪造、变造的票据和结算凭证上的签章以及需要交验的个人有效身份证件未发现异常而支付金额的,对出票人或付款人不再承担受委托付款的责任,对持票人或收款人不再承担付款责任。与此同时,当事人对在银行的存款有自己的支配权;银行对单位、个人在银行开立存款账户的存款,除国家法律、行政法规另有规定外,不得为任何单位或个人查询;除国家法律另有规定外,银行不代任何单位或个人冻结、扣款,不得停止单位、个人存款的正常支付。

4. 支付结算实行统一管理和分级管理相结合的管理体制

支付结算是一项政策性强、与当事人利益息息相关的活动,因此,必须对此实行统一的管理。根据《支付结算办法》第20条规定,中国人民银行总行负责制定统一的支付结算制度,组织、协调、管理、监督全国的支付结算工作,调解、处理银行之间的支付结算纠纷;中国人民银行各分行根据统一的支付结算制度制定实施细则,报总行备案,根据需要可以制定单项支付结算办法,报中国人民银行总行批准后执行;中国人民银行分、支行负责组织、协商管理、监督本辖区的支付结算工作,协调处理本辖区银行之间的支付结算纠纷;政策性银行、商业银行总行可以根据统一的支付结算制度,结合本行情况,制定具体管理实施办法,报经中国人民银行总行批准后执行,并负责组织、管理、协调本行内的支付结算工作,调解、处理本行内分支机构的支付结算纠纷。

5. 支付结算必须依法进行

《支付结算办法》第5条规定:"银行、城市信用合作社、农村信用合作社(简称银行)以及单位和个人(含个体工商户),办理支付结算必须遵守国家的法律、行政法规和本办法的各项规定,不得损害社会公共利益。"支付结算的当事人必须严格依法进行支付结算活动。

二、支付结算的工具

我国目前使用的人民币非现金支付工具主要包括"三票一卡"和结算方式。"三票一卡"是指汇票、本票、支票和银行卡;结算方式是指汇兑、托收承付和委托收款。近年来,随着互联网技术的深入发展,网上银行、第三方支付等电子化支付方式产生并得到快速发展。我国已形成了以票据和银行卡为主体、以电子支付为发展方向的非现金支付工具体系。

三、支付结算的原则

支付结算的原则,是指单位、个人和银行在进行支付结算活动时必须遵循的行为准则。根据规定,支付结算应当遵守以下原则。

(一)恪守信用、履约付款原则

根据该原则,各单位之间、单位与个人之间发生交易往来,产生支付结算行为时,结算当事人必须依照双方约定的民事法律关系内容依法承担义务和行使权利,严格遵守信用,履行付款义务,特别是应当按照约定的付款金额和付款日期进行支付。结算双方办理款项收付完全建立在自觉自愿、相互信任的基础上。

(二)谁的钱进谁的账、由谁支配原则

根据该原则,银行在办理结算时,必须按照存款人的委托,将款项支付给其指定的收款人;对存款人的资金,除国家法律另有规定外,必须由其自由支配。这一原则主要是为了维护存款人对存款资金的所有权,保证其对资金支配的自主权。

(三)银行不垫款原则

根据该原则,银行在办理结算过程中,只负责办理结算当事人之间的款项划拨,不承担垫付任何款项的责任,银行与存款人另有约定的除外。这一原则主要是为了划清银行资金与存款人资金的界限,保护银行资金的所有权和安全,有利于促使单位和个人直接对自己的债权债务负责。

四、支付结算的基本要求

根据《支付结算办法》的规定,单位、个人和银行办理支付结算应当遵循下列基本要求。

(一)单位、个人和银行办理支付结算

单位、个人和银行办理支付结算,必须使用按中国人民银行统一规定印制的票据凭证和统一规定的结算凭证。

(二)单位、个人和银行应当按照《人民币银行结算账户管理办法》的规定开立、使用账户

在银行开立存款账户的单位和个人办理支付结算,账户内须有足够的资金保证支付。银行依法为单位、个人在银行开立的存款账户保密,维护其资金的自主支配权。除国家法律、行政法规另有规定外,银行不得为任何单位或者个人查询账户情况,不得为任何单位或者个人冻结、扣划款项,不得停止单位、个人存款的正常支付。

(三)票据和结算凭证上的签章和其他记载事项应当真实,不得伪造、变造

伪造,是指无权限人假冒他人或以虚构他人的名义签章的行为;变造,是指无权更改票据内容的人,对票据上签章以外的记载事项加以改变的行为。变造票据的方法多是在合法票据的基础上,对票据加以剪接、挖补、覆盖、涂改。

伪造、变造票据属于欺诈行为,构成犯罪的,应追究其刑事责任。票据上有伪造、变造的签章的,不影响票据上其他当事人真实签章的效力。票据上其他记载事项被变造的,在变造之前签章的人,对原记载事项负责;在变造之后签章的人,对变造之后的记载事项负责;不能辨别是在票据被变造之前或者之后签章的,视同在变造之前签章。

票据和结算凭证上的签章,为签名、盖章或者签名加盖章;单位、银行在票据上的签章和单位在结算凭证上的签章,为该单位、银行的盖章加其法定代表人或其授权的代理人的签名或盖章。个人在票据和结算凭证上的签章,应为该个人本人的签名或盖章。

票据和结算凭证上的金额、出票或者签发日期、收款人名称不得更改,更改的票据无效;更改的结算凭证,银行不予受理。对票据和结算凭证上的其他记载事项,原记载人可以更改,更改时应当由原记载人在更改处签章证明。

(四)填写票据和结算凭证应当规范

票据和结算凭证是办理支付结算和现金收付的重要依据,是银行、单位和个人凭以记载账务的会计凭证,是记载经济业务和明确经济责任的一种书面证明。因此,填写票据和结算凭证,必须做到标准化、规范化。

(1)中文大写金额数字应用正楷或行书填写,不得自造简化字。如果金额数字书写中使用繁体字,也应受理。办理支付结算时,单位和银行的名称应当记载全称或者规范化简称。票据和结算凭证金额以中文大写和阿拉伯数字同时记载,两者必须一致,两者不一致的票据无效;两者不一致的结算凭证,银行不予受理。

(2)中文大写金额数字到"元"为止的,在"元"之后应写"整"(或"正")字;到"角"为止的,在"角"之后可以不写"整"(或"正")字。大写金额数字有"分"的,"分"后面不写"整"(或"正")字。

(3)中文大写金额数字前应标明"人民币"字样,大写金额数字应紧接"人民币"字样填写,不得留有空白。大写金额数字前未印"人民币"字样的,应加填"人民币"三字。如¥60.00元,中文大写应为"人民币陆拾元整(或正)";人民币60.40元,中文大写应为"人民币陆拾元肆角整(或正)",也可写成"人民币陆拾元肆角";60.26元,只能写成"人民币陆拾元贰角陆分",不能写成"人民币陆拾元贰角陆分整(或正)"。

(4)阿拉伯小写金额数字中有"0"的,中文大写应按照汉语语言规律、金额数字构成和防止涂改的要求进行书写。举例如下:

①阿拉伯数字中间有"0"时,中文大写金额要写"零"字。例如,¥1 409.50,应写成人民币壹仟肆佰零玖元伍角。

②阿拉伯数字中间连续有几个"0"时,中文大写金额中间可以只写一个"零"字。例如,￥6 007.14,应写成人民币陆仟零柒元壹角肆分。

③阿拉伯数字万位或元位是"0",或者数字中间连续有几个"0",万位、元位也是"0",但千位、角位不是"0"时,中文大写金额中可以只写一个"零"字,也可以不写"零"字。例如,￥1 680.32,应写成人民币壹仟陆佰捌拾元零叁角贰分,或者写成人民币壹仟陆佰捌拾元叁角贰分;又如,￥107 000.53,应写成人民币壹拾万柒仟元零伍角叁分,或者写成人民币壹拾万零柒仟元伍角叁分。

④阿拉伯金额数字角位是"0",而分位不是"0"时,中文大写金额"元"后面应写"零"字。例如,￥16 409.02,应写成人民币壹万陆仟肆佰零玖元零贰分;又如,￥325.04,应写成人民币叁佰贰拾伍元零肆分。

(5)阿拉伯小写金额数字前面,均应填写人民币符号"￥"。阿拉伯小写金额数字要认真填写,不得连写、分辨不清。

(6)票据的出票日期必须使用中文大写。在填写月、日时,月为壹、贰和壹拾的,日为壹至玖和壹拾、贰拾和叁拾的,应在其前加"零";日为拾壹至拾玖的,应在其前面加"壹"。例如,2月12日,应写成零贰月壹拾贰日;10月20日,应写成零壹拾月零贰拾日。票据出票日期使用小写填写的,银行不予受理。大写日期未按要求规范填写的,银行可予受理,但由此造成损失的,由出票人自行承担。

【学中做 3-1】 2024 年 3 月 5 日,甲公司购进材料一批,货款金额共计 3 609.04 元,以支票结算。甲公司新来的出纳张某,在填写支票时将日期写为"2024 年 3 月 5 日",金额大写为"人民币叁仟陆佰零玖元肆分整"。

请分析张某填写的支票是否正确。

任务二 银行结算账户

一、银行结算账户的概念和种类

(一)银行结算账户的概念

银行结算账户,是指存款人在经办银行开立的办理资金收付结算的人民币活期存款账户。其中,存款人,是指在中国境内开立银行结算账户的机关、团体、部队、企业、事业单位、其他组织(以下统称单位)、个体工商户和自然人;银行,是指在中国境内经中国人民银行批准经营支付结算业务的政策性银行、商业银行(含外资独资银行、中外合资银行、外国银行分行)、城市信用合作社、农村信用合作社。

(二)银行结算账户的种类

银行结算账户按其存款人不同分为单位银行结算账户和个人银行结算账户。

(1)存款人以单位名称开立的银行结算账户为单位银行结算账户。单位银行结算账户按用途不同分为基本存款账户、一般存款账户、专用存款账户和临时存款账户。个体工商户凭营业执照以字号或经营者姓名开立的银行结算账户纳入单位银行结算账户管理。

(2)存款人凭个人身份证件以自然人名称开立的银行结算账户为个人银行结算账户。邮政储蓄机构办理银行卡业务开立的账户纳入个人银行结算账户管理。

财政部门为实行财政国库集中支付的预算单位在商业银行开设的零余额账户按基本存款账户或

专用存款账户管理。预算单位未开立基本存款账户，或者原基本存款账户在国库集中支付改革后已按照财政部门的要求撤销的，经同级财政部门批准，预算单位零余额账户作为基本存款账户管理。

【提示】除上述情况外，预算单位零余额账户作为专用存款账户管理。

二、银行结算账户的开立、变更和撤销

（一）银行结算账户的开立

存款人应在注册地或住所地开立银行结算账户。符合异地（跨省、市、县）开户条件的，也可以在异地开立银行结算账户。开立银行结算账户应遵循存款人自主原则，除国家法律、行政法规和国务院规定外，任何单位和个人不得强令存款人到指定银行开立银行结算账户。

2019年2月2日，中国人民银行发布《企业银行结算账户管理办法》，自2019年年底前，完成取消企业银行账户许可，企业（在境内设立的企业法人、非法人企业和个体工商户，下同）开立基本存款账户、临时存款账户取消核准制，实行备案制，不再颁发开户许可证。

对开立核准类账户的，中国人民银行当地分支行应于2个工作日内对开户银行报送的核准类账户的开户资料的合规性予以审核。符合开户条件的，予以核准，颁发基本（或临时或专用）存款账户开户许可证；不符合开户条件的，应在开户申请书上签署意见，连同有关证明文件一并退回报送银行，由报送银行转送存款人。

（二）银行结算账户的变更

变更，是指存款人的账户信息资料发生变化或改变。根据账户管理的要求，存款人变更账户名称、单位的法定代表人或主要负责人、地址等其他开户资料后，应及时向开户银行办理变更手续，填写变更银行结算账户申请书。属于申请变更单位银行结算账户的，应加盖单位公章和法定代表人（单位负责人）或其授权代理人的签名或者盖章；属于申请变更个人银行结算账户的，应加盖其个人签章。

存款人更改名称，但不改变开户银行及账号的，应于5个工作日内向开户银行提出银行结算账户的变更申请，并出具有关部门的证明文件。

单位的法定代表人或主要负责人、住址以及其他开户资料发生变更时，应于5个工作日内书面通知开户银行并提供有关证明。

（三）银行结算账户的撤销

撤销，是指存款人因开户资格或其他原因终止银行结算账户使用的行为。存款人申请撤销银行结算账户时，应填写撤销银行结算账户申请书。属于申请撤销单位银行结算账户的，应加盖单位公章和法定代表人（单位负责人）或其授权代理人的签名或者盖章；属于申请撤销个人银行结算账户的，应加其个人签章。银行在收到存款人撤销银行结算账户的申请后，对于符合销户条件的，应在2个工作日内办理撤销手续。

存款人撤销银行结算账户，必须与开户银行核对银行结算账户存款余额，交回各种重要空白票据及结算凭证，银行核对无误后方可办理销户手续。

有下列情形之一的，存款人应向开户银行提出撤销银行结算账户的申请：①被撤并、解散、宣告破产或关闭的；②注销、被吊销营业执照的；③因迁址需要变更开户银行的；④其他原因需要撤销银行结算账户的。

存款人有以上第①项、第②项情形的，应于5个工作日内向开户银行提出撤销银行结算账户的申请。撤销银行结算账户时，应先撤销一般存款账户、专用存款账户、临时存款账户，将账户资金转入基本存款账户后，方可办理基本存款账户的撤销。银行得知存款人有第①项、第②项情形的，存款人超过规定期限未主动办理撤销银行结算账户手续的，银行有权停止其银行结算账户的对外支

付。存款人因以上第③项、第④项情形撤销基本存款账户后,需要重新开立基本存款账户的,应在撤销其原基本存款账户后10日内申请重新开立基本存款账户。

存款人尚未清偿其开户银行债务的,不得申请撤销该银行结算账户。对于按照账户管理规定应撤销而未办理销户手续的单位银行结算账户,银行通知该单位银行结算账户的存款人自发出通知之日起30日内办理销户手续,逾期视同自愿销户,未划转款项列入久悬未取专户管理。存款人撤销核准类银行结算账户时,应交回开户许可证。

三、各类银行结算账户的开立和适用

(一)基本存款账户

1. 基本存款账户的概念

基本存款账户是存款人因办理日常转账结算和现金收付需要开立的银行结算账户。下列存款人可以申请开立基本存款账户:①企业法人;②非法人企业;③机关、事业单位;④团级(含)以上军队、武警部队及分散执勤的支(分)队;⑤社会团体;⑥民办非企业组织;⑦异地常设机构;⑧外国驻华机构;⑨个体工商户;⑩居民委员会、村民委员会、社区委员会;单位设立的独立核算的附属机构,包括食堂、招待所、幼儿园;其他组织(如业主委员会、村民小组等)。

2. 开户证明文件

开立基本存款账户应按照规定的程序办理并提交有关证明文件。单位银行结算账户的存款人只能在银行开立一个基本存款账户。存款人申请开立基本存款账户,应向银行出具下列证明文件:

(1)企业法人,应出具企业法人营业执照正本。

(2)非法人企业,应出具企业营业执照正本。

(3)机关和实行预算管理的事业单位,应出具政府人事部门或编制委员会的批文或登记证书和财政部门同意其开户的证明;非预算管理的事业单位,应出具政府人事部门或编制委员会的批文或登记证书。

(4)军队、武警团级(含)以上单位以及有关边防、分散执勤的支(分)队,应出具军队军级以上单位财务部门、武警总队财务部门的开户证明。

(5)社会团体,应出具社会团体登记证书,宗教组织还应出具宗教事务管理部门的批文或证明。

(6)民办非企业组织,应出具民办非企业登记证书。

(7)外地常设机构,应出具其驻在地政府主管部门的批文。

(8)外国驻华机构,应出具国家有关主管部门的批文或证明;外资企业驻华代表处、办事处,应出具国家登记机关颁发的登记证。

(9)个体工商户,应出具个体工商户营业执照正本。

(10)居民委员会、村民委员会、社区委员会,应出具其主管部门的批文或证明。

(11)独立核算的附属机构,应出具其主管部门的基本存款账户开户登记证和批文。

(12)其他组织,应出具政府主管部门的批文或证明。

【提示】存款人如为从事生产经营活动纳税人的,还应出具税务部门颁发的税务登记证。

3. 基本存款账户的使用

基本存款账户是存款人的主办账户,一个单位只能开立一个基本存款账户;存款人的日常经营活动的资金收付及其工资、奖金和现金支取,应通过基本存款账户办理。

做中学 3—1

某公司刚成立，主营农用化肥生产。受公司法定代表人张某的授权，公司财务人员王某携带相关开户证明文件到 P 银行办理基本存款账户开户手续。请问：王某的开户证明文件应包括哪些？应办理哪些开户手续？

（二）一般存款账户

1. 一般存款账户的概念

一般存款账户，是指存款人因借款或其他结算的需要，在基本存款账户开户银行以外的银行营业机构开立的银行结算账户。

2. 开户证明文件

开立一般存款账户应按照规定的程序办理并提交有关证明文件。存款人申请开立一般存款账户，应向银行出具其开立基本存款账户规定的证明文件、基本存款账户开户登记证和下列证明文件：①存款人因向银行借款需要，应出具借款合同；②存款人因其他结算需要，应出具有关证明。

3. 一般存款账户的使用

一般存款账户用于办理存款人借款转存、借款归还和其他结算的资金收付。该账户可以办理现金缴存，但不得办理现金支取。

同步案例 3—1

某房地产开发公司在 X 开户银行开立有基本存款账户。2024 年 3 月 2 日，该公司因贷款需要又在 Y 银行开立了一般存款账户（账号：998123668989）。同日，该公司财务人员签发了一张现金支票（支票上的出票人账号为 998123668989），并向 Y 银行提示付款，要求提取现金 3 万元。Y 银行工作人员对支票审查后，拒绝为该公司办理现金支取业务。请分析 Y 银行工作人员的做法是否正确。

（三）专用存款账户

1. 专用存款账户的概念

专用存款账户，是指存款人按照法律、行政法规和规章，对有特定用途资金进行专项管理和使用而开立的银行结算账户。

2. 专用存款账户的适用范围

专用存款账户用于办理各项专用资金的收付，主要适用于：①基本建设资金和更新改造资金；②财政预算外资金；③粮、棉、油收购资金；④证券交易结算资金；⑤期货交易保证金；⑥信托基金；⑦政策性房地产开发资金；⑧单位银行卡备用金；⑨住房基金；⑩社会保障基金；⑪收入汇缴资金和业务支出资金；⑫党、团、工会设在单位的组织机构经费；⑬其他需要专项管理和使用的资金。

3. 开户证明文件

开立专用存款账户应按照规定的程序办理并提交有关证明文件。存款人申请开立专用存款账户，应向银行出具其开立基本存款账户规定的证明文件、基本存款账户开户登记证和下列证明文件：

（1）基本建设资金、更新改造资金、政策性房地产开发资金、住房基金、社会保障基金，应出具主管部门批文。

（2）粮、棉、油收购资金，应出具主管部门批文。

（3）单位银行卡备用金，应按照中国人民银行批准的银行卡章程的规定出具有关证明和资料。

（4）证券交易结算资金，应出具证券公司或证券管理部门的证明。

（5）期货交易保证金，应出具期货公司或期货管理部门的证明。

(6)收入汇缴资金和业务支出资金,应出具基本存款账户存款人有关的证明。
(7)党、团、工会设在单位的组织机构经费,应出具该单位或有关部门的批文或证明。
(8)其他按规定需要专项管理和使用的资金,应出具有关法规、规章或政府部门的有关文件。

合格境外机构投资者(QFII)在境内从事证券投资开立的人民币特殊账户和人民币结算资金账户纳入专用存款账户管理。在开立专用账户时,除出具开立基本户所需资料外,申请开立人民币特殊账户的应出具国家外汇管理部门的批复文件;申请开立人民币结算资金账户应出具证券管理部门的证券投资业务许可证。

4.专用存款账户的使用

专用存款账户的现金使用要求如下:

(1)单位银行卡账户的资金由基本存款账户转账存入,不得办理现金收付业务;
(2)证券交易结算资金、期货交易保证金和信托基金不得支取现金;
(3)基本建设资金、更新改造资金、政策性房地产开发资金需要支取现金的,应在开户时报中国人民银行当地分支行批准;
(4)粮、棉、油收购资金,社会保障基金,住房基金和党、团、工会经费支取现金应按照国家现金管理的规定办理;
(5)收入汇缴账户除向其基本存款账户或者预算外资金财政专用存款账户划缴款项外,只收不付,不得支取现金;
(6)业务支出账户除从其基本存款账户拨入款项外,只付不收,其现金支取必须按照国家现金管理的规定办理。

(四)预算单位零余额账户

预算单位使用财政性资金,应当按照规定的程序和要求,向财政部门提出设立零余额账户的申请,财政部门同意预算单位开设零余额账户后通知代理银行。

代理银行根据《人民币银行结算账户管理办法》的规定,具体办理开设预算单位零余额账户业务,并将所开账户的开户银行名称、账号等详细情况书面报告财政部门和中国人民银行,并由财政部门通知一级预算单位。

预算单位根据财政部门的开户通知,具体办理预留印鉴手续。印鉴卡内容如有变动,预算单位应及时通过一级预算单位向财政部门提出变更申请,办理印鉴卡更换手续。

一个基层预算单位原则上只能开设一个零余额账户。预算单位零余额账户用于财政授权支付,可以办理转账、提取现金等结算业务,可以向本单位按账户管理规定保留的相应账户划拨工会经费、住房公积金及提租补贴,以及财政部门批准的特殊款项,不得违反规定向本单位其他账户和上级主管单位及所属下级单位账户划拨资金。

(五)临时存款账户

1.临时存款账户的概念

临时存款账户,是指存款人因临时需要并在规定期限内使用而开立的银行结算账户。

2.临时存款账户的适用范围

临时存款账户的适用范围:①设立临时机构,例如工程指挥部、筹备领导小组、摄制组等;②异地临时经营活动,例如建筑施工及安装单位等在异地的临时经营活动;③注册验资、增资;④军队、武警单位承担基本建设或者异地执行作战、演习、抢险救灾、应对突发事件等临时任务。

3.开户证明文件

开立临时存款账户应按照规定的程序办理并提交有关证明文件。

(1)临时机构,应出具其驻在地主管部门同意设立临时机构的批文。

(2)异地建筑施工及安装单位,应出具其营业执照正本或其隶属单位的营业执照正本,以及施工及安装地建设主管部门核发的许可证或建筑施工及安装合同。外国及港、澳、台建筑施工及安装单位,应出具行业主管部门核发的资质准入证明。

(3)异地从事临时经营活动的单位,应出具其营业执照正本以及临时经营地市场监督管理部门的批文。

(4)境内单位在异地从事临时活动的,应出具政府有关部门批准其从事该项活动的证明文件。

(5)境外(含港、澳、台地区)机构在境内从事经营活动的,应出具政府有关部门批准其从事该项活动的证明文件。

(6)军队、武警单位因执行作战、演习、抢险救灾、应对突发事件等任务需要开立银行账户时,开户银行应当凭军队、武警团级以上单位后勤(联勤)部门出具的批件或证明,先予开户并同时启用,后补办相关手续。

(7)注册验资资金,应出具市场监督管理部门核发的企业名称预先核准通知书或有关部门的批文。

(8)增资验资资金,应出具股东会或董事会决议等证明文件。

4.临时存款账户的使用

临时存款账户用于办理临时机构以及存款人临时经营活动发生的资金收付。临时存款账户支取现金,应按照国家现金管理的规定办理。注册验资的临时存款账户在验资期间只收不付。临时存款账户的有效期最长不得超过2年。

【学中做3—2】 未在银行开立账户的W市退役军人事务局经批准在P银行开立了预算单位零余额账户。下列账户种类中,该零余额账户应按其管理的是(　　)。(单项选择题)

A.临时存款账户　　B.基本存款账户　　C.专用存款账户　　D.一般存款账户

答案:B。

解析:选项B:预算单位未开立基本存款账户(W市退役军人事务局未在银行开立任何账户),或者原基本存款账户在国库集中支付改革后已按照财政部门的要求撤销的,经同级财政部门批准,预算单位零余额账户作为"基本存款账户"管理。

(六)个人银行结算账户

1.个人银行结算账户的概念

个人银行结算账户是自然人因投资、消费、结算等需要而凭个人身份证件以自然人名称开立的银行结算账户。个人银行账户分为Ⅰ类银行账户、Ⅱ类银行账户和Ⅲ类银行账户(分别简称为Ⅰ类户、Ⅱ类户和Ⅲ类户)。

(1)银行可以通过Ⅰ类户为存款人提供存款、购买投资理财产品等金融产品、转账、消费和缴费支付、支取现金等服务。

(2)银行可以通过Ⅱ类户为存款人提供存款、购买投资理财产品等金融产品、限定金额的消费和缴费支付、限额向非绑定账户转出资金等服务。

(3)银行可以通过Ⅲ类户为存款人提供限定金额的消费和缴费支付、限额向非绑定账户转出资金等业务,经确认身份的,还可以办理非绑定账户资金转入等服务。

以上三类账户的功能和限额额度,如表3—1和表3—2所示。

表3—1　　　　　　　　　　　个人银行结算账户的功能

功　能	Ⅰ类户(全能账户)	Ⅱ类户(电子账户)	Ⅲ类户(电子账户)
办理存款	√	√	账户余额不得超过2 000元

续表

功 能	Ⅰ类户（全能账户）	Ⅱ类户（电子账户）	Ⅲ类户（电子账户）
购买理财产品	√	√	—
转账	√	限额转账	限额转出经确认，可转入
消费和缴费	√	限额消费和缴费	限额消费和缴费
存取现金	√	√（有限额）	—
实体卡	√	√	—

表3—2　　　　　　　　　　　个人银行结算账户的限额额度

Ⅱ类户	转入资金、存入现金	(1)日累计限额合计为1万元 (2)年累计限额合计为20万元 (3)发放贷款和贷款资金归还，不受转账限额规定
	消费和缴费、向非绑定账户转出资金、取出现金	
Ⅲ类户	非绑定账户资金转入资金	(1)日累计限额为2 000元 (2)年累计限额为5万元
	消费和缴费支付、向非绑定账户转出资金	
	Ⅲ类户账户余额不得超过2 000元	

【提示】经银行柜面、自助设备加以银行工作人员现场面对面确认身份的，Ⅱ类户还可以办理存取现金、非绑定账户资金转入业务。

【注意】经银行柜面、自助设备加以银行工作人员现场面对面确认身份的，Ⅲ类户还可以办理非绑定账户资金转入业务。

2. 个人银行结算账户的开户方式

(1)柜面开户。通过柜面受理银行账户开户申请的，银行可为开户申请人开立Ⅰ类户、Ⅱ类户或Ⅲ类户。个人开立Ⅱ类户、Ⅲ类户，可以绑定Ⅰ类户或者信用卡账户进行身份验证，不得绑定非银行支付机构开立的支付账户进行身份验证。在银行柜面开立的，则无须绑定Ⅰ类账户或者信用卡账户进行身份验证。

(2)自助机具开户。通过远程视频柜员机和智能柜员机等自助机具受理银行账户开户申请，银行工作人员现场核验开户申请人身份信息的，银行可为其开立Ⅰ类户；银行工作人员未现场核验开户申请人身份信息的，银行可为其开立Ⅱ类户或Ⅲ类户。

(3)电子渠道开户。通过网上银行和手机银行等电子渠道受理银行账户开户申请的，银行可为开户申请人开立Ⅱ类户或Ⅲ类户。

三类账户的开户方式如图3—1所示。

(4)代理开户。由他人代理开户：①开户申请人开立个人银行账户或者办理其他个人银行账户业务，原则上应当由开户申请人本人亲自办理；符合条件的，可以由他人代理办理。②他人代理开立个人银行账户的，银行应要求代理人出具代理人、被代理人的有效身份证件以及合法的委托书等。银行认为有必要的，应要求代理人出具证明代理关系的公证书。所在单位代理开户：①存款人开立代发工资、教育、社会保障（如社保、医保、军保）、公共管理（如公共事业、拆迁、捐助、助农扶农）等特殊用途个人银行账户时，可由所在单位代理办理；②单位代理个人开立银行账户的，应提供单位证明材料、被代理人有效身份证件的复印件或影印件；③单位代理开立的个人银行账户，在被代理人持本人有效身份证件到开户银行办理身份确认、密码设（重）置等激活手续前，该银行账户只收不付。

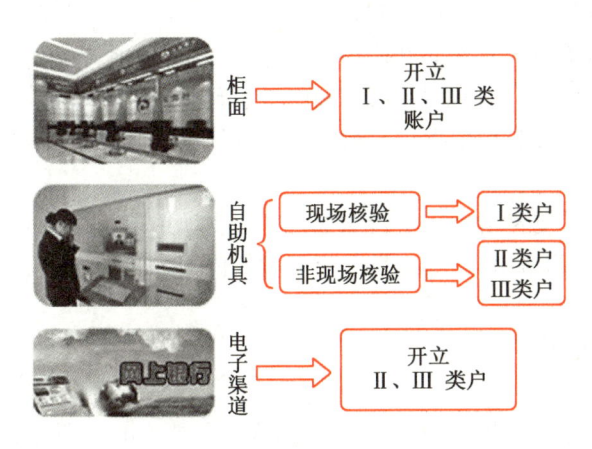

图 3—1 三类账户的开户方式

3. 开户证明文件

根据个人银行账户实名制的要求,存款人申请开立个人银行账户时,应向银行出具本人有效身份证件,银行通过有效身份证件仍无法准确判断开户申请人身份的,应要求其出具辅助身份证明材料。

有效身份证件包括:①在中华人民共和国境内已登记常住户口的中国公民为居民身份证;不满16周岁的,可以使用居民身份证或户口簿。②香港、澳门特别行政区居民为港澳居民往来内地通行证。③台湾地区居民为台湾居民来往大陆通行证。④国外的中国公民为中国护照。⑤外国公民为护照或者外国人永久居留证(外国边民,按照边贸结算的有关规定办理)。⑥法律、行政法规规定的其他身份证明文件。

辅助身份证明材料包括但不限于:①中国公民为户口簿、护照、机动车驾驶证、居住证、社会保障卡、军人和武装警察身份证件、公安机关出具的户籍证明、工作证;②香港、澳门特别行政区居民为香港、澳门特别行政区居民身份证;③台湾地区居民为在台湾居住的有效身份证明;④定居国外的中国公民为定居国外的证明文件;⑤外国公民为外国居民身份证、使领馆人员身份证件或者机动车驾驶证等其他带有照片的身份证件;⑥完税证明、水电煤缴费单等税费凭证。

军人、武装警察尚未领取居民身份证的,除出具军人和武装警察身份证件外,还应出具军人保障卡或所在单位开具的尚未领取居民身份证的证明材料。

4. 个人银行结算账户的使用

个人银行结算账户用于办理个人转账收付和现金存取。下列款项可以转入个人银行结算账户:①工资、奖金收入;②稿费、演出费等劳务收入;③债券、期货、信托等投资的本金和收益;④个人债权或产权转让收益;⑤个人贷款转存;⑥证券交易结算资金和期货交易保证金;⑦继承、赠与款项;⑧保险理赔、保费退还等款项;⑨纳税退还;⑩农、副、矿产品销售收入;⑪其他合法款项。

个人银行结算账户在使用过程中应注意以下几点:

(1)单位从其银行结算账户支付给个人银行结算账户的款项,每笔超过5万元的,应向其开户银行提供下列付款依据:①代发工资协议和收款人清单;②奖励证明;③新闻出版、演出主办等单位与收款人签订的劳务合同或支付给个人款项的证明;④证券公司、期货公司、信托投资公司、奖券发行公司或承销部门支付或退还给自然人款项的证明;⑤债权或产权转让协议;⑥借款合同;⑦保险公司的证明;⑧税收征管部门的证明;⑨农、副、矿产品购销合同;⑩其他合法款项的证明。

(2)从单位银行结算账户支付给个人银行结算账户的款项应纳税的,税收代扣单位付款时应向其开户银行提供完税证明。

(3)个人持出票人为单位的支票向开户银行委托收款,将款项转入其个人银行结算账户的或者个人持申请人为单位的银行汇票和银行本票向开户银行提示付款,将款项转入其个人银行结算账户的,个人应当提供前述有关收款依据。存款人应对其提供的收款依据或付款依据的真实性、合法性负责。

(4)单位银行结算账户支付给个人银行结算账户的款项单笔超过5万元人民币时,付款单位若在付款用途栏或备注栏注明事由,可不再另行出具付款依据,但付款单位应对支付款项事由的真实性、合法性负责。

(七)异地银行结算账户

1. 异地银行结算账户的概念

异地银行结算账户,是指存款人符合法定条件,根据需要在其注册地或住所地行政区域之外开立相应的银行结算账户。

2. 异地银行结算账户的适用范围

存款人有下列情形之一的,可以在异地开立有关银行结算账户:①营业执照注册地与经营地不在同一行政区域(跨省、市、县),需要开立基本存款账户的;②办理异地借款和其他结算需要开立一般存款账户的;③存款人因附属的非独立核算单位或派出机构发生的收入汇缴或业务支出需要开立专用存款账户的;④异地临时经营活动需要开立临时存款账户的;⑤自然人根据需要在异地开立个人银行结算账户的。

3. 开户证明文件

开立异地银行结算账户除出具开立基本存款账户、一般存款账户、专用存款账户和临时存款账户规定的有关证明文件外,还应出具下列相应的证明文件:①异地借款的存款人在异地开立一般存款账户的,应出具在异地取得贷款的借款合同。②因经营需要在异地办理收入汇缴和业务支出的存款人在异地开立专用存款账户的,应出具隶属单位的证明。

存款人需要异地开立个人银行结算账户,应出具在所在地开立账户所需的证明文件。

四、银行结算账户的管理

(一)银行结算账户的实名制管理

存款人应以实名开立银行结算账户,并对其出具的开户(变更、撤销)申请资料实质内容的真实性负责,法律、行政法规另有规定的除外。

存款人应按照账户管理规定使用银行结算账户办理结算业务,不得出租、出借银行结算账户,不得利用银行结算账户套取银行信用或进行洗钱活动。

(二)银行结算账户变更事项的管理

存款人申请临时存款账户展期,变更、撤销单位银行结算账户时,可由法定代表人或单位负责人直接办理,也可授权他人办理。由法定代表人或单位负责人直接办理的,除出具相应的证明文件外,还应出具法定代表人或单位负责人的身份证件;授权他人办理的,除出具相应的证明文件外,还应出具法定代表人或单位负责人的身份证件及其出具的授权书,以及被授权人的身份证件。非企业单位补(换)发开户许可证时,也应按以上规定办理。

(三)存款人预留银行签章的管理

(1)单位遗失预留公章或财务专用章的,应向开户银行出具书面申请、营业执照等相关证明文件;更换预留公章或财务专用章时,应向开户银行出具书面申请、原预留公章或财务专用章等相关证明文件。单位存款人申请更换预留公章或财务专用章但无法提供原预留公章或财务专用章的,应向开户银行出具原印鉴卡片、营业执照正本、司法部门的证明等相关证明文件。单位存款人申请变更预留公章或财务专用章,可由法定代表人或单位负责人直接办理,也可授权他人办理。由法定代表人或单位负责人直接办理的,除出具相应的证明文件外,还应出具法定代表人或单位负责人的身份证件;授权他人办理的,除出具相应的证明文件外,还应出具法定代表人或单位负责人的身份证件及其出具的授权书,以及被授权人的身份证件。

(2)个人遗失或更换预留个人印章或更换签字人时,应向开户银行出具经签名确认的书面申请,以及原预留印章或签字人的个人身份证件。银行应留存相应的复印件,并凭此办理预留银行签章的变更。单位存款人申请更换预留个人签章,可由法定代表人或单位负责人直接办理,也可授权他人办理。由法定代表人或单位负责人直接办理的,应出具加盖该单位公章的书面申请以及法定代表人或单位负责人的身份证件。授权他人办理的,应出具加盖该单位公章的书面申请、法定代表人或单位负责人的身份证件及其出具的授权书、被授权人的身份证件。无法出具法定代表人或单位负责人的身份证件的,应出具加盖该单位公章的书面申请、该单位出具的授权书以及被授权人的身份证件。

(四)银行结算账户的对账管理

银行结算账户的存款人应与银行按规定核对账务。存款人收到对账单或对账信息后,应及时核对账务并在规定期限内向银行发出对账回单或确认信息。

任务三　票　据

一、票据概述

(一)票据的概念和种类

票据的概念有广义和狭义之分。广义上的票据包括各种有价证券和凭证,如股票、国库券、企业债券、发票、提单等;狭义的票据仅指《中华人民共和国票据法》(简称《票据法》)上规定的票据。根据《票据法》的规定,票据是由出票人签发的、约定自己或者委托付款人在见票时或指定的日期向收款人或持票人无条件支付一定金额的有价证券。

【提示】在我国,票据包括银行汇票、商业汇票、银行本票和支票。

(二)票据的当事人

票据当事人,是指在票据法律关系中,享有票据权利、承担票据义务的主体。票据当事人分为基本当事人和非基本当事人。票据基本当事人,是指在票据作成和交付时就已经存在的当事人,包括出票人、付款人和收款人三种。汇票和支票的基本当事人有出票人、收款人与付款人;本票的基本当事人有出票人与收款人。

1. 基本当事人

(1)出票人,是指依法定方式签发票据并将票据交付给收款人的人。银行汇票的出票人为银行;商业汇票的出票人为银行以外的企业和其他组织;银行本票的出票人为出票银行;支票的出票人,为在银行开立支票存款账户的企业、其他组织和个人。

(2)付款人,是指由出票人委托付款或自行承担付款责任的人。商业承兑汇票的付款人是合同中应给付款项的一方当事人,也是该汇票的承兑人;银行承兑汇票的付款人是承兑银行;支票的付款人是出票人的开户银行;本票的付款人是出票人。

(3)收款人,是指票据正面记载的到期后有权收取票据所载金额的人。

2. 非基本当事人

非基本当事人，是指在票据作成并交付后，通过一定的票据行为加入票据关系而享有一定权利、承担一定义务的当事人，包括承兑人、背书人、被背书人、保证人等。

(1) 承兑人，是指接受汇票出票人的付款委托，同意承担支付票款义务的人，是汇票主债务人。

(2) 背书人与被背书人。背书人，是指在转让票据时，在票据背面或粘单上签字或盖章，并将该票据交付给受让人的票据收款人或持有人。被背书人，是指被记名受让票据或接受票据转让的人。背书后，被背书人成为票据新的持有人，享有票据的所有权利。

(3) 保证人，是指为票据债务提供担保的人，由票据债务人以外的第三人担当。保证人在被保证人不能履行票据付款责任时，以自己的金钱履行票据付款义务，然后取得持票人的权利，向票据债务人追索。

（三）票据的特征和功能

1. 票据的特征

(1) 票据是"完全有价证券"，即票据权利完全证券化，票据权利与票据本身融为一体、不可分离，也就是说，票据权利的产生、行使、转让和消灭都离不开票据。完全有价证券这一特征可以通过票据的"设权证券""提示证券""交付证券""缴回证券"等特征来体现。

首先，票据权利的产生必须通过作成票据，即必须通过票据行为——出票来创设。从这一意义上说，票据又是"设权证券"。

其次，票据权利的享有必须以占有票据为前提，为了证明占有的事实以行使票据权利，必须提示票据。从这一意义上说，票据又是"提示证券"。

再次，票据权利的转让必须交付票据。从这一意义上说，票据又是"交付证券"。

最后，票据权利实现之后，应将票据缴回付款人，付款人因付款而免责，以消灭票据权利义务关系或者付款人再行使追索权。从这一意义上说，票据又是"缴回证券"，被追索人清偿债务时，持票人应当交出票据和有关拒绝证明。

(2) 票据是"文义证券"，即票据上的一切票据权利义务必须严格依照票据记载的文义而定，文义之外的任何理由、事项均不得作为根据，即使文义记载有错，也不得用票据之外的其他证明方法变更或补充。

(3) 票据是"无因证券"，即票据如果符合《票据法》规定的条件，票据权利就成立，持票人不必证明取得票据的原因，仅以票据文义请求履行票据权利。但当票据债务人根据《票据法》第 12 条的规定，认为持票人是以欺诈、偷盗或者胁迫等手段取得票据，或者明知有上述情形出于恶意取得票据，或者因为重大过失取得票据，持票人应当对自己持票的合法性负责举证。

(4) 票据是"金钱债权证券"，即票据上体现的权利性质是财产权而不是其他权利，财产权的内容是请求支付一定的金钱而不是物品。

(5) 票据是"要式证券"，即票据的制作、形式、文义都有规定的格式和要求，必须符合《票据法》的规定。

(6) 票据是"流通证券"，即票据可以流通转让。只有流通转让，票据的功能才能充分发挥，衔接企业的产供销活动，畅通经济金融运行，因此，票据贵在流通。与一般财产权相比，票据权利的转让灵活、简便，无须通知债务人，通过背书行为直接转让。

2. 票据的功能

(1) 支付功能。票据可以充当支付工具，代替现金使用，消除现金携带的不便，克服点钞的麻烦，节省计算现金的时间。

(2) 汇兑功能。票据代替货币在异地之间的结算。如果异地之间使用货币，需要运送或携带，不仅费力而且不安全,使用票据既方便又安全。

(3)信用功能。企业凭借自己的信誉,将未来才能获得的金钱作为现在的金钱来使用。在商品交易中,票据可作为预付货款或延期付款的工具,发挥商业信用功能。

(4)结算功能。票据具有债务抵销功能,简单的结算是互有债务的双方当事人各签发一张本票,待两张本票都到期相互抵销债务。若有差额,由一方以现金支付。

(5)融资功能。票据可以融通资金或调度资金。票据的融资功能是通过票据的贴现、转贴现和再贴现实现的。

二、票据权利与责任

(一)票据权利的概念和分类

票据权利,是指票据持票人向票据债务人请求支付票据金额的权利,包括付款请求权和追索权。

【注意】付款请求权和追索权不是可选择的,而是有法定顺序的,即只有付款请求权不能实现时,才能行使追索权。

(1)付款请求权,是指持票人向汇票的承兑人、本票的出票人、支票的付款人出示票据要求付款的权利,是第一顺序权利。行使付款请求权的持票人可以是票据记载的收款人或最后的被背书人;担负付款义务的主要是主债务人。

(2)票据追索权,是指票据当事人行使付款请求权遭到拒绝或有其他法定原因存在时,向其前手请求偿还票据金额及其他法定费用的权利,是第二顺序权利。行使追索权的当事人除票据记载的收款人和最后被背书人外,还可能是代为清偿票据债务的保证人、背书人。

持票人可以不按照票据债务人的先后顺序,对其中任何一人、数人或者全体行使追索权。持票人对票据债务人中的一人或者数人已经进行追索的,对其他票据债务人仍可以行使追索权。被追索人清偿债务后,与持票人享有同一权利。

(二)票据权利的取得

(1)基本规定。签发、取得和转让票据,应当遵守诚实信用的原则,具有真实的交易关系和债权债务关系。票据的取得,必须给付对价,即应当给付票据双方当事人认可的相对应的代价。但也有例外的情形,即如果是因为税收、继承、赠与可以依法无偿取得票据的,则不受给付对价的限制,但是所享有的票据权利不得优于其前手的权利。

(2)取得票据享有票据权利的情形:①依法接受出票人签发的票据;②依法接受背书转让的票据;③因税收、继承、赠与可以依法无偿取得票据。

取得票据不享有票据权利的情形:①以欺诈、偷盗或者胁迫等手段取得票据的,或者明知有上述情形,出于恶意取得票据的;②持票人因重大过失取得不符合《票据法》规定的票据的。

(三)票据权利的行使与保全

票据权利的行使,是指持票人请求票据的付款人支付票据金额的行为,例如行使付款请求权以获得票款、行使追索权以请求清偿法定的金额和费用等。票据权利的保全,是指持票人为了防止票据权利的丧失而采取的措施,例如依据《票据法》的规定,按照规定期限提示承兑、要求承兑人或付款人提供拒绝承兑或拒绝付款的证明以保全追索权等。

票据权利的保全行为大多又是票据权利的行使行为,所以《票据法》通常将两者一并进行规定。票据权利行使和保全的方法通常包括"按期提示"和"依法证明"两种。按期提示,是指要按照规定的期限向票据债务人提示票据,包括提示承兑或提示付款,以及时保全或行使追索权。例如《票据法》第40条规定,"汇票未按照规定期限提示承兑的,持票人丧失对其前手的追索权";第79条规定,"本票的持票人未按照规定期限提示见票的,丧失对出票人以外的前手的追索权"。依法证明,是指持票人为了证明自己曾经依法行使票据权利而遭拒绝或者根本无法行使票据权利而以法律规定的时间和方式取得相关的证据,例如《票据法》第65条规定,持票人不能出示拒绝证明、退票理由书或者未按照规定期限提供其他合法证明的,丧失对其前手的追索权。

对于票据权利行使和保全的地点和时间,《票据法》统一规定为:持票人对票据债务人行使票据权利,或者保全票据权利,应当在票据当事人的营业场所和营业时间内进行,票据当事人无营业场所的,应当在其住所进行。

(四)票据权利丧失补救

票据丧失,是指票据因灭失(如不慎被烧毁)、遗失(如不慎丢失)、被盗等原因而使票据权利人脱离其对票据的占有。票据一旦丧失,票据的债权人不采取措施补救就不能阻止债务人向拾获者履行义务,从而造成正当票据权利人经济上的损失。因此,需要进行票据丧失的补救。票据丧失后,可以采取挂失止付、公示催告和普通诉讼三种形式进行补救。

1. 挂失止付

挂失止付,是指失票人将丧失票据的情况通知付款人或代理付款人,由接受通知的付款人或代理付款人审查后暂停支付的一种方式。只有确定付款人或代理付款人的票据丧失时才可进行挂失止付,具体包括已承兑的商业汇票、支票、填明"现金"字样和代理付款人的银行汇票以及填明"现金"字样的银行本票四种。挂失止付并不是票据丧失后采取的必经措施,而只是一种暂时的预防措施,最终要通过申请公示催告或提起普通诉讼来补救票据权利。具体程序如下:

(1)申请。失票人需要挂失止付的,应填写挂失止付通知书并签章。挂失止付通知书应当记载下列事项:①票据丧失的时间、地点、原因;②票据的种类、号码、金额、出票日期、付款日期、付款人名称、收款人名称;③挂失止付人的姓名、营业场所或者住所以及联系方法。欠缺上述记载事项之一的,银行不予受理。

(2)受理。付款人或者代理付款人收到挂失止付通知书后,查明挂失票据确未付款时,应立即暂停支付。付款人或者代理付款人自收到挂失止付通知书之日起12日内没有收到人民法院的止付通知书的,自第13日起,不再承担止付责任,持票人提示付款时依法向持票人付款。付款人或者代理付款人在收到挂失止付通知书之前,已经向持票人付款的,不再承担责任。但是,付款人或者代理付款人以恶意或者重大过失付款的除外。承兑人或者承兑人开户行收到挂失止付通知或者公示催告等司法文书并确认相关票据未付款的,应当于当日依法暂停支付并在中国人民银行指定的票据市场基础设施(上海票据交换所)登记或者委托开户行在票据市场基础设施登记相关信息。

2. 公示催告

公示催告,是指在票据丧失后由失票人向人民法院提出申请,请求人民法院以公告方式通知不确定的利害关系人限期申报权利,逾期未申报者,则权利失效,而由法院通过除权判决宣告所丧失的票据无效的制度或程序。根据《票据法》的规定,失票人应当在通知挂失止付后的3日内,也可以在票据丧失后,依法向票据支付地人民法院申请公示催告。申请公示催告的主体必须是可以背书转让的票据的最后持票人。具体程序为:

(1)申请。失票人申请公示催告的,应填写公示催告申请书,申请书应当载明下列内容:①票面金额;②出票人、持票人、背书人;③申请的理由、事实;④通知票据付款人或者代理付款人挂失止付的时间;⑤付款人或者代理付款人的名称、通信地址、电话号码等。

(2)受理。人民法院决定受理公示催告申请,应当同时通知付款人及代理付款人停止支付,并自立案之日起3日内发出公告,催促利害关系人申报权利。付款人或者代理付款人收到人民法院发出的止付通知,应当立即停止支付,直至公示催告程序终结。非经发出止付通知的人民法院许可,擅自解付的,不得免除票据责任。例如,某基层法院在人民法院报上刊登一则公示催告,公告甲银行网点承兑的一张 300 万元的银行承兑汇票丢失,公告期间为 2024 年 3 月 1 日至 5 月 1 日;4 月 3 日,该网点突然收到异地乙银行网点发来的该银行承兑汇票的委托收款,此时由于恰好在公示催告期间,甲银行网点不能对委托收款发来的银行承兑汇票付款,只能根据法院的止付通知要求拒绝付款。

(3)公告。人民法院决定受理公示催告申请后发布的公告应当在全国性的报刊上登载。公示催告的期间,国内票据自公告发布之日起 60 日,涉外票据可根据具体情况适当延长,但最长不得超过 90 日。在公示催告期间,转让票据权利的行为无效,以公示催告的票据质押、贴现,因质押、贴现而接受该票据的持票人主张票据权利的,人民法院不予支持,但公示催告期间届满以后人民法院作出除权判决以前取得该票据的除外。

(4)判决。利害关系人应当在公示催告期间向人民法院申报。人民法院收到利害关系人的申报后,应当裁定终结公示催告程序,并通知申请人和支付人。申请人或者申报人可以向人民法院起诉,以主张自己的权利。没有人申报的,人民法院应当根据申请人的申请,做出除权判决,宣告票据无效。判决应当公告,并通知支付人。自判决公告之日起,申请人有权向支付人请求支付。利害关系人因正当理由不能在判决前向人民法院申报的,自知道或者应当知道判决公告之日起 1 年内,可以向做出判决的人民法院起诉。

3. 普通诉讼

普通诉讼,是指丧失票据的人为原告,以承兑人或出票人为被告,请求法院判决其向失票人付款的诉讼活动。如果与票据上的权利有利害关系的人是明确的,无须公示催告,可按一般的票据纠纷向法院提起诉讼。

(五)票据权利时效

票据权利时效,是指票据权利在时效期间内不行使,即引起票据权利丧失。《票据法》根据不同情况,将票据权利时效划分为 2 年、6 个月、3 个月。《票据法》规定,票据权利在下列期限内不行使而消灭:

(1)持票人对票据的出票人和承兑人的权利自票据到期日起 2 年。见票即付的汇票、本票,自出票日起 2 年。

(2)持票人对支票出票人的权利,自出票日起 6 个月。

【注意】持票人对出票人和承兑人的权利,包括付款请求权和追索权。之所以规定支票的权利时效短于其他票据,是因为支票主要是一种短期支付工具,其权利的行使以迅速为宜,规定较短的时效,可以督促权利人及时行使票据权利。

(3)持票人对前手的追索权,自被拒绝承兑或者被拒绝付款之日起 6 个月。

(4)持票人对前手的再追索权,自清偿日或者被提起诉讼之日起 3 个月。

追索权的行使以获得拒绝付款证明或退票理由书等有关证明为前提。为了督促持票人及时获得这些证明,尽可能地在短期内结清因拒绝承兑或拒绝付款而产生的债务关系,从速实现持票人的票据权利,加快债权债务关系的清偿速度,促进社会经济关系的稳定,追索权的行使应当迅速及时。因此,《票据法》对追索权规定了较短的时效。

【提示】持票人因超过票据权利时效或者因票据记载事项欠缺而丧失票据权利的,《票据法》为了保护持票人的合法权益,规定其仍享有民事权利,可以请求出票人或者承兑人返还其与未支付的票据款金额相当的利益。

【学中做3—3】 甲将票据转让给乙(14周岁),乙又将票据转让给丙。丙向付款人请求付款,如遭到拒绝,可向谁追索?

(六)票据责任

票据责任,是指票据债务人向持票人支付票据金额的义务。实务中,票据债务人承担票据义务一般有四种情况:①汇票承兑人因承兑而应承担付款义务;②本票出票人因出票而承担自己付款的义务;③支票付款人在与出票人有资金关系时承担付款义务;④汇票、本票、支票的背书人,汇票、支票的出票人、保证人,在票据不获承兑或不获付款时的付款清偿义务。

(1)提示付款。持票人应当按照下列期限提示付款:①见票即付的票据,自出票日起1个月内向付款人提示付款;②定日付款、出票后定期付款或者见票后定期付款的票据,自到期日起10日内向承兑人提示付款。持票人未按照规定期限提示付款的,在作出说明后,承兑人或者付款人仍应当继续对持票人承担付款责任。通过委托收款银行或者通过票据交换系统向付款人提示付款的,视同持票人提示付款。

(2)付款人付款。持票人依照规定提示付款的,付款人必须在当日足额付款。付款人及其代理付款人付款时,应当审查票据背书的连续性,并审查提示付款人合法身份证明或者有效证件。票据金额为外币的,按照付款日的市场汇价,以人民币支付。票据当事人对票据支付的货币种类另有约定的,从其约定。

(3)拒绝付款。如果存在背书不连续等合理事由,票据债务人可以对票据债权人拒绝履行义务,这就是所谓的票据"抗辩"。票据债务人可以对不履行约定义务的与自己有直接债权债务关系的持票人进行抗辩。但不得以自己与出票人或者与持票人的前手之间的抗辩事由,对抗持票人。当然,若持票人明知存在抗辩事由而取得票据的除外。

(4)获得付款。持票人获得付款的,应当在票据上签收,并将票据交给付款人。持票人委托银行收款的,受委托的银行将代收的票据金额转入持票人账户,视同签收。电子商业汇票的持票人可委托银行代为发出提示付款、逾期提示付款行为申请。

(5)相关银行的责任。持票人委托的收款银行的责任,限于按照票据上记载事项将票据金额转入持票人账户。付款人委托的付款银行的责任,限于按照票据上记载事项从付款人账户支付票据金额。付款人及其代理付款人以恶意或者有重大过失付款的,应当自行承担责任。对定日付款、出票后定期付款或者见票后定期付款的票据,付款人在到期日前付款的,由付款人自行承担所产生的责任。

(6)票据责任解除。付款人依法足额付款后,全体票据债务人的责任解除。

三、票据行为

票据行为,是指票据当事人以发生票据债务为目的的、以在票据上签名或盖章为权利义务成立要件的法律行为。票据行为包括出票、背书、承兑和保证。

(一)出票

1. 出票的概念

出票,是指出票人签发票据并将其交付给收款人的票据行为。出票包括两个行为:①出票人依照《票据法》的规定做成票据,即在原始票据上记载法定事项并签章;②交付票据,即将做成的票据交付给他人占有。这两者缺一不可。

2. 出票的基本要求

出票人必须与付款人具有真实的委托付款关系,并且具有支付票据金额的可靠资金来源,不得签发无对价的票据用以骗取银行或者其他票据当事人的资金。

3.票据的记载事项

出票人和其他票据行为当事人在票据上的记载事项必须符合《票据法》等的规定。所谓票据记载事项,是指依法在票据上记载的票据相关内容。票据记载事项一般分为必须记载事项、相对记载事项、任意记载事项和记载不产生票据法上效力的事项等。

(1)必须记载事项,也称必要记载事项,是指《票据法》明文规定必须记载的,如不记载,票据行为即为无效的事项。

(2)相对记载事项,是指除了必须记载事项外,《票据法》规定的其他应记载的事项。这些事项如果未记载,由法律另作相应规定予以明确,并不影响票据的效力。例如,《票据法》规定背书由背书人签章并记载背书日期。背书未记载日期的,视为在票据到期日前背书。这里的"背书日期"就属于相对记载事项;未记载背书日期的,《票据法》视同背书日期为"到期日前"。

(3)任意记载事项,是指《票据法》不强制当事人必须记载而允许当事人自行选择,不记载时不影响票据效力,记载时则产生票据效力的事项。如出票人在汇票记载"不得转让"字样的,汇票不得转让,其中的"不得转让"事项即为任意记载事项。

(4)记载不产生《票据法》上的效力的事项,是指除了必须记载事项、相对记载事项、任意记载事项外,票据上还可以记载其他一些事项,但这些事项不具有票据效力,银行不负审查责任。如《票据法》第24条规定,汇票上可以记载规定事项以外的其他出票事项,但是该记载事项不具有汇票上的效力。

4.出票的效力

票据出票人制作票据,应当按照法定条件在票据上签章,并按照所记载的事项承担票据责任。出票人签发票据后,即承担该票据承兑或付款的责任。出票人在票据得不到承兑或者付款时,应当向持票人清偿《票据法》第70条、第71条规定的金额和费用(具体见后文票据追索的内容)。

(二)背书

1.背书的概念和种类

背书是在票据背面或者粘单上记载有关事项并签章的行为。以背书的目的为标准,可以将背书分为转让背书和非转让背书。转让背书,是指以转让票据权利为目的的背书;非转让背书,是指以授予他人行使一定的票据权利为目的的背书。非转让背书包括委托收款背书和质押背书。

委托收款背书,是背书人委托被背书人行使票据权利的背书。委托收款背书的被背书人有权代背书人行使被委托的票据权利。但是,被背书人不得再以背书转让票据权利。质押背书,是以担保债务而在票据上设定质权为目的的背书。被背书人依法实现其质权时,可以行使票据权利。

2.背书的记载事项

背书由背书人签章并记载背书日期。背书未记载日期的,视为在票据到期日前背书。以背书转让或者以背书将一定的票据权利授予他人行使时,必须记载被背书人名称。背书人未记载被背书人名称即将票据交付他人的,持票人在票据被背书人栏内记载自己的名称与背书人记载具有同等法律效力。

委托收款背书应记载"委托收款"字样、被背书人和背书人签章。质押背书应记载"质押"字样、质权人和出质人签章。

票据凭证不能满足背书人记载事项的需要,可以加附粘单,附于票据凭证上。粘单上的第一记载人,应当在票据和粘单的粘接处签章。

3.背书的效力

背书人以背书转让票据后,即承担保证其后手所持票据承兑和付款的责任。

以背书转让的票据,背书应当连续。持票人以背书的连续,证明其票据权利;非经背书转让,而以其他合法方式取得票据的,依法举证,证明其票据权利。

背书连续,是指在票据转让中,转让票据的背书人与受让票据的被背书人在票据上的签章依次前后衔接。具体来说,第一背书人为票据收款人,最后持票人为最后背书的被背书人,中间的背书人为前手背书的被背书人。

4.背书的特别规定

背书的特别规定包括条件背书、部分背书、限制背书和期后背书。

(1)条件背书,是指背书附有条件。背书时附有条件的,所附条件不具有票据上的效力。

(2)部分背书,是指将票据金额的一部分转让的背书或者将票据金额分别转让给两人以上的背书。部分背书属于无效背书。

(3)限制背书,是指记载了"不得转让",此时票据不得转让,例如出票人记载"不得转让"的,票据不得背书转让;背书人在票据上记载"不得转让"字样,其后手再背书转让的,原背书人对后手的被背书人不承担保证责任。

(4)期后背书,是指票据被拒绝承兑、被拒绝付款或者超过付款提示期限的,不得背书转让;背书转让的,背书人应当承担票据责任。

(三)承兑

1.承兑的概念

承兑,是指汇票付款人承诺在汇票到期日支付汇票金额并签章的行为,仅适用于商业汇票。

2.承兑程序

承兑程序包括提示承兑、受理承兑、记载承兑事项等。

(1)提示承兑,是指持票人向付款人出示汇票,并要求付款人承诺付款的行为。定日付款或者出票后定期付款的汇票,持票人应当在汇票到期日前向付款人提示承兑。见票后定期付款的汇票,持票人应当自出票日起1个月内向付款人提示承兑。汇票未按照规定期限提示承兑的,持票人丧失对其前手的追索权。

(2)受理承兑。付款人收到持票人提示承兑的汇票时,应当向持票人签发收到汇票的回单。回单上应当记明汇票提示承兑日期并签章。付款人对向其提示承兑的汇票,应当自收到提示承兑的汇票之日起3日内承兑或者拒绝承兑。

(3)记载承兑事项。付款人承兑汇票的,应当在汇票正面记载"承兑"字样和承兑日期并签章;见票后定期付款的汇票,应当在承兑时记载付款日期。汇票上未记载承兑日期的,应当以收到提示承兑的汇票之日起3日内的最后一日为承兑日期。

【注意】付款人承兑汇票,不得附有条件;承兑附有条件的,视为拒绝承兑。付款人承兑汇票后,应当承担到期付款的责任。

(四)保证

1.保证的概念

保证,是指票据债务人以外的人,为担保特定债务人履行票据债务而在票据上记载有关事项并签章的行为。

国家机关、以公益为目的的事业单位、社会团体、企业法人的分支机构和职能部门作为票据保证人的,票据保证无效,但经国务院批准为使用外国政府或者国际经济组织贷款进行转贷,国家机关提供票据保证的,以及企业法人的分支机构在法人书面授权范围内提供票据保证的除外。

2.保证的记载事项

保证人必须在票据或者粘单上记载下列事项:①表明"保证"的字样;②保证人名称和住所;③被保证人的名称;④保证日期;⑤保证人签章。

保证人在票据或者粘单上未记载"被保证人名称"的,已承兑的票据,承兑人为被保证人;未承兑的票据,出票人为被保证人。保证人在票据或者粘单上未记载"保证日期"的,出票日期为保证日期。

3. 保证责任的承担

被保证的票据,保证人应当与被保证人对持票人承担连带责任。票据到期后得不到付款的,持票人有权向保证人请求付款,保证人应当足额付款。保证人为两人以上的,保证人之间承担连带责任。

4. 保证效力

保证人对合法取得票据的持票人所享有的票据权利,承担保证责任。但是,被保证人的债务因票据记载事项欠缺而无效的除外。保证不得附有条件,附有条件的,不影响对票据的保证责任。保证人清偿票据债务后,可以行使持票人对被保证人及其前手的追索权。

四、票据追索

(一)票据追索适用的情形

票据追索适用于两种情形,分别为到期后追索和到期前追索。

到期后追索,是指票据到期被拒绝付款的,持票人对背书人、出票人以及票据的其他债务人行使的追索。

到期前追索,是指票据到期日前,持票人对下列情形之一行使的追索:①汇票被拒绝承兑的;②承兑人或者付款人死亡、逃匿的;③承兑人或者付款人被依法宣告破产的或者因违法被责令终止业务活动的。

(二)被追索人的确定

票据的出票人、背书人、承兑人和保证人对持票人承担连带责任。持票人行使追索权,可以不按照票据债务人的先后顺序,对其中任何一人、数人或者全体行使追索权。持票人对票据债务人中的一人或者数人已经进行追索的,对其他票据债务人仍可以行使追索权。

(三)追索的内容

(1)持票人行使追索权,可以请求被追索人支付下列金额和费用:①被拒绝付款的票据金额;②票据金额自到期日或者提示付款日起至清偿日止,按照中国人民银行规定的利率计算的利息;③取得有关拒绝证明和发出通知书的费用。被追索人清偿债务时,持票人应当交出票据和有关拒绝证明,并出具所收到利息和费用的收据。

(2)被追索人依照前述规定清偿后,可以向其他票据债务人行使再追索权,请求其他票据债务人支付下列金额和费用:①已清偿的全部金额;②前项金额自清偿日起至再追索清偿日止,按照中国人民银行规定的利率计算的利息;③发出通知书的费用。

行使再追索权的被追索人获得清偿时,应当交出票据和有关拒绝证明,并出具所收到利息和费用的收据。

(四)追索权的行使

1. 获得有关证明

持票人行使追索权时,应当提供被拒绝承兑或者拒绝付款的有关证明。持票人提示承兑或者提示付款被拒绝的,承兑人或者付款人必须出具拒绝证明,或者出具退票理由书。未出具拒绝证明或者退票理由书的,应当承担由此产生的民事责任。其中:

拒绝证明应当包括下列事项:①被拒绝承兑、付款的票据的种类及其主要记载事项;②拒绝承兑、付款的事实依据和法律依据;③拒绝承兑、付款的时间;④拒绝承兑人、拒绝付款人的签章。

退票理由书应当包括下列事项:①所退票据的种类;②退票的事实依据和法律依据;③退票时间;④退票人签章。

持票人因承兑人或者付款人死亡、逃匿或者其他原因，不能取得拒绝证明的，可以依法取得其他有关证明，包括医院或者有关单位出具的承兑人、付款人死亡的证明；司法机关出具的承兑人、付款人逃匿的证明；公证机关出具的具有拒绝证明效力的文书。

承兑人或者付款人被人民法院依法宣告破产的，人民法院的有关司法文书具有拒绝证明的效力。承兑人或者付款人因违法被责令终止业务活动的，有关行政主管部门的处罚决定具有拒绝证明的效力。

持票人不能出示拒绝证明、退票理由书或者未按照规定期限提供其他合法证明的，丧失对其前手的追索权。但是，承兑人或者付款人仍应当对持票人承担责任。

2.行使追索

持票人应当自收到被拒绝承兑或者被拒绝付款的有关证明之日起3日内，将被拒绝事由书面通知其前手；其前手应当自收到通知之日起3日内书面通知其再前手。持票人也可以同时向各票据债务人发出书面通知，该书面通知应当记明汇票的主要记载事项，并说明该汇票已被退票。

未按照规定期限通知的，持票人仍可以行使追索权。因延期通知给其前手或者出票人造成损失的，由没有按照规定期限通知的票据当事人，承担对该损失的赔偿责任，但是所赔偿的金额以汇票金额为限。在规定期限内将通知按照法定地址或者约定的地址邮寄的，视为已经发出通知。

（五）追索的效力

被追索人依照规定清偿债务后，其责任解除，与持票人享有同一权利。

五、银行汇票

（一）银行汇票的概念和适用范围

银行汇票是出票银行签发的，在见票时按照实际结算金额无条件支付给收款人或者持票人的票据。单位和个人在异地、同城或统一票据交换区域的各种款项结算，均可使用银行汇票。银行汇票示例如图3-2所示。

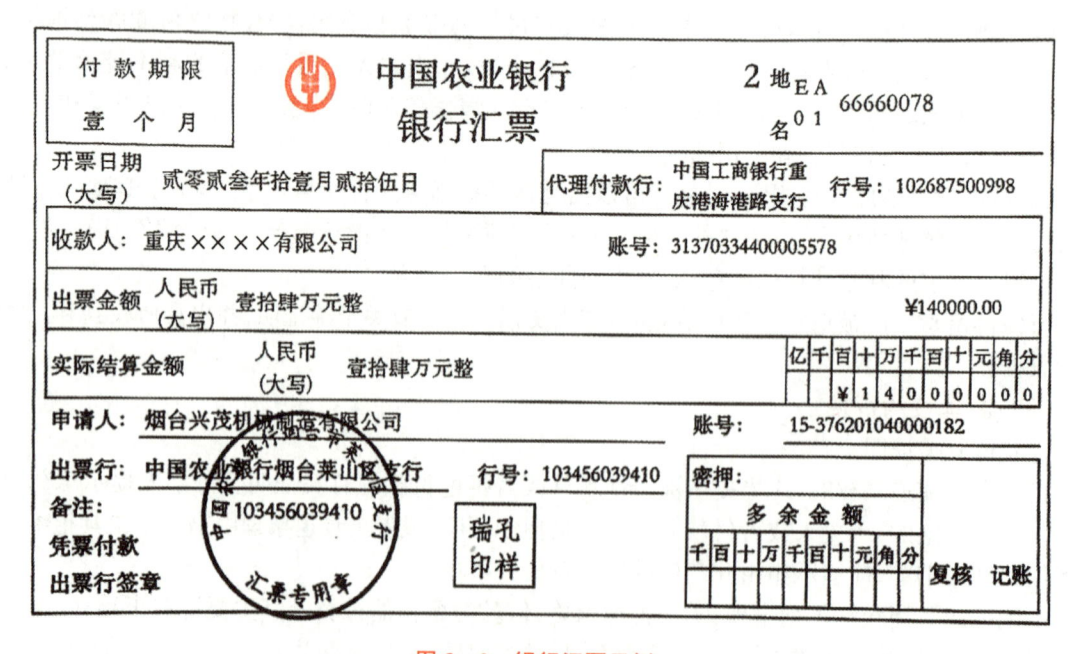

图3-2 银行汇票示例

（二）银行汇票的出票

1.申请

申请人使用银行汇票,应向出票银行填写"银行汇票申请书"。申请人或收款人为单位的,不得在"银行汇票申请书"上填明"现金"字样。

2.签发并交付

（1）出票银行受理银行汇票申请书,收妥款项后签发银行汇票,并将银行汇票和解讫通知一并交给申请人。

（2）签发银行汇票必须记载的事项:表明"银行汇票"的字样;无条件支付的委托;出票金额;付款人名称;收款人名称;出票日期;出票人签章。欠缺记载上列事项之一的,银行汇票无效。

（3）签发现金银行汇票的,申请人和收款人必须均为个人。申请人或者收款人为单位的,银行不得为其签发现金银行汇票。

（4）申请人将银行汇票和解讫通知书一并交给汇票上记名的收款人。

（三）填写实际结算金额

（1）收款人受理申请人交付的银行汇票时,应在出票金额以内,根据实际需要的款项办理结算。

（2）银行汇票的实际结算金额低于出票金额的,其多余金额由出票银行退交申请人。

（3）未填明实际结算金额和多余金额或实际结算金额超过出票金额的,银行不予受理。

（4）银行汇票的实际结算金额一经填写不得更改,更改实际结算金额的银行汇票无效。

（四）银行汇票背书

银行汇票的背书转让以"不超过出票金额的"实际结算金额为准。未填写实际结算金额或实际结算金额超过出票金额的银行汇票不得背书转让。

（五）银行汇票提示付款

（1）银行汇票的提示付款期限自出票日起1个月。持票人超过付款期限提示付款的,代理付款人不予受理。

（2）持票人向银行提示付款时,须同时提交银行汇票和解讫通知,缺少任何一联,银行不予受理。

（六）银行汇票退款和丧失

（1）申请人因银行汇票超过付款提示期限或其他原因要求退款时,应将银行汇票和解讫通知同时提交给出票银行。申请人缺少解讫通知要求退款的,出票银行应于银行汇票提示付款期满1个月后办理。

（2）银行汇票丧失,失票人可以凭人民法院出具的其享有票据权利的证明,向出票银行请求付款或退款。

六、商业汇票

（一）商业汇票的概念、种类和适用范围

商业汇票是出票人签发的,委托付款人在指定日期无条件支付确定的金额给收款人或者持票人的票据。商业汇票按照承兑人的不同分为商业承兑汇票和银行承兑汇票。银行承兑汇票由银行承兑,商业承兑汇票由银行以外的付款人承兑。电子商业汇票是指出票人依托上海票据交易所电子商业汇票系统（简称电子商业汇票系统）,以数据电文形式制作的,委托付款人在指定日期无条件支付确定的金额给收款人或者持票人的票据。电子银行承兑汇票由银行业金融机构、财务公司承兑;电子商业承兑汇票由金融机构以外的法人或其他组织承兑。商业汇票的付款人为承兑人。在银行开立存款账户的法人及其他组织之

间的结算，才能使用商业汇票。商业汇票示例如图 3—3 和图 3—4 所示。

银行承兑汇票　　2 B/0 B/1 20196736

出票日期（大写）　贰零贰叁 年 壹拾贰 月 零贰拾 日

出票人全称	济南××××有限公司	收款人	全　称	烟台××××有限公司
出票人账号	15376105130000219		账　号	15376201040000181
付款人全称	中国农业银行济南市天桥区支行		开户银行	中国农业银行烟台市莱山区支行
出票金额	人民币（大写）叁拾万元整		亿 千 百 十 万 千 百 十 元 角 分	¥ 3 0 0 0 0 0 0 0
汇票到期日（大写）	贰零贰肆年陆月零贰拾日	付款行	行号	103451012176
承兑协议编号	355232		地址	山东省济南市天桥区莲花山路646号
本汇票请你行承兑，到期无条件汇款。 出票人签章		本汇票已经承兑，到期日由本行付款。 备注：		复核　　记账

图 3—3　银行承兑汇票

中国农业银行 AGRICULTURAL BANK OF CHINA　　电子银行承兑汇票

出票日期：2024-06-24　　票据状态：已签收

汇票到期日：2024-12-24　　票据号码：131345608820220180625213377862

出票人	账　号	15376201040000181	收款方	账　号	153761010600003384559
	全　称	烟台××××有限公司		全　称	烟台××有限公司
	开户行	中国农业银行烟台莱山区支行		开户行	中国农业银行牟平区支行
	开户行号	103456039410		开户行号	103456038628
出票人保证信息	保证人账号： 保证人名称：		保证人开户行： 保证人开户行号：		
票据金额	小写：90000.00		人民币（大写）：玖万元整		
承兑人	承兑人账号：－ 承兑人名称：中国农业银行股份有限公司烟台莱山区支行		承兑人开户行：中国农业银行烟台莱山区支行 承兑人开户行号：103456039410		
交易合同号：	－		承兑信息	出票人承诺：本汇票请予以承兑，到期无条件付款	
是否可转让：	可再转让			承兑人承兑：本汇票已经承兑，到期无条件付款 承兑日期2024-06-24	
承兑人保证信息	保证人账号： 保证人名称：		保证人开户行： 保证人开户行号：		
评级信息	出票人	评级主体：同安农行	信用等级：A	评级到期日：2024-12-24	
备注：					

图 3—4　电子银行承兑汇票

（二）商业汇票的出票

1. 出票人的资格条件

商业承兑汇票的出票人，为在银行开立存款账户的法人以及其他组织，并与付款人具有真实的委托付款关系,具有支付汇票金额的可靠资金来源。

银行承兑汇票的出票人必须是在承兑银行开立存款账户的法人以及其他组织,并与承兑银行具有真实的委托付款关系,资信状况良好,具有支付汇票金额的可靠资金来源。出票人办理电子商业汇票业务,应同时具备签约开办对公业务的企业网银等电子服务集道、与银行签订《电子商业汇票业务服务协议》。单张出票金额在100万元以上的商业汇票原则上应全部通过电子商业汇票办理;单张出票金额在300万元以上的商业汇票应全部通过电子商业汇票办理。

【学中做3—4】甲网络公司接受了客户转让的一张银行承兑汇票,金额为6万元。该网络公司为了支付下一季度的员工宿舍的房租,随即将该银行承兑汇票转让给了房东张某。张某因为在农村承包了几十亩林地,欠农资公司6万元农资费用,于是又将该银行承兑汇票转让给了该农资公司。该农资公司的财务看到该汇票后,拒绝接受。请分析该农资公司拒绝接受的原因。

2. 出票人的确定

商业承兑汇票可以由付款人签发并承兑,也可以由收款人签发交由付款人承兑。银行承兑汇票应由在承兑银行开立存款账户的存款人签发。

3. 出票的记载事项

签发商业汇票必须记载下列事项:①表明"商业承兑汇票"或"银行承兑汇票"的字样;②无条件支付的委托;③确定的金额;④付款人名称;⑤收款人名称;⑥出票日期;⑦出票人签章。欠缺记载上述事项之一的,商业汇票无效。其中,"出票人签章"为该单位的财务专用章或者公章加其法定代表人或其授权的代理人的签名或者盖章。电子商业汇票信息以电子商业汇票系统的记录为准。电子商业汇票出票必须记载下列事项:①表明"电子银行承兑汇票"或"电子商业承兑汇票"的字样;②无条件支付的委托;③确定的金额;④出票人名称;⑤付款人名称;⑥收款人名称;⑦出票日期;⑧票据到期日;⑨出票人签章。

4. 商业汇票的付款期限

商业汇票的付款期限记载有三种形式:①定日付款的汇票付款期限自出票日起计算,并在汇票上记载具体的到期日;②出票后定期付款的汇票付款期限自出票日起按月计算,并在汇票上记载;③见票后定期付款的汇票付款期限自承兑或拒绝承兑日起按月计算,并在汇票上记载。电子商业汇票的出票日,是指出票人记载在电子商业汇票上的出票日期。

纸质商业汇票的付款期限,最长不得超过6个月。电子承兑汇票期限自出票日至到期日不超过1年。

(三)商业汇票的承兑

商业汇票可以在出票时向付款人提示承兑后使用,也可以在出票后先使用再向付款人提示承兑。付款人拒绝承兑的,必须出具拒绝承兑的证明。付款人承兑汇票后,应当承担到期付款的责任。

银行承兑汇票的出票人或持票人向银行提示承兑时,银行的信贷部门负责按照有关规定和审批程序,对出票人的资格、资信、购销合同和汇票记载的内容进行认真审查,必要时可由出票人提供担保。对资信良好的企业申请电子商业汇票承兑的,金融机构可通过审查合同、发票等材料的影印件,企业电子签名的方式,对其真实交易关系和债权债务关系进行在线审核。对电子商务企业申请电子商业汇票承兑的,金融机构可通过审查电子订单或电子发票的方式,对电子发票的真实交易关系和债权债务关系进行在线审核。符合规定和承兑条件的,与出票人签订承兑协议。银行承兑汇票的承兑银行,应按票面金额向出票人收取5‰的手续费。

(四)票据信息登记与电子化

纸质票据贴现前,金融机构办理承兑、质押、保证等业务,应当不晚于业务办理的次一工作日在票据市场基础设施(即上海票据交易所,是中国人民银行指定的提供票据交易、登记托管、清算结算和信息服务的机构)完成相关信息登记工作。纸质商业承兑汇票完成承兑后,承兑人开户行应当根据承兑人委托代其进行承兑信息登记。承兑信息未能及时登记的,持票人有权要求承兑人补充登记承兑信息。纸质票据票面信息与登记信息不一致的,以纸质票据票面信息为准。电子商业汇票签发、承兑、质押、保证、贴现等信息应当通过电子商业汇票系统同步送至票据市场基础设施。

(五)商业汇票的贴现

1.贴现的概念

贴现,是指票据持票人在票据未到期前为获得现金向银行贴付一定利息而发生的票据转让行为。贴现按照交易方式,可以分为买断式和回购式。

2.贴现的基本规定

(1)贴现条件。商业汇票的持票人向银行办理贴现必须具备下列条件:①票据未到期;②票据未记载"不得转让"事项;③在银行开立存款账户的企业法人以及其他组织;④与出票人或者直接前手之间具有真实的商品交易关系。电子商业汇票贴现必须记载下列事项:①贴出人名称;②贴入人名称;③贴现日期;④贴现类型;⑤贴现利率;⑥实付金额;⑦贴出人签章。

电子商业汇票回购式贴现赎回应做成背书,并记载原贴出人名称、原贴入人名称、赎回日期、赎回利率、赎回金额、原贴入人签章。

贴现人办理纸质票据贴现时,应当通过票据市场基础设施查询票据承兑信息,并在确认纸质票据必须记载事项与已登记承兑信息一致后,为贴现申请人办理贴现,贴现申请人无须提供合同、发票等资料;信息不存在或者纸质票据必须记载事项与已登记承兑信息不一致的,不得办理贴现。贴现人办理纸质票据贴现后,应当在票据上记载"已电子登记权属"字样,该票据不再以纸质形式进行背书转让、设立质押或者其他交易行为。贴现人应当对纸质票据妥善保管。已贴现票据应当通过票据市场基础设施办理背书转让、质押、保证、提示付款等票据业务。

贴现人可以按市场化原则选择商业银行对纸质票据进行保证增信。保证增信行对纸质票据进行保管并为贴现人的偿付责任进行先行偿付。

纸质票据贴现后,其保管人可以向承兑人发起付款确认。付款确认可以采用实物确认或者影像确认,两者具有同等效力。①实物确认,是指票据保管人将票据实物送达承兑人或者承兑人开户行,由承兑人在对票据真实性和背书连续性审查的基础上对到期付款责任进行确认。②影像确认,是指票据保管人将票据影像信息发送至承兑人或者承兑人开户行,由承兑人在对承兑信息和背书连续性审查的基础上对到期付款责任进行确认。承兑人要求实物确认的,银行承兑汇票保管人应当将票据送达承兑人,实物确认后,纸质票据由其承兑人代票据权利人妥善保管;商业承兑汇票保管人应当将票据通过承兑人开户行送达承兑人进行实物确认,实物确认后,纸质票据由商业承兑汇票开户行代票据权利人妥善保管。承兑人收到票据影像确认请求或者票据实物后,应当在3个工作日内作出或者委托其开户行作出同意或者拒绝到期付款的应答。拒绝到期付款的,应当说明理由。电子商业汇票一经承兑即视同承兑人已进行付款确认。

承兑人或者承兑人开户行进行付款确认后,除挂失止付、公示催告等合法抗辩情形外,应当在持票人提示付款后付款。

(2)贴现利息的计算。贴现的期限从其贴现之日起至汇票到期日止。实付贴现金额按票面金额扣除贴现日至汇票到期前1日的利息计算。承兑人在异地的纸质商业汇票,贴现的期限以及贴现利息的计算应另加3天划款日期。

(3)贴现的收款。贴现到期,贴现银行应向付款人收取票款。不获付款的,贴现银行应向其前手追索票款。贴现银行追索票款时可从申请人的存款账户直接收取票款。办理电子商业汇票贴现以及提示付款业务,可选择票款对付方式或同城票据交换、通存通兑、汇兑等方式清算票据资金。

电子商业汇票当事人在办理回购式贴现业务时,应明确赎回开放日、赎回截止日。

【提示】纸质商业汇票承兑人在异地的,贴现的期限应另加3天划款日期。

做中学3-2

甲公司向乙公司购买一批原材料,开出一张票面金额为30万元的银行承兑汇票。出票日期为2月10日,到期日为5月10日。4月6日,乙企业持此汇票及有关发票和原材料发运单据复印件向银行办理了贴现。已知同期银行年贴现率为3.6%,一年按360天计算,贴现银行与承兑银行在同一城市。银行实付乙公司贴现金额为多少?

贴现利息＝票面金额×贴现率×贴现期/360

贴现期限:贴现日至汇票到期日。

利息计算期:贴现日至汇票到期日的前一天。

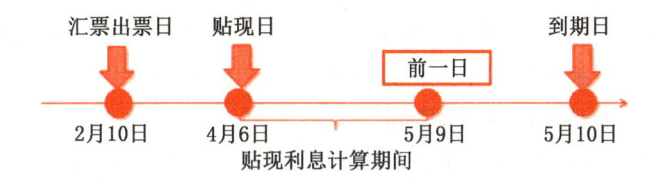

贴现利息计算期间

贴现期限:4月6日到5月9日:(30－6＋1)＋9＝34(天)

贴现利息:300 000(票据金额)×3.6%(年利率)÷360(换算为天)×34＝1 020(元)

乙企业获得金额:300 000(票据金额)－1 020(贴现利息)＝298 980(元)

解析:实付贴现金额按票面金额扣除贴现日至汇票到期前1日的利息计算。本题中贴现日是4月6日,汇票到期前1日是5月9日,一共是34天。企业从银行取出的金额＝300 000－300 000×3.6%×(34÷360)＝298 980(元)。

(六)票据交易

票据交易包括转贴现、质押式回购和买断式回购等。

(1)转贴现,是指卖出方将未到期的已贴现票据向买入方转让的交易行为。

(2)质押式回购,是指正回购方在将票据出质给逆回购方融入资金的同时,双方约定在未来某一日期,由正回购方按约定金额向逆回购方返还资金、逆回购方向正回购方返还原出质票据的交易行为。

(3)买断式回购,是指正回购方将票据卖给逆回购方的同时,双方约定在未来某一日期,正回购方再以约定价格从逆回购方买回票据的交易行为。

【提示】票据贴现、转贴现的计息期限,从贴现、转贴现之日起至票据到期日止,到期日遇法定节假日的,顺延至下一工作日。

(七)商业汇票的到期处理

1.票据到期后偿付顺序

票据到期后偿付顺序如下:

(1)票据未经承兑人付款确认和保证增信即交易的,若承兑人未付款,应当由贴现人先行偿付。该票据在交易后又经承兑人付款确认的,应当由承兑人付款;若承兑人未付款,应当由贴现人先行偿付。

(2)票据经承兑人付款确认且未保证增信即交易的,应当由承兑人付款;若承兑人未付款,应当由贴现人先行偿付。

(3)票据保证增信后即交易且未经承兑人付款确认的,若承兑人未付款,应当由保证增信行先行偿付;保证增信行未偿付的,应当由贴现人先行偿付。

(4)票据保证增信后且经承兑人付款确认的,应当由承兑人付款;若承兑人未付款,应当由保证增信行先行偿付;保证增信行未偿付的,应当由贴现人先行偿付。

2.提示付款

商业汇票的提示付款期限,自汇票到期日起10日,持票人应在提示付款期内向付款人提示付款。

(1)持票人在提示付款期内通过票据市场基础设施提示付款的,承兑人应当在提示付款当日进行应答或者委托其开户行进行应答。承兑人存在合法抗辩事由拒绝付款的,应当在提示付款当日出具或者委托其开户行出具拒绝付款证明,并通过票据市场基础设施通知持票人。承兑人或者承兑人开户行在提示付款当日未作出应答的,视为拒绝付款,票据市场基础设施提供拒绝付款证明并通知持票人。

商业承兑汇票承兑人在提示付款当日同意付款的,承兑人账户余额足够支付票款的,承兑人开户行应当代承兑人作出同意付款应答,并于提示付款日向持票人付款。承兑人账户余额不足以支付票款的,则视同承兑人拒绝付款。承兑人开户行应当于提示付款日代承兑人作出拒付应答并说明理由,同时通过票据市场基础设施通知持票人。

银行承兑汇票的承兑人已于到期前进行付款确认的,票据市场基础设施应当根据承兑人的委托于提示付款日代承兑人发送指令划付资金至持票人资金账户。

(2)纸质商业汇票的持票人在提示付款期内通过开户银行委托收款或直接向付款人提示付款的,对异地委托收款的,持票人可匡算邮程,提前通过开户银行委托收款。超过提示付款期限提示付款的,持票人开户银行不予受理,但在作出说明后,承兑人或者付款人仍应当继续对持票人承担付款责任。商业承兑汇票的付款人开户银行收到通过委托收款寄来的汇票,将汇票留存并通知付款人。付款人收到开户银行的付款通知,应在当日通知银行付款。付款人在接到通知日的次日起3日内(遇法定休假日顺延,下同)未通知银行付款的,视同付款人承诺付款。付款人提前收到由其承兑的商业汇票,应通知银行于汇票到期日付款。银行应于汇票到期日将票款划给持票人。付款人存在合法抗辩事由拒绝付款的,应自接到通知的次日起3日内,作成拒绝付款证明送交开户银行,银行将拒绝付款证明和商业承兑汇票邮寄持票人开户银行转交持票人。纸质银行承兑汇票的承兑银行应于汇票到期日或到期日后的见票当日支付票款。承兑银行存在合法抗辩事由拒绝支付的,应自接到商业汇票的次日起3日内作出拒绝付款证明,连同银行承兑汇票邮寄持票人开户银行转交持票人。

(3)银行承兑汇票的出票人应于汇票到期前将票款足额交存其开户银行,银行承兑汇票的出票人于汇票到期日未能足额交存票款时,承兑银行付款后,对出票人尚未支付的汇票金额按照每天5‰计收利息。

保证增信行或者贴现人承担偿付责任时,应当委托票据市场基础设施代其发送指令划付资金至持票人资金账户。

七、银行本票

(一)本票的概念和适用范围

本票,是指出票人签发的,承诺自己在见票时无条件支付确定的金额给收款人或者持票人的票据。在我国,本票仅限于银行本票,即银行出票、银行付款。银行本票可以用于转账,注明"现金"字样的银行本票可以用于支取现金。

【提示】单位和个人在同一票据交换区域需要支付各种款项,均可以使用银行本票。

(二)银行本票的出票

1. 申请

申请人使用银行本票,应向银行填写"银行本票申请书",填明收款人名称、申请人名称、支付金额、申请日期等事项并签章。申请人和收款人均为个人需要支取现金的,应在"金额"栏先填写"现金"字样,后填写支付金额。

2. 受理

出票银行受理"银行本票申请书",收妥款项,签发银行本票交给申请人。签发银行本票必须记载下列事项:表明"银行本票"的字样、无条件支付的承诺、确定的金额、收款人名称、出票日期、出票人签章。欠缺记载上列事项之一的,银行本票无效。

申请人或收款人为单位的,银行不得为其签发现金银行本票。

【提示】出票银行必须具有支付本票金额的可靠资金来源,并保证支付。

3. 交付

申请人应将银行本票交付给本票上记明的收款人。收款人受理银行本票时,应审查下列事项:①收款人是否确为本单位或本人;②银行本票是否在提示付款期限内;③必须记载的事项是否齐全;④出票人签章是否符合规定,大小写出票金额是否一致;⑤出票金额、出票日期、收款人名称是否更改,更改的其他记载事项是否由原记载人签章证明。

(三)银行本票的付款

银行本票的付款是提示付款。银行本票见票即付。银行本票的提示付款期限自出票日起最长不得超过2个月。本票的出票人在持票人提示见票时,必须承担付款的责任。持票人超过提示付款期限不获付款的,在票据权利时效内向出票银行作出说明,并提供本人身份证件或单位证明,可持银行本票向出票银行请求付款。

在银行开立存款账户的持票人向开户银行提示付款时,应在银行本票背面"持票人向银行提示付款签章"处签章,签章须与预留银行签章相同,并将银行本票、进账单送交开户银行。银行审查无误后办理转账。

未在银行开立存款账户的个人持票人,凭注明"现金"字样的银行本票向出票银行支取现金的,应在银行本票背面签章,记载本人身份证件名称、号码及发证机关,并交验本人身份证件及其复印件。

(四)银行本票的退款和丧失

申请人因银行本票超过提示付款期限或其他原因要求退款时,应将银行本票提交到出票银行。申请人为单位的,应出具该单位的证明;申请人为个人的,应出具该本人的身份证件。出票银行对于在本行开立存款账户的申请人,只能将款项转入原申请人账户;对于现金银行本票和未在本行开立存款账户的申请人,才能退付现金。

【提示】银行本票丧失,失票人可以凭人民法院出具的其享有票据权利的证明,向出票银行请求付款或退款。

八、支票

(一)支票的概念、种类和适用范围

1. 支票的概念

支票,是指出票人签发的、委托办理支票存款业务的银行在见票时无条件支付确

定的金额给收款人或者持票人的票据。支票的基本当事人包括出票人、付款人和收款人。出票人即存款人，是在批准办理支票业务的银行机构开立可以使用支票的存款账户的单位和个人；付款人是出票人的开户银行；持票人是票面上填明的收款人，也可以是经背书转让的被背书人。支票示例如图 3—5 和图 3—6 所示。

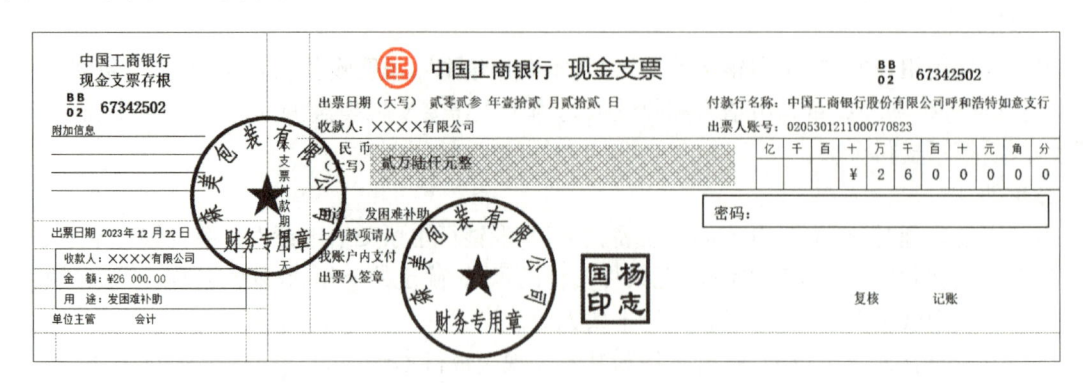

图 3—5 现金支票

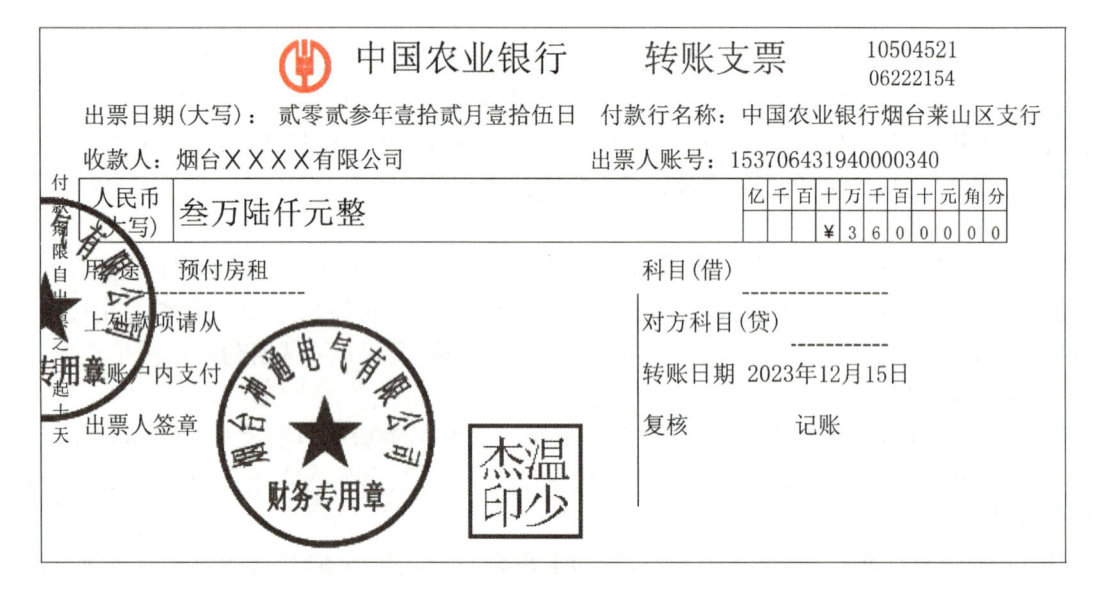

图 3—6 转账支票

2.支票的种类

支票分为现金支票、转账支票和普通支票三种。支票上印有"现金"字样的为现金支票，现金支票只能用于支取现金。支票上印有"转账"字样的为转账支票，转账支票只能用于转账。支票上未印有"现金"或"转账"字样的为普通支票，普通支票可以用于支取现金，也可以用于转账。在普通支票左上角划两条平行线的，为划线支票，划线支票只能用于转账，不得支取现金。

3.支票的适用范围

单位和个人在同一票据交换区域的各种款项结算，均可以使用支票。全国支票影像系统支持全国使用。

(二)支票的出票

1.开立支票存款账户

开立支票存款账户，申请人必须使用本名，提交证明其身份的合法证件，并应当预留其本名的签名式样和印鉴。

2. 出票

（1）签发支票必须记载下列事项：表明"支票"的字样、无条件支付的委托、确定的金额、付款人名称、出票日期、出票人签章。欠缺记载任何一项的，支票都为无效。

支票的金额、收款人名称，可以由出票人授权补记，未补记前不得背书转让和提示付款。支票上未记载付款地的，付款人的营业场所为付款地。支票上未记载出票地的，出票人的营业场所、住所或者经常居住地为出票地。出票人可以在支票上记载自己为收款人。

（2）签发支票的注意事项。支票的出票人所签发的支票金额不得超过其付款时在付款人处实有的存款金额。出票人签发的支票金额超过其付款时在付款人处实有的存款金额的，为空头支票。禁止签发空头支票。支票的出票人不得签发与其预留本名的签名式样或者印鉴不符的支票。

支票上的出票人的签章，出票人为单位的，为与该单位在银行预留签章一致的财务专用章或者公章加其法定代表人或者其授权的代理人的签名或者盖章；出票人为个人的，为与该个人在银行预留签章一致的签名或者盖章。支票的出票人预留银行签章是银行审核支票付款的依据。出票人不得签发与其预留银行签章不符的支票。

（三）支票付款

1. 提示付款

支票的提示付款期限自出票日起10日。持票人可以委托开户银行收款或直接向付款人提示付款。用于支取现金的支票仅限于收款人向付款人提示付款。

持票人委托开户银行收款时，应作委托收款背书，在支票背面背书人签章栏签章、记载"委托收款"字样、背书日期，在被背书人栏记载开户银行名称，并将支票和填制的进账单送交开户银行。持票人持用于转账的支票向付款人提示付款时，应在支票背面背书人签章栏签章，并将支票和填制的进账单送交出票人开户银行。收款人持用于支取现金的支票向付款人提示付款时，应在支票背面"收款人签章"处签章，持票人为个人的，还需交验本人身份证件，并在支票背面注明证件名称、号码及发证机关。

2. 付款

出票人必须按照签发的支票金额承担保证向该持票人付款的责任。出票人在付款人处的存款足以支付支票金额时，付款人应当在见票当日足额付款。

付款人依法支付支票金额的，对出票人不再承担受委托付款的责任，对持票人不再承担付款的责任。但付款人以恶意或者有重大过失付款的除外。

任务四　银行卡

一、银行卡的概念和分类

（一）银行卡的概念

银行卡，是指由商业银行（含邮政金融机构）向社会发行的具有消费信用、转账结算、存取现金等全部或部分功能的信用支付工具。

（二）银行卡的分类

根据《银行卡业务管理办法》的规定，银行卡有以下分类：

（1）银行卡按是否具有透支功能，分为信用卡、借记卡。信用卡可以进行透支，借记卡则不具有透支功能。

信用卡按是否向发卡银行交存备用金,又分为贷记卡、准贷记卡两类。贷记卡,是指发卡银行给予持卡人一定的信用额度,持卡人可在信用额度内先消费、后还款的信用卡。准贷记卡,是指持卡人须先按发卡银行要求交存一定金额的备用金,当备用金账户余额不足支付时,可在发卡银行规定的信用额度内透支的信用卡。

借记卡按功能不同,又分为转账卡(含储蓄卡)、专用卡、储值卡。转账卡是实时扣账的借记卡,具有转账结算、存取现金和消费功能。专用卡是具有专门用途、在特定区域使用的借记卡,具有转账结算、存取现金功能。"专门用途"是指在百货、餐饮、饭店、娱乐行业以外的用途。储值卡是发卡银行根据持卡人要求将其资金转至卡内储存,交易时直接从卡内扣款的预付钱包式借记卡。

联名(认同)卡是商业银行与营利性机构或非营利性机构合作发行的银行卡附属产品,其所依附的银行卡品种必须是经中国人民银行批准的品种,并应当遵守相应品种的业务章程或管理办法,发卡银行和联名单位应当为联名卡持卡人在联名单位用卡提供一定比例的折扣优惠或特殊服务;持卡人领用认同卡表示对认同单位事业的支持。

(2)银行卡按币种不同,分为人民币卡、外币卡。外币卡是持卡人与发卡银行以除人民币以外的货币作为清算货币的银行卡。目前国内商户可受理 VISA(维萨)、Master Card(万事达)、American Express(美国运通)等信用卡组织发行的外币卡。

(3)银行卡按发行对象不同,分为单位卡(商务卡)、个人卡。其中,单位卡按照用途分为商务差旅卡和商务采购卡。

(4)银行卡按信息载体不同,分为磁条卡、芯片(IC)卡。芯片(IC)卡既可应用于单一的银行卡品种,又可应用于组合的银行卡品种。

二、银行卡账户和交易

(一)银行卡的申领、注销和丧失

单位或个人申领银行卡,都须提交相关资料给发卡银行,根据《银行卡业务管理办法》的规定,凡在中国境内金融机构开立基本存款账户的单位,应当凭基本存款账户编号申领单位卡;个人申领银行卡(储值卡除外),应当向发卡银行提供公安部门规定的本人有效身份证件,经发卡银行审查合格后,为其开立记名账户。银行卡及其账户只限经发卡银行批准的持卡人本人使用,不得出租和转借。

个人贷记卡申请的基本条件包括:①年满18周岁,有固定职业和稳定收入,工作单位和户口在常住地的城乡居民;②填写申请表,并在持卡人处亲笔签字;③向发卡银行提供本人及附属卡持卡人、担保人的身份证复印件。外地、境外人员及现役军官以个人名义领卡应出具当地公安部门签发的临时户口或有关部门开具的证明,并须提供具备担保条件的担保单位或有当地户口、在当地工作的担保人。

单位人民币卡账户的资金一律从其基本存款账户转账存入,不得存取现金,不得将销货收入存入单位卡账户。单位外币卡账户的资金应从其单位的外汇账户转账存入,不得在境内存取外币现钞。个人人民币卡账户的资金以其持有的现金存入或以其工资性款项、属于个人的合法的劳务报酬、投资回报等收入转账存入。个人外币卡账户的资金以其个人持有的外币现钞存入或从其外汇账户(含外钞账户)转账存入,该外汇账户及存款应符合国家外汇管理局的有关规定。严禁将单位的款项转入个人卡账户存储。

持卡人在还清全部交易款项、透支本息和有关费用后,可申请办理销户。销户时,单位人民币卡账户的资金应当转入其基本存款账户,单位外币卡账户的资金应当转回相应的外汇账户,不得提取现金。对于持卡人因死亡等原因而需办理的注销和清户,应按照《中华人民共和国继承法》《中华人民共和国公证法》等法律办理。发卡行受理注销之日起45日后，被注销信用卡账户方能清户。

持卡人丧失银行卡，应立即持本人身份证件或其他有效证明，并按规定提供有关情况，向发卡银行或代办银行申请挂失，发卡银行或代办银行审核后办理挂失手续。

做中学 3—3

甲公司会计人员于2024年1月6日在其开户银行A银行为单位开立了一个单位人民币借记卡账户，并从基本账户转入款项60万元。2024年2月2日，异地乙公司业务人员随身携带现金4万元与甲公司洽谈生意。洽谈结束后，乙公司按照洽谈意见，需要预付货款5万元。乙公司业务人员交付携带的4万元现金后，甲公司授意其将剩余的1万元从乙公司的异地账户直接汇入甲公司银行卡账户。2024年2月10日，甲公司银行卡账户中收到乙公司的1万元预付货款，同日，甲公司会计人员到开户银行A银行将银行卡账户中的2万元转入该公司总经理在B银行开立的个人银行卡账户。请分析甲公司会计人员的以上做法违反了信用卡业务管理的哪些有关规定。

（二）银行卡交易的注意事项

根据相关规定，银行卡在使用时还应注意以下事项：

(1)单位人民币卡可办理商品交易和劳务供应款项的结算，但不得透支。单位卡不得支取现金。

(2)信用卡预借现金业务。该业务包括现金提取、现金转账和现金充值。现金提取，是指持卡人通过柜面和自动柜员机等自助机具，以现钞形式获得信用卡预借现金额度内资金；现金转账，是指持卡人将信用卡预借现金额度内资金划转到本人银行结算账户；现金充值，是指持卡人将信用卡预借现金额度内资金划转到本人在非银行支付机构开立的支付账户。信用卡持卡人通过ATM等自助机具办理现金提取业务，每卡每日累计不得超过人民币1万元；通过柜面办理现金提取业务、通过各种渠道办理现金转账业务的每卡每日限额，由发卡机构与持卡人通过协议约定。发卡机构可自主确定是否提供现金充值服务，并与持卡人协议约定每卡每日限额。发卡机构不得将持卡人信用卡预借现金额度内资金划转至其他信用卡，以及非持卡人的银行结算账户或支付账户。发卡银行应当对借记卡持卡人在自动柜员机(ATM)取款设定交易上限，每卡每日累计提款不得超过2万元。储值卡的面值或卡内币值不得超过1 000元人民币。

(3)贷记卡持卡人非现金交易可享受免息还款期和最低还款额待遇，银行记账日到发卡银行规定的到期还款日之间为免息还款期，持卡人在到期还款日前偿还所使用全部银行款项有困难的，可按照发卡银行规定的最低还款额还款。持卡人透支消费享受免息还款期和最低还款额待遇的条件和标准等，由发卡机构自主确定。

(4)发卡银行可以通过扣减持卡人保证金、依法处理抵押物和质物、向保证人追索透支款项、通过司法机关的诉讼程序进行追偿等方式追偿透支款项和诈骗款项。

三、银行卡计息和收费

发卡银行对准贷记卡及借记卡(不含储值卡)账户内的存款，按照中国人民银行规定的同期同档次存款利率及计息办法计付利息。对信用卡透支利率实行上限和下限管理，透支利率上限为日利率5‰，下限为日利率5‰的0.7倍。信用卡透支的计结息方式，以及对信用卡溢缴款是否计付利息及其利率标准，由发卡机构自主确定。

发卡机构应在信用卡协议中以显著方式提示信用卡税率标准和计结息方式、免息还款期和最低还款额待遇的条件和标准,以及向持卡人收取违约金的详细情形和收取标准等与持卡人有重大利害关系的事项,确保持卡人充分知悉并确认接受。其中,对于信用卡利率标准,应注明日利率和年利率。发卡机构调整信用卡利率的,应至少提前45个自然日按照约定的方式通知持卡人。持卡人有权在新利率标准生效之日前选择销户,并按照已签订的协议偿还相关款项。

取消信用卡滞纳金,对于持卡人违约逾期未还款的行为,发卡机构应与持卡人通过协议约定是否收取违约金,以及相关收取方式和标准。发卡机构向持卡人提供超过授信额度用卡服务的,不得收取超限费。

发卡机构对向持卡人收取的违约金和年费、取现手续费、货币兑换费等服务费用不得计收利息。

四、银行卡清算市场

自2015年6月1日起,我国放开银行卡清算市场,符合条件的内外资企业,均可申请在中国境内设立银行卡清算机构。

五、银行卡收单

(一)银行卡收单业务概念

银行卡收单业务,是指收单机构与特约商户签订银行卡受理协议,在特约商户按约定受理银行卡并与持卡人达成交易后,为特约商户提供交易资金结算服务的行为。

(二)银行卡收单业务管理规定

收单机构应当强化业务和风险管理措施,建立特约商户检查制度、资金结算风险管理制度、收单交易风险监测系统以及特约商户收单银行结算账户设置和变更审核制度等。建立对实体特约商户、网络特约商户分别进行风险评级的制度。

(三)银行卡POS收单业务交易及结算流程

POS是安装在特约商户内,为持卡人提供授权、消费、结算等服务的专用电子支付设备,也是能够保证银行交易处理信息安全的实体支付终端。

(四)结算收费

收单机构向商户收取的收单服务费由收单机构与商户协商确定具体费率。发卡机构向收单机构收取的发卡行服务费不区分商户类别,实行政府指导价、上限管理。关于费率水平,借记卡交易不超过交易金额的0.35%,单笔收费金额不超过13元;贷记卡交易不超过0.45%。对非营利性的医疗机构、教育机构、社会福利机构、养老机构、慈善机构刷卡交易,实行发卡行服务费、网络服务费全额减免。

任务五　网上支付

一、网上银行

(一)网上银行的概念与分类

网上银行(Internet Bank)包含两个层次的概念:一个层次是机构概念,是指通过信息网络开办业务的银行;另一个层次是业务概念,是指银行通过信息网络提供的金融服务,包括传统银行业务和因信息技术应用带来的新兴业务。在日常的生活和工作中,我们提及网上银行,更多的是第二层次的概念,即网上银行服务的概念。

简单来说，网上银行就是银行在互联网上设立虚拟银行柜台，使传统的银行服务不再通过物理的银行分支机构来实现，而借助于网络与信息技术手段在互联网上实现。因此，网上银行也称网络银行。网上银行又被称为"3A 银行"，因其不受时间、空间的限制，能够在任何时间（Anytime）、任何地点（Anywhere）、以任何方式（Anyway）为客户提供金融服务。

按照不同的标准，网上银行可以分为不同的类型。

（1）按主要服务对象，分为企业网上银行和个人网上银行。企业网上银行主要适用于企事业单位。企事业单位可以通过企业网络银行实时了解财务运作情况，及时调度资金，轻松处理大批量的网络支付和工资发放业务，并可以处理与信用证相关的业务。个人网上银行主要适用于个人与家庭。个人可以通过个人网络银行实现实时查询、转账、网络支付和汇款功能。

（2）按经营组织，分为分支型网上银行和纯网上银行。分支型网上银行，是指现有的传统银行利用互联网作为新的服务手段，建立银行站点，提供在线服务而设立的网上银行。纯网上银行本身就是一家银行，是专门为提供在线银行服务而成立的，因而也被称为只有一个站点的银行。

（3）按业务种类，分为零售银行和批发银行。

（二）网上银行的主要功能

目前，网上银行利用互联网和 HTML 技术，能够为客户提供综合、统一、安全、实时的银行服务，包括提供对私、对公的全方位银行业务，还可以为客户提供跨国的支付与清算等其他贸易和非贸易的银行业务服务。

1. 企业网上银行子系统

企业网上银行子系统目前能够支持所有的对公企业客户，能够为客户提供网上账务信息服务、资金划拨、网上 B2B 支付和批量支付等服务，使集团公司总部能对其分支机构的财务活动进行实时监控，随时获得其账户的动态情况，同时为客户提供 B2B 网上支付。其主要业务功能包括：

（1）账户信息查询。该业务能够为企业客户提供账户信息的网上在线查询、网上下载和电子邮件发送账务信息等服务，包括账户的昨日余额、当前余额、当日明细和历史明细等。

（2）支付指令。该业务能够为客户提供集团、企业内部各分支机构之间的账务往来，同时能提供集团、企业之间的账务往来，并且支持集团、企业向他行账户进行付款。

（3）B2B（Business to Business）网上支付。B2B 即商业机构之间的商业往来活动，是指企业与企业之间进行的电子商务活动。B2B 网上支付能够为客户提供网上 B2B 支付平台。

（4）批量支付。能够为企业客户提供批量付款（包括同城、异地及跨行转账业务）、代发工资、一付多收等批量支付功能。企业客户负责按银行要求的格式生成数据文件，通过安全通道传送给银行，银行负责系统安全及业务处理，并将处理结果反馈给客户。

2. 个人网上银行子系统

个人网上银行子系统主要提供银行卡、本外币活期一本通客户账务管理、信息管理、网上支付等功能，是网上银行对个人客户服务的窗口。其主要业务功能包括：

（1）账户信息查询。系统为客户提供信息查询功能，能够查询银行卡的人民币余额和活期一本通的不同币种的钞、汇余额；提供银行卡在一定时间段内的历史明细数据查询；下载包含银行卡、活期一本通一定时间段内的历史明细数据的文本文件；查询使用信用卡进行网上支付后的支付记录。

（2）人民币转账业务。系统能够提供个人客户本人的或与他人的银行卡之间的卡卡转账服务。系统在转账功能上严格控制了单笔转账最大限额和当日转账最大限额，使客户的资金安全有一定的保障。

（3）银证转账业务。银行卡客户在网上能够进行银证转账，可以实现银转证、证转银、查询证券资金余额等功能。

(4)外汇买卖业务。客户通过网上银行系统能够进行外汇买卖,主要可以实现外汇即时买卖、外汇委托买卖、查询委托明细、查询外汇买卖历史明细、撤销委托等功能。

(5)账户管理业务。系统提供客户对本人网上银行各种权限功能、客户信息的管理以及账户的挂失。

(6)B2C(Business to Customer)网上支付。B2C即商业机构对消费者的电子商务,是指企业与消费者之间进行的在线式零售商业活动(包括网上购物和网上拍卖等)。个人客户在申请开通网上支付功能后,能够使用本人的银行卡进行网上购物后的电子支付。通过账户管理功能,客户还能够随时选择使用哪一张银行卡来进行网上支付。

(三)网上银行的主要业务流程

1. 客户开户流程

客户开通网上银行有两种方式:一是客户前往银行柜台办理;二是客户先网上自助申请,后到柜台签约。

使用网上交易的用户申请证书的流程如下:

(1)客户使用浏览器通过互联网登录网银中心的"申请服务器"(数据库),填写开户申请表,提交申请。

(2)网银中心将开户申请信息通过内部网以邮件形式发送到签约柜台。

(3)客户持有效身份证件和账户凭证到签约柜台办理签约手续。签约柜台核实客户有效证件及账户凭证的真实性,同时参照网银中心传来的客户开户申请,核实客户的签约账户申请信息。之后,将核实过的客户信息通过电子邮件、传真等方式返回给网银中心。

(4)网银中心根据签约柜台核实过的邮件(传真件),进行申请的初审和复审,并录入复审后的申请客户信息,为其生成证书申请,通过内部网以邮件方式发送到CA中心。

(5)CA(Certificate Authority)中心为客户申请签发证书,并将证书放置到客户从互联网网上可以访问的目录服务器上,然后通知网银中心,网银中心通过邮件通知客户从指定地址下载CA证书。

(6)客户下载并安装证书后,即可进入网上银行系统,进行网上交易。

2. 网上银行的交易流程

网上银行的具体交易流程如下:

(1)网上银行客户使用浏览器通过互联网转接到网银中心,并发出网上交易请求。

(2)网银中心接收、审核客户的交易请求,经过通信格式转换,然后将交易请求转发给相应成员行的业务主机。

(3)成员行业务主机完成交易处理,并返回处理结果给网银中心。

(4)网银中心对交易结果进行再处理后,返回相应的信息给客户。

二、第三方支付

(一)第三方支付的概念

从狭义上讲,第三方支付是指具备一定实力和信誉保障的非银行机构,借助通信、计算机和信息安全技术,采用与各大银行签约的方式,在用户与银行支付结算系统间建立连接的电子支付模式。在手机端进行的互联网支付,又称为移动支付。通过这个平台实现资金在不同支付机构账户或银行账户间的划拨和转移。第三方支付的特点是独立于商户和银行,为客户提供支付结算服务,具有方便快捷、安全可靠、开放创新的优势。

从广义上讲,第三方支付在中国人民银行《非金融机构支付服务管理办法》中,是指非金融机构作为收、付款人的支付中介所提供的网络支付、预付卡发行与受理、银行卡收单以及中国人民银行确定的其他支付服务。这一定义让第三方支付不再只是互联网支付,而是成为一个集线上、线下于一体,提供移动支付、电话支付、预付卡支付于一体的综合支付服务工具。

就本质而言,第三方支付是一种新型的支付手段和方式。通过这种新型的模式将互联网技术与传统金融支付有机结合,是对传统银行支付模式的创新和整合。

(二)第三方支付的开户要求

(1)支付机构为个人开立支付账户的,同一个人在同一家支付机构只能开立一个Ⅲ类账户。

(2)支付机构为单位开立支付账户,应当依法要求单位提供相关证明文件,并自主或者委托合作机构以面对面方式核实客户身份,或者以非面对面方式通过至少3个合法安全的外部渠道对单位基本信息进行多重交叉验证。

(3)支付机构在为单位和个人开立支付账户时,应当与单位和个人签订协议,约定支付账户与支付账户、支付账户与银行账户之间的日累计转账限额和笔数,超出限额和笔数的,不得再办理转账业务。

(三)第三方支付的种类

1. 线上支付方式

线上支付,是指通过互联网实现的用户与商户、商户与商户之间在线货币支付、资金清算、查询统计等过程。网上支付完成了使用者信息传递和资金转移的过程。广义的线上支付,包括直接使用网上银行进行的支付和通过第三方支付平台间接使用网上银行进行的支付。狭义的线上支付,仅指通过第三方支付平台实现的互联网在线支付,包括网上支付和移动支付中的远程支付。

2. 线下支付方式

线下支付区别于网上银行等线上支付,是指通过非互联网线上的方式对购买商品或服务所产生的费用进行的资金支付行为。其中,订单的产生可以通过互联网线上完成。新兴线下支付的具体表现形式,包括POS机刷卡支付、拉卡拉等自助终端支付、电话支付、手机近端支付、电视支付等。

第三方支付种类如图3—7所示。

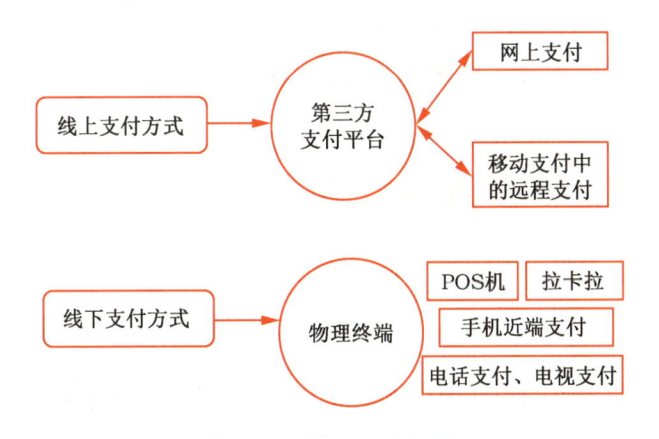

图3—7 第三方支付种类

(四)第三方支付的行业分类和主流品牌

1. 行业分类

目前,第三方支付机构主要有两类模式:

(1)金融型支付企业。金融型支付企业是以银联商务、快钱、易宝支付、汇付天下、拉卡拉等为典型代表的独立第三方支付模式,其不负有担保功能,仅仅为用户提供支付产品和支付系统解决方案,侧重行业需求和开拓行业应用,是立足于企业端的金融型支付企业。

(2)互联网支付企业。互联网支付企业是以支付宝、财付通等为典型代表的依托于自有的电子商务网站并提供担保功能的第三方支付模式,以在线支付为主,是立足于个人消费者端的互联网型支付企业。

2. 主流品牌

第三方支付机构是最近几年出现的新的支付清算组织,是为银行业金融机构或其他机构及个人提供电子支付指令交换和计算的法人组织。目前,国内的第三方支付品牌,在支付市场占重要地位的是支付宝和财付通。

(五)第三方支付交易流程

在第三方支付模式下,支付者必须在第三方支付机构平台上开立账户,向第三方支付机构平台提供信用卡信息或账户信息,在账户中"充值",通过支付平台将该账户中的虚拟资金划转到收款人的账户,完成支付行为。收款人可以在需要时将账户中的资金兑成实体的银行存款。第三方平台结算支付模式的资金划拨是在平台内部进行的,此时划拨的是虚拟的资金。真正的实体资金还需要通过实际支付层来完成。

以 B2C 交易为例,其交易流程如图 3—8 所示。

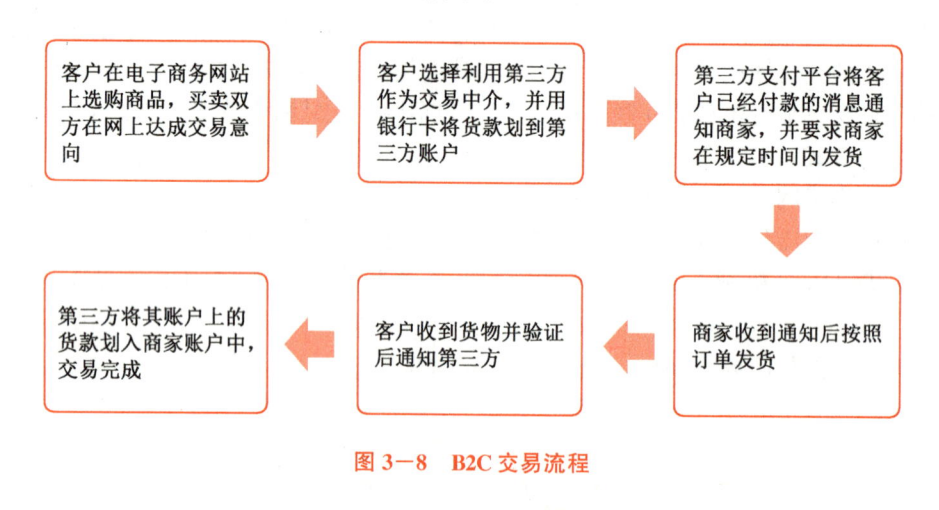

```
客户在电子商务网站     →    客户选择利用第三方     →    第三方支付平台将客
上选购商品,买卖双          作为交易中介,并用          户已经付款的消息通
方在网上达成交易意          银行卡将货款划到第          知商家,并要求商家
向                          三方账户                    在规定时间内发货
                                                              ↓
第三方将其账户上的    ←     客户收到货物并验证    ←    商家收到通知后按照
货款划入商家账户中,         后通知第三方                订单发货
交易完成
```

图 3—8 B2C 交易流程

任务六 结算方式和其他支付工具

一、汇兑

(一)汇兑的概念和种类

汇兑是汇款人委托银行将其款项支付给收款人的结算方式。汇兑分为信汇、电汇两种,单位和个人的各种款项的结算,均可使用汇兑结算方式。

(二)办理汇兑的程序

1. 签发汇兑凭证

签发汇兑凭证必须记载下列事项:①表明"信汇"或"电汇"的字样;②无条件支付的委托;③确定的金额;④收款人名称;⑤汇款人名称;⑥汇入地点、汇入行名称;⑦汇出地点、汇出行名称;⑧委托日期;⑨汇款人签章。汇兑凭证记载的汇款人、收款人在银行开立存款账户的,必须记载其账号。

2. 银行受理

汇出银行受理汇款人签发的汇兑凭证,经审查无误后,应及时向汇入银行办理汇款,并向汇款人签发汇款回单。汇款回单只能作为汇出银行受理汇款的依据,不能作为该笔汇款已转入收款人账户的证明。

3. 汇入处理

汇入银行对开立存款账户的收款人,应将汇入的款项直接转入收款人账户,并向其发出收账通知。收账通知是银行将款项确已收入收款人账户的凭据。

(三)汇兑的撤销

汇款人对汇出银行尚未汇出的款项可以申请撤销。申请撤销时,应出具正式函件或本人身份证件及原信、电汇回单。

二、委托收款

(一)委托收款的概念和适用范围

委托收款是收款人委托银行向付款人收取款项的结算方式。单位和个人凭已承兑商业汇票、债券、存单等付款人债务证明办理款项的结算,均可以使用委托收款结算方式。委托收款在同城、异地均可以使用。

(二)办理委托收款的程序

1. 签发托收凭证

收款人签发委托收款凭证必须记载下列事项:①表明"委托收款"的字样;②确定的金额;③付款人名称;④收款人名称;⑤委托收款凭据名称及附寄单证张数;⑥委托日期;⑦收款人签章。以上事项为绝对记载事项,欠缺记载上列事项之一的,银行不予受理。

委托收款以银行以外的单位为付款人的,委托收款凭证必须记载付款人开户银行名称;以银行以外的单位或在银行开立存款账户的个人为收款人的,委托收款凭证必须记载收款人开户银行名称;未在银行开立存款账户的个人为收款人的,委托收款凭证必须记载被委托银行名称。

2. 委托

收款人办理委托收款应向银行提交委托收款凭证和有关的债务证明。

3. 付款

银行接到寄来的委托收款凭证及债务证明,审查无误后办理付款。

(1)以银行为付款人的,银行应在当日将款项主动支付给收款人。

(2)以单位为付款人的,银行应及时通知付款人,需要将有关债务证明交给付款人的,应交给付款人并签收。付款人应于接到通知的当日书面通知银行付款。按照有关规定,付款人未在接到通知日起3日内通知银行付款的,视同付款人同意付款,银行应于付款人接到通知日的次日起第4日上午开始营业时,将款项划给收款人。银行在办理划款时,付款人存款账户不足支付的,应通过被委托银行向收款人发出未付款项通知书。

(3)拒绝付款。付款人审查有关债务证明后,对收款人委托收取的款项需要拒绝付款的,可以办理拒绝付款。其具体要求是:①以银行为付款人的,应自收到委托收款及债务证明的次日起3日内出具拒绝证明,连同有关债务证明、凭证寄给被委托银行,转交收款人;②以单位为付款人的,应在付款人接到通知日的次日起3日内出具拒绝证明,持有债务证明的,应将其送交开户银行。银行将拒绝证明、债务证明和有关凭证一并寄给被委托银行,转交收款人。

三、国内信用证

(一)国内信用证的概念

国内信用证(简称信用证),是指银行依照申请人的申请开立的、对相符交单予以付款的承诺。我国信用证为以人民币计价、不可撤销的跟单信用证。信用证结算适用于银行为国内企事业单位之间货物和服务贸易提供的结算服务。服务贸易包括但不限于运输、旅游、咨询、通信、建筑、保险、金融、计算机和信息、专有权利使用和特许、广告宣传、电影音像等服务项目。信用证只限于转账结算,不得支取现金。信用证按付款期限分为即期信用证和远期信用证。即期信用证,开证行应在收到相符单据次日起5个营业日内付款。远期信用证,开证行应在收到相符单据次日起5个营业日内确认到期付款,并在到期日付款。远期的表示方式包括:单据日后定期付款、见单后定期付款、固定日付款等可确定到期日的方式。信用证付款期限最长不超过1年。

(二)信用证业务当事人

(1)申请人,是指申请开立信用证的当事人,一般为货物购买方或服务接受方。
(2)受益人,是指接受信用证并享有信用证权益的当事人,一般为货物销售方或服务提供方。
(3)开证行,是指应申请人申请开立信用证的银行。
(4)通知行,是指应开证行的要求向受益人通知信用证的银行。
(5)交单行,是指向信用证有效地点提交信用证项下单据的银行。
(6)转让行,是指开证行指定的办理信用证转让的银行。
(7)保兑行,是指根据开证行的授权或要求对信用证加具保兑的银行。
(8)议付行,是指开证行指定的为受益人办理议付的银行,开证行应指定一家或任意银行作为议付信用证的议付行。

(三)办理国内信用证的基本程序

1. 开证

(1)开证申请人(货物购买方或服务接受方)申请办理开证业务时,应当填具开证申请书,申请人须提交其与受益人(货物销售方或服务提供方)签订的贸易合同。

(2)银行受理开证,成为开证行。

(3)开证行可要求申请人交存一定数额的保证金,并可根据申请人资信情况要求其提供抵押、质押、保证等合法有效的担保。

(4)开立信用证可以采用信开和电开方式:①信开信用证,由开证行加盖业务专用章寄送通知行,同时应视情况需要以双方认可的方式证实信用证的真实有效性;②电开信用证,由开证行以数据电文发送通知行。

(5)信用证应使用中文开立,信用证应记载的基本条款包括:①表明"国内信用证"的字样;②开证申请人名称及地址、开证行名称及地址、受益人名称及地址、通知行名称;③开证日期;④信用证编号;⑤不可撤销信用证;⑥信用证有效期及有效地点;⑦是否可转让、是否可保兑、是否可议付;⑧信用证金额;⑨付款期限;⑩货物或服务描述、溢短装条款(如有)、货物贸易项下的运输交货或服务贸易项下的服务提供条款、单据条款;⑪交单期;⑫信用证项下相关费用承担方;⑬开证行保证文句。

【注意】①信用证的有效期,是指受益人向有效地点交单的截止日期。②信用证的交单期是指信用证项下所要求的单据提交到有效地的有效期限,从当次货物装运日或服务提供日开始计算。③信用证的付款期限是指开证行收到相符单据后,按信用证条款规定进行付款的期限。

2. 保兑

保兑行根据开证行的授权或要求,在开证行承诺之外作出的对相符交单付款、确认到期付款或议付的确定承诺。

3. 修改

(1)开证申请人需对已开立的信用证内容修改的,应向开证行提出修改申请,明确修改的内容。

(2)信用证受益人同意或拒绝接受修改的,应提供接受或拒绝修改的通知。

4. 通知

(1)通知行可由开证申请人指定,如开证申请人没有指定,开证行有权指定通知行。

(2)通知行可自行决定是否通知,通知行同意通知的,应于收到信用证次日起3个营业日内通知受益人。

5. 转让

(1)转让是由转让行应第一受益人的要求,将可转让信用证的部分或者全部转为可由第二受益人兑用。

(2)可转让信用证只能转让一次。

6. 议付

(1)议付,是指可议付信用证项下单证相符或在开证行或保兑行已确认到期付款的情况下,议付行在收到开证行或保兑行付款前购买单据、取得信用证项下索款权利,向受益人预付或同意预付资金的行为。

(2)信用证未明示可议付,任何银行不得办理议付。

(3)信用证明示可议付,如开证行仅指定一家议付行,未被指定为议付行的银行不得办理议付。被指定的议付行可自行决定是否办理议付。

议付行在受理议付申请的次日起5个营业日内审核信用证规定的单据并决定议付的,办理议付;决定拒绝议付的,应及时告知受益人。

7. 索偿

(1)议付行将注明付款提示的交单面函(寄单通知书)及单据寄开证行或保兑行索偿资金。

(2)议付行议付时,必须与受益人书面约定是否有追索权:①若约定有追索权,到期不获付款议付行可向受益人追索;②若约定无追索权,到期不获付款议付行不得向受益人追索,议付行与受益人约定的例外情况或受益人存在信用证欺诈的情形除外。

8. 寄单索款

(1)受益人委托交单行交单,应在信用证交单期和有效期内填制信用证交单委托书,并提交单据和信用证正本及信用证通知书、信用证修改书正本及信用证修改通知书(如有)。

【提示】如不通过交单行交单,由受益人直接交单的,应提交信用证正本及信用证通知书、信用证修改书正本及信用证修改通知书(如有)、开证行(保兑行、转让行、议付行)认可的身份证明文件。

(2)交单行应在收单次日起5个营业日内对其审核相符的单据寄单并附寄一份交单面函(寄单通知书)。

9. 付款

(1)是否付款:①单证相符或单证不符但开证行或保兑行接受不符点的,依法决定付款;②开证行或保兑行审核单据发现不符并决定拒付的,应在收到单据的次日起5个营业日内一次性将全部不符点以电子方式或其他快捷方式通知交单行或受益人。

(2)付款要求:①即期信用证。应于收到单据次日起5个营业日内支付相应款项给交单行或受益人。②远期信用证。应于收到单据次日起5个营业日内发出到期付款确认书,并于到期日支付款项给交单行或受益人。③不足支付。若受益人提交了相符单据或开证行已发出付款承诺,即使申请人交存的保证金及其存款账户余额不足支付,开证行仍应在规定的时间内付款。

10. 注销

(1)注销,是指开证行对信用证未支用的金额解除付款责任的行为。

(2)注销条件:①开证行、保兑行、议付行未在信用证有效期内收到单据的,开证行可在信用证逾有效期1个月后予以注销。②其他情况下,须经开证行、已办理过保兑的保兑行、已办理过议付的议付行、已办理过转让的转让行与受益人协商同意,或受益人、上述保兑行(议付行、转让行)声明同意注销信用证,并与开证行就全套正本信用证收回达成一致后,信用证方可注销。

四、预付卡

(一)预付卡的概念和分类

预付卡,是指发卡机构以特定载体和形式发行的、可在发卡机构之外购买商品或服务的预付凭证。近年来,随着信息技术发展和小额支付服务市场的不断创新,商业预付卡市场发展迅速。商业预付卡以预付和非金融主体发行为典型特征,按发卡人不同可划分为两类:一类是专营发卡机构发行,可跨地区、跨行业、跨法人使用的多用途预付卡;另一类是商业企业发行,只在本企业或同一品牌连锁商业企业购买商品、服务的单用途预付卡。商业预付卡在减少现金使用、便利公众支付、促进消费等方面发挥了积极作用。按是否记载持卡人身份信息,分为记名预付卡、不记名预付卡。

(二)预付卡的相关规定

1. 预付卡的限额

预付卡以人民币计价,不具有透支功能。单张记名预付卡资金限额不得超过5 000元,单张不记名预付卡资金限额不得超过1 000元。

2. 预付卡的期限

预付卡卡面记载有效期限或有效期截止日。记名预付卡可挂失、可赎回,不得设置有效期;不记名预付卡不挂失、不赎回,有效期不得低于3年。超过有效期尚有资金余额的预付卡,可通过延期、激活、换卡等方式继续使用。

3. 预付卡的办理

个人或单位购买记名预付卡或一次性购买不记名预付卡1万元以上的,应当使用实名并向发卡机构提供有效身份证件。发卡机构应当识别购卡人、单位经办人的身份,核对有效身份证件,登记身份基本信息,并留存有关身份证件的复印件或影印件。代理他人购买预付卡的,发卡机构应当采取合理的方式确认代理关系,核对代理人和被代理人的有效身份证件,登记代理人和被代理人的身份基本信息,并留存代理人和被代理人的有效身份证件的复印件或影印件。使用实名购买预付卡的,发卡机构应当登记购卡人姓名或单位名称、单位经办人姓名、有效身份证件名称和号码、联系方式、购卡数量、购卡日期、购卡总金额、预付卡卡号及金额等信息。单位一次性购买预付卡5 000元以上,个人一次性购买预付卡5万元以上的,应通过银行转账等非现金结算方式购买,不得使用现金。购卡人不得使用信用卡购买预付卡。

4. 预付卡的充值

预付卡通过现金或银行转账方式进行充值,不得使用信用卡为预付卡充值。一次性充值金额5 000元以上的,不得使用现金。单张预付卡充值后的资金余额不得超过规定限额。预付卡现金充值通过发卡机构网点进行,单张预付卡同日累计现金充值在200元以下的,可通过自助充值终端、销售合作机构代理等方式充值。

5. 预付卡的使用

预付卡在发卡机构拓展、签约的特约商户中使用，不得用于或变相用于提取现金，不得用于购买、交换非本发卡机构发行的预付卡、单一行业卡及其他商业预付卡或向其充值，卡内资金不得向银行账户或向非本发卡机构开立的网络支付账户转移。

6. 预付卡的赎回

记名预付卡可在购卡3个月后办理赎回。赎回时，持卡人应当出示预付卡及持卡人和购卡人的有效身份证件。由他人代理赎回的，应当同时出示代理人和被代理人的有效身份证件。单位购买的记名预付卡，只能由单位办理赎回。

7. 预付卡的发卡机构

预付卡发卡机构必须是经中国人民银行核准，取得《支付业务许可证》的支付机构。支付机构要严格按照核准的业务类型和业务覆盖范围从事预付卡业务。发卡机构要采取有效措施加强对购卡人和持卡人信息的保护，确保信息安全，防止信息泄露和滥用，未经购卡人和持卡人同意，不得用于与购卡人和持卡人的预付卡业务无关的目的。发卡机构要严格发票管理，按照《中华人民共和国发票管理办法》的有关规定开具发票。发卡机构要加强预付卡资金管理，维护持卡人的合法权益。发卡机构接受的、客户用于未来支付需要的预付卡资金，不属于发卡机构的自有财产，发卡机构不得挪用、挤占。发卡机构必须在商业银行开立备付金专用存款账户存放预付资金，并与银行签订存管协议，接受银行对备付金使用情况的监督。中国人民银行负责对发卡机构的预付卡备付金专用存款账户的开立和使用进行监督。

任务七　支付结算纪律与法律责任

一、支付结算纪律

结算纪律是银行、单位和个人办理支付结算业务所应遵守的基本规定。

（一）单位和个人的支付结算纪律

《支付结算办法》规定，单位和个人办理支付结算，不准签发没有资金保证的票据或远期支票，套取银行信用；不准签发、取得和转让没有真实交易和债权债务的票据，套取银行和他人资金；不准无理拒绝付款，任意占用他人资金；不准违反规定开立和使用账户。

（二）单位和个人的支付结算纪律

银行办理支付结算，不准以任何理由压票、任意退票、截留挪用客户和他行资金；不准无理拒绝支付应由银行支付的票据款项；不准受理无理拒付、不扣少扣滞纳金；不准违章签发、承兑、贴现票据，套取银行资金；不准签发空头银行汇票、银行本票和办理空头汇款；不准在支付结算制度之外规定附加条件，影响汇路畅通；不准违反规定为单位和个人开立账户；不准拒绝受理、代理他行正常的结算业务。

二、违反银行账户结算管理制度的法律责任

（一）签发空头、印章与预留印鉴不符的支票，尚不构成犯罪行为的法律责任

单位或个人签发空头支票或者签发与其预留的签章不符、使用支付密码但支付密码错误的支票，不以骗取财物为目的的，由中国人民银行处以票面金额5%但不低于1000元的罚款；持票人有权要求出票人赔偿支票金额2%的赔偿金。

(二)无理拒付,占用他人资金行为的法律责任

商业承兑汇票的付款人对见票即付或者到期的票据,故意压票、拖延支付的,由中国人民银行处以压票、拖延支付期间内每日票据金额7‰的罚款。银行机构违反票据承兑等结算业务规定,不予兑现,不予收付入账,压单、压票或者违反规定退票的,由国务院银行保险监督管理机构责令其改正,有违法所得的,没收违法所得,违法所得5万元以上的,并处违法所得1倍以上5倍以下罚款;没有违法所得或者违法所得不足5万元的,处5万元以上50万元以下罚款。

(三)违反账户规定行为的法律责任

(1)存款人开立、撤销银行结算账户,不得有以下行为:①违反规定开立银行结算账户;②伪造、变造证明文件,欺骗银行开立银行结算账户;③违反规定不及时撤销银行结算账户。属于非经营性存款人的,若有上述行为之一,给予警告并处以1 000元的罚款;属于经营性存款人的,若有上述行为之一,给予警告并处以1万元以上3万元以下的罚款;构成犯罪的,移交司法机关依法追究刑事责任。

(2)存款人使用银行结算账户,不得有以下行为:①违反规定将单位款项转入个人银行结算账户;②违反规定支取现金;③利用开立银行结算账户逃废银行债务;④出租、出借银行结算账户;⑤从基本存款账户之外的银行结算账户转账存入,将销货收入或现金存入单位信用卡账户;⑥法定代表人或主要负责人、存款人地址以及其他开户资料的变更事项未在规定期限内通知银行。非经营性的存款人有上述所列①~⑤项行为的,给予警告并处以1 000元罚款;经营性的存款人有上述所列①~⑤项行为的,给予警告并处以5 000元以上3万元以下的罚款;存款人有上述所列第⑥项行为的,给予警告并处以1 000元的罚款。

(3)伪造、变造、私自印制开户许可证的存款人,属非经营性的,处以1 000元的罚款;属经营性的,处以1万元以上3万元以下的罚款;构成犯罪的,移交司法机关依法追究刑事责任。

(四)票据欺诈等行为的法律责任

根据我国《票据法》的规定,有以下票据欺诈行为之一的,依法追究刑事责任:①伪造、变造票据的;②故意使用伪造、变造的票据的;③签发空头支票或者故意签发与其预留的本名签名式样或者印鉴不符的支票,骗取财物的;④签发无可靠资金来源的汇票、本票,骗取资金的;⑤汇票、本票出票人在出票时作虚假记载,骗取财物的;⑥冒用他人的票据,或者故意使用过期或者作废的票据,骗取财物的;⑦付款人同出票人、持票人恶意串通,实施前六项行为之一的。

根据我国《刑法》的规定,伪造、变造汇票、本票、支票、委托收款凭证、汇款凭证、银行存单、信用证或信用卡的,处5年以下有期徒刑或者拘役,并处或者单处2万元以上20万元以下罚金;情节严重的,处5年以上10年以下有期徒刑,并处5万元以上50万元以下罚金;情节特别严重的,处10年以上有期徒刑或者无期徒刑,并处5万元以上50万元以下罚金或者没收财产。

有以下情形之一,妨害信用卡管理的,处3年以下有期徒刑或者拘役,并处或者单处1万元以上10万元以下罚金;数量巨大或者有其他严重情节的,处3年以上10年以下有期徒刑,并处2万元以上20万元以下罚金:①明知是伪造的信用卡而持有、运输的,或者明知是伪造的空白信用卡而持有、运输,数量较大的;②非法持有他人信用卡,数量较大的;③使用虚假的身份证明骗领信用卡的;④出售、购买、为他人提供伪造的信用卡或者以虚假的身份证明骗领信用卡的;⑤窃取、收买或者非法提供他人信用卡信息资料的。

有以下情形之一的,属于信用卡诈骗活动:①使用伪造的信用卡,或者使用以虚假的身份证明骗领的信用卡的;②使用作废的信用卡的;③冒用他人信用卡的;④恶意透支的。进行信用卡诈骗活动,数额较大的,处5年以下有期徒刑或者拘役,并处2万元以上20万元以下罚金;数额巨大或者有其他严重情节的,处5年以上10年以下有期徒刑,并处5万元以上50万元以下罚金;数额特

别巨大或者有其他特别严重情节的,处 10 年以上有期徒刑或者无期徒刑,并处 5 万元以上 50 万元以下罚金或者没收财产。

(五)非法出租、出借、出售、购买银行结算账户或支付账户行为的法律责任

银行和支付机构对经公安机关认定的出租、出借、出售、购买银行结算账户(含银行卡)或者支付账户的单位和个人及相关组织者,假冒他人身份或者虚构代理关系开立银行结算账户或者支付账户的单位和个人,5 年内暂停其银行账户非柜面业务、支付账户所有业务,并不得为其新开立账户。惩戒期满后,受惩戒的单位和个人办理新开立账户业务的,银行和支付机构应加大审核力度。中国人民银行将上述单位和个人信息移送金融信用信息基础数据库并向社会公布。

> **思政吾身**   "廉洁自律"是人生的基本准则
>
> 廉洁自律是提高会计职业声望的基石,是保证经济活动正常进行的前提条件,是会计工作的行为准则。廉洁自律的基本要求是:会计人员要自尊自爱,严格要求;要加强道德修养,不贪不占;要从小事做起,防微杜渐,自我约束;要加强学习,自觉接受社会的监督。
>
> 廉洁自律不仅是会计职业道德的要求,而且应当作为我们人生的基本准则。从字面上看,廉洁就是不贪污钱财,不收受贿赂,保持清白。自律是指按照一定的标准,自己约束自己、自己控制自己的言行和思想的过程。自律的核心是用道德观念自觉抵制自己的不良欲望。对整天与钱财打交道的财务工作者来说,经常会受到财、权的诱惑,如果职业道德观念不强、自律意志薄弱,很容易成为财、权的奴隶,走上犯罪的"不归路"。自古以来,有多少人倒在财、权的诱惑之下,我们务必恪守"廉洁自律"信条,坚守"廉洁自律"底线,时刻牢记"针尖大的窟窿能漏过斗大的风",将防微杜渐时时刻刻挂在心上,这样我们才能真正光明磊落、坦坦荡荡,成为受人敬重的君子。

应知考核

一、单项选择题

1. 未在银行开立账户的 W 市退役军人事务局经批准在 P 银行开立了预算单位零余额账户。下列账户种类中,该零余额账户应按其管理的是(   )。
   A. 临时存款账户　　B. 基本存款账户　　C. 专用存款账户　　D. 一般存款账户

2. 根据支付结算法律制度的规定,下列关于托收承付结算方式的表述中,不正确的是(   )。
   A. 单位与个人之间款项结算可以使用托收承付方式
   B. 收付款双方使用托收承付结算方式必须以合同约定
   C. 代销商品的款项不得办理托收承付结算
   D. 收款人办理托收必须具有商品确已发运的证件

3. 甲公司向乙公司签发了一张见票后 3 个月付款的银行承兑汇票。乙公司持该汇票向付款人提示承兑的期限是(   )。
   A. 自出票日起 10 日内　　　　　　　　B. 自出票日起 1 个月内
   C. 自出票日起 6 个月内　　　　　　　　D. 自出票日起 2 个月内

4. 根据支付结算法律制度的规定,下列关于银行结算账户管理的表述中,正确的是(   )。
   A. 撤销基本存款账户,应交回结算凭证
   B. 撤销基本存款账户,可以保留未使用的空白支票
   C. 单位的地址发生变更,不需要通知开户银行
   D. 撤销单位银行结算账户应先撤销基本存款账户,再撤销其他类别账户

5.根据支付结算法律制度的规定,下列关于银行承兑汇票通过票据市场基础设施提示付款的表述中,不正确的是( )。

A.承兑人存在合法抗辩事由拒绝付款的,须在提示付款日出具拒绝付款证明

B.承兑人于到期前进行付款确认的,应于提示付款日划付资金给持票人

C.持票人在提示付款期限内提示付款的,承兑人应在提示付款日应答

D.承兑人在持票人提示付款后未在规定时间内应答的,视为同意付款

6.根据支付结算法律制度的规定,下列关于票据权利时效的表述中,正确的是( )。

A.持票人对支票出票人的权利自出票日起1年

B.持票人对银行汇票出票人的权利自出票日起2年

C.持票人对前手的追索权自被拒绝承兑或拒绝付款之日起2年

D.持票人对商业汇票承兑人的权利自到期日起1年

7.不能委托收款的是( )。

A.存单 B.债券

C.已承兑的商业汇票 D.现金支票

8.根据支付结算法律制度的规定,下列关于票据提示付款期限的表述中,正确的是( )。

A.支票的提示付款期限是自出票日起1个月

B.银行汇票的提示付款期限是自出票日起1个月

C.商业汇票的提示付款期限是自到期日起1个月

D.银行本票的提示付款期限是自出票日起1个月

9.根据支付结算法律制度的规定,票据的持票人行使追索权,应当自将被拒绝事由书面通知其前手,通知的期限是( )。

A.自收到有关证明之日起5日内 B.自收到有关证明之日起7日内

C.自收到有关证明之日起3日内 D.自收到有关证明之日起10日内

10.根据支付结算法律制度的规定,下列关于票据付款人的表述中,正确的是( )。

A.支票的付款人是出票人 B.商业承兑汇票的付款人是承兑人

C.银行汇票的付款人是申请人 D.银行承兑汇票的付款人是出票人

二、多项选择题

1.下列存款人中,可以申请开立基本存款账户的有( )。

A.甲公司 B.丙会计师事务所

C.乙大学 D.丁个体工商户

2.根据支付结算法律制度的规定,下列关于支票出票的表述中,正确的有( )。

A.出票人签发的支票金额不得超过其付款时在付款人处拥有的存款金额

B.出票人不得签发与其预留银行签章不符的支票

C.支票上未记载付款行名称的,支票无效

D.出票人不得在支票上记载自己为收款人

3.根据支付结算法律制度的规定,下列事项中,签发汇兑凭证必须记载的项目有( )。

A.确定的金额 B.收款人名称 C.委托日期 D.汇款人签章

4.根据支付结算法律制度规定,关于开立企业银行结算账户办理事项的下列表述中,正确的有( )。

A.银行为企业开通非柜面转账业务,应当约定通过非柜面渠道向非企业账户转账的日累计限额

B. 注册地和经营地均在异地的企业申请开户,法定代表人可授权他人代理签订银行结算账户管理协议

C. 银企双方应当签订银行结算账户管理协议,明确双方的权利和义务

D. 企业预留银行的签章可以为其财务专用章加其法定代表人的签名

5. 根据支付结算法律制度的规定,关于预付卡的下列表述中,正确的有(　　)。

A. 单张记名预付卡资金限额不得超过5 000元

B. 个人购买记名预付卡可不使用实名

C. 预付卡以人民币计价,不具有透支功能

D. 单张不记名预付卡资金限额不得超过1 000元

三、判断题

1. 在填写票据出票日期时,"10月20日"应写成"壹拾月零贰拾日"。　　　　(　　)
2. 付款人账户内资金不足的,银行应当为付款人垫付资金。　　　　　　　　(　　)
3. 国内信用证可以支取现金。　　　　　　　　　　　　　　　　　　　　　(　　)
4. 挂失止付是票据丧失后采取的必经措施。　　　　　　　　　　　　　　　(　　)
5. 单位或个人签发空头支票的,由其开户银行处以罚款。　　　　　　　　　(　　)
6. 多用途预付卡可以使用信用卡进行充值。　　　　　　　　　　　　　　　(　　)
7. 结算凭证金额以中文大写和阿拉伯数码同时记载,两者必须一致;两者不一致的,银行不予受理。　　　　　　　　　　　　　　　　　　　　　　　　　　　　　　　　　　(　　)
8. 开户许可证正本由申请人保管,副本由申请人开户银行留存。　　　　　　(　　)
9. 一个单位可以根据实际需要在银行开立两个以上基本存款账户。　　　　　(　　)
10. 甲公司签发一张商业汇票给乙公司,乙公司将该汇票背书转让给丙公司并在票据背面注明"不得转让"字样,此行为属于附条件的背书。　　　　　　　　　　　　(　　)

▼ 应会考核

一、不定项选择题

(一)2024年2月4日,甲公司为支付货款向乙公司开出一张票面金额为50万元、出票后3个月付款的银行承兑汇票,承兑银行是A银行。后来,乙公司将该票据背书转让给丙公司,B公司在汇票上签章作了保证,但是未记载被保证人名称。丙公司为支付材料价款将该票据背书转让给丁公司,同时在票据上记载"不得转让"字样。丁公司将票据背书转让给戊公司,但是未记载背书日期。戊公司按期向A银行提示付款时,已经承兑的A银行以甲公司账户资金不足为由予以拒绝。戊公司拟行使追索权实现自己的票据权利。

要求:根据上述资料,不考虑其他因素,分别回答下列问题:

1. 在该银行承兑汇票上,非基本当事人是(　　)。

A. 出票人甲公司　　　　　　　　B. 收款人乙公司

C. 背书人丙公司　　　　　　　　D. 保证人B公司

2. 汇票上未记载被保证人名称,被保证人是(　　)。

A. 甲公司　　　B. 乙公司　　　C. A银行　　　D. 丙公司

3. 戊公司有权向(　　)追索。

A. 甲公司　　　B. A银行　　　C. 丙公司　　　D. 丁公司

4. 丁公司未记载背书日期,则视为( )。

A. 背书无效　　　　　　　　B. 背书效力待定

C. 出票日背书　　　　　　　D. 到期日前背书

(二)甲企业的有关情况如下:

(1)2024年1月,甲企业为支付A企业的货款,向A企业签发了一张100万元的转账支票。出票日期为1月10日,付款人为乙银行。持票人A企业于1月15日到乙银行提示付款时,乙银行以出票人甲企业的存款账户资金不足100万元为由拒绝付款,经查明,甲企业并非以骗取财物为目的。

(2)2024年2月,甲企业为支付B企业的货款,向B企业签发一张出票后2个月付款的银行承兑汇票,出票日期为2月10日,金额为500万元,承兑人为乙银行。甲企业在申请承兑时,向乙银行存入了50%的保证金250万元。4月10日,该银行承兑汇票到期,甲企业未按期足额存入剩余的250万元。

(3)2024年3月,甲企业为支付C企业的货款,向其开户银行乙银行申请办理600万元的国内信用证。乙银行向申请人甲企业收取了一定数额的保证金后,为甲企业办理了信用证。4月10日,C企业请求付款时,开证行乙银行以甲企业交存的保证金和其存款账户余额不足为由,拒绝付款。

要求:根据上述资料,不考虑其他因素,分析回答下列小题。

1. 下列各项中,关于支票的表述正确的是( )。

A. 单位和个人在同一票据交换区域的各种款项结算,均可以使用支票

B. 普通支票只能用于转账,不可以支取现金

C. 出票人可以在支票上记载自己为收款人

D. 支票上未记载付款地的,付款人的营业场所为付款地

2. 根据本题资料(1)所提示的内容以及票据法律制度的规定,甲企业的行为( )。

A. 由乙银行处以1 000元的罚款

B. 由中国人民银行处以5万元的罚款

C. 甲企业补足资金即可,无须承担责任

D. A企业有权要求甲企业赔偿2万元的赔偿金

3. 根据本题资料(2)所提示的内容以及票据法律制度的规定,若B企业于2021年4月15日提示付款,乙银行的下列做法符合法律规定的是( )。

A. 拒绝付款

B. 无条件付款

C. 对甲企业按照汇票金额每天5‰计收利息

D. 对甲企业尚未支付的汇票金额按照每天5‰计收利息

4. 根据本题资料(3)所提示的内容以及相关法律制度的规定,下列各项中,表述正确的是( )。

A. 乙银行可根据甲企业的资信情况要求其提供合法有效的担保

B. C企业可以用该信用证支取现金

C. 该信用证可以不记载有效期条款

D. 乙银行拒绝付款的做法符合规定

(三)个体工商户刘某经营一家社区超市,该超市于2023年10月12日注册成立。10月18日刘某凭营业执照首次开立了银行结算账户,开户银行为P银行。10月20日向M支付机构申请开

立了支付账户以及条码支付业务。为便于收款,在超市内布放了收款扫码机具,并在柜台上张贴了静态条码。10月25日,王某在该超市购买一箱白酒,价格为1 200元,使用本人M支付机构支付账户余额,验证本人密码及绑定的指纹完成付款,次日又购买了一桶食用油,首次使用本人Q银行结算账户通过M支付机构完成付款。10月28日,经双方协商同意将王某购买的白酒退货退款。

要求:根据上述资料,不考虑其他因素,分析回答下列小题。

1.10月18日刘某在P银行开立银行结算账户的下列表述中,正确的是(　　)。

A 开立的是基本存款账户

B.该账户无须经中国人民银行当地分支机构核准

C.开立的是一般存款账户

D.可以作为个人银行结算账户管理

2.10月20日支付机构为个体工商户刘某开立支付账户的下列表述中,正确的是(　　)。

A.对个体工商户刘某实行实名制管理

B.登记、验证、核对并留存个体工商户刘某身份基本信息

C.建立个体工商户刘某唯一识别编码

D.与个体工商户刘某签订支付账户业务限制协议

3.王某购买白酒付款及退货退款的下列表述中,正确的是(　　)。

A 王某的支付账户可为Ⅰ类支付账户

B.王某可通过展示本人M支付机构App付款条码方式完成付款

C.王某可通过本人M支付机构App识读个体工商户刘某静态条码方式完成付款

D.王某退货资金只能退至其M支付机构支付账户

4.王某购买食用油付款的下列表述中,正确的是(　　)。

A.Q银行应当自主识别王某身份

B.Q银行应当与王某直接签订授权协议

C.M支付机构应当分别取得王某和Q银行的协议授权

D.M支付机构应当自主识别王某身份

二、案例分析题

1.某公司在甲银行开立了基本存款账户。该公司因贷款需要又在乙银行开立了一般存款账户。一日,该公司财务人员签发一张现金支票,向乙银行提示付款,要求提取现金20万元。乙银行对该支票进行审查后,拒绝办理现金取款手续。

请问:乙银行的做法是否正确?

2.开成公司因购货向浩新公司签发了一张汇票,金额记载为20万元,签章为开成公司公章,出票日期为"2024年2月12日"。浩新公司收到汇票后在规定期限内向付款人银行提示承兑,但银行以票据不符合要求为由而拒绝受理。

请问:

(1)该汇票上的出票日期的填写是否符合要求?请说明理由。

(2)该汇票上的签章是否符合要求?请说明理由。

(3)银行拒绝受理的行为是否合法?

3.三星公司某采购人员持由该公司开户银行签发的、不能用于支取现金的银行本票前往某销售公司购置一批价值100万元的商品。在前往途中,由于该采购人员保管不慎导致银行本票被盗。随后,三星公司根据该采购人员的报告,将银行本票被盗的事实通知该银行本票的付款银行,要求

挂失止付。

请问：

(1)该银行拒绝挂失止付是否正确？为什么？

(2)三星公司在被银行拒绝挂失止付后,可以采取哪些措施维护自己的权益？

项目四　税收法律制度

● **知识目标**

　　理解：税收的基本特征与分类、税收法律关系、税法要素。
　　熟知：税收法律制度的构成要素；增值税、消费税法律制度的基本内容；企业所得税、个人所得税法律制度的基本内容；城市维护建设税和教育费附加税收法律制度的基本内容。
　　掌握：增值税、消费税应纳税额的计算方法；企业所得税、个人所得税应纳税额的计算方法；其他税收法律制度。

● **技能目标**

　　能够在理解各种税种的基础上具备对各主要税种的应纳税额进行计算的能力。

● **素质目标**

　　深刻领悟中共二十大报告提出的以人民为中心的发展思想，明确税收制度"取之于民、用之于民"的真谛，强化纳税光荣、偷税可耻的社会主义核心价值观。运用所学的税收法律制度知识研究相关案例，培养和提高学生在特定业务情境中分析问题与决策设计的能力。结合行业规范或标准，运用税收法律知识分析行为的善恶，提升学生的职业道德素质。增强国家税收制度自信，增强岗位认同感、使命感；提高纳税意识，具备诚信纳税素养。

● **思政目标**

　　习近平总书记高度重视工匠精神的传承弘扬，他将工匠精神概括为"执着专注、精益求精、一丝不苟、追求卓越"的十六字精神内核。深刻领悟中共二十大报告提出的高质量发展理念，理解各税种蕴含的绿色消费、协调共享等中国特色社会主义新发展理念，树立积极回馈社会、承担社会责任的思想意识。通过税收法律制度知识，培养职业情感，强化职业认知，转变观念，培养严谨求实的工作作风，实现职业工作效率与效果的结合。

● 项目引例

票面金额缩水，偷逃税款受罚

汤原县正阳乡某村村民王某购买农用车时本想少缴车辆购置税，没想到聪明反被聪明误，最终他不但补缴了应缴税款，而且被税务部门处以1 000元罚款。

原来，王某到县城某汽车贸易公司购买一辆农用车，准备跑运输。在与售车人员讨价还价后，这辆农用车以3.67万元的价格成交。正准备付款开票时，王某要求将发票上的销售价格写成2.5万元，以便在挂牌时少缴1 000元车辆购置税。这家汽车贸易公司同意了他的要求。

2024年4月，汤原县税务局在对这家汽车贸易公司进行专项检查时，获知王某购车时少开发票金额的事。检查人员立即找到王某，对其进行询问。在检查人员的追问下，王某承认了少开发票、偷逃车辆购置税的违法事实。汤原县税务局对王某进行了批评教育，责令其补缴所偷逃的1 000元车辆购置税，同时依法对其处以所偷逃税额1倍的罚款。这家汽车贸易公司也受到了相应处罚。

思考：该案例中税收法律关系的主体、客体和对象是什么？税务机关的职权有哪些？

● 知识精讲

任务一　税收法律制度概述

一、税收与税收法律关系

（一）税收与税法

1. 税收

税收，是指以国家为主体，为实现国家职能，凭借政治权力，按照法定标准，无偿取得财政收入的一种特定分配形式。它体现了国家与纳税人在征税、纳税的利益分配上的一种特定分配关系。税收是政府收入的最重要来源，是人类社会经济发展到一定历史阶段的产物。社会剩余产品和国家的存在是税收产生的基本前提。在社会主义市场经济运行中，税收主要具有资源配置、收入再分配、稳定经济和维护国家政权的作用。

税收的特征是指税收自身固有的强制性、无偿性和固定性。它是税收本质的外在表现，是税收本质属性的重要方面。

（1）强制性

税收的强制性是指税收参与社会物品的分配依据是国家的政治权力，而不是财产权利，即与生产资料的占有没有关系。税收的强制性具体表现在税收是以国家法律的形式规定的，而税收法律作为国家法律的组成部分，对不同的所有者都是普遍适用的，任何单位和个人都必须遵守，不依法纳税者要受到法律的制裁。税收的强制性说明，依法纳税是人们不应回避的法律义务。《中华人民共和国宪法》明确规定，我国公民"有依法纳税的义务"。正因为税收具有强制性的特点，所以它是国家取得财政收入最普遍、最可靠的一种形式。

（2）无偿性

税收的无偿性是就具体的征税过程来说的，表现为国家征税后税款即为国家所有，并不存在对纳税人的偿还问题。税收的无偿性是相对的。对具体的纳税人来说，纳税后并未获得任何报酬。从这个意义上说，税收不具有偿还性或返还性，但若从财政活动的整体来看，税收是对政府提供公共物品和服务成本的补偿，这又反映出税收有偿性的一面。特别是在社会主义条件下，税收具有马克思所说的"从一个处于私人地位的生产者身上扣除的一切,又会直接或间接地用来为处于私人地位的生产者谋福利"的性质,即"取之于民、用之于民"。

【提示】税收的无偿性是税收三种形式特征的核心。

(3)固定性

税收的固定性是指课税对象及每一单位课税对象的征收比例或征收数额是相对固定的,并且是以法律形式事先规定的,只能按预定标准征收,而不能无限度地征收。纳税人取得了应纳税的收入或发生了应纳税的行为,必须按预定标准如数缴纳,不能改变这个标准。对税收的固定性也不能绝对化,不能以为标准确定后永远不能改变。随着社会经济条件的变化,具体的征税标准是可以改变的。比如,国家可以修订税法,调高或调低税率,但这只是变动征收标准,而不是取消征收标准。因此,这与税收的固定性是并不矛盾的。

税收具有的三个特征是相互联系、相辅相成、密不可分的。其中,无偿性是其核心,强制性是其基本保障。税收的强制性决定税收的无偿性,强制性和无偿性又决定和要求征收的固定性。税收的特征是税收区别于其他财政收入形式,如上缴利润、国债收入、规费收入、罚没收入等的基本标志,集中体现了税收的权威性。维护和强化税收的权威性,是我国当前税收征管中一个极为重要的问题。

2.税法

税法即税收法律制度,是调整税收关系的法律规范的总称,是国家法律的重要组成部分。它是以宪法为依据,调整国家与社会成员在征纳税上的权利与义务关系,维护社会经济秩序和纳税秩序,保障国家利益和纳税人合法权益的法律规范,是国家税务机关及一切纳税单位和个人依法征税、依法纳税的行为规则。

(二)税收法律关系

税收法律关系体现为国家征税与纳税人纳税的利益分配关系。在总体上,税收法律关系与其他法律关系一样也是由主体、客体和内容三个方面构成的。

1.税收法律关系主体

税收法律关系主体是指税收法律关系中享有权利和承担义务的当事人。在我国税收法律关系中,权利主体一方是代表国家行使征税职责的国家行政机关,包括国家各级税务机关、海关和财政机关;另一方是履行纳税义务的人,包括法人、自然人和其他组织。

在税收法律关系中,权利主体双方法律地位平等,但因主体双方是行政管理者与被管理者的关系,所以与一般民事法律关系中主体双方权利与义务平等不同,双方的权利与义务不对等。这是税收法律关系的一个重要特征。

2.税收法律关系客体

税收法律关系客体是指税收法律关系主体的权利与义务所共同指向的对象,也就是征税对象。税收法律关系客体也是国家利用税收杠杆调整和控制的目标,国家在一定时期根据客观经济形势发展的需要,通过扩大或缩小征税范围调整征税对象,以达到限制或鼓励国民经济中某些产业、行业发展的目的。

3.税收法律关系的内容

税收法律关系的内容是指税收法律关系主体所享有的权利和所应承担的义务。它规定主体可以有什么行为、不可以有什么行为,若违反了这些规定,须承担相应的法律责任。税务机关的权利主要表现在依法征税、税务检查以及对违章者进行处罚;其义务主要是向纳税人宣传、咨询、辅导解读税法,及时把征收的税款解缴国库,依法受理纳税人对税收争议的申诉等。

纳税义务人的权利主要有多缴税款申请退还权、延期纳税权、依法申请减免税权、申请复议和提起诉讼权等;其义务主要是按税法规定办理税务登记、进行纳税申报、接受税务检查、依法缴纳税款等。

(三)税收的分类

(1)以征税对象为标准,可将税收分为流转税、所得税、财产税、资源税、行为税、特定目的税和烟叶税。

①流转税,是指以商品或劳务的流转额为征税对象征收的一种税。此税种主要在生产、流通和服务领域中发挥调节作用,包括增值税、消费税和关税。

②所得税,是指以所得额为征税对象征收的一种税。此税种主要对生产经营者的利润和个人的纯收入发挥调节作用,包括企业所得税和个人所得税。

③财产税,是指以纳税人所拥有或支配的财产为征税对象征收的一种税。此税种主要对特定财产发挥调节作用,包括房产税和车船税等。

④资源税,是对开发、利用和占有国有自然资源的单位和个人征收的一种税。此税种主要对因开发和利用自然资源而形成的级差收入发挥调节作用,包括资源税、土地增值税和城镇土地使用税等。

⑤行为税,是指为了调节某些行为,以这些行为为征税对象征收的一种税。此税种主要对特定行为发挥调节作用,包括印花税、契税、车辆购置税等。

⑥特定目的税,是指为了达到特定目的而征收的一种税。此税种主要是为了特定目的,对特定对象发挥调节作用,包括城市维护建设税、耕地占用税、环境保护税等。

⑦烟叶税,是指国家对收购烟叶的单位按收购烟叶金额征收的一种税。

(2)以税负能否转嫁为标准,可将税收分为直接税和间接税。

①直接税,是指税负不能转嫁,只能由纳税人承担的一种税,如所得税、财产税等。

②间接税,是指纳税人能将税负全部或部分转嫁给他人的一种税,如流转税。

(3)以计税依据为标准,可将税收分为从量税、从价税和复合税。

①从量税,是以征税对象的自然实物量(重量、容积等)为标准,采用固定单位税额征收的一种税,如啤酒的消费税。

②从价税,是以征税对象的价值量为标准,按规定税率征收的一种税,如高档化妆品的消费税。

③复合税,是同时以征税对象的自然实物量和价值量为标准征收的一种税,如白酒的消费税。

(4)以税收管理与使用权限为标准,可将税收分为中央税、地方税、中央地方共享税。

①中央税,是指管理权限归中央,税收收入归中央支配和使用的一种税,如关税、消费税、车辆购置税等。

②地方税,是指管理权限归地方,税收收入归地方支配和使用的一种税,如车船税、房产税、土地增值税等。

③中央地方共享税,是指主要管理权限归中央,税收收入由中央和地方共同享有,按一定比例分成的一种税,如增值税、资源税、企业所得税、印花税等。

(5)以税收与价格的关系为标准,可将税收分为价内税和价外税。

①价内税,是指商品税金包含在商品价格之中,商品价格由"成本＋税金＋利润"构成的一种税。价内税有利于国家通过对税负的调整,直接调节生产和消费,但往往容易造成对价格的扭曲。

②价外税,是指商品价格中不包含商品税金,商品价格仅由成本和利润构成的一种税。价外税与企业的成本利润、价格没有直接联系,能更好地反映企业的经营成果。

二、税法要素

税法要素,是指各单行税法共同具有的基本要素。在税法体系中,既包括实体法,也包括程序法。税法要素一般包括纳税义务人、征税对象、税目、税率、计税依据、纳税环节、纳税期限、纳税地点、税收优惠、法律责任等。

（一）纳税义务人

纳税义务人简称纳税人，是指依法直接负有纳税义务的法人、自然人和其他组织。

与纳税人相联系的另一个概念是扣缴义务人。扣缴义务人是税法规定的，在其经营活动中负有代扣税款并向国库缴纳义务的单位。扣缴义务人必须按照税法规定代扣税款，并在规定期限缴入国库。

（二）征税对象

征税对象又称课税对象，是纳税的客体。它是指税收法律关系中权利义务所指的对象，即对什么征税。不同的征税对象又是区别不同税种的重要标志。

（三）税目

税目是税法中具体规定应当征税的项目，是征税对象的具体化。规定税目的目的有：①为了明确征税的具体范围；②为了对不同的征税项目加以区分，从而制定高低不同的税率。

（四）税率

税率，是指应征税额与计税金额（或数量单位）之间的比率，是计算税额的尺度。税率的高低直接体现国家的政策要求，直接关系到国家财政收入和纳税人的负担程度，是税收法律制度中的核心要素。税率主要有：

1. 比例税率

比例税率，是指对同一征税对象，不论其数额大小，均按同一个比例征税的税率。税率本身是应征税额与计税金额之间的比率。这里所说的比例税率是相对累进税率、定额税率而言的。在比例税率中，根据不同的情况又可划分为不同的征税比例，有行业比例税率、产品比例税率、地区差别比例税率、有免征额的比例税率、分档比例税率和幅度比例税率等。

2. 累进税率

累进税率是根据征税对象数额的逐渐增大，按不同等级逐步提高的税率。即征税对象数额越大，税率越高。累进税率又分为全额累进税率、超额累进税率和超率累进税率三种。

全额累进税率是按征税对象数额的逐步递增划分若干等级，并按等级规定逐步提高的税率。征税对象的金额达到哪一个等级，全部按相应的税率征税。目前，我国的税收法律制度中已不采用这种税率。

超额累进税率是将征税对象数额的逐步递增划分为若干等级，按等级规定相应的递增税率，对每个等级分别计算税额。

超率累进税率是按征税对象的某种递增比例划分若干等级，按等级规定相应的递增税率，对每个等级分别计算税额。我国的土地增值税采用这种税率。

3. 定额税率

定额税率又称固定税额，是指按征税对象的一定单位直接规定固定的税额，而不采取百分比的形式。

（五）计税依据

计税依据，是指计算应纳税额的依据或标准，即根据什么来计算纳税人应缴纳的税额。一般有两种：一是从价计征，二是从量计征。从价计征，是以计税金额为计税依据的。计税金额是指征税对象的数量乘以计税价格的数额。从量计征，是以征税对象的重量、体积、数量等为计税依据。

（六）纳税环节

纳税环节主要是指税法规定的征税对象在从生产到消费的流转过程中应当缴纳税款的环节。

（七）纳税期限

纳税期限，是指纳税人的纳税义务发生后应依法缴纳税款的期限，包括纳税义务发生时间、纳税期限和缴库期限。规定纳税期限是为了及时保证国家财政收入的实现，也是税收强制性和固定性的体现。在税法中，根据不同的情况规定不同的纳税期限，纳税人必须在规定的纳税期限内缴纳税款。

（八）纳税地点

纳税地点，是指根据各税种的纳税环节和有利于对税款的源泉控制而规定的纳税人（包括代征、代扣、代缴义务人）具体申报缴纳税收的地方。

（九）税收优惠

税收优惠，是指国家对某些纳税人和征税对象给予鼓励和照顾的一种特殊规定。制定这种特殊规定，一方面是为了鼓励和支持某些行业或项目的发展，另一方面是为了照顾某些纳税人的特殊困难。其主要包括以下内容：

1. 减税和免税

减税，是指对应征税款减少征收部分税款。免税是对按规定应征收的税款给予免除。减税和免税具体又分两种情况：一种是税法直接规定的长期减免税项目，另一种是依法给予的一定期限内的减免税措施，期满之后仍依规定纳税。

2. 起征点

起征点也称征税起点，是指对征税对象开始征税的数额界限。征税对象的数额没有达到规定起征点的，不征税；达到或超过起征点的，就其全部数额征税。

3. 免征额

免征额，是指对征税对象总额中免予征税的数额。即对纳税对象中的一部分给予减免，只就减除后的剩余部分计征税款。

（十）法律责任

法律责任，是指对违反国家税法规定的行为人采取的处罚措施。一般包括违法行为和因违法而应承担的法律责任两部分内容。这里讲的违法行为是指违反税法规定的行为，包括作为和不作为。税法中的法律责任包括行政责任和刑事责任。纳税人和税务人员违反税法规定，都将依法承担法律责任。

三、现行税种与征收机关

现阶段，我国税收征收管理机关有税务局和海关。

税务局主要负责下列税收的征收和管理：①增值税；②消费税；③企业所得税；④个人所得税；⑤资源税；⑥城镇土地使用税；⑦城市维护建设税；⑧印花税；⑨土地增值税；⑩房产税；⑪车船税；⑫车辆购置税；⑬烟叶税；⑭耕地占用税；⑮契税；⑯环境保护税。

出口产品退税（增值税、消费税）由税务机关负责办理，部分非税收入和社会保险费的征收也由税务机关负责。

【提示】截至目前，我国现行18个税种中，立法税种已达13个，尚未实现制定税收法律的税种有增值税、消费税、城镇土地使用税、房产税、土地增值税5个。另有一部税收程序法《中华人民共和国税收征收管理法》，共有13部税收法律。

海关主要负责下列税收的征收和管理：①关税；②船舶吨税。

进口环节的增值税、消费税由海关代征。

任务二　增值税和消费税法律制度

一、增值税

（一）增值税的概念

增值税是以销售货物、加工修理修配劳务（简称劳务）、服务、无形资产以及不动产过程中产生的增值额作为计税依据而征收的一种流转税。具体而言，增值税是对在我国境内销售货物、加工修理修配劳务、服务、无形资产、不动产以及进口货物的企业单位和个人，就其取得货物、加工修理修配劳务、服务、无形资产、不动产的销售额，以及进口货物的金额为计税依据计算税款，并实行税款抵扣的一种流转税。

（二）增值税的分类

按外购固定资产处理方式不同，可将增值税分为生产型增值税、收入型增值税和消费型增值税三种类型。三种类型增值税的特点、优缺点和适用范围如表4—1所示。

表4—1　三种类型增值税的特点、优缺点和适用范围

类　型	特　点	优　点	缺　点	适用范围
生产型增值税	①法定增值额不允许扣除任何外购固定资产价款 ②法定增值额大于理论增值额	保证财政收入	重复征税，不利于鼓励投资	我国1994年至2008年
收入型增值税	①对外购固定资产只允许扣除当期计入产品价值的折旧部分 ②法定增值额等于理论增值额	完全避免重复征税	给以票扣税造成困难	
消费型增值税	①当期购入固定资产价款一次全部扣除 ②法定增值额小于理论增值额	体现增值税优越性，便于操作	减少财政收入	我国2009年1月1日至今

【提示】我国现行增值税属于消费型增值税。

（三）增值税征税范围

1. 销售或者进口货物

销售货物是指有偿转让货物的所有权。进口货物是指申报进入中国海关境内的货物。我国增值税法规规定，只要是报关进口的应税货物，均属于增值税的征税范围，除享受免税政策外，在进口环节缴纳增值税。

2. 提供（销售）加工修理修配劳务

"加工"是指接受来料承做货物，加工后的货物所有权仍属于委托方的业务，也就是通常所说的委托加工业务，即委托方提供原材料及主要材料，受托方按照委托方的要求制造货物并收取加工费的业务；"修理修配"是指受托对损伤和丧失功能的货物进行修复，使其恢复原状和功能的业务。

提供加工、修理修配劳务是指有偿提供加工修理修配劳务，但单位或个体经营者聘用的员工为本单位或雇主提供加工修理修配劳务，不包括在内。

在中华人民共和国境内销售货物或者提供加工、修理修配劳务，是指：①销售货物的起运地或者所在地在境内；②提供的应税劳务发生地在境内。

3. 销售服务、无形资产、不动产

销售服务、无形资产或者不动产，是指有偿提供服务、有偿转让无形资产或者不动产，但属于下列非经营活动的情形除外：①行政单位收取的同时满足以下条件的政府性基金或者行政事业性收费:A.由国务院或者财政部批准设立的政府性基金,由国务院或者省级人民政府及其财政、价格主管部门批准设立的行政事业性收费;B.收取时开具省级以上(含省级)财政部门监(印)制的财政票据;C.所收款项全额上缴财政。②单位或者个体工商户聘用的员工为本单位或者雇主提供取得工资的服务。③单位或者个体工商户为聘用的员工提供服务。④财政部和国家税务总局规定的其他情形。

在境内销售服务、无形资产或者不动产,是指:①服务(租赁不动产除外)或者无形资产(自然资源使用权除外)的销售方或者购买方在境内;②所销售或者租赁的不动产在境内;③所销售自然资源使用权的自然资源在境内;④财政部和国家税务总局规定的其他情形。

(四)增值税的纳税人

增值税纳税人是指税法规定负有缴纳增值税义务的单位和个人。在中华人民共和国境内销售货物或者加工修理修配劳务、服务、无形资产、不动产以及进口货物的单位和个人,为增值税的纳税人。

按照经营规模的大小和会计核算健全与否等标准,增值税纳税人可分为一般纳税人和小规模纳税人。

1. 一般纳税人

一般纳税人是指年应征增值税销售额(简称年应税销售额)超过税法规定的小规模纳税人标准(自2018年5月1日起,为500万元)的企业和企业性单位。一般纳税人的特点是增值税进项税额可以抵扣销项税额。

增值税纳税人,年应税销售额超过财政部、国家税务总局规定的小规模纳税人标准的,除税法另有规定外,应当向其机构所在地主管税务机关办理一般纳税人登记。

在税务机关登记的一般纳税人,可按税法规定计算应纳税额,并使用增值税专用发票。对符合一般纳税人条件但不办理一般纳税人登记手续的纳税人,应按销售额依照增值税税率计算应纳税额,不得抵扣进项税额,也不得使用增值税专用发票。

【提示】增值税一般纳税人的特点是在一般计税方法下增值税进项税额可以抵扣销项税额(扣税法),并可使用增值税专用发票。

2. 小规模纳税人

小规模纳税人是指年销售额在规定标准以下,并且会计核算不健全,不能按规定报送有关税务资料的增值税纳税人。小规模纳税人的标准如下:

①自2018年5月1日起,增值税小规模纳税人标准统一为年应征增值税销售额500万元及以下。

②年应税销售额超过小规模纳税人标准的其他个人(指个体工商户以外的个人)按照小规模纳税人纳税。

③年应税销售额超过小规模纳税人标准的非企业性单位、不经常发生应税行为的企业可选择按照小规模纳税人纳税(针对销售货物、加工修理修配劳务的纳税人);年应税销售额超过规定标准但不经常发生应税行为的单位和个体工商户可选择按照小规模纳税人纳税(针对销售服务、无形资产或者不动产的纳税人)。

小规模纳税人会计核算健全,能够提供准确税务资料的,可以向主管税务机关办理一般纳税人资格登记,成为一般纳税人。

【注意】除国家税务总局另有规定外,一经登记为一般纳税人后,不得转为小规模纳税人。

(五)增值税的扣缴义务人

中华人民共和国境外(简称"境外")的单位或者个人在境内提供应税劳务,在境内未设有经营机构的,以其境内代理人为扣缴义务人;在境内没有代理人的,以购买方为扣缴义务人。

境外的单位或者个人在境内发生应税行为(销售服务、无形资产或不动产),在境内未设有经营机构的,以购买方为增值税扣缴义务人。财政部和国家税务总局另有规定的除外。

上述扣缴义务人按照下列公式计算应扣缴税额:

$$应扣缴税额=购买方支付的价款÷(1+税率)×税率$$

(六)增值税税率和征收率

自2019年4月1日起,纳税人发生增值税应税销售行为或者进口货物,增值税一般纳税人适用税率分别为13%、9%、6%和0,共4档。

1. 基本税率

一般情况下,一般纳税人销售或者进口货物、销售加工修理修配劳务、有形动产租赁服务,除低税率适用范围和销售个别旧货适用低税率外,税率一律为13%,这就是通常所说的基本税率。

2. 低税率

(1) 9%。一般纳税人销售或者进口下列货物,税率为9%:①粮食等农产品、食用植物油、食用盐;②自来水、暖气、冷气、热水、煤气、石油液化气、天然气、二甲醚、沼气、居民用煤炭制品;③图书、报纸、杂志、音像制品、电子出版物;④饲料、化肥、农药、农机、农膜;⑤国务院规定的其他货物。

一般纳税人销售交通运输、邮政、基础电信、建筑、不动产租赁服务,销售不动产,转让土地使用权,税率为9%。

(2) 6%。一般纳税人销售增值电信服务、金融服务、现代服务和生活服务,销售土地使用权以外的无形资产,税率为6%。

3. 零税率

(1) 纳税人出口货物,税率为零;但是,国务院另有规定的除外。

(2) 境内单位和个人跨境销售国务院规定范围内的服务、无形资产,税率为零。

4. 征收率

一般纳税人特殊情况下采用简易计税方法适用征收率。小规模纳税人缴纳增值税采用简易计税方法适用征收率。我国增值税的法定征收率是3%;一些特殊项目适用3%减按2%的征收率。全面营改增后的与不动产有关的特殊项目适用5%的征收率;一些特殊项目适用5%减按1.5%的征收率。

(七)增值税应纳税额的计算

我国增值税一般纳税人在一般计税方法下的应纳税额的计算实行购进扣税法。一般纳税人在一般计税方法下销售货物、劳务、服务、无形资产、不动产(统称应税销售行为),应纳税额为当期销项税额抵扣当期进项税额后的余额。其应纳增值税税额的计算公式为:

$$应纳增值税税额=当期销项税额-当期准予抵扣进项税额$$
$$=当期销售额×适用税率-当期准予抵扣进项税额$$

小规模纳税人发生应税销售行为,实行按照销售额乘以征收率计算应纳税额的简易计税方法,并不得抵扣进项税额。其应纳税额计算公式为:

$$应纳税额=销售额×征收率$$

简易计税方法的销售额不包括其应纳增值税税额。纳税人采用销售额和应纳增值税税额合并定价方法的,按照下列公式计算销售额。

$$销售额=含税销售额÷(1+征收率)$$

做中学 4—1

甲咨询公司为小规模纳税人,本年 7 月至 9 月取得含税修理收入 309 000 元。计算甲咨询公司本年第三季度的应纳增值税。

解析:应纳增值税=309 000÷(1+3%)×3%=9 000(元)

(八)增值税的征收管理

1.纳税义务发生时间

纳税义务发生时间是指纳税人实际发生应税行为应当承担纳税义务的起始时间。具体确定为:

(1)采取直接收款方式销售货物的,不论货物是否发出,均为收到销售款或者取得索取销售款凭证的当天。

(2)采取托收承付和委托银行收款方式销售货物的,为发出货物并办妥托收手续的当天。

(3)采取赊销和分期收款方式销售货物的,为书面合同约定的收款日期的当天,无书面合同的或者书面合同没有约定收款日期的,为货物发出的当天。

(4)采取预收货款方式销售货物的,为货物发出的当天,但生产销售生产工期超过 12 个月的大型机械设备、船舶、飞机等货物,为收到预收款或者书面合同约定的收款日期的当天。

【提示】纳税人提供、租赁服务采取预收款方式的,其纳税义务发生时间为收到预收款的当天。

(5)委托其他纳税人代销货物的,为收到代销单位的代销清单或者收到全部或部分货款的当天。未收到代销清单及货款的,为发出代销货物满 180 天的当天。

(6)销售应税劳务的,为提供劳务同时收讫销售款或者取得索取销售款的凭据的当天。

(7)纳税人发生应税行为的,为收讫销售款项或者取得索取销售款项凭据的当天;先开具发票的,为开具发票的当天。

【提示】收讫销售款项,是指纳税人销售服务、无形资产、不动产过程中或者完成后收到款项。取得索取销售款项凭据的当天,是指书面合同确定的付款日期;未签订书面合同或者书面合同未确定付款日期的,为服务、无形资产转让完成的当天或者不动产权属变更的当天。

(8)纳税人进口货物的,为报关进口的当天。

(9)纳税人发生视同销售货物行为的,为货物移送的当天。

(10)纳税人从事金融商品转让的,为金融商品所有权转移的当天。

(11)增值税扣缴义务发生时间为纳税人增值税纳税义务发生的当天。

2.纳税期限

增值税的纳税期限分别为 1 日、3 日、5 日、10 日、15 日、1 个月或者 1 个季度。

纳税人的具体纳税期限,由主管税务机关根据纳税人应纳税额的大小分别核定;不能按照固定期限纳税的,可以按次纳税。纳税人以 1 个月或者 1 个季度为 1 个纳税期的,自期满之日起 15 日内申报纳税;以 1 日、3 日、5 日、10 日或者 15 日为 1 个纳税期的,自期满之日起 5 日内预缴税款,于次月 1 日起 15 日内申报纳税并结清上月应纳税款。扣缴义务人解缴税款的期限,按照前两款规定执行。纳税人进口货物,应当自海关填发海关进口增值税专用缴款书之日起 15 日内缴纳税款。以 1 个季度为纳税期限的规定适用于小规模纳税人、银行、财务公司、信托投资公司、信用社,以及财政部和国家税务总局规定的其他纳税人。

3.纳税地点

(1)固定业户应当向其机构所在地的主管税务机关申报纳税。总机构和分支机构不在同一县(市)的,应当分别向各自所在地的主管税务机关申报纳税;经财政部和国家税务总局或者其授权的财政和税务机关批准,可以由总机构汇总向总机构所在地的主管税务机关申报纳税。

(2)固定业户到外县(市)销售货物或者提供应税劳务的,应当向其机构所在地的主管税务机关申请开具《外出经营活动税收管理证明》,并向其机构所在地的主管税务机关申报纳税;未开具证明的,应当向销售地或者劳务发生地的主管税务机关申报纳税;未向销售地或者劳务发生地的主管税务机关申报纳税的,由其机构所在地的主管税务机关补征税款。

(3)非固定业户应当向应税行为发生地主管税务机关申报纳税;未申报纳税的,由其机构所在地或者居住地主管税务机关补征税款。

(4)进口货物,应当由进口人或其代理人向报关地海关申报纳税。

(5)扣缴义务人应当向其机构所在地或者居住地的主管税务机关申报缴纳扣缴的税款。

二、消费税

(一)消费税的概念

消费税是对在我国境内从事生产、委托加工、进口、批发或者零售应税消费品的单位和个人征收的一种流转税,是对特定的消费品和消费行为在特定的环节征收的一种流转税。

(二)消费税的纳税人

消费税纳税人是指在中华人民共和国境内(起运地或者所在地在境内)生产、委托加工和进口《中华人民共和国消费税暂行条例》(简称《消费税暂行条例》)规定的应税消费品的单位和个人,以及国务院确定的销售《消费税暂行条例》规定的某些应税消费品的其他单位和个人。

(三)消费税的征税范围

1. 生产应税消费品

生产应税消费品在生产销售环节征税。纳税人用生产的应税消费品换取生产资料、消费资料、投资入股、偿还债务,以及用于继续生产应税消费品以外的其他方面都应缴纳消费税。

2. 委托加工应税消费品

委托加工应税消费品是指由委托方提供原料和主要材料,受托方只收取加工费和代垫部分辅助材料加工的应税消费品。

以下情况不属于委托加工应税消费品:

①由受托方提供原材料生产的应税消费品;
②受托方先将原材料卖给委托方,再接受加工的应税消费品;
③由受托方以委托方名义购进原材料生产的应税消费品。

【提示】委托加工的应税消费品,委托方用于连续生产应税消费品的,所纳税款准予按规定抵扣;直接出售的,不再缴纳消费税。委托方将收回的应税消费品,以不高于受托方的计税价格出售的,为直接出售,不再缴纳消费税;委托方以高于受托方的计税价格出售的,不属于直接出售,需要按照规定申报缴纳消费税,在计税时准予扣除受托方已代收代缴的消费税。

3. 进口应税消费品

单位和个人进口的应税消费品,于报关进口时由海关代征消费税。

4. 批发、零售应税消费品

(1)批发销售卷烟。卷烟除了在生产、委托加工、进口环节征收消费税外,还在批发环节征收消费税。自2015年5月10日起,卷烟批发环节消费税的从价税率由5%提高到11%,并按0.005元/支加征从量税。

(2)零售金银首饰、铂金首饰、钻石及钻石饰品。在零售环节征收消费税的金银首饰仅限于金、银和金基、银基合金首饰,以及金、银和金基、银基合金的镶嵌首饰。

(3)零售超豪华小汽车。超豪华小汽车即每辆零售价格在130万元(不含增值税)及以上的乘用车和中轻型商用客车。自2016年12月1日起,对超豪华小汽车,在生产(进口)环节按现行税率征收消费税的基础上,在零售环节加征消费税,税率为10%。

(四)消费税的税目和税率

1.消费税的税目

我国消费税的税目共有15个,分别是:①烟;②酒;③高档化妆品;④贵重首饰及珠宝玉石;⑤鞭炮、焰火;⑥成品油;⑦摩托车;⑧小汽车;⑨高尔夫球及球具;⑩高档手表;⑪游艇;⑫木制一次性筷子;⑬实木地板;⑭电池;⑮涂料。其中,有些税目还包括若干子目。

2.消费税的税率

消费税的税率包括比例税率和定额税率两类。另外,应征消费税的白酒(含粮食白酒和薯类白酒)和卷烟实行的是比例税率和定额税率相结合的征收方式。根据不同的税目或子目,消费税应税消费品名称、税率和计量单位对照表如表4-2所示。

表4-2　　　　　　　　应税消费品名称、税率和计量单位对照表

应税消费品名称	比例税率	定额税率	计量单位
一、烟			
1.卷烟			
(1)工业			
①甲类卷烟[调拨价70元(不含增值税)/条以上(含70元)]	56%	30元/万支	万支
②乙类卷烟[调拨价70元(不含增值税)/条以下]	36%	30元/万支	万支
(2)商业批发	11%	50元/万支	
2.雪茄烟	36%	—	支
3.烟丝	30%	—	千克
4.电子烟			
(1)生产(进口)环节	36%	—	盒
(2)批发环节	11%	—	盒
二、酒			
1.白酒	20%	0.5元/500克(毫升)	500克(毫升)
2.黄酒	—	240元/吨	吨
3.啤酒			
(1)甲类啤酒[出厂价格3 000元(不含增值税)/吨以上(含3 000元)]	—	250元/吨	吨
(2)乙类啤酒[出厂价格3 000元(不含增值税)/吨以下]	—	220元/吨	吨
4.其他酒	10%	—	吨
三、高档化妆品	15%	—	实际使用计量单位

续表

应税消费品名称	比例税率	定额税率	计量单位
四、贵重首饰及珠宝玉石			
1.金银首饰、铂金首饰和钻石及钻石饰品	5%	—	
2.其他贵重首饰和珠宝玉石	10%	—	实际使用计量单位
五、鞭炮、焰火	15%	—	实际使用计量单位
六、成品油			
1.汽油	—	1.52元/升	
2.柴油	—	1.20元/升	
3.航空煤油	—	1.20元/升	
4.石脑油	—	1.52元/升	
5.溶剂油	—	1.52元/升	
6.润滑油	—	1.52元/升	
7.燃料油	—	1.20元/升	升
七、摩托车			
1.气缸容量(排气量,下同)≤250毫升	3%	—	
2.气缸容量>250毫升	10%	—	辆
八、小汽车			
1.乘用车			
(1)气缸容量(排气量,下同)≤1.0升	1%	—	
(2)1.0升<气缸容量≤1.5升	3%	—	
(3)1.5升<气缸容量≤2.0升	5%	—	
(4)2.0升<气缸容量≤2.5升	9%	—	
(5)2.5升<气缸容量≤3.0升	12%	—	
(6)3.0升<气缸容量≤4.0升	25%	—	
(7)气缸容量>4.0升	40%	—	
2.中轻型商用客车	5%	—	
3.超豪华小汽车	10%	—	辆
九、高尔夫球及球具	10%	—	实际使用计量单位
十、高档手表	20%	—	只
十一、游艇	10%	—	艘
十二、木制一次性筷子	5%	—	万双
十三、实木地板	5%	—	平方米
十四、电池	4%	—	只
十五、涂料	4%	—	吨

【注意】《财政部、海关总署、税务总局关于对电子烟征收消费税的公告》(2022年第33号公告)规定,电子烟生产(进口)环节的消费税税率为36%,电子烟批发环节的消费税税率为11%。

【提示】15个税目中,黄酒、啤酒、成品油实行的是单一的定额税率,其他大多数应税消费品为单一的比例税率。特别要注意的是,卷烟、白酒实行"复合税率"征收("复合税率"是同时适用比例税率与定额税率的一种特殊形式,其本身并不是一种税率)。

(五)消费税应纳税额的计算

1. 从价定率征收应纳税额的计算

从价定率征收,即根据不同的应税消费品确定不同的比例税率。

$$应纳消费税税额 = 应税消费品的销售额 \times 比例税率$$

$$应税消费品的销售额 = 含增值税的销售额 \div (1 + 增值税税率或征收率)$$

做中学 4－2

甲实木地板厂为增值税一般纳税人。本年6月1日,向当地一家大型装修批发商场销售一批实木地板,开具增值税专用发票一张,发票上注明不含增值税销售额为20万元,增值税税额为2.6万元。实木地板的消费税税率为5%。请计算甲实木地板厂上述业务的应纳消费税。

解析:应纳消费税 = 20 × 5% = 1(万元)

2. 从量定额征收应纳税额的计算

从量定额征收,即根据不同的应税消费品确定不同的单位税额。

$$应纳消费税税额 = 应税消费品的销售数量 \times 单位税额$$

做中学 4－3

甲啤酒厂自产啤酒40吨,无偿提供给某啤酒节,已知每吨成本为1 500元,无同类产品售价。税务机关核定的消费税单位税额为250元/吨。请计算甲啤酒厂上述业务的应纳消费税。

解析:应纳消费税 = 250 × 40 = 10 000(元)

3. 从价定率和从量定额复合征收应纳税额的计算

从价定率和从量定额复合征收,即以两种方法计算的应纳税额之和为该应税消费品的应纳税税额。我国目前只对卷烟和白酒采用复合征收方法。

$$应纳消费税税额 = 应税消费品的销售额 \times 比例税率 + 应税消费品的销售数量 \times 单位定额税率$$

做中学 4－4

甲公司是一家白酒生产企业,为增值税一般纳税人,本年5月销售粮食白酒10吨,取得不含增值税的销售额为60万元;销售薯类白酒20吨,取得不含增值税的销售额为80万元。白酒消费税的比例税率为20%,定额税率为0.5元/500克。请计算甲公司本月的应纳消费税。

解析:从价定率应纳消费税 = (60+80) × 20% = 28(万元)

从量定额应纳消费税 = (10+20) × 1 000 × 2 × 0.5 ÷ 10 000 = 3(万元)

应纳消费税合计 = 28 + 3 = 31(万元)

(六)消费税的征收管理

1. 纳税义务发生时间(货款结算方式或行为发生时间)

(1)纳税人销售应税消费品的,其纳税义务发生时间分别为:

①采取赊销和分期收款结算方式的,为销售合同约定的收款日期的当天;销售合同没有约定收款日期或者无书面合同的,为发出应税消费品的当天。

②采取预收货款结算方式的,为发出应税消费品的当天。

③采取托收承付和委托银行收款方式销售应税消费品的,为发出应税消费品并办妥托收手续的当天。

④采取其他结算方式的,为收讫销售款或者取得索取销售款凭据的当天。

(2)纳税人自产自用应税消费品的,为移送使用的当天。

(3)纳税人委托加工应税消费品的,为纳税人提货的当天。

(4)纳税人进口应税消费品的,为报关进口的当天。

2.纳税期限

消费税的纳税期限分别为1日、3日、5日、10日、15日、1个月或者1个季度。

【提示】纳税人的具体纳税期限,由主管税务机关根据纳税人应纳税额的大小分别核定;不能按照固定期限纳税的,可以按次纳税。

纳税人以1个月或者1个季度为1个纳税期的,自期满之日起15日内申报纳税;以1日、3日、5日、10日或15日为1个纳税期的,自期满之日起5日内预缴税款,于次月1日起15日内申报纳税并结清上月应纳税款。

纳税人进口应税消费品,应当自海关填发海关进口消费税专用缴款书之日起15日内缴纳税款。

3.消费税的纳税地点

(1)纳税人销售的应税消费品,以及自产自用的应税消费品,除国务院财政、税务主管部门另有规定外,应当向纳税人机构所在地或者居住地的主管税务机关申报纳税。

(2)委托加工的应税消费品,除受托方为个人外,由受托方向机构所在地或居住地的主管税务机关解缴消费税税款;其他由受托方向其机构所在地或者居住地主管税务机关申报纳税。

(3)进口的应税消费品,由进口人或者其代理人向报关地海关申报纳税。

(4)纳税人到外县(市)销售或者委托外县(市)代销自产应税消费品的,于应税消费品销售后,向机构所在地或居住地主管税务机关申报纳税。

(5)纳税人销售的应税消费品,如因质量等原因由购买者退回,经所在地主管税务机关审核批准后,可退还已征收的消费税税款,但不能自行直接抵减应纳税款。

(6)纳税人总机构与分支机构不在同一县(市)的,应在生产应税消费品的分支机构所在地缴纳消费税。经省(自治区、直辖市)财政厅(局)国家税务总局审批同意,可由总机构汇总向总机构所在地主管税务机关缴纳。

任务三 企业所得税和个人所得税法律制度

一、企业所得税

(一)企业所得税的概念

企业所得税是对我国企业和其他组织的生产经营所得和其他所得征收的一种税。企业所得税法是调整企业所得税征纳关系的法律规范的总称。我国现行企业所得税法主要是2007年3月16日十届全国人大五次会议通过的《中华人民共和国企业所得税法》(简称《企业所得税法》),将内资企业原适用的《中华人民共和国企业所得税暂行条例》和外资企业原适用的《中华人民共和国外商投资企业和外国企业所得税法》两法合一,并于2008年1月1日开始实施。《中华人民共和国企业所得税法实施条例》(简称《企业所得税法实施条例》)于2007年12月11日颁布,自2008年1月1日起施行。

(二)企业所得税的纳税人

企业分为居民企业和非居民企业。居民企业是指依法在中国境内成立,或者依照外国(地区)法律成立但实际管理机构在中国境内的企业。非居民企业是指依照外国(地区)法律成立且实际管理机构不在中国境内,但在中国境内设立机构、场所的,或者在中国境内未设立机构、场所,但有来源于中国境内所得的企业。

【提示】个人独资企业和合伙企业不适用《企业所得税法》,不作为企业所得税的纳税人。对个人独资企业和合伙企业的投资者只征收个人所得税。

(三)企业所得税的征税对象

居民企业应就来源于中国境内、境外的所得缴纳企业所得税。

非居民企业在中国境内设立机构、场所的,应当就其所设机构、场所取得的来源于中国境内的所得,以及发生在中国境外但与其所设机构、场所有实际联系的所得,缴纳企业所得税。

非居民企业在中国境内未设立机构、场所的,或者虽设立机构、场所但取得的所得与其所设机构、场所没有实际联系的,应当就其来源于中国境内的所得缴纳企业所得税。

(四)企业所得税的税率

1. 基本税率

企业所得税的基本税率为25%,适用于居民企业和在中国境内设有机构、场所且取得的所得与其所设机构、场所有实际联系的非居民企业。

2. 优惠税率

(1)对符合条件的小型微利企业,减按20%的税率征收企业所得税。

(2)对国家需要重点扶持的高新技术企业,减按15%的税率征收企业所得税。

(3)非居民企业在中国境内未设立机构、场所的,或者虽设立机构、场所但取得的所得与其所设机构、场所没有实际联系的所得,适用税率为20%,但实际征税时减按10%的税率征收企业所得税,以支付人为扣缴义务人。

(五)企业所得税的应纳税所得额和应纳税额的计算

企业所得税应纳税所得额是企业所得税的计税依据。按照《企业所得税法》的规定,应纳税所得额为企业每一个纳税年度的收入总额减去不征税收入额、免税收入额、各项扣除额,以及准予弥补的以前年度亏损额之后的余额。企业的应纳税额取决于应纳税所得额和适用税率两个因素。

企业应纳税所得额有如下两种计算方法:

直接计算法下的计算公式为:

$$应纳税所得额=收入总额-不征税收入额-免税收入额-各项扣除额-准予弥补的以前年度亏损额$$

间接计算法下的计算公式为:

$$应纳税所得额=利润总额\pm纳税调整项目金额$$

企业所得税应纳税额的计算公式为:

$$应纳税额=应纳税所得额\times适用税率-减免税额-抵免税额$$

减免税额和抵免税额,是指依照《企业所得税法》和国务院的税收优惠规定减征、免征和准予抵免的应纳税额。

1. 收入总额

企业以货币形式和非货币形式从各种来源取得的收入为收入总额,包括销售货物收入,提供劳务收入,转让财产收入,股息、红利等权益性投资收益,利息收入,租金收入,特许权使用费收入,接受捐赠收入,其他收入。

2. 不征税收入

收入总额中的下列收入为不征税收入:财政拨款,依法收取并纳入财政管理的行政事业性收费、政府性基金,行政事业性收费,国务院规定的其他不征税收入。

3. 免税收入

免税收入是指属于企业的应税所得但按照税法规定免予征收企业所得税的收入。

企业的下列收入为免税收入:国债利息收入;符合条件的居民企业之间的股息、红利等权益性投资收益(该收益是指居民企业直接投资于其他居民企业取得的投资收益,且该收益不包括连续持有居民企业公开发行并上市流通的股票不足12个月取得的投资收益);在中国境内设立机构、场所的非居民企业从居民企业取得与该机构、场所有实际联系的股息、红利等权益性投资收益(该收益不包括连续持有居民企业公开发行并上市流通的股票不足12个月取得的投资收益);符合条件的非营利组织的收入;非营利组织其他免税收入。其具体包括:接受其他单位或者个人捐赠的收入;除《企业所得税法》第七条规定的财政拨款以外的其他政府补助收入,但不包括因政府购买服务取得的收入;按照省级以上民政、财政部门规定收取的会费;不征税收入和免税收入孳生的银行存款利息收入;财政部、国家税务总局规定的其他收入。

4. 准予扣除项目

税前扣除项目包括成本、费用、税金、损失和其他支出。

5. 不得扣除项目

不得扣除项目包括以下内容:向投资者支付的股息、红利等权益性投资收益款项;企业所得税税款;税收滞纳金;罚金、罚款和被没收财物的损失;企业发生的公益性捐赠支出以外的捐赠支出;赞助支出(是指企业发生的与生产经营活动无关的各种非广告性支出);未经核准的准备金支出(是指企业未经国务院财政、税务主管部门核定而提取的各项资产减值准备、风险准备等准备金);企业之间支付的管理费、企业内营业机构之间支付的租金和特许权使用费,以及非银行企业内营业机构之间支付的利息;与取得收入无关的其他支出。

6. 准予限额扣除项目

准予限额扣除项目包括但不限于以下内容:工资、薪金;社会保险费和住房公积金;职工福利费、工会经费、职工教育经费;业务招待费;广告费和业务宣传费;利息费用;借款费用;公益性捐赠支出。

7. 亏损弥补

纳税人发生年度亏损的,可以用下一纳税年度的所得弥补;下一纳税年度的所得不足弥补的,可以逐年延续弥补,但是延续弥补期最长不得超过5年。5年内不管是盈利还是亏损,都作为实际弥补期限。税法所指亏损的概念,不是企业财务会计报告中反映的亏损额,而是企业财务会计报告中的亏损额经税务机关按税法规定核实调整后的金额。自2018年1月1日起,将高新技术企业和科技型中小企业亏损结转年限由5年延长至10年。

(六)企业所得税的征收管理

1. 纳税地点

(1)居民企业的纳税地点

除税收法律、行政法规另有规定外,居民企业以企业登记注册地为纳税地点;但登记注册地在境外的,以实际管理机构所在地为纳税地点;居民企业在中国境内设立不具有法人资格的营业机构的,应当汇总计算并缴纳企业所得税。

(2)非居民企业的纳税地点

非居民企业在中国境内设立机构、场所取得的所得,以及发生在中国境外但与其所设机构、场所有实际联系的所得,应当以机构、场所所在地为纳税地点;非居民企业在中国境内未设立机构场所,或者虽设立机构、场所但取得的所得与其所设机构、场所没有实际联系的非居民企业,以扣缴义务人所在地为纳税地点;非居民企业在中国境内设立两个或者两个以上机构、场所的,经税务机关审核批准,可以选择由其主要机构、场所汇总缴纳企业所得税。

非居民企业经批准汇总缴纳企业所得税后,需要增设、合并、迁移、关闭机构或场所,或者停止机构、场所业务的,应当事先由负责汇总申报缴纳企业所得税的主要机构、场所向其所在地税务机关报告;需要变更汇总缴纳企业所得税的主要机构、场所的,依照前述规定办理。

2.纳税期限

企业所得税按年计征,分月或者分季预缴,年终汇算清缴,多退少补。纳税年度自公历1月1日至12月31日。

企业应当自年度终了之日起5个月内,向税务机关报送年度企业所得税纳税申报表,并汇算清缴,结清应缴应退税款。

企业一个纳税年度中间开业,或者终止经营活动,使该纳税年度的实际经营期不足12个月的,应当以其实际经营期为一个纳税年度。企业在年度中间终止经营活动的,应当自实际经营终止之日起60日内,向税务机关办理当期企业所得税汇算清缴。依法清算时,应当以清算期间作为一个纳税年度。

3.纳税申报

按月或按季预缴的,应当自月份或者季度终了之日起15日内,向税务机关报送预缴企业所得税纳税申报表,预缴税款。

企业所得以人民币以外的货币计算的,预缴企业所得税时,应当按照月度或者季度最后1日的人民币汇率中间价,将其折合成人民币计算应纳税所得额。

二、个人所得税

(一)个人所得税的概念

个人所得税是以个人取得的各项应税所得为征税对象征收的一种税。个人是指区别于法人的自然人,既包括作为要素所有者的个人,如财产所有者个人,也包括作为经营者的个人,如个体工商户、合伙企业的合伙人及独资企业的业主。所得是指个人通过各种方式所获得的一切利益。

中华人民共和国成立以来,我国长期对个人所得税实行不课征的政策。党的十一届三中全会以后,我国实行对外开放,为了维护国家的税收权益,根据国际惯例,1980年9月10日,第五届全国人民代表大会第三次会议审议通过并颁布《中华人民共和国个人所得税法》(简称《个人所得税法》),首次对个人所得开征个人所得税。1986年至1987年,国务院先后颁布了《中华人民共和国城乡个体工商业户所得税暂行条例》和《中华人民共和国个人收入调节税暂行条例》,至此形成了个人所得税、城乡个体工商业户所得税和个人收入调节税三税并存的个人所得税征收制度格局。为了统一规范个人所得税制度,第八届全国人大常务委员会第四次会议在对原有三部个人所得税法律制度修改、合并的基础上,于1993年10月31日修订并颁布了修改后的《个人所得税法》。之后的1999年、2005年、2007年和2011年,全国人民代表大会又分别对《个人所得税法》进行了修订。我国现行个人所得税的主要法律依据是2011年6月30日第十一届全国人民代表大会常务委员会通过的《个人所得税法》和2011年7月19日国务院修订的《中华人民共和国个人所得税法实施条例》(简称《个人所得税法实施条例》)。中华人民共和国国务院令第707号公布修订后的《个人所得税法实施条例》,自2019年1月1日起施行。

(二)个人所得税的纳税人

个人所得税的纳税人,以住所和居住时间为标准分为居民个人和非居民个人。

1. 居民个人

在中国境内有住所,或者无住所而一个纳税年度内在中国境内居住累计满183天的个人,为居民个人。居民个人从中国境内和境外取得的所得,依照规定缴纳个人所得税。

在中国境内无住所的居民个人,在境内居住累计满183天的年度连续不满6年的,或满6年但其间有单次离境超过30天情形的,其来源于中国境外的所得,经向主管税务机关备案,可以只就由中国境内企事业单位和其他经济组织或者居民个人支付的部分缴纳个人所得税;在中国境内居住累计满183天的年度连续满5年的纳税人,且在5年内未发生单次离境超过30天情形的,从第6年起,中国境内居住累计满183天的,应当就其来源于中国境外的全部所得缴纳个人所得税。

2. 非居民个人

在中国境内无住所又不居住,或者无住所而一个纳税年度内在中国境内居住累计不满183天的个人,为非居民个人。非居民个人从中国境内取得的所得,依照规定缴纳个人所得税。

在中国境内无住所,且在一个纳税年度中在中国境内连续或者累计居住不超过90天的个人,其来源于中国境内的所得,由境外雇主支付并且不由该雇主在中国境内的机构、场所负担的部分,免予缴纳个人所得税。

(三)个人所得税的应税项目

(1)工资、薪金所得,是指个人因任职或者受雇取得的工资、薪金、奖金、年终加薪、劳动分红、津贴、补贴以及与任职或者受雇有关的其他所得。

(2)劳务报酬所得,是指个人从事劳务取得的所得,包括从事设计、装潢、安装、制图、化验、测试、医疗、法律、会计、咨询、讲学、新闻、广播、翻译、审稿、书画、雕刻、影视、录音、录像、演出、表演、广告、展览、技术服务、介绍服务、经纪服务、代办服务以及其他劳务取得的所得。

(3)稿酬所得,是指个人因其作品以图书、报刊形式出版、发表而取得的所得。

(4)特许权使用费所得,是指个人提供专利权、商标权、著作权、非专利技术以及其他特许权的使用权取得的所得,以及提供著作权的使用权取得的所得,不包括稿酬所得。

(5)经营所得,是指以下几项:①个体工商户从事生产经营活动取得的所得,个人独资企业投资人、合伙企业的个人合伙人来源于境内注册的个人独资企业、合伙企业生产经营的所得;②个人依法从事办学、医疗、咨询以及其他有偿服务活动取得的所得;③个人对企业、事业单位承包经营、承租经营以及转包、转租取得的所得;④个人从事其他生产经营活动取得的所得。

(6)利息、股息、红利所得,是指个人拥有债权、股权等而取得的利息、股息、红利性质的所得。

(7)财产租赁所得,是指个人出租不动产、土地使用权、机器设备、车船以及其他财产而取得的所得。

(8)财产转让所得,是指个人转让有价证券、股权、合伙企业中的财产份额、不动产、土地使用权、机器设备、车船以及其他财产取得的所得。

(9)偶然所得,是指个人得奖、中奖、中彩以及其他偶然性质的所得。

居民个人取得第(1)项至第(4)项所得(以下称"综合所得"),按纳税年度合并计算个人所得税;非居民个人取得第(1)项至第(4)项所得,按月或者按次分项计算个人所得税。纳税人取得第(5)项至第(9)项所得,依照规定分别计算个人所得税。个人取得的所得,难以界定应纳税所得项目的,由主管税务机关确定。

(四)个人所得税的税率

国家税务总局发布《〈个人所得税扣缴申报管理办法(试行)〉的公告》(国家税务总局公告2018年第61号)。个人所得税预扣率,如表4—3、表4—4、表4—5所示。

表4—3　　　　　　　　　　个人所得税预扣率(一)
(居民个人工资、薪金所得预扣预缴适用)

级数	累计预扣预缴应纳税所得额	预扣率(%)	速算扣除数(元)
1	不超过36 000元	3	0
2	超过36 000元至144 000元的部分	10	2 520
3	超过144 000元至300 000元的部分	20	16 920
4	超过300 000元至420 000元的部分	25	31 920
5	超过420 000元至660 000元的部分	30	52 920
6	超过660 000元至960 000元的部分	35	85 920
7	超过960 000元的部分	45	181 920

表4—4　　　　　　　　　　个人所得税预扣率(二)
(居民个人劳务报酬所得预扣预缴适用)

级数	预扣预缴应纳税所得额	预扣率(%)	速算扣除数(元)
1	不超过20 000元	20	0
2	超过20 000元至50 000元的部分	30	2 000
3	超过50 000元的部分	40	7 000

表4—5　　　　　　　　　　个人所得税税率
(非居民个人工资、薪金所得,劳务报酬所得,稿酬所得,特许权使用费所得适用)

级数	应纳税所得额	税率(%)	速算扣除数(元)
1	不超过3 000元	3	0
2	超过3 000元至12 000元的部分	10	210
3	超过12 000元至25 000元的部分	20	1 410
4	超过25 000元至35 000元的部分	25	2 660
5	超过35 000元至55 000元的部分	30	4 410
6	超过55 000元至80 000元的部分	35	7 160
7	超过80 000元的部分	45	15 160

(五)个人所得税应纳税额的计算

1.居民个人的综合所得

居民个人的综合所得,以每一纳税年度的收入额减除费用6万元以及专项扣除、专项附加扣除和依法确定的其他扣除后的余额,为应纳税所得额。专项扣除,包括居民个人按照国家规定的范围和标准缴纳的基本养老保险、基本医疗保险、失业保险等社会保险费和住房公积金等;专项附加扣除,包括子女教育、继续教育、大病医疗、住房贷款利息或者住房租金、赡养老人等支出,具体范围、标准和实施步骤由国务院确定,并报全国人民代表大会常务委员会备案。

劳务报酬所得、稿酬所得、特许权使用费所得以收入减除 20% 的费用后的余额为收入额。稿酬所得的收入额减按 70% 计算。

2. 专项附加扣除

(1)子女教育

纳税人的子女接受全日制学历教育的相关支出,按照每个子女每月 2 000 的标准定额扣除。学历教育包括义务教育(小学、初中教育)、高中阶段教育(普通高中、中等职业、技工教育)、高等教育(大学专科、大学本科、硕士研究生、博士研究生教育)。父母可以选择由其中一方按扣除标准的 100% 扣除,也可以选择由双方分别按扣除标准的 50% 扣除,具体扣除方式在一个纳税年度内不能变更。纳税人子女在中国境外接受教育的,纳税人应当留存境外学校录取通知书、留学签证等相关教育的证明资料备查。

(2)继续教育

纳税人在中国境内接受学历(学位)继续教育的支出,在学历(学位)教育期间按照每月 400 元(每年 4 800 元)定额扣除。同一学历(学位)继续教育的扣除期限不能超过 48 个月。纳税人接受技能人员职业资格继续教育、专业技术人员职业资格继续教育的支出,在取得相关证书的当年,按照 3 600 元定额扣除。

个人接受本科及以下学历(学位)继续教育,符合本办法规定扣除条件的,可以选择由其父母扣除,也可以选择由本人扣除。纳税人接受技能人员职业资格继续教育、专业技术人员职业资格继续教育的,应当留存相关证书等资料备查。

学历(学位)继续教育,为在中国境内接受学历(学位)继续教育入学的当月至学历(学位)继续教育结束的当月,同一学历(学位)继续教育的扣除期限最长不得超过 48 个月。技能人员职业资格继续教育、专业技术人员职业资格继续教育,为取得相关证书的当年。

(3)大病医疗

在一个纳税年度内,纳税人发生的与基本医保相关的医药费用支出,扣除医保报销后个人负担(医保目录范围内的自付部分)累计超过 15 000 元的部分,由纳税人在办理年度汇算清缴时,在 80 000 元限额内据实扣除。纳税人发生的医药费用支出可以选择由本人或者其配偶扣除;未成年子女发生的医药费用支出可以选择由其父母一方扣除。纳税人及其配偶、未成年子女发生的医药费用支出,按规定分别计算扣除额。

纳税人应当留存医药服务收费及医保报销相关票据原件(或者复印件)等资料备查。医疗保障部门应当向患者提供在医疗保障信息系统记录的本人年度医药费用信息查询服务。

(4)住房贷款利息

纳税人本人或者配偶单独或者共同使用商业银行或者住房公积金个人住房贷款为本人或者其配偶购买中国境内住房,发生的首套住房贷款利息支出,在实际发生贷款利息的年度,按照每月 1 000 元(每年 12 000 元)的标准定额扣除,扣除期限最长不超过 240 个月。纳税人只能享受一次首套住房贷款的利息扣除。所称首套住房贷款,是指购买住房享受首套住房贷款利率的住房贷款。经夫妻双方约定,可以选择由其中一方扣除,具体扣除方式在一个纳税年度内不能变更。

夫妻双方婚前分别购买住房发生的首套住房贷款,其贷款利息支出,婚后可以选择其中一套购买的住房,由购买方按扣除标准的 100% 扣除,也可以由夫妻双方对各自购买的住房分别按扣除标准的 50% 扣除,具体扣除方式在一个纳税年度内不能变更。纳税人应当留存住房贷款合同、贷款还款支出凭证备查。

(5)住房租金

纳税人在主要工作城市没有自有住房而发生的住房租金支出,可以按照以下标准定额扣除:直辖市、省会(首府)城市、计划单列市以及国务院确定的其他城市,扣除标准为每月1 500元;除所列城市以外,市辖区户籍人口超过100万的城市,扣除标准为每月1 100元(每年13 200元);市辖区户籍人口不超过100万的城市,扣除标准为每月800元(每年9 600元)。

纳税人的配偶在纳税人的主要工作城市有自有住房的,视同纳税人在主要工作城市有自有住房。市辖区户籍人口,以国家统计局公布的数据为准。本办法所称主要工作城市是指纳税人任职受雇的直辖市、计划单列市、副省级城市、地级市(地区、州、盟)全部行政区域范围;纳税人无任职受雇单位的,为受理其综合所得汇算清缴的税务机关所在城市。夫妻双方主要工作城市相同的,只能由一方扣除住房租金支出。住房租金支出由签订租赁住房合同的承租人扣除。纳税人及其配偶在一个纳税年度内不能同时分别享受住房贷款利息和住房租金专项附加扣除。纳税人应当留存住房租赁合同、协议等有关资料备查。

(6)赡养老人

纳税人赡养一位及以上被赡养人的赡养支出,统一按照以下标准定额扣除:纳税人为独生子女的,按照每月3 000元(每年36 000元)的标准定额扣除;纳税人为非独生子女的,由其与兄弟姐妹分摊每月3 000元(每年36 000元)的扣除额度,每人分摊的额度不能超过每月1 500元(每年18 000元)。可以由赡养人均摊或者约定分摊,也可以由被赡养人指定分摊。约定或者指定分摊的须签订书面分摊协议,指定分摊优先于约定分摊。具体分摊方式和额度在一个纳税年度内不能变更。所称被赡养人是指年满60周岁的父母,以及子女均已去世的年满60岁的祖父母、外祖父母。

(7)三岁以下婴幼儿照护

自2023年1月1日起,纳税人照护3岁以下婴幼儿子女的相关支出,在计算缴纳个人所得税前按照每名婴幼儿每月2 000元的标准定额扣除。具体扣除方式上,可选择由夫妻一方按扣除标准的100%扣除,也可选择由夫妻双方分别按扣除标准的50%扣除。

【注意】具体扣除方式在一个纳税年度内不能变更。

> **思政吾身**　　　　　　　　**3岁以下婴幼儿照护专项附加扣除**
>
> 2022年3月28日,《国务院关于设立3岁以下婴幼儿照护个人所得税专项附加扣除的通知》发布。自2023年1月1日起,提高3岁以下婴幼儿照护、子女教育和赡养老人3项专项附加扣除标准。其中,3岁以下婴幼儿照护专项附加扣除标准由现行每孩每月1 000元提高到2 000元。子女教育专项附加扣除标准,由每个子女每月1 000元提高到2 000元。赡养老人专项附加扣除标准,由每月2 000元提高到3 000元。这是在原有个人所得税法规定的子女教育、继续教育、大病医疗、住房贷款利息、住房租金和赡养老人六项专项附加扣除基础上新增的一个项目。
>
> 新增3岁以下婴幼儿照护专项附加扣除的经济社会意义:①体现了国家对人民群众生育养育的鼓励和照顾,有利于减轻人民群众抚养子女负担;②通过再分配的方式理顺国家与个人的分配关系,有利于扩大中等收入群体,增加低收入者收入,缩小收入分配差距,使发展成果更多更公平惠及全体人民,推动发展成果由人民共享,促进社会公平。

3.专项附加扣除的计算时间

纳税人享受符合规定的专项附加扣除的计算时间分别为:

(1)子女教育。学前教育阶段,为子女年满3周岁当月至小学入学前1月。学历教育,为子女接受全日制学历教育入学的当月至全日制学历教育结束的当月。

(2)继续教育。学历(学位)继续教育,为在中国境内接受学历(学位)继续教育入学的当月至学历(学位)继续教育结束的当月,同一学历(学位)继续教育的扣除期限最长不得超过 48 个月。技能人员职业资格继续教育、专业技术人员职业资格继续教育,为取得相关证书的当年。

(3)大病医疗。为医疗保障信息系统记录的医药费用实际支出的当年。

(4)住房贷款利息。为贷款合同约定开始还款的当月至贷款全部归还或贷款合同终止的当月,扣除期限最长不得超过 240 个月。

(5)住房租金。为租赁合同(协议)约定的房屋租赁期开始的当月至租赁期结束的当月。提前终止合同(协议)的,以实际租赁期限为准。

(6)赡养老人。为被赡养人年满 60 周岁的当月至赡养义务终止的年末。

上述第(1)项、第(2)项规定的学历教育和学历(学位)继续教育的期间,包含因病或其他非主观原因休学但学籍继续保留的休学期间,以及施教机构按规定组织实施的寒暑假等假期。

享受子女教育、继续教育、住房贷款利息或者住房租金、赡养老人专项附加扣除的纳税人,自符合条件开始,可以向支付工资、薪金所得的扣缴义务人提供上述专项附加扣除有关信息,由扣缴义务人在预扣预缴税款时,按其在本单位本年可享受的累计扣除额办理扣除;也可以在次年 3 月 1 日至 6 月 30 日内,向汇缴地主管税务机关办理汇算清缴申报时扣除。

纳税人同时从两处以上取得工资、薪金所得,并由扣缴义务人办理上述专项附加扣除的,对同一专项附加扣除项目,一个纳税年度内,纳税人只能选择从其中一处扣除。

享受大病医疗专项附加扣除的纳税人,由其在次年 3 月 1 日至 6 月 30 日内,自行向汇缴地主管税务机关办理汇算清缴申报时扣除。

4.非居民个人的工资、薪金所得

非居民个人的工资、薪金所得以每月收入额减除费用 5 000 元后的余额为应纳税所得额;劳务报酬所得、稿酬所得、特许权使用费所得,以每次收入额为应纳税所得额。

非居民个人取得的劳务报酬所得、稿酬所得、特许权使用费所得,属于一次性收入的,以取得该项收入为一次;属于同一项目连续性收入的,以一个月内取得的收入为一次。

5.经营所得

经营所得,以每一纳税年度的收入总额减除成本、费用以及损失后的余额,为应纳税所得额。

成本、费用,是指个体工商户、个人独资企业、合伙企业以及个人从事其他生产经营活动发生的各项直接支出和分配计入成本的间接费用以及销售费用、管理费用、财务费用。

损失,是指个体工商户、个人独资企业、合伙企业以及个人从事其他生产经营活动发生的固定资产和存货的盘亏、毁损、报废损失,转让财产损失,坏账损失,自然灾害等不可抗力因素造成的损失以及其他损失。

个体工商户、个人独资企业、合伙企业以及个人从事其他生产经营活动,未提供完整、准确的纳税资料,不能正确计算应纳税所得额的,由主管税务机关核定其应纳税所得额。

个体工商户业主、个人独资企业投资者、合伙企业个人合伙人以及从事其他生产经营活动的个人,以其每一纳税年度来源于个体工商户、个人独资企业、合伙企业以及其他生产经营活动的所得,减除费用 6 万元、专项扣除以及依法确定的其他扣除后的余额,为应纳税所得额。

6.财产租赁所得

财产租赁所得,每次收入不超过 4 000 元的,减除费用 800 元;4 000 元以上的,减除 20%的费用,其余额为应纳税所得额。

财产租赁所得一般以个人每次取得的收入,定额或定率减除规定费用后的余额为应纳税所得额。每次收入不超过 4 000 元的,减除准予扣除项目、修缮费用(800 元为限),再减除费用 800 元;每次收入 4 000 元以上的,减除准予扣除项目、修缮费用(800 元为限),再减除 20%的费用,其余额为应纳税所得额。其计算公式分别为：

每次（月）收入不足 4 000 元的：

应纳税额＝[每次（月）收入额－准予扣除项目－修缮费用(800 元为限)－800]×20%

每次（月）收入在 4 000 元以上的：

应纳税额＝[每次（月）收入额－准予扣除项目－修缮费用(800 元为限)]×(1－20%)×20%

【注意】国家税务总局《关于个人转租房屋取得收入征收个人所得税问题解读稿》，对财产租赁所得个人所得税税前扣除税费的扣除次序问题重新进行了明确：在计算财产租赁所得个人所得税时，应首先扣除财产租赁过程中缴纳的税费；其次扣除个人向出租方支付的租金；再次扣除由纳税人负担的该出租财产实际开支的修缮费用；最后减除税法规定的费用扣除标准，即经上述减除后，如果余额不足 4 000 元，则减去 800 元，如果余额超过 4 000 元，则减去 20%。因此，"每次（月）收入不足 4 000 元"和"每次（月）收入在 4 000 元以上"中的"收入"，指的是扣除掉准予扣除项目、修缮费用之后的余额。

7.财产转让所得

财产转让所得，以转让财产的收入额减除财产原值和合理费用后的余额，为应纳税所得额。《个人所得税法》规定的财产原值，按照下列方法确定：

(1)有价证券，为买入价以及买入时按照规定缴纳的有关费用；

(2)建筑物，为建造费或者购进价格以及其他有关费用；

(3)土地使用权，为取得土地使用权所支付的金额、开发土地的费用以及其他有关费用；

(4)机器设备、车船，为购进价格、运输费、安装费以及其他有关费用。

其他财产，参照规定的方法确定财产原值。

纳税人未提供完整、准确的财产原值凭证，不能按照第十六条第一款规定的方法确定财产原值的，由主管税务机关核定财产原值。《个人所得税法》第六条第一款第五项所称合理费用，是指卖出财产时按照规定支付的有关税费。

财产转让所得应纳税额的计算公式为：

应纳税额＝应纳税所得额×适用税率＝(收入总额－财产原值－合理税费)×20%

【提示】对股票转让所得，暂不征收个人所得税。

【注意】对个人出售自有住房取得的所得按照"财产转让所得"项目征收个人所得税，但对个人转让自用 5 年以上并且是家庭唯一生活用房取得的所得，免征个人所得税。

8.利息、股息、红利所得和偶然所得

利息、股息、红利所得和偶然所得，以每次收入额为应纳税所得额。其应纳税所得额即为每次收入额。其计算公式为：

应纳税额＝应纳税所得额×适用税率＝每次收入额×20%

个人购买社会福利彩票、体育彩票中奖获取的所得，凡一次中奖收入不超过 1 万元的，暂免征收个人所得税；超过 1 万元的，全额按"偶然所得"税目征收个人所得税。

(六)下列各项个人所得免征个人所得税

(1)省级人民政府、国务院部委和中国人民解放军军以上单位，以及外国组织、国际组织颁发的科学、教育、技术、文化、卫生、体育、环境保护等方面的奖金；

(2)国债和国家发行的金融债券利息；

(3)按照国家统一规定发给的补贴、津贴；

(4)福利费、抚恤金、救济金；

(5)保险赔款；

(6)军人的转业费、复员费、退役金；

(7)按照国家统一规定发给干部、职工的安家费、退职费、基本养老金或者退休费、离休费、离休生活补助费；

(8)依照有关法律规定应予免税的各国驻华使馆、领事馆的外交代表、领事官员和其他人员的所得；

(9)中国政府参加的国际公约、签订的协议中规定免税的所得；

(10)国务院规定的其他免税所得，其他免税所得由国务院报全国人民代表大会常务委员会备案。

(七)个人所得税法修改后有关优惠政策衔接

1.关于全年一次性奖金、中央企业负责人年度绩效薪金延期兑现收入和任期奖励的政策

(1)居民个人取得全年一次性奖金，符合《国家税务总局关于调整个人取得全年一次性奖金等计算征收个人所得税方法问题的通知》(国税发〔2005〕9号)规定的，在2021年12月31日前，不并入当年综合所得，以全年一次性奖金收入除以12个月得到的数额，按照本通知所附按月换算后的综合所得税率表(简称"月度税率表")，确定适用税率和速算扣除数，单独计算纳税。计算公式为：

$$应纳税额=全年一次性奖金收入\times适用税率-速算扣除数$$

居民个人取得全年一次性奖金，也可以选择并入当年综合所得计算纳税。

自2022年1月1日起，居民个人取得全年一次性奖金，应并入当年综合所得计算缴纳个人所得税。

(2)中央企业负责人取得年度绩效薪金延期兑现收入和任期奖励，符合《国家税务总局关于中央企业负责人年度绩效薪金延期兑现收入和任期奖励征收个人所得税问题的通知》(国税发〔2007〕118号)规定的，在2021年12月31日前执行；2022年1月1日之后的政策另行明确。

2.关于上市公司股权激励的政策

2024年至2027年境内上市公司授予个人股票期权、限制性股票和股权奖励的，个人可自股票期权行权、限制性股票解禁或取得股权奖励之日起分期缴纳个人所得税，分期纳税期限由1年延长到3年。

3.关于保险营销员、证券经纪人佣金收入的政策

保险营销员、证券经纪人取得的佣金收入，属于劳务报酬所得，以不含增值税的收入减除20%的费用后的余额为收入额，收入额减去展业成本以及附加税费后，并入当年综合所得，计算缴纳个人所得税。保险营销员、证券经纪人展业成本按照收入额的25%计算。

扣缴义务人向保险营销员、证券经纪人支付佣金收入时，应按照《个人所得税扣缴申报管理办法(试行)》(国家税务总局公告2018年第61号)规定的累计预扣法计算预扣税款。

4.关于个人领取企业年金、职业年金的政策

个人达到国家规定的退休年龄，领取的企业年金、职业年金，符合《财政部、人力资源社会保障部、国家税务总局关于企业年金、职业年金个人所得税有关问题的通知》(财税〔2013〕103号)规定的，不并入综合所得，全额单独计算应纳税款。其中按月领取的，适用月度税率表计算纳税；按季领取的，平均分摊计入各月，按每月领取额适用月度税率表计算纳税；按年领取的，适用综合所得税率表计算纳税。

个人因出境定居而一次性领取的年金个人账户资金，或个人死亡后，其指定的受益人或法定继承人一次性领取的年金个人账户余额，适用综合所得税率表计算纳税。对个人除上述特殊原因外一次性领取年金个人账户资金或余额的，适用月度税率表计算纳税。

5.关于解除劳动关系、提前退休、内部退养的一次性补偿收入的政策

(1)个人与用人单位解除劳动关系取得一次性补偿收入(包括用人单位发放的经济补偿金、生

活补助费和其他补助费），在当地上年职工平均工资3倍数额以内的部分，免征个人所得税；超过3倍数额的部分，不并入当年综合所得，单独适用综合所得税率表，计算纳税。

（2）年龄之间实际年度数平均分摊，确定适用税率和速算扣除数，单独适用综合所得税率表，计算纳税。计算公式为：

应纳税额＝{[(一次性补贴收入÷办理提前退休手续至法定退休年龄的实际年度数) －费用扣除标准]×适用税率－速算扣除数}×办理提前退休手续至法定退休年龄的实际年度数

（3）个人办理内部退养手续而取得的一次性补贴收入，按照《国家税务总局关于个人所得税有关政策问题的通知》（国税发〔1999〕58号）规定计算纳税。

6.关于单位低价向职工售房的政策

单位按低于购置或建造成本价格出售住房给职工，职工因此而少支出的差价部分，符合《财政部、国家税务总局关于单位低价向职工售房有关个人所得税问题的通知》（财税〔2007〕13号）第二条规定的，不并入当年综合所得，以差价收入除以12个月得到的数额，按照月度税率表确定适用税率和速算扣除数，单独计算纳税。计算公式为：

应纳税额＝职工实际支付的购房价款低于该房屋的购置或建造成本价格的差额 ×适用税率－速算扣除数

7.关于外籍个人有关津补贴的政策

（1）外籍个人符合居民个人条件的，可以选择享受个人所得税专项附加扣除，也可以选择按照《财政部、国家税务总局关于个人所得税若干政策问题的通知》（财税〔1994〕20号）、《国家税务总局关于外籍个人取得有关补贴征免个人所得税执行问题的通知》（国税发〔1997〕54号）和《财政部、国家税务总局关于外籍个人取得港澳地区住房等补贴征免个人所得税的通知》（财税〔2004〕29号）规定，享受住房补贴、语言训练费、子女教育费等津补贴免税优惠政策，但不得同时享受。外籍个人一经选择，在一个纳税年度内不得变更。

（2）自2022年1月1日起，外籍个人不再享受住房补贴、语言训练费、子女教育费津补贴免税优惠政策，应按规定享受专项附加扣除。

（八）个人所得税的征收管理

1.个人所得税的代扣代缴

个人所得税以所得人为纳税人，以支付所得的单位或者个人为扣缴义务人。

纳税人有中国居民身份证号码的，以中国居民身份证号码为纳税人识别号；纳税人没有中国居民身份证号码的，由税务机关赋予其纳税人识别号。扣缴义务人扣缴税款时，纳税人应当向扣缴义务人提供纳税人识别号。

有下列情形之一的，纳税人应当依法办理纳税申报：①取得综合所得需要办理汇算清缴。②取得应税所得没有扣缴义务人。③取得应税所得，扣缴义务人未扣缴税款。④取得境外所得。⑤因移居境外注销中国户籍。⑥非居民个人在中国境内从两处以上取得工资、薪金所得。⑦国务院规定的其他情形。

扣缴义务人应当按照国家规定办理全员全额扣缴申报，并向纳税人提供其个人所得和已扣缴税款等信息。对扣缴义务人按照所扣缴的税款，付给2%的手续费。

2.个人所得税的汇算清缴

居民个人取得综合所得，按年计算个人所得税；有扣缴义务人的，由扣缴义务人按月或者按次预扣预缴税款；需要办理汇算清缴的，应当在取得所得的次年3月1日至6月30日内办理汇算清缴。预扣预缴办法由国务院税务主管部门制定。

取得综合所得需要办理汇算清缴,包括下列情形:
(1)在两处或者两处以上取得综合所得,且综合所得年收入额减去专项扣除的余额超过6万元。
(2)取得劳务报酬所得、稿酬所得、特许权使用费所得中一项或者多项所得,且综合所得年收入额减去专项扣除的余额超过6万元。
(3)纳税年度内预缴税额低于应纳税额的。

居民个人向扣缴义务人提供专项附加扣除信息的,扣缴义务人按月预扣预缴税款时应当按照规定予以扣除,不得拒绝。

非居民个人取得工资、薪金所得,劳务报酬所得,稿酬所得和特许权使用费所得,有扣缴义务人的,由扣缴义务人按月或者按次代扣代缴税款,不办理汇算清缴。

纳税人取得经营所得,按年计算个人所得税,由纳税人在月度或者季度终了后15日内向税务机关报送纳税申报表,并预缴税款;在取得所得的次年3月31日前办理汇算清缴。

纳税人取得利息、股息、红利所得,财产租赁所得,财产转让所得和偶然所得,按月或者按次计算个人所得税,有扣缴义务人的,由扣缴义务人按月或者按次代扣代缴税款。

纳税人取得应税所得没有扣缴义务人的,应当在取得所得的次月15日内向税务机关报送纳税申报表,并缴纳税款。

纳税人取得应税所得,扣缴义务人未扣缴税款的,纳税人应当在取得所得的次年6月30日前,缴纳税款;税务机关通知限期缴纳的,纳税人应当按照期限缴纳税款。

居民个人从中国境外取得所得的,应当在取得所得的次年3月1日至6月30日内申报纳税。

非居民个人在中国境内从两处以上取得工资、薪金所得的,应当在取得所得的次月15日内申报纳税。

纳税人因移居境外注销中国户籍的,应当在注销中国户籍前办理税款清算。

扣缴义务人每月或者每次预扣、代扣的税款,应当在次月15日内缴入国库,并向税务机关报送扣缴个人所得税申报表。

纳税人办理汇算清缴退税或者扣缴义务人为纳税人办理汇算清缴退税的,税务机关审核后,按照国库管理的有关规定办理退税。申报退税应当提供本人在中国境内开设的银行账户。

任务四　城市维护建设税和教育费附加法律制度

一、城市维护建设税

城市维护建设税是对从事市场经营,缴纳增值税、消费税的单位和个人征收的一种税。1985年2月8日,国务院正式颁布《中华人民共和国城市维护建设税暂行条例》,并于1985年1月起在全国范围内施行。2020年8月11日第十三届全国人民代表大会常务委员会第二十一次会议通过《中华人民共和国城市维护建设税法》,自2021年9月1日起施行。

(一)城市维护建设税的征收范围

城市维护建设税的征收范围比较广,具体包括城市市区、县城、建制镇以及税法规定征收增值税和消费税的其他地区。城市、县城、建制镇的范围,应以行政区划为标准,不能随意扩大或缩小各自行政区域的管辖范围。

(二)城市维护建设税的纳税人

城市维护建设税的纳税人是在征税范围内从事工商经营,并缴纳增值税、消费税的单位和个人。不论是国有企业、集体企业、私营企业、个体工商业户,还是其他单位和个人,只要缴纳了增值税、消费税中的任何一种税,都必须同时缴纳城市维护建设税。

个体商贩及个人在集市上出售商品,对其征收临时经营的增值税,是否同时按其实缴税额征收城市维护建设税,由各省、自治区、直辖市人民政府根据实际情况确定。

(三)城市维护建设税的税收优惠

(1)对进口货物或者境外单位和个人向境内销售劳务、服务、无形资产缴纳的增值税、消费税税额,不征收城市维护建设税。

(2)对由于减免增值税、消费税而发生的退税,同时退还已纳的城市维护建设税,但对出口产品退还增值税、消费税的,不退还已缴纳的城市维护建设税;生产企业出口货物实行免、抵、退税办法后,经国家税务总局正式审核批准的当期免抵的增值税税额应纳入城市维护建设税和教育费附加的计征范围,分别按规定的税(费)率征收城市维护建设税和教育费附加。

(3)对增值税、消费税实行先征后返、先征后退、即征即退办法的,除另有规定外,对随增值税和消费税附征的城市维护建设税和教育费附加,一律不予退(返)还。

(4)根据国民经济和社会发展的需要,国务院对重大公共基础设施建设、特殊产业和群体以及重大突发事件应对等情形可以规定减征或者免征城市维护建设税,报全国人民代表大会常务委员会备案。

(四)城市维护建设税的税率

城市维护建设税实行地区差别比例税率。按照纳税人所在地的不同,税率分别规定为7%、5%、1%三个档次。不同地区的纳税人,适用不同档次的税率。具体适用范围是:①纳税人所在地在城市市区的,税率为7%。②纳税人所在地在县城、建制镇的,税率为5%。③纳税人所在地不在城市市区、县城、建制镇的,税率为1%。

城市维护建设税的适用税率,一般规定按纳税人所在地的适用税率执行。但下列两种情况,可按纳税人缴纳增值税、消费税所在地的规定税率就地缴纳城市维护建设税:①由受托方代收、代扣增值税、消费税的单位和个人。②流动经营等无固定纳税地点的单位和个人。

(五)城市维护建设税的计税依据

城市维护建设税的计税依据,是纳税人实际缴纳的增值税和消费税税额。

【提示】纳税人因违反缴纳增值税和消费税有关规定而加收的滞纳金和罚款,不作为城市维护建设税的计税依据,但纳税人在被查补增值税和消费税和被处以罚款时,应同时对其城市维护建设税进行补税、征收滞纳金和罚款。

(六)城市维护建设税应纳税额的计算

城市维护建设税应纳税额的计算公式为:

$$应纳税额 = (实际缴纳的增值税 + 实际缴纳的消费税) \times 适用税率$$

做中学 4—5

甲公司为国有企业,位于某市东城区,2024年10月应缴增值税90 000元,实际缴纳增值税80 000元;应缴消费税70 000元,实际缴纳消费税60 000元。已知适用的城市维护建设税税率为7%。

要求:计算该公司当月应纳城市维护建设税税额。

解析:根据城市维护建设税法律制度规定,城市维护建设税以纳税人实际缴纳的增值税和消费税之和为计税依据。

应纳城市维护建设税税额=(80 000+60 000)×7%=9 800(元)

(七)城市维护建设税的征收管理

城市维护建设税的征收管理、纳税环节等事项,比照增值税、消费税的有关规定执行。

根据税法规定的原则,针对一些比较复杂并有特殊性的纳税地点,财政部和国家税务总局作了以下规定:

(1)纳税人直接缴纳增值税和消费税的,在缴纳地缴纳城市维护建设税。

(2)代征、代扣、代缴增值税、消费税的企业单位,同时要代征、代扣、代缴城市维护建设税。没有代扣城市维护建设税的,应由纳税单位或个人回到其所在地申报纳税。

(3)对流动经营等无固定纳税地点的单位和个人,应随同增值税、消费税在经营地按适用税率缴纳。

城市维护建设税按月或者按季计征。不能按固定期限计征的,可以按次计征。实行按月或者按季计征的,纳税人应当于月度或者季度终了之日起15日内申报并缴纳税款。实行按次计征的,纳税人应当于纳税义务发生之日起15日内申报并缴纳税款。扣缴义务人解缴税款的期限,依照上述规定执行。

二、教育费附加

教育费附加是以单位和个人缴纳的增值税、消费税税额为计税依据征收的一种附加费。教育费附加名义上是一种专项资金,但实质上具有税的性质。为了调动各种社会力量办教育的积极性,开辟多种渠道筹措教育经费,国务院于1986年4月28日颁布了《征收教育费附加的暂行规定》,并于同年7月1日起在全国范围内征收教育费附加。

(一)教育费附加的征收范围和计税依据

教育费附加对缴纳增值税、消费税的单位和个人征收,以其实际缴纳的增值税、消费税税额为计税依据,分别与增值税、消费税同时缴纳。自2010年12月1日起,对外商投资企业、外国企业及外籍个人开始征收教育费附加。

(二)教育费附加的税收优惠

(1)对海关进口的产品征收的增值税、消费税,不征收教育费附加。

(2)对由于减免增值税、消费税而发生退税的,可以同时退还已征收的教育费附加。但对出口产品退还增值税、消费税的,不退还已征的教育费附加。

(3)对新办的商贸企业(从事批发、批零以及其他非零售业务的商贸企业除外),当年新招用下岗失业人员达到职工总数30%以上(含30%),并与其签订1年以上期限劳动合同,经劳动保障部门认定、税务机关审核,3年内免征教育费附加。

(4)对下岗失业人员从事个体经营(除建筑业、娱乐业以及广告业、桑拿、按摩、网吧、氧吧外)的,自领取税务登记证之日起,3年内免征教育费附加。

(5)自2004年1月1日起,对为安置自谋职业的城镇退役士兵就业而新办的服务型企业(除广告业、桑拿、按摩、网吧、氧吧外)当年新安置自谋职业的城镇退役士兵达到职工总数30%以上,并与其签订1年以上期限劳动合同的,经县以上民政部门认定、税务机关审核,3年内免征教育费附加。

对为安置自谋职业的城镇退役士兵就业而新办的商业零售企业当年新安置自谋职业的城镇退役士兵达到职工总数30%以上,并与其签订1年以上期限劳动合同的,经县以上民政部门认定、税务机关审核,3年内免征教育费附加。

对自谋职业的城镇退役士兵,在国办发〔2004〕10号文件下发后从事个体经营(除建筑业、娱乐业以及广告业、桑拿、按摩、网吧、氧吧外)的,自领取税务登记证之日起,3年内免征教育费附加。

(6)经中国人民银行依法决定撤销的金融机构及其分设于各地的分支机构(包括被依法撤销的

商业银行、信托投资公司、财务公司、金融租赁公司、城市信用社和农村信用社),用其财产清偿债务时,免征被撤销金融机构转让货物、不动产、无形资产、有价证券、票据等应缴纳的教育费附加。

(7)自 2016 年 2 月 1 日起,按月缴纳的月销售额或营业额不超过 10 万元(按季度缴纳季度销售额或营业额不超过 30 万元)的纳税义务人,免征教育费附加和地方教育附加。

(三)教育费附加计征比率

随着经济的发展,社会各界对各级教育投入的需求也在增加,与此相适应,教育费附加计征比率也经历了一个由低到高的变化过程。1986 年开征时,比率为 1%;1990 年 5 月增至 2%;自 1994 年 1 月 1 日至今,教育费附加比率为 3%。根据《财政部关于统一地方教育附加政策有关问题的通知》(财综〔2010〕98 号),各地统一开征地方教育费附加,地方教育费附加的征收标准统一为单位和个人(包括外商投资企业、外国企业和外籍个人)实际缴纳的增值税、消费税税额的 2%。

4.教育费附加的计算

教育费附加的计算公式为:

$$应纳教育费附加=(实际缴纳的增值税税额+实际缴纳的消费税税额)\times 征收比率$$

做中学 4-6

某大型卖场 2024 年 10 月应缴纳增值税 260 000 元,实际缴纳增值税 200 000 元,实际缴纳消费税 100 000 元。已知适用的教育费附加税率为 3%。

要求:计算该卖场当月应纳教育费附加。

解析:应纳教育费附加=(200 000+100 000)×3%=9 000(元)

任务五 其他税收法律制度

一、土地增值税

(一)土地增值税的概念

土地增值税最早起源于 18 世纪中叶的法国。土地增值税是对转让国有土地使用权、地上建筑物及其附着物并取得收入的单位和个人,就其转让房地产所取得的增值额征收的一种税。1993 年 12 月 13 日国务院颁布《中华人民共和国土地增值税暂行条例》(简称《土地增值税暂行条例》),2011 年 1 月 8 日国务院令第 588 号修订。1995 年 1 月 27 日财政部印发《中华人民共和国土地增值税暂行条例实施细则》。之后,财政部、国家税务总局又陆续发布了一些有关土地增值税的规定、办法。财政部、国家税务总局 2019 年 7 月 16 日起草了《中华人民共和国土地增值税法(征求意见稿)》。

(二)土地增值税的纳税人

土地增值税的纳税人为转让国有土地使用权、地上建筑物及其附着物(简称"转让房地产")并取得收入的单位和个人。

(三)土地增值税的征税范围

土地增值税征税范围的一般规定如下:

(1)土地增值税只对转让国有土地使用权及其地上建筑物和附着物的行为征税,对出让国有土地使用权的行为不征税。

(2)土地增值税既对转让国有土地使用权的行为征税,也对转让地上建筑物及其他附着物产权的行为征税。

(3)土地增值税只对有偿转让的房地产征税,对以继承、赠与等方式无偿转让的房地产不予征税。

不征土地增值税的房地产赠与行为包括以下两种情况：①房产所有人、土地使用权所有人将房屋产权、土地使用权赠与直系亲属或承担直接赡养义务人的行为。②房产所有人、土地使用权所有人通过中国境内非营利的社会团体、国家机关将房屋产权、土地使用权赠与教育、民政和其他社会福利、公益事业的行为。

（四）土地增值税的税率

土地增值税实行四级超率累进税率。土地增值税税率表如表4－6所示。

表4－6　　　　　　　　　　　　　　土地增值税税率表

级数	增值额与扣除项目金额的比率	税率(%)	速算扣除系数(%)
1	不超过50%的部分	30	0
2	超过50%~100%的部分	40	5
3	超过100%~200%的部分	50	15
4	超过200%的部分	60	35

（五）土地增值税的计税依据

土地增值税的计税依据是纳税人转让房地产所取得的增值额。转让房地产的增值额，是纳税人转让房地产的收入减除税法规定的扣除项目金额后的余额。土地增值额的大小，取决于转让房地产的收入额和扣除项目金额两个因素。

二、房产税

（一）房产税的概念

房产税，是以房产为征税对象，按照房产的计税价值或房产租金收入向房产所有人或经营管理人等征收的一种税。

（二）房产税的纳税人

房产税的纳税人，是指在我国城市、县城、建制镇和工矿区内拥有房屋产权的单位和个人，其具体包括产权所有人、承典人、房产代管人或者使用人。房产税的征税对象是房屋。

（三）房产税的征税范围

房产税的征税范围是城市、县城、建制镇和工矿区的房屋，不包括农村。

【提示】独立于房屋之外的建筑物，如围墙、烟囱、水塔、菜窖、室外游泳池等不属于房产税的征税范围。

（四）房产税的税率

我国现行房产税采用比例税率。从价计征和从租计征实行不同标准的比例税率。从价计征的，税率为1.2%。从租计征的，税率为12%。从2001年1月1日起，对个人按市场价格出租的居民住房，可暂减按4%的税率征收房产税。

（五）房产税的计税依据

房产税以房产的计税价值或房产的租金收入为计税依据。按房产计税价值征税的，称为从价计征；按房产租金收入征税的，称为从租计征。

（六）房产税应纳税额的计算

（1）从价计征的房产税应纳税额的计算。从价计征是按房产的原值减除一定比例后的余值计征，其计算公式为：

从价计征的房产税应纳税额＝应税房产原值×(1－扣除比例)×1.2%

公式中，扣除比例幅度为 10%～30%，具体扣除比例幅度由省、自治区、直辖市人民政府规定。

(2)从租计征的房产税应纳税额的计算。从租计征是按房产的租金收入计征，其计算公式为：

$$从租计征的房产税应纳税额 = 租金收入 \times 12\%（或 4\%）$$

三、资源税

(一)资源税的概念

资源税是对在我国境内从事应税矿产品开采或生产盐的单位和个人征收的一种税。《中华人民共和国资源税法》已由中华人民共和国第十三届全国人民代表大会常务委员会第十二次会议于 2019 年 8 月 26 日通过，自 2020 年 9 月 1 日起施行。

(二)资源税的纳税人

资源税的纳税人，是指在中华人民共和国领域及管辖海域开采《资源税暂行条例》规定的矿产品或者生产盐(以下称"开采或者生产应税产品")的单位和个人。

(三)资源税的征税范围

目前，我国资源税的征税范围仅涉及矿产品和盐两大类，具体包括：

(1)原油：开采的天然原油征税；人造石油不征税。

(2)天然气：开采的天然气和与原油同时开采的天然气征税。

(3)煤炭：包括原煤和以未税原煤加工的洗选煤。

(4)其他非金属矿：包括石墨、硅藻土、高岭土、萤石、石灰石、硫铁矿、磷矿、氯化钾、硫酸钾、井矿盐、湖盐、提取地下卤水晒制的盐、煤层(成)气。

(5)金属矿：包括铁矿、金矿、铜矿、铝土矿、铅锌矿、镍矿、锡矿及其他金属矿产品原矿或精矿等。

(6)海盐：指海水晒制的盐，不包括提取地下卤水晒制的盐。

纳税人开采或者生产应税产品，自用于连续生产应税产品的，不缴纳资源税；自用于其他方面的，视同销售，缴纳资源税。

(四)资源税的税目

现行资源税税目包括原油、天然气、煤炭等非金属矿和金矿、铁矿等金属矿，以及海盐等资源、品目。

(五)资源税的税率

资源税采用比例税率和定额税率两种形式，如表 4-7 所示。

表 4-7　　　　　　　　　　资源税税目税率表

(2020 年 9 月 1 日起执行)

税　目		征税对象	税　率
能源矿产	原油	原矿	6%
	天然气、页岩气、天然气水合物	原矿	6%
	煤	原矿或者选矿	2%～10%
	煤成(层)气	原矿	1%～2%
	铀、钍	原矿	4%
	油页岩、油砂、天然沥青、石煤	原矿或者选矿	1%～4%
	地热	原矿	1%～20%或者每立方米 1～30 元

续表

税 目			征税对象	税 率
金属矿产	黑色金属	包括铁、锰、铬、钒、钛	原矿或者选矿	1%~9%
	有色金属	铜、铅、锌、锡、镍、锑、镁、钴、铋、汞	原矿或者选矿	2%~10%
		铝土矿	原矿或者选矿	2%~9%
		钨	选矿	6.5%
		钼	选矿	8%
		金、银	原矿或者选矿	2%~6%
		铂、钯、钌、锇、铱、铑	原矿或者选矿	5%~10%
		轻稀土	选矿	7%~12%
		中重稀土	选矿	20%
		铍、锂、锆、锶、铷、铯、铌、钽、锗、镓、铟、铊、铪、铼、镉、硒、碲	原矿或者选矿	2%~10%
非金属矿产	矿物类	高岭土	原矿或者选矿	1%~6%
		石灰岩	原矿或者选矿	1%~6%或者每吨（或者每立方米）1~10元
		磷	原矿或者选矿	3%~8%
		石墨	原矿或者选矿	3%~12%
		萤石、硫铁矿、自然硫	原矿或者选矿	1%~8%
		天然石英砂、脉石英、粉石英、水晶、工业用金刚石、冰洲石、蓝晶石、硅线石（矽线石）、长石、滑石、刚玉、菱镁矿、颜料矿物、天然碱、芒硝、钠硝石、明矾石、砷、硼、碘、溴、膨润土、硅藻土、陶瓷土、耐火粘土、铁矾土、凹凸棒石粘土、海泡石粘土、伊利石粘土、累托石粘土	原矿或者选矿	1%~12%
		叶蜡石、硅灰石、透辉石、珍珠岩、云母、沸石、重晶石、毒重石、方解石、蛭石、透闪石、工业用电气石、白垩、石棉、蓝石棉、红柱石、石榴子石、石膏	原矿或者选矿	2%~12%
		其他粘土（铸型用粘土、砖瓦用粘土、陶粒用粘土、水泥配料用粘土、水泥配料用红土、水泥配料用黄土、水泥配料用泥岩、保温材料用粘土）	原矿或者选矿	1%~5%或者每吨（或者每立方米）0.1~5元
	岩石类	大理岩、花岗岩、白云岩、石英岩、砂岩、辉绿岩、安山岩、闪长岩、板岩、玄武岩、片麻岩、角闪岩、页岩、浮石、凝灰岩、黑曜岩、霞石正长岩、蛇纹岩、麦饭石、泥灰岩、含钾岩石、含钾砂页岩、天然油石、橄榄岩、松脂岩、粗面岩、辉长岩、辉石岩、正长岩、火山灰、火山渣、泥炭	原矿或者选矿	1%~10%
		砂石（天然砂、卵石、机制砂石）	原矿或者选矿	1%~5%或者每吨（或者每立方米）0.1~5元
	宝玉石类	宝石、玉石、宝石级金刚石、玛珊、黄玉、碧玺	原矿或者选矿	4%~20%

续表

税 目		征税对象	税 率
水气矿产	二氧化碳气、硫化氢气、氦气、氢气	原矿	2%～5%
	矿泉水	原矿	1%～20%或者每立方米1～30元
盐	钠盐、钾盐、镁盐、锂盐	选矿	3%～15%
	天然卤水	原矿	3%～15%或者每吨（或者每立方米）1～10元
	海盐		2%～5%

四、城镇土地使用税

(一)城镇土地使用税的概念

城镇土地使用税是国家在城市、县城、建制镇和工矿区范围内，对使用土地的单位和个人，以其实际占用的土地面积为计税依据，按照规定的税额计算征收的一种税。1988年9月27日国务院颁布《中华人民共和国城镇土地使用税暂行条例》(简称《城镇土地使用税暂行条例》)，自1988年11月1日起施行。2006年12月31日、2011年1月8日、2013年12月7日、2019年3月2日，国务院对《城镇土地使用税暂行条例》进行了四次修订。

(二)城镇土地使用税的纳税人

城镇土地使用税的纳税人，是指在税法规定的征税范围内使用土地的单位和个人。

(三)城镇土地使用税的征税范围

城镇土地使用税的征税范围是税法规定的纳税区域内的土地。凡在城市、县城、建制镇、工矿区范围内的土地，不论是属于国家所有的土地，还是属于集体所有的土地，都在城镇土地使用税的征税范围内。

【注意】自2009年1月1日起，公园、名胜古迹内的索道公司的经营用地，应按规定缴纳城镇土地使用税。

(四)城镇土地使用税的税率

城镇土地使用税采用定额税率，即采用有幅度的差别税额，按大、中、小城市和县城、建制镇、工矿区分别规定每平方米城镇土地使用税年应纳税额。

大、中、小城市以公安部门登记在册的非农业正式户口人数为依据，按照国务院颁布的《城市规划条例》中规定的标准划分。人口在50万人以上者为大城市；人口在20万至50万人之间者为中等城市；人口在20万人以下者为小城市。城镇土地使用税税率表如表4—8所示。

表4—8 城镇土地使用税税率表

级 别	人 口	每平方米税额(元)
大城市	50万人以上	1.5～30
中等城市	20万～50万人	1.2～24
小城市	20万人以下	0.9～18
县城、建制镇、工矿区		0.6～12

（五）城镇土地使用税的计税依据

城镇土地使用税以纳税人实际占用的土地面积为计税依据，土地面积计量标准为每平方米，即税务机关根据纳税人实际占用的土地面积，按照规定的税率计算应纳税额，向纳税人征收城镇土地使用税。

（六）城镇土地使用税应纳税额的计算

城镇土地使用税是以纳税人实际占用的土地面积为计税依据，按照规定的适用税额计算征收。其应纳税额计算公式为：

$$年应纳税额 = 实际占用应税土地面积（平方米）\times 适用税额$$

五、耕地占用税

（一）耕地占用税的概念

耕地占用税，是为了合理利用土地资源，加强土地管理，保护耕地，对占用耕地建房或者从事非农业建设的单位或者个人征收的一种税。《中华人民共和国耕地占用税法》于2018年12月29日第十三届全国人民代表大会常务委员会第七次会议通过，自2019年9月1日起施行。

（二）耕地占用税的纳税人

耕地占用税的纳税人为在我国境内占用耕地建房或者从事非农业建设的单位或者个人。

（三）耕地占用税的征收范围

耕地占用税的征税范围包括纳税人为建房或从事其他非农业建设而占用的国家所有和集体所有的耕地。

（四）耕地占用税的税率

耕地占用税实行地区幅度差别定额税率，以县为单位，按人均占有耕地面积分设4档定额。耕地占用税税率表如表4-9所示。

表4-9　　　　　　　　　　　　耕地占用税平均税额表

人均耕地占用面积（以县级行政区域为单位）	每平方米年税额（元）
不超过1亩的地区	10～50
超过1亩但不超过2亩的地区	8～40
超过2亩但不超过3亩的地区	6～30
超过3亩以上的地区	5～25

（五）耕地占用税的计税依据

耕地占用税以纳税人实际占用的耕地面积为计税依据，按照适用税额标准计算应纳税额，一次性缴纳。

纳税人实际占用耕地面积的核定以农用地转用审批文件为主要依据，必要的时候应当实地勘测。

（六）耕地占用税应纳税额的计算

耕地占用税应纳税额的计算公式为：

$$应纳税额 = 实际占用耕地面积（平方米）\times 适用税率$$

六、关税

（一）关税的概念

关税是海关依法对进出境货物、物品征收的一种税。所谓"境"，是指关境，又称"海关境域"或"关税领域"，是国家《海关法》全面实施的领域。在通常情况下，一国关境与国境是一致的,包括国家全部的领土、领海、领空,但是也有不一致的情况。2024年4月26日第十四届全国人民代表大会常务委员会第九次会议通过了《中华人民共和国关税法》,自2024年12月1日起施行。

(二)关税的纳税人

进口货物的收货人、出口货物的发货人、进出境物品的所有人,是关税的纳税义务人。

(三)关税的征税对象和税目

关税的征税对象是指准许进出我国关境的货物和物品。凡准许进出口的货物,除国家另有规定的以外,均应由海关征收进口关税或出口关税。对从境外采购进口的原产于中国境内的货物,也应按规定征收进口关税。

关税的税目、税率都由《中华人民共和国海关进出口税则》规定。它主要包括三个部分:归类总规则、进口税率表和出口税率表。其中,归类总规则是对进出口货物分类的具有法律效力的原则和方法。

进出口税则中的商品分类目录为关税税目。按照税则归类总规则及其归类方法,每一种商品都能找到一个最适合的对应税目。

(四)关税的税率

(1)税率的种类

关税的税率分为进口税率和出口税率两种。其中,进口税率又分为普通税率、最惠国税率、协定税率、特惠税率、关税配额税率和暂定税率。

(2)税率的确定

进出口货物应当依照《海关进出口税则》规定的归类原则归入合适的税号,按照适用的税率征税。其中:

①进出口货物,应按纳税义务人申报进口或者出口之日实施的税率征税。

②进口货物到达之前,经海关核准先行申报的,应该按照装载此货物的运输工具申报进境之日实施的税率征税。

③进出口货物的补税和退税,应按该进出口货物原申报进口或出口之日所实施的税率征税,但有特例情况,本书从略。

(五)关税的计税依据

我国对进出口货物征收关税,主要采取从价计征的办法,以商品价格为标准征收关税。因此,关税主要以进出口货物的完税价格为计税依据。

(六)关税应纳税额的计算

(1)从价税计算方法。从价税是最普遍的关税计征方法,它以进(出)口货物的完税价格作为计税依据。其应纳税额的计算公式为:

$$应纳税额 = 应税进(出)口货物数量 \times 单位完税价格 \times 适用税率$$

(2)从量税计算方法。从量税是以进(出)口货物的数量为计税依据的一种关税计征方法。其应纳税额的计算公式为:

$$应纳税额 = 应税进(出)口货物数量 \times 关税单位税额$$

(3)复合税计算方法。复合税是对某种进(出)口货物同时适用从价和从量计征的一种关税计征方法。其应纳税额的计算公式为:

$$应纳税额 = 应税进(出)口货物数量 \times 关税单位税额$$
$$+ 应税进(出)口货物数量 \times 单位完税价格 \times 适用税率$$

(4)滑准税计算方法。滑准税是指关税的税率随着进(出)口货物价格的变动而反方向变动的一种税率形式,即价格越高,税率越低,税率为比例税率。因此,对实行滑准税的进(出)口货物应纳税额的计算方法与从价税的计算方法相同。其应纳税额的计算公式为:

$$应纳税额＝应税进(出)口货物数量×单位完税价格×滑准税税率$$

七、印花税

(一)印花税的概念

印花税是对经济活动和经济交往中书立、领受、使用的应税经济凭证征收的一种税。因纳税人主要是通过在应税凭证上粘贴印花税票来完成纳税义务,故名印花税。

(二)印花税的纳税人

印花税的纳税人包括在中华人民共和国境内书立应税凭证、进行证券交易的单位和个人,以及在中华人民共和国境外书立在境内使用的应税凭证的单位和个人。

(三)印花税的征税范围

《中华人民共和国印花税法》于2021年6月10日第十三届全国人民代表大会常务委员会第二十九次会议通过,自2022年7月1日起施行。列举的凭证分为四类,即合同类、产权转移书据类、营业账簿类、证券交易类。

(四)印花税的税目和税率

根据应纳税凭证性质的不同,印花税分别采用比例税率和定额税率,具体税目、税额标准如表4—10所示。此外,根据国务院的专门规定,股份制企业向社会公开发行的股票,因买卖、继承、赠与所书立的股权转让书据,应当按照书据书立时证券市场当日实际成交价格计算的金额,由出让方按照1‰的税率缴纳印花税。印花税实行比例税率。合同,适用税率为0.05‰;购销合同、建筑安装工程承包合同、技术合同等,适用税率为0.3‰;加工承揽合同、建设工程勘察设计合同、货物运输合同、产权转移书据合同、记载资金数额的营业账簿等,适用税率为0.5‰;财产租赁合同、仓储保管合同、财产保险合同等,适用税率为1‰;因股票买卖、继承、赠与而书立"股权转让书据"(包括A股和B股),适用税率为1‰。

表4—10　　　　　印花税税目、税率表(2022版,2022年7月1日起执行)

税　目		税　率	备　注
合同(指书面合同)	借款合同	借款金额的万分之零点五	指银行业金融机构、经国务院银行业监督管理机构批准设立的其他金融机构与借款人(不包括同业拆借)的借款合同
	融资租赁合同	租金的万分之零点五	
	买卖合同	价款的万分之三	指动产买卖合同(不包括个人书立的动产买卖合同)
	承揽合同	报酬的万分之三	
	建设工程合同	价款的万分之三	
	运输合同	运输费用的万分之三	指货运合同和多式联运合同(不包括管道运输合同)
	技术合同	价款、报酬或者使用费的万分之三	不包括专利权、专有技术使用权转让书据
	租赁合同	租金的千分之一	
	保管合同	保管费的千分之一	
	仓储合同	仓储费的千分之一	
	财产保险合同	保险费的千分之一	不包括再保险合同

续表

税　目		税　率	备　注
产权转移书据	土地使用权出让书据	价款的万分之五	转让包括买卖（出售）、继承、赠与、互换、分割
	土地使用权、房屋等建筑物和构筑物所有权转让书据（不包括土地承包经营权和土地经营权转移）	价款的万分之五	
	股权转让书据（不包括应缴纳证券交易印花税的）	价款的万分之五	
	商标专用权、著作权、专利权、专有技术使用权转让书据	价款的万分之三	
营业账簿		实收资本（股本）、资本公积合计金额的万分之二点五	
证券交易		成交金额的千分之一	

（五）印花税应纳税额的计算

(1)实行比例税率的凭证，印花税应纳税额的计算公式为：

$$应纳税额 = 应税凭证计税金额 \times 比例税率$$

(2)实行定额税率的凭证，印花税应纳税额的计算公式为：

$$应纳税额 = 应税凭证件数 \times 定额税率$$

(3)营业账簿应纳税额的计算。印花税应纳税额的计算公式为：

$$应纳税额 = （实收资本 + 资本公积） \times 0.5‰ \times 50\%$$

八、契税

（一）契税的概念

契税在我国有悠久的历史，起源于东晋时期的"估税"。北宋时期，契税逐渐趋于完备。元、明、清等时期都征收契税。《中华人民共和国契税法》（简称《契税法》）已由中华人民共和国第十三届全国人民代表大会常务委员会第二十一次会议于2020年8月11日通过，自2021年9月1日起施行。契税是以境内土地、房屋权属发生转移的不动产为征税对象，以当事人双方签订的合同为依据，向产权承受人一次性征收的一种财产税。

（二）契税的纳税人

契税的纳税人，是指在我国境内承受土地、房屋权属转移的单位和个人。

契税由权属的承受人缴纳。这里所说的"承受"，是指以受让、购买、受赠、交换等方式取得土地、房屋权属的行为。

转让房地产权属行为的转让方和承受方的纳税情况如表4—11所示。

表4—11　　　　　　　转让房地产权属行为的转让方和承受方的纳税情况

转让方	承受方
(1)增值税（销售不动产、转让土地使用权）	(1)印花税（产权转移书据）
(2)城市维护建设税和教育费附加及地方教育附加	(2)契税
(3)印花税（产权转移书据）	

续表

转让方	承受方
（4）土地增值税	
（5）企业所得税（或个人所得税）	

（三）契税的征税范围

契税以在我国境内转移土地、房屋权属的行为作为征税对象。土地、房屋权属未发生转移的，不征收契税。

契税的征税范围主要包括：①国有土地使用权出让；②土地使用权转让；③房屋买卖；④房屋赠与；⑤房屋交换。

（四）契税的税率

契税采用比例税率，并实行 3%～5% 的幅度税率。具体税率由各省、自治区、直辖市人民政府在幅度税率规定范围内，按照本地区的实际情况确定，以适应不同地区纳税人的负担水平和调控房地产交易的市场价格。

【提示】个人购买 90 平方米及以下普通住房，且该住房属于家庭唯一住房的，契税税率暂统一为 1%。

（五）契税的计税依据

按照土地、房屋权属转移的形式、定价方法的不同，契税的计税依据确定如下：

（1）国有土地使用权出让、土地使用权出售、房屋买卖，以成交价格作为计税依据。

（2）土地使用权赠与、房屋赠与，由征收机关参照土地使用权出售、房屋买卖的市场价格核定。

（3）土地使用权交换、房屋交换，以交换土地使用权、房屋的价格差额为计税依据。

（4）以划拨方式取得土地使用权，经批准转让房地产时应补缴的契税，以补缴的土地使用权出让费用或土地收益作为计税依据。

（六）契税应纳税额的计算

契税应纳税额依照省、自治区、直辖市人民政府确定的适用税率和税法规定的计税依据计算征收。其计算公式为：

$$应纳税额 = 计税依据 \times 税率$$

九、车船税

（一）车船税的概念

车船税是对在中华人民共和国境内属于车船税法规定的车辆、船舶的所有人或管理人征收的一种财产税。我国分别在 2011 年 2 月 25 日和 2011 年 11 月 23 日通过了《中华人民共和国车船税法》（简称《车船税法》）和《中华人民共和国车船税法实施条例》（简称《车船税法实施条例》），2012 年 1 月 1 日开始施行。2019 年 3 月 2 日国务院修订了《车船税法实施条例》。2019 年 4 月 23 日第十三届全国人民代表大会常务委员会第十次会议修订了《车船税法》。

（二）车船税的纳税人

车船税的纳税人，是指在中华人民共和国境内属于税法规定的车辆、船舶（简称"车船"）的所有人或者管理人。

从事机动车第三者责任强制保险业务的保险机构为机动车车船税的扣缴义务人。

【提示】外商投资企业、外国企业、华侨、外籍人员和港、澳、台同胞，也属于车船税的纳税人。

(三)车船税的征收范围

车船税的征收范围是指在中华人民共和国境内属于车船税法所规定的应税车辆和船舶,具体包括:

(1)依法应当在车船登记管理部门登记的机动车辆和船舶;

(2)依法不需要在车船登记管理部门登记的在单位内部场所行驶或者作业的机动车辆和船舶。

(四)车船税的税目

车船税的税目分为五大类,包括乘用车、商用车、其他车辆、摩托车和船舶。

【提示】纯电动乘用车和燃料电池乘用车不属于车船税的征收范围,对其不征收车船税。

(五)车船税的税率

车船税采用定额税率,又称固定税额。根据《车船税法》的规定,对应税车船实行有幅度的定额税率,即对各类车船分别规定一个最低到最高限度的年税额。

(六)车船税的计税依据

车船税以车船的计税单位数量为计税依据。《车船税法》按车船的种类和性能,分别确定每辆、整备质量每吨、净吨位每吨和艇身长度每米为计税单位。其具体如下:①乘用车、商用客车和摩托车,以辆数为计税依据。②商用货车、专用作业车和轮式专用机械车,以整备质量吨位数为计税依据。③机动船舶、非机动驳船、拖船,以净吨位数为计税依据。④游艇以艇身长度为计税依据。

十、车辆购置税

(一)车辆购置税的概念

车辆购置税,是对在中国境内购置规定车辆的单位和个人征收的一种税。就其性质而言,属于直接税的范畴,它由车辆购置附加费演变而来。2018年12月29日第十三届全国人民代表大会常务委员会第七次会议通过《中华人民共和国车辆购置税法》,自2019年7月1日起施行。

(二)车辆购置税基本法律

(1)车辆购置税的征收范围

车辆购置税的征收范围包括汽车、摩托车、电车、挂车、农用运输车。车辆购置税实行一次性征收。购置已征车辆购置税的车辆,不再征收车辆购置税。

(2)车辆购置税的纳税人

在我国境内购置规定的车辆(简称"应税车辆")的单位和个人,为车辆购置税的纳税人。

购置,包括购买、进口、自产、受赠、获奖或者以其他方式取得并自用应税车辆的行为。

【提示】"单位",包括国有企业、集体企业、私营企业、股份制企业、外商投资企业、外国企业以及其他企业、事业单位、社会团体、国家机关、部队以及其他单位;"个人",包括个体工商户以及其他个人。

(3)车辆购置税税收优惠

下列车辆免征车辆购置税:①依照法律规定应当予以免税的外国驻华使馆、领事馆和国际组织驻华机构及其有关人员自用的车辆;②中国人民解放军和中国人民武装警察部队列入装备订货计划的车辆;③悬挂应急救援专用号牌的国家综合性消防救援车辆;④设有固定装置的非运输专用作业车辆;⑤城市公交企业购置的公共汽电车辆。

【注意】根据国民经济和社会发展的需要,国务院可以规定减征或者其他免征车辆购置税的情形,报全国人民代表大会常务委员会备案。

(4)车辆购置税税率

车辆购置税采用10%的比例税率。

(三)车辆购置税的计税依据

车辆购置税的计税依据为应税车辆的计税价格。计税价格根据不同情况,按照下列规定确定:

(1)纳税人购买自用的应税车辆的计税价格,为纳税人购买应税车辆而支付给销售者的全部价款和价外费用,不包括增值税税款。

【注意】价外费用是指销售方价外向购买方收取的基金、集资费、违约金(延期付款利息)和手续费、包装费、储存费、优质费、运输装卸费、保管费以及其他各种性质的价外收费,但不包括销售方代办保险等而向购买方收取的保险费,以及向购买方收取的代购买方缴纳的车辆购置税、车辆牌照费。

(2)纳税人进口自用的应税车辆的计税价格的计算公式为:

$$计税价格 = 关税完税价格 + 关税 + 消费税$$

(3)纳税人自产、受赠、获奖或者以其他方式取得并自用的应税车辆的计税价格,由主管税务机关参照国家税务总局规定的最低计税价格核定。

【提示】最低计税价格是指国家税务总局依据机动车生产企业或者经销商提供的车辆价格信息,参照市场平均交易价格核定的车辆购置税计税价格。

(4)纳税人购买自用或者进口自用应税车辆,申报的计税价格低于同类型应税车辆的最低计税价格,又无正当理由的,计税价格为国家税务总局核定的最低计税价格。

(5)国家税务总局未核定最低计税价格的车辆,计税价格为纳税人提供的有效价格证明注明的价格。有效价格证明注明的价格明显偏低的,主管税务机关有权核定应税车辆的计税价格。

(四)车辆购置税应纳税额的计算

车辆购置税实行从价定率的方法计算应纳税额。计算公式如下:

$$应纳税额 = 计税依据 \times 税率$$

$$进口应税车辆应纳税额 = (关税完税价格 + 关税 + 消费税) \times 税率$$

【提示】纳税人购买自用应税车辆的计税价格,为纳税人实际支付给销售者的全部价款,不包括增值税税款。

十一、环境保护税

(一)环境保护税的概念

环境保护税是我国首个明确以环境保护为目标的独立型环境税税种,有利于解决排污费制度存在的执法刚性不足等问题,有利于提高纳税人环保意识和强化企业治污减排责任。环境保护税是指对在我国领域以及管辖的其他海域直接向环境排放应税污染物的企事业单位和其他生产经营者征收的一种税。环境保护税法是调整环境保护税征纳关系法律规范的总称。我国现行环境保护税的基本规范是2016年12月25日第十二届全国人民代表大会常务委员会第二十五次会议通过的《中华人民共和国环境保护税法》(简称《环境保护税法》)和2017年12月30日国务院颁布的《中华人民共和国环境保护税法实施条例》(自2018年1月1日起施行)。环境保护税由此成为我国的第18个税种。

实行环境保护费改税,有利于解决排污费制度存在的执法刚性不足、地方政府干预等问题,有利于提高纳税人的环保意识和遵从度,强化企业治污减排的责任,有利于构建促进经济结构调整、发展方式转变的绿色税制体系,有利于规范政府分配秩序,优化财政收入结构,强化预算约束。

(二)纳税人

自2018年1月1日起,在中华人民共和国领域和中华人民共和国管辖的其他海域,直接向环境排放应税污染物的企事业单位和其他生产经营者为环境保护税的纳税人,应当依《环境保护税法》的规定缴纳环境保护税。

【注意】依照《环境保护税法》规定征收环境保护税的,不再征收排污费。

(三)征税对象

环境保护税的征税对象为应税污染物。应税污染物是指《环境保护税法》所附"环境保护税税目税额表""应税污染物和当量值表"规定的大气污染物、水污染物、固体废物和噪声。

有下列情形之一的,不属于直接向环境排放污染物,不缴纳相应污染物的环境保护税:企事业单位和其他生产经营者向依法设立的污水集中处理、生活垃圾集中处理场所排放应税污染物的;企事业单位和其他生产经营者在符合国家和地方环境保护标准的设施、场所贮存或者处置固体废物的。

依法设立的城乡污水集中处理、生活垃圾集中处理场所超过国家和地方规定的排放标准向环境排放应税污染物的,应当缴纳环境保护税。企事业单位和其他生产经营者贮存或者处置固体废物不符合国家和地方环境保护标准的,应当缴纳环境保护税。

(四)税目与税率

环境保护税采用定额税率。环境保护税税目、税额如表4-12所示。

表4-12　　　　　　　　环境保护税税目、税额

税目		计税单位	税额
大气污染物		每污染当量	1.2~12元
水污染物		每污染当量	1.4~14元
固体废物	煤矸石	每吨	5元
	尾矿	每吨	15元
	危险废物	每吨	1 000元
	冶炼渣、粉煤灰、炉渣、其他固体废物(含半固态、液态物)	每吨	25元
噪声	工业噪声	超标1~3分贝	每月350元
		超标4~6分贝	每月700元
		超标7~9分贝	每月1 400元
		超标10~12分贝	每月2 800元
		超标13~15分贝	每月5 600元
		超标16分贝以上	每月11 200元

备注事项:

(1)一个单位边界上有多处噪声超标,根据最高一处超标声级计算应纳税额;当沿边界长度超过100米有两处以上噪声超标,按照两个单位计算应纳税额。

(2)一个单位有不同地点作业场所的,应当分别计算应纳税额,合并计征。

(3)昼夜均超标的环境噪声,昼夜分别计算应纳税额,累计计征。

(4)声源一个月内超标不足15天的,减半计算应纳税额。

(5)夜间频繁突发和夜间偶然突发厂界超标噪声,按等效声级和峰值噪声两种指标中超标分贝值高的一项计算应纳税额。

十二、船舶吨税法

船舶吨税是对从境外港口进入我国境内港口的应税船舶征收的一种税,是针对船舶使用海上

航标等助航设施的行为设置的税种,税款专项用于海上航标的维护、建设和管理。船舶吨税法是调整船舶吨税征收与缴纳关系的法律规范的总称。现行船舶吨税的基本规范是2017年12月27日第十二届全国人民代表大会常务委员会第三十一次会议通过的《中华人民共和国船舶吨税法》(简称《船舶吨税法》),自2018年7月1日起施行。

(一)船舶吨税的纳税人

对自中华人民共和国境外港口进入中国境内港口的船舶征收船舶吨税。以应税船舶负责人为纳税人。

(二)船舶吨税的征税范围

船舶吨税也称吨税,是对从境外港口进入我国境内港口的应税船舶征收的一种税。自境外港口进入境内港口的应税船舶,应当缴纳船舶吨税。

(三)船舶吨税的税率

船舶吨税设置了优惠税率和普通税率。

(1)中华人民共和国籍的应税船舶,船籍国(地区)与我国签订含有相互给予船舶税费最惠国待遇条款的条约或者协定的应税船舶,适用优惠税率。

(2)其他应税船舶,适用普通税率。

船舶吨税的税目、税率依照《船舶吨税法》所附的船舶吨税税目和税率表执行,如表4—13所示。

表4—13 船舶吨税税目和税率表

税 目 (按船舶净吨位划分)	税率(元/净吨)						备 注
	普通税率(按执照期限划分)			优惠税率(按执照期限划分)			
	1年	90日	30日	1年	90日	30日	
不超过2 000净吨	12.6	4.2	2.1	9.0	3.0	1.5	1.拖船按照发动机功率每1千瓦折合净吨位0.67吨 2.无法提供净吨位证明文件的游艇,按发动机功率每千瓦折合净吨位0.05吨 3.拖船和非机动驳船分别按相同净吨位船舶税率的50%计征税款
超过2 000净吨,但不超过10 000净吨	24.0	8.0	4.0	17.4	5.8	2.9	
超过10 000净吨,但不超过50 000净吨	27.6	9.2	4.6	19.8	6.6	3.3	
超过50 000净吨	31.8	10.6	5.3	22.8	7.6	3.8	

(四)船舶吨税应纳税额的计算

船舶吨税按照船舶净吨位和船舶吨税执照期限征收。应纳税额按照船舶净吨位乘以适用税率计算。其计算公式为:

$$应纳税额 = 船舶净吨位 \times 定额税率$$

净吨位,是指由船籍国(地区)政府授权签发的船舶吨位证明书上标明的净吨位。

应税船舶负责人在每次申报纳税时,可以按照船舶吨税税目和税率表选择申领一种期限的船舶吨税执照。

应税船舶在进入港口办理入境手续时,应当向海关申报纳税领取船舶吨税执照,或者交验船舶吨税执照。应税船舶在离开港口办理出境手续时,应当交验船舶吨税执照。

应税船舶负责人申领船舶吨税执照时,应当向海关提供下列文件:①船舶国籍证书或者海事部门签发的船舶国籍证书收存证明;②船舶吨位证明。

【学中做 4—1】 一艘船舶净吨位为 4 500 吨的外籍邮轮,从境外港口驶入我国某港口停留 90 天。已知优惠税率下,90 天期限的船舶吨税税率为每吨 5.8 元。

要求:计算该邮轮应缴纳的船舶吨税。

解析:首先明确适用税率,题目中给出可适用优惠税率,且对于停留 90 天的情况,税率为每吨 5.8 元。

应纳税额=船舶净吨位×定额税率=4 500×5.8=26 100(元)。

(五)船舶吨税的税收优惠

1.直接优惠

下列船舶免征船舶吨税:①应纳税额在人民币 50 元以下的船舶;②自境外以购买、受赠、继承等方式取得船舶所有权的初次进口到港的空载船舶;③船舶吨税执照期满后 24 小时内不上下客货的船舶;④非机动船舶(不包括非机动驳船);⑤捕捞、养殖渔船;⑥避难、防疫隔离、修理、终止运营或者拆解,并不上下客货的船舶;⑦军队、武装警察部队专用或者征用的船舶;⑧依照法律规定应当予以免税的外国驻华使领馆、国际组织驻华代表机构及其有关人员的船舶;⑨国务院规定的其他船舶。

上述⑤~⑧项优惠,应当提供海事部门、渔业船舶管理部门或者卫生检疫部门等部门、机构出具的具有法律效力的证明文件或者使用关系证明文件,申明免税理由。

2.延期优惠

应税船舶在进入港口办理入境手续时,应当向海关申报纳税领取船舶吨税执照,或者交验船舶吨税执照。在船舶吨税执照期限内,应税船舶发生下列情形之一的,海关按照实际发生的天数批注延长船舶吨税执照期限:①避难、防疫隔离、修理,并不上下客货。②军队、武装警察部队征用。③应税船舶因不可抗力在未设立海关地点停泊的,船舶负责人应当立即向附近海关报告,并在不可抗力原因消除后,向海关申报纳税。

上述船舶应当提供海事部门、渔业船舶管理部门或者卫生检疫部门等部门、机构出具的具有法律效力的证明文件或者使用关系证明文件,申明延长船舶吨税执照期限的依据和理由。

十三、烟叶税

(一)烟叶税的概念

烟叶税税法是国家制定的用于调整烟叶税征收与缴纳之间权利与义务关系的法律规范。现行烟叶税的基本规范是 2017 年 12 月 27 日第十二届全国人民代表大会常务委员会第三十一次会议通过的《中华人民共和国烟叶税法》,自 2018 年 7 月 1 日起施行。

烟叶税的诞生是税制改革的结果,也是国家对烟草实行"寓禁于征"政策的继续,标志着由消费税、增值税和烟叶税形成的烟草税收调控体系已经形成。

(二)烟叶税的基本法律

1.烟叶税的纳税人

烟叶税的纳税人为在中华人民共和国境内收购烟叶的单位。因为我国实行烟草专卖制度,所以烟叶税的纳税人具有特定性,一般是有权收购烟叶的烟草公司或者受其委托收购烟叶的单位。

2.烟叶税的征税范围

烟叶税的征税范围包括晾晒烟叶、烤烟叶。晾晒烟叶包括列入名晾晒烟名录的晾晒烟叶和未列入名晾晒烟名录的其他晾晒烟叶。

3. 烟叶税的税率

烟叶税实行比例税率,税率为20%。

(三)烟叶税的计税依据

烟叶税的计税依据是纳税人收购烟叶的收购金额,具体包括纳税人支付给烟叶销售者的烟叶收购价款和价外补贴。价外补贴统一暂按烟叶收购价款的10%计入收购金额。收购金额的计算公式为:

$$收购金额=收购价款\times(1+10\%)$$

(四)烟叶税应纳税额的计算

烟叶税应纳税额的计算公式为:

$$应纳税额=烟叶收购金额\times税率$$
$$=烟叶收购价款\times(1+10\%)\times税率$$

【提示】购进农产品,按照农产品收购发票或者销售发票上注明的农产品买价(包括按规定缴纳的烟叶税)和13%的扣除率计算抵扣增值税进项税额。

同步案例4-1　　坚持两个"毫不动摇",发挥个体经济作用

截至2023年底,全国登记在册个体工商户1.24亿户,占经营主体总量的67.4%,支撑近3亿人就业。在稳定就业、方便群众生活等方面发挥着主要的作用。可以说个体户围绕着每个人的衣食住行,还涉及商业运作的方方面面。2023年,全国新设个体工商户2 258.2万户、同比增长11.4%,个体工商户发展总体平稳,活跃度和营收水平实现双提升。

自2022年1月1日至2024年12月31日,由省、自治区、直辖市人民政府根据本地区实际情况,以及宏观调控的需要,对增值税小规模纳税人、小型微利企业和个体工商户可以在50%的税额幅度内减征资源税、城市维护建设税、房产税、城镇土地使用税、印花税(不含证券交易印花税)、耕地占用税和教育费附加、地方教育附加。

党的二十大报告指出:"坚持和完善社会主义基本经济制度,毫不动摇巩固和发展公有制经济,毫不动摇鼓励、支持、引导非公有制经济发展,充分发挥市场在资源配置中的决定性作用,更好发挥政府作用。"面对中华民族伟大复兴战略全局和世界百年未有之大变局,提升我国产业链韧性和安全水平、推动经济实现高质量发展、增加就业机会保障社会稳定,必须坚持两个"毫不动摇",发挥多种所有制经济共同发展的协同优势,集聚一切有益力量推动经济社会的发展。

要求:请结合案例资料分析减税降费对个体经济的作用。

应知考核

一、单项选择题

1. 2024年10月,甲烟草批发企业向乙卷烟零售店销售卷烟200标准条,取得不含增值税销售额20 000元;向丙烟草批发企业销售卷烟300标准条,取得不含增值税销售额30 000元。已知卷烟批发环节消费税比例税率11%,定额税率为0.005元/支;每标准条200支卷烟。计算甲烟草批发企业当月上述业务应缴纳消费税税额的下列算式中,正确的是(　　)。

　　A. 20 000×11%+30 000×11%=5 500(元)

　　B. 20 000×11%+200×200×0.005=2 400(元)

　　C. 30 000×11%+300×200×0.005=3 600(元)

D. 20 000×11%+200×200×0.005+30 000×11%+300×200×0.005=6 000(元)

2.根据增值税法律制度的规定,下列关于增值税纳税地点的表述中不正确的是(　　)。
A.固定业户应当向其机构所在地的税务机关申报纳税
B.非固定业户销售货物或者应税劳务,应当向其机构所在地或其居住地的税务机关申报税款
C.进口货物,应当向报关地海关申报纳税
D.扣缴义务人应当向其机构所在地或其居住地的税务机关申报缴纳其扣缴的税款

3.根据消费税法律制度的规定,下列车辆属于应税小汽车征税范围的是(　　)。
A.电动汽车
B.高尔夫车
C.用中轻型商用客车底盘改装的中轻型商用客车
D.雪地车

4.根据消费税法律制度的规定,下列各项中,属于消费税征税范围的是(　　)。
A.中轻型商用客车　　B.大型商用客车　　C.货车　　D.拖拉机

5.2024年9月,甲酒厂将自产的1吨药酒用于抵偿债务,该批药酒生产成本35 000元/吨,甲酒厂同类药酒不含增值税最高销售价格62 000元/吨,不含增值税平均销售价格60 000元/吨,不含增值税最低销售价格59 000元/吨。已知消费税税率为10%,计算甲酒厂当月该笔业务应缴纳消费税额的下列算式中,正确的是(　　)。
A.1×59 000×10%=5 900(元)　　B.1×60 000×10%=6 000(元)
C.1×62 000×10%=6 200(元)　　D.1×35 000×10%=3 500(元)

6.税收是国家取得财政收入的一种重要工具,其本质是一种(　　)。
A.生产关系　　B.分配关系　　C.社会关系　　D.阶级关系

7.根据企业所得税法律制度的规定,下列企业和取得收入的组织中,不属于企业所得税纳税人的是(　　)。
A.事业单位　　B.民办非企业单位　　C.个人独资企业　　D.社会团体

8.甲公司2023年度利润总额300万元,预缴企业所得税税额60万元,在"营业外支出"账户中列支了通过公益性社会组织向灾区的捐款38万元。已知企业所得税税率为25%;公益性捐赠支出不超过年度利润总额12%的部分,准予在计算企业所得税应纳税所得额时扣除。下列计算甲公司该年应补缴企业所得税税额的下列算式中,正确的是(　　)。
A.300×25%−60=15(万元)
B.(300+300×12%)×25%−60=24(万元)
C.[300+(38−300×12%)]×25%−60=15.5(万元)
D.(300+38)×25%−60=24.5(万元)

9.根据个人所得税法律制度的规定,下列各项中,属于个人所得税居民纳税人的是(　　)。
A.出国留学5年归来已在国内工作半年并在工作地有住所的赵某
B.在国内有房产,移民后一直居住在国外的钱某
C.2023年12月30日在我国工作,于2024年5月1日离境的迈克尔
D.2023年12月入境、2024年1月离境的约翰

10.根据企业所得税法律制度的规定,下列关于企业所得税纳税人的表述中,正确的是(　　)。
A.依照外国法律成立但实际管理机构在境内的企业均属于居民企业
B.依照外国法律成立且实际管理机构不在中国境内的企业均属于非居民企业
C.依照外国法律成立但在中国境内设立机构、场所的企业均属于非居民企业

D. 依法在我国境内成立但实际管理机构在境外的企业均属于非居民企业

二、多项选择题

1. 下列各项中,属于税法要素的有( )。
   A. 税率　　　　　B. 征税对象　　　　C. 纳税义务人　　　D. 税收优惠
2. 根据消费税法律制度的规定,下列各项中,属于消费税征税范围的有( )。
   A. 黄酒　　　　　B. 调味料酒　　　　C. 啤酒　　　　　　D. 白酒
3. 根据消费税法律制度规定,下列选项采用从量计征的有( )。
   A. 啤酒　　　　　B. 红酒　　　　　　C. 黄酒　　　　　　D. 葡萄酒
4. 根据个人所得税法律制度的规定,个人取得的下列收入中,应按照"劳务报酬所得"税目计缴个人所得税的有( )。
   A. 某经济学家从非雇用企业取得的讲学收入
   B. 某职员取得的本单位优秀员工奖金
   C. 某工程师从非雇用企业取得的咨询收入
   D. 某高校教师从任职学校领取的工资
5. 根据个人所得税法律的规定,下列各项中,属于专项附加扣除的有( )。
   A. 子女教育　　　B. 继续教育　　　　C. 赡养老人　　　　D. 子女抚养

三、判断题

1. 除个体经营者以外的其他个人不属于增值税一般纳税人。　　　　　　　　　　　( )
2. 个人向红十字会捐赠的金额,在计算个人所得税时可以全部扣除。　　　　　　　( )
3. 稿酬所得,是指个人因其作品以图书、报刊形式出版、发表而取得的所得。　　　( )
4. 个人所得税综合所得,适用5%～35%的超额累进税率。　　　　　　　　　　　( )
5. 按月缴纳的月销售额或营业额不超过10万元(按季度缴纳季度销售额或营业额不超过30万元)的纳税义务人,免征教育费附加和地方教育附加。　　　　　　　　　　　( )
6. 非居民个人在中国境内从两处以上取得工资、薪金所得的,应当在取得所得的次月5日内申报纳税。　　　　　　　　　　　　　　　　　　　　　　　　　　　　　　( )
7. 居民企业来源于中国境外的租金所得不征收企业所得税。　　　　　　　　　　　( )
8. 纳税人、征税对象、税率是构成税收制度的三个最基本的要素。　　　　　　　　( )
9. 企业从事花卉种植的所得,减半征收企业所得税。　　　　　　　　　　　　　　( )
10. 企业所得税按年计征,分月或者分季预缴,年终汇算清缴,多退少补。　　　　　( )

应会考核

一、不定项选择题

(一)甲公司为增值税一般纳税人,主要从事化妆品生产和销售业务。2024年9月有关经营情况如下:

(1)进口一批高档护肤类化妆品,海关核定的关税完税价格85万元,已缴纳关税4.25万元。

(2)购进生产用化妆包,取得增值税专用发票注明税额16万元;支付其运输费,取得增值税专用发票注明税额0.4万元,因管理不善该批化妆包全部丢失。

(3)委托加工高档美容类化妆品,支付加工费取得增值税专用发票注明税额64万元。

(4)购进生产用酒精,取得增值税专用发票注明税额12.8万元。

(5)销售自产成套化妆品,取得含增值税价款696万元,另收取包装物押金3.48万元。

已知:增值税税率为13%,高档化妆品消费税税率为15%。取得的扣税凭证均已通过税务机关认证。

要求:根据上述资料,不考虑其他因素,分析回答下列小题。

1.下列计算甲公司进口高档护肤类化妆品增值税额的算式中,正确的是( )。

A.(85+4.25)×13%≈11.60(万元)

B.85÷(1−15%)×13%=13(万元)

C.(85+4.25)÷(1−15%)×13%=13.65(万元)

D.85×13%=11.05(万元)

2.甲公司的下列进项税额中,准予从销项税额中抵扣的是( )。

A.支付加工费的进项税额64万元

B.支付运输费的进项税额0.4万元

C.购进生产用酒精的进项税额12.8万元

D.购进生产用化妆包的进项税额16万元

3.甲公司的下列业务中,应缴纳消费税的是( )。

A.委托加工高档美容类化妆品　　　　B.购进生产用酒精

C.购进生产用化妆包　　　　　　　　D.进口高档护肤类化妆品

4.下列计算甲公司销售自产成套化妆品消费税税额的算式中,正确的是( )。

A.696÷(1+13%)×15%≈92.39(万元)

B.696×15%=104.4(万元)

C.[696÷(1+13%)+3.48]×15%≈92.91(万元)

D.(696+3.48)÷(1+13%)×15%≈92.85(万元)

(二)甲公司为增值税一般纳税人,主要从事小汽车的制造和销售业务。2024年7月有关经营情况如下:

(1)销售1辆定制的自产小汽车,取得含增值税价款226 000元,另收取手续费33 900元。

(2)将10辆自产小汽车对外投资,小汽车生产成本9万元/辆,甲公司同类小汽车不含增值税最高销售价格17万元/辆、平均销售价格15万元/辆、最低销售价格12万元/辆。

(3)采取预收货款方式销售给4S店一批自产小汽车,6日签订合同,11日收到预收款,16日发出小汽车,21日开具发票。

(4)生产中轻型商用客车180辆,其中171辆用于销售、3辆用于广告、2辆用于本公司管理部门、4辆用于赞助。

已知:小汽车消费税税率为5%,适用增值税税率为13%。

1.下列计算甲公司当月销售定制的自产小汽车应缴纳消费税税额的算式中,正确的是( )。

A.(226 000+33 900)×5%=12 995(元)

B.226 000÷(1+13%)×5%=10 000(元)

C.(226 000+33 900)÷(1+13%)×5%=11 500(元)

D.226 000×5%=11 300(元)

2.下列计算甲公司当月以自产小汽车对外投资应缴纳消费税税额的算式中,正确的是( )。

A.10×15×5%=7.5(万元)　　　　　　B.10×12×5%=6(万元)

C.10×9×5%=4.5(万元)　　　　　　　D.10×17×5%=8.5(万元)

3. 甲公司当月采取预收货款方式销售自产小汽车,消费税的纳税义务发生时间为(　　)。

A. 2024 年 7 月 6 日　　　　　　　　B. 2024 年 7 月 11 日

C. 2024 年 7 月 16 日　　　　　　　　D. 2024 年 7 月 21 日

(三)甲公司为居民企业,主要从事化工产品的生产和销售业务。2023 年度有关经营情况如下：

(1)取得销售商品收入 9 000 万元,提供修理劳务收入 500 万元,出租包装物收入 60 万元,从其直接投资的未上市居民企业分回股息收益 25 万元。

(2)发生符合条件的广告费支出 1 380 万元、按规定为特殊工种职工支付的人身安全保险费 18 万元、合理的会议费 8 万元、直接向某敬老院捐赠 6 万元、上缴集团公司管理费 10 万元。

(3)由于管理不善被盗库存商品一批。经税务机关审核,该批存货的成本为 40 万元,增值税进项税额为 6.8 万元；取得保险公司赔偿 12 万元,责任人赔偿 2 万元。

(4)上年度尚未扣除的符合条件的广告费支出 50 万元。

已知：广告费和业务宣传费支出不超过当年销售(营业)收入 15% 的部分,准予扣除。

要求：根据上述资料,不考虑其他因素,分析回答下列小题。

1. 甲公司的下列收入中,在计算 2023 年度企业所得税应纳税所得额时,应计入收入总额的是(　　)。

A. 从其直接投资的未上市居民企业分回股息收益 25 万元

B. 销售商品收入 9 000 万元

C. 出租包装物收入 60 万元

D. 提供修理劳务收入 500 万元

2. 甲公司的下列费用中,在计算 2023 年度企业所得税应纳税所得额时,准予扣除的是(　　)。

A. 上缴集团公司管理费 10 万元

B. 直接向某敬老院捐赠 6 万元

C. 合理的会议费 8 万元

D. 特殊工种职工人身安全保险费 18 万元

3. 甲公司在计算 2023 年度企业所得税应纳税所得额时,准予扣除的广告费支出是(　　)万元。

A. 1 380　　　　　B. 1 430　　　　　C. 1 434　　　　　D. 1 425

4. 甲公司在计算 2023 年度企业所得税应纳税所得额时,准予扣除被盗商品的损失金额的下列算式中,正确的是(　　)。

A. 40＋6.8－12－2＝32.8(万元)

B. 40－12－2＝26(万元)

C. 40＋6.8－12＝34.8(万元)

D. 40＋6.8－2＝44.8(万元)

(四)中国公民王某是国内甲公司的工程师,2023 年全年有关收支情况如下：

(1)每月工资、薪金收入 10 000 元,公司代扣代缴社会保险费共 840 元,住房公积金 960 元。

(2)到乙公司连续开展技术培训授课取得报酬 3 800 元。

(3)出版技术专著取得稿酬收入 15 000 元,发生材料费支出 4 000 元。

(4)取得企业债券利息 3 000 元；取得机动车保险赔款 4 000 元；参加有奖竞赛活动取得奖金 2 000 元；参加电台抽奖获得价值 5 000 元的免费旅游一次。

已知：王某正在偿还首套住房贷款及利息；王某的独生子正在就读大学 3 年级；王某为独生女,

其父母均已年过60岁。王某夫妻约定由王某扣除住房贷款利息和子女教育费。

1. 在计算王某2023年综合所得应纳税所得额时，专项扣除合计额的计算为(　　)。
   A. (840+960)×12
   B. 60 000+(840+960)×12
   C. 60 000+(840+960)×12+12 000
   D. 6 000+840+960×12+12 000+12 000+24 000

2. 有关王某技术培训收入在计算当年综合所得应纳税所得额时的收入额，下列计算列式正确的是(　　)。
   A. 3 800×(1-20%)
   B. 3 800-800
   C. 3 800×(1-20%)×70%
   D. (3 800-800)×70%

3. 有关王某稿酬收入在计算当年综合所得应纳税所得额时的收入额，下列计算列式正确的是(　　)。
   A. 15 000×(1-20%)
   B. 15 000×(1-20%)×70%
   C. (15 000-4 000)×(1-20%)
   D. (15 000 4 000)×(1-20%)×70%

4. 王某的下列收入中，免予征收个人所得税的是(　　)。
   A. 企业债券利息3 000元
   B. 机动车保险赔款4 000元
   C. 参加有奖竞赛活动取得奖金2 000元
   D. 参加电台抽奖获得价值5 000元的免费旅游一次

二、计算题

1. 某生产企业为增值税一般纳税人，其生产的货物适用13%的增值税税率。该企业2024年8月份发生如下经济业务：

   (1)销售甲产品给某大商场，开具了增值税专用发票，取得不含税销售额80万元；同时，取得销售甲产品的送货运输费收入5.85万元(含增值税价格，与销售货物不能分别核算)。

   (2)销售乙产品，开具了增值税普通发票，取得含税销售额29万元。

   (3)将自产的一批应税新产品用于本企业集体福利项目，成本价为20万元。该新产品无同类产品市场销售价格，国家税务总局确定该产品的成本利润率为10%。

   (4)销售2023年10月购进作为固定资产使用过的进口摩托车5辆，每辆不含税价格为1万元，开具增值税专用发票。

   (5)购进货物取得增值税专用发票，上面注明的货款金额为60万元、税额7.8万元。另外，支付购货的运输费用6万元，取得运输公司开具的增值税专用发票，上面注明的税额为0.54万元。

   (6)从农产品经营者(小规模纳税人)处购进农产品一批(不适用进项税额核定扣除办法)，作为生产货物的原材料，取得的增值税专用发票上注明的金额为30万元，税额为0.9万元；同时，支付给运输单位运费5万元(不含增值税)，取得运输部门开具的增值税专用发票，上面注明的税额为0.45万元。本月下旬将购进的农产品的20%用于本企业职工福利。

   (7)当月租入商用楼房一层，取得对方开具的增值税专用发票上注明的税额为5.8万元。该楼房的1/3用于工会的集体福利项目,其余由企业管理部门使用。

以上相关票据均符合税法的规定。

请按下列顺序计算该企业8月份应缴纳的增值税:

(1)计算销售甲产品的销项税额。

(2)计算销售乙产品的销项税额。

(3)计算自产自用新产品的销项税额。

(4)计算销售使用过的摩托车的销项税额。

(5)计算当月允许抵扣进项税额的合计数。

(6)计算该企业8月合计应缴纳的增值税额。

2.安达公司2023年度有关财务资料如下:①全年销售收入3 000万元,营业外收入620万元,其中包括依法收取的政府性基金200万元、国债利息收入20万元、直接投资A公司取得红利收益100万元、租金收入140万元、特许权使用费收入160万元。②有关销售成本支出1 800万元,缴纳增值税336万元,预缴企业所得税120万元。③管理费用280万元,财务费用100万元,销售费用220万元。④营业外支出80万元,其中,非公益性捐赠20万元。⑤上年度未弥补亏损12万元。

请问:①安达公司收入是多少?②安达公司不征税收入是多少?③安达公司免税收入是多少?④安达公司不允许扣除项目有哪些?⑤安达公司应纳税所得额是多少万元?

3.美华公司为一家珠宝首饰有限公司,星云公司为一家铂金、钻石饰品生产厂。星云公司销售一批价值1 000万元的铂金、钻石饰品给美华公司,美华公司又将其中的30%对外以零售方式销售给顾客。

请问:①美华公司和星云公司是否需要缴纳消费税?②已知铂金、钻石饰品的消费税税率为5%,其应缴纳的消费税金额为多少?

三、案例分析题

2024年5月10日,高校毕业生李华良成立了星海鞋业有限公司,主要从事各种鞋子的生产与销售。为了在开始生产经营后能够依法纳税,李华良发动职工一起学习税收知识。他们从税收基础知识开始学起,如国家税收的作用、特征、分类、税法及其构成要素等,对国家税收有了初步的了解,深刻体会到税收对于国家和人民群众的重要性。

请分析李华良的做法是否正确,企业纳税的社会意义是什么。

项目五　税收征收管理法律制度

● **知识目标**

　　了解：税收征收管理法的概念、适用范围；税务管理的概念；税务行政复议的概念；税务管理相对人实施税收违法行为、税务行政主体实施税收违法行为的法律责任。
　　熟悉：征纳双方的权利和义务；税务行政复议范围、税务行政复议管辖；税务行政复议申请与受理、税务行政复议审查和决定。
　　掌握：税务登记、账簿和凭证管理、发票管理、纳税申报；税款征收；税务检查。

● **技能目标**

　　能够办理税务登记和纳税申报工作；能够办理发票领购和开具工作。

● **素质目标**

　　所谓"财为国之本，税为政之要"，税收在国民经济发展中承担着重要责任，在国家治理中发挥着基础性、支柱性、保障性的作用。运用所学的税收征收管理法律制度知识研究相关案例，培养和提高学生在特定业务情境中分析问题与决策设计的能力。结合行业规范或标准，运用税收征收管理法律知识分析行为的善恶，强化学生的职业道德素质。正确履行纳税人纳税义务，强化纳税光荣的价值观。

● **思政目标**

　　中共二十大报告强调，要弘扬诚信文化，健全诚信建设长效机制。诚实守信是财税人员注重的根本理念；通过税收征收管理法律制度知识，提升纳税意识和信用观念，树立职业生涯目标，秉持"以人为本""以知识为本"的理念，恪守职业道德，知法、守法、敬法，切实保护国家、社会公众利益。

● **项目引例**

偷税想逃跑，追踪到你家

　　李某是河南省嵩县某村的一个烧炭户。他于2024年2月份开始正式加工焦炭，既不办理税务登记证，也不到税务所申报纳税。当地税务所税务人员了解到这一情况后，多次上门催缴，可工人总是谎称李老板不在。

4月初,当地税务所经报县局领导批准向李某下达了税务稽查通知书,李某见势不妙,弃窖逃离。过了几天,李某派其弟带车转移窖内焦炭,被该所稽查人员发现,采取了税收保全措施。不得已,李某从汝阳赶到税务所,拿出3 000元钱打算贿赂税务人员,被税务人员严词拒绝。为了防止李某出逃,使这笔税款尽快入库,最后该所决定,派出3名税务人员跟随李某到汝阳追缴税款。最终,李某看这笔税款非缴不可,只好缴纳了税款6 000元。

思考:税收保全的措施有哪些?

● **知识精讲**

任务一　税收征收管理法概述

税收征收管理法,是指调整税收征收与管理过程中所发生的社会关系的法律规范的总称,包括税收征收管理法律、税收征收管理行政法规和有关税收征收管理的规章制度等。税收征收管理法属于税收程序法,是以规定税收实体法中所确定的权利与义务的履行程序为主要内容的法律规范,是税法的有机组成部分。我国现行的税收征收管理法律制度的核心是1992年9月4日第七届全国人大常委会第二十七次会议通过,现已历经一次修订、三次修正的《中华人民共和国税收征收管理法》(简称《征管法》)。它是中华人民共和国成立后的第一部税收程序法,也是我国税收征收管理的基本法。此外,还有国务院发布的《中华人民共和国税收征收管理法实施细则》,财政部发布的《中华人民共和国发票管理办法》,国家税务总局发布的《税务登记管理办法》《中华人民共和国发票管理办法实施细则》《税务行政复议规则》等。这些法律规范构成了我国税收征收管理法律制度的主要内容。

一、税收征收管理法的适用范围

凡依法由税务机关征收的各种税收的征收管理,均适用《征管法》。就现行有效税种而言,增值税、消费税、企业所得税、个人所得税、资源税、城镇土地使用税、土地增值税、车船税、车辆购置税、房产税、印花税、城市维护建设税、环境保护税等税种的征收管理适用《征管法》。

由海关负责征收的关税以及海关代征的进口环节的增值税、消费税,依照法律、行政法规的有关规定执行。

我国同外国缔结的有关税收的条约、协定同《征管法》有不同规定的,依照条约、协定的规定办理。

二、征纳双方的权利和义务

征纳双方在税收征收管理中既享有各自的权利,也须承担各自的义务,它们共同构成了税收法律关系的内容。

(一)征税主体的权利与义务

征税主体的权利与义务直接体现为征税机关和税务人员的职权和职责。

1.征税主体的职权

征税主体作为国家税收征收管理的职能部门,享有税务行政管理权。征税机关和税务人员的职权主要如下:

(1)税收立法权。税收立法权包括参与起草税收法律法规草案,提出税收政策建议,在职权范围内制定、发布关于税收征收管理的部门规章等。

(2)税务管理权。税务管理权包括对纳税人进行税务登记管理、账簿和凭证管理、发票管理、纳税申报管理等。

(3)税款征收权。税款征收权是征税主体享有的最基本、最主要的职权。税款征收权包括依法计征权、核定税款权、税收保全和强制执行权、追征税款权等。

(4)税务检查权。税务检查权包括查账权、场地检查权、询问权、责成提供资料权、存款账户核查权等。

(5)税务行政处罚权。税务行政处罚权是对税收违法行为依照法定标准予以行政制裁的职权，如罚款等。

(6)其他职权。如在法律、行政法规规定的权限内,对纳税人的减、免、退、延期缴纳的申请予以审批的权力;阻止欠税纳税人离境的权力;委托代征权;估税权;代位权与撤销权;定期对纳税人欠缴税款情况予以公告的权力;上诉权等。

2.征税主体的义务

(1)宣传税收法律、行政法规,普及纳税知识,无偿为纳税人提供纳税咨询服务。

(2)依法为纳税人、扣缴义务人的情况保守秘密,为检举违反税法行为者保密。纳税人、扣缴义务人的税收违法行为不属于保密范围。

(3)加强队伍建设,提高税务人员的政治业务素质。

(4)秉公执法,忠于职守,清正廉洁,礼貌待人,文明服务,尊重和保护纳税人、扣缴义务人的权利,依法接受监督。

(5)税务人员不得索贿受贿、徇私舞弊、玩忽职守、不征或者少征应征税款;不得滥用职权多征税款或者故意刁难纳税人和扣缴义务人。

(6)税务人员在核定应纳税额、调整税收定额、进行税务检查、实施税务行政处罚、办理税务行政复议时,与纳税人、扣缴义务人或者其法定代表人、直接责任人有利害关系,包括夫妻关系、直系血亲关系、三代以内旁系血亲关系、近姻亲关系,可能影响公正执法的其他利害关系的,应当回避。

(7)建立、健全内部制约和监督管理制度。上级税务机关应当对下级税务机关的执法活动依法进行监督。各级税务机关应当对其工作人员执行法律、行政法规和廉洁自律准则的情况进行监督检查。

(二)纳税主体的权利和义务

在税收法律关系中,纳税主体处于行政管理相对人的地位,须承担纳税义务,也享有相应的法定权利。

1.纳税主体的权利

纳税主体的权利包括:①知情权;②要求保密权;③依法享受税收优惠权;④申请退还多缴税款权;⑤申请延期申报权;⑥纳税申报方式选择权;⑦申请延期缴纳税款权;⑧索取有关税收凭证的权利;⑨委托税务代理权;⑩陈述权、申辩权;⑪对未出示税务检查证和税务检查通知书的拒绝检查权;⑫依法要求听证的权利;⑬税收法律救济权;⑭税收监督权。

2.纳税主体的义务

纳税主体的义务包括:①按期办理税务登记,及时核定应纳税种、税目;②依法设置账簿、保管账簿和有关资料以及依法开具、使用、取得和保管发票的义务;③财务会计制度和会计核算软件备案的义务;④按照规定安装、使用税控装置的义务;⑤按期、如实办理纳税申报的义务;⑥按期缴纳或解缴税款的义务;⑦接受税务检查的义务;⑧代扣、代收税款的义务;⑨及时提供信息的义务,如纳税人有歇业、经营情况变化、遭受各种灾害等特殊情况的,应及时向征税机关说明等;⑩报告其他涉税信息的义务,如企业合并、分立的报告义务等。

思政吾身　　　　中共二十大报告中相关涉税内容

材料一：加快构建新发展格局，着力推动高质量发展。健全现代预算制度，优化税制结构，完善财政转移支付体系。

材料二：增进民生福祉，提高人民生活品质。加大税收、社会保障、转移支付等调节力度；完善个人所得税制度，规范收入分配秩序，规范财务积累机制，保护合法收入，调节过高收入，取缔非法收入。

材料三：推动绿色发展，促进人与自然和谐共生。完善支持绿色发展的财税、金融、投资、价格政策和标准体系，发展绿色低碳产业，健全资源环境要素市场化配置体系，加快节能降碳先进技术研发和推广应用，倡导绿色消费，推动形成绿色低碳的生产方式和生活方式。

税收在人类社会经济生活中的作用：①税收是国家财政收入的主要来源。国家依靠社会公共权力，根据法律法规，对纳税人包括法人企业、非法人企业和单位以及自然人强制无偿征收，纳税人依法纳税，以满足社会公共需求和公共商品的需要。立足新时代新征程，立足中国式现代化，优化税制结构，应优化直接税和间接税结构，提高税制整体公平程度；应优化税种结构，提高税制整体运行效率；应优化中央与地方税收结构，提高税收治理效能，从而推进税收治理和国家治理现代化，助力全面建成社会主义现代化强国。②税收体现了国家主权和国家权力。随着对外开放的扩大和社会主义市场经济的发展，税收在国民经济中的地位和作用日益增强；通过税收加强分配调节，维护社会公平；通过税收筹集的资金，有计划地用于发展社会主义科学、文化、教育、卫生等事业，不断提高人民的物质文化生活水平。③税收是国家实行经济调控的重要经济杠杆之一。适度的税收水平、科学合理的税收政策，可以有效地调节国民收入再分配，促进生产要素流动，推动经济增长和产业升级，促进充分就业和社会稳定；税制设计既注重对生态保护、创新发展的激励，又强化对破坏生态、粗放发展的约束，还积极推进减税降费，释放政策红利，为地方高质量发展注入强劲动力。

任务二　税务管理

一、税务管理的概念

税务管理，是指税收征收管理机关为了贯彻执行国家税收法律制度，加强税收工作，协调征税关系而对纳税人和扣缴义务人实施的基础性的管理制度和管理行为。税务管理主要包括税务登记管理、账簿和凭证管理、发票管理、纳税申报管理和涉税专业服务管理等。

【提示】税务管理是税收征收管理的重要内容，是税款征收的前提和基础。

二、税务登记

税务登记是税务机关对纳税人的基本情况及生产经营项目进行登记管理的一项基本制度，是税务机关对纳税人实施管理、了解掌握税源情况的基础，也是纳税人为履行纳税义务就有关纳税事宜依法向税务机关办理登记的一种法定手续。

税务登记是整个税收征收管理的起点。税务登记的作用在于掌握纳税人的基本情况和税源分布情况。从税务登记开始，纳税人的身份及征纳双方的法律关系即得到确认。

（一）税务登记申请人

企业，企业在外地设立的分支机构和从事生产、经营的场所，个体工商户和从事生产、经营的事业单位（统称从事生产、经营的纳税人），都应当办理税务登记。

从事生产、经营的纳税人以外的纳税人，除国家机关、个人和无固定生产经营场所的流动性农村小商贩外(统称非从事生产经营但依照规定负有纳税义务的单位和个人),也应当办理税务登记。

根据税收法律、行政法规的规定,负有扣缴税款义务的扣缴义务人(国家机关除外),应当办理扣缴税款登记。

做中学 5-1

2024年1月,下岗职工李某开办了一个商品经销部,按规定享受一定期限内的免税优惠。他认为既然免税就不需要办理税务登记。请分析李某的观点是否正确。

(二)税务登记主管机关

县以上(含本级,下同)税务局(分局)是税务登记的主管机关,负责税务登记的设立登记、变更登记、注销登记以及非正常户处理、报验登记等有关事项。

县以上税务局(分局)按照国务院规定的税收征收管理范围,实施属地管理,采取联合登记或者分别登记的方式办理税务登记。在有条件的城市,可以按照"各区分散受理、全市集中处理"的原则办理税务登记。

(三)"多证合一"登记制度改革

在全面实施企业、农民专业合作社营业执照、组织机构代码证、税务登记证、社会保险登记证、统计登记证"五证合一、一照一码"的基础上将涉及企业、个体工商户和农民专业合作社(统称企业)登记、备案等有关事项和各类证照进一步整合到营业执照上,实现"多证合一、一照一码"。

三、账簿和凭证管理

账簿和凭证是纳税人进行生产经营活动和核算财务收支的重要资料,也是税务机关对纳税人进行征税、管理、核查的重要依据。纳税人所使用的凭证、登记的账簿、编制的报表及其所反映的内容是否真实可靠,直接关系到计证税款依据的真实性,从而影响应纳税款及时足额入库。账簿、凭证管理是税收管理的基础性工作。

(一)账簿的设置

纳税人、扣缴义务人应按照有关法律、行政法规和国务院财政、税务主管部门的规定设置账簿,根据合法、有效凭证记账,进行核算。具体要求如下:

(1)从事生产、经营的纳税人应当自领取营业执照或者发生纳税义务之日起15日内,按照国家有关规定设置账簿。

(2)生产、经营规模小又确无建账能力的纳税人,可以聘请经批准从事会计代理记账业务的专业机构或者经税务机关认可的财会人员代为建账和办理账务。聘请上述机构或者人员有实际困难的,经县以上税务机关批准,可以按照税务机关的规定,建立收支凭证粘贴簿、进货销货登记簿或者使用税控装置。

(3)扣缴义务人应当自税收法律、行政法规规定的扣缴义务发生之日起10日内,按照所代扣、代收的税种,分别设置代扣代缴、代收代缴税款账簿。

(二)纳税人财务会计制度及其处理办法

纳税人的财务会计制度及其处理办法,是其进行会计核算的依据,直接关系到计税依据是否真实合理。

(1)纳税人使用计算机记账的,应当在使用前将会计电算化系统的会计核算软件、使用说明书以及有关资料报送主管税务机关备案。纳税人建立的会计电算化系统应当符合国家有关规定,并能正确、完整核算其收入或者所得。

(2)纳税人、扣缴义务人的财务、会计制度或者财务、会计处理办法与国务院或者国务院财政、税务主管部门有关税收的规定抵触的,依照国务院或者国务院财政、税务主管部门有关税收的规定计算应纳税款、代扣代缴和代收代缴税款。

(3)账簿、会计凭证和报表,应当使用中文。民族自治地方可以同时使用当地通用的一种民族文字。外商投资企业和外国企业可以同时使用一种外国文字。

(三)账簿、凭证等涉税资料的保存

从事生产、经营的纳税人、扣缴义务人必须按照国务院财政、税务主管部门规定的保管期限保管账簿、记账凭证、完税凭证及其他有关资料。账簿、记账凭证、报表、完税凭证、发票、出口凭证以及其他有关涉税资料应当保存10年,但是法律、行政法规另有规定的除外。账簿、记账凭证、完税凭证及其他有关资料不得伪造、变造或者擅自损毁。

四、发票管理

发票,是指在购销商品、提供或者接受服务以及从事其他经营活动中,开具、收取的收付款凭证。它是确定经营收支行为发生的法定凭证,是会计核算的原始依据,也是税务稽查的重要依据。

(一)发票的类型和适用范围

1. 发票的类型

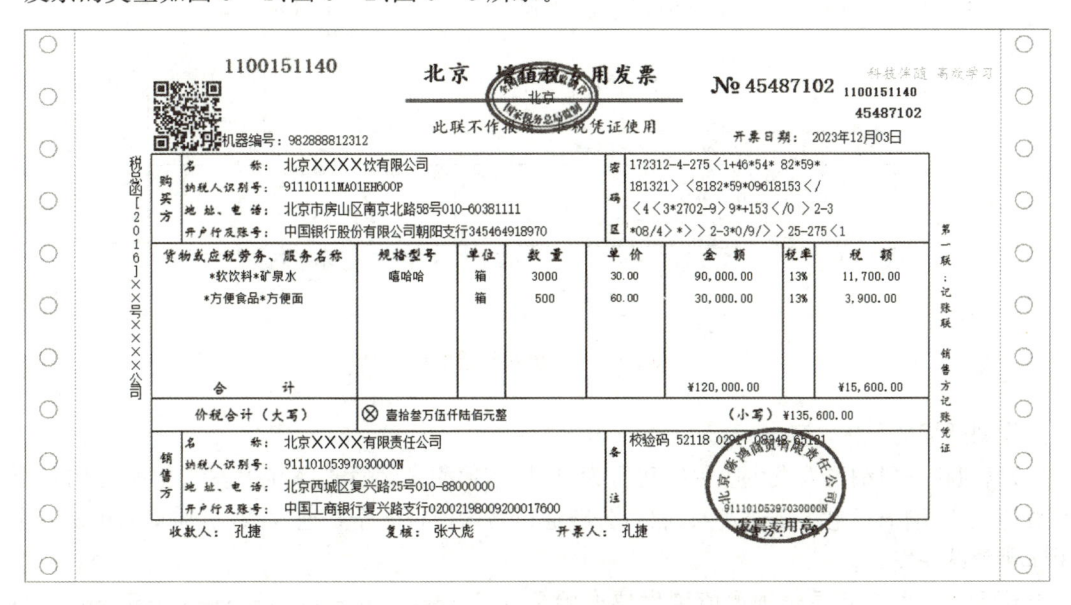

(1)增值税专用发票:增值税专用发票和机动车销售统一发票。

(2)增值税普通发票:增值税普通发票(折叠票)、增值税电子普通发票和增值税普通发票(卷票)。

(3)其他发票:农产品收购发票、农产品销售发票、门票、过路(过桥)费发票、定额发票、客运发票和二手车销售统一发票等。

(4)网络发票:网络发票是指符合国家税务总局统一标准并通过国家税务总局及省、自治区、直辖市税务局公布的网络发票管理系统开具的发票。开具发票的单位和个人在网络出现故障,无法在线开具发票时,可离线开具发票。开具发票后,不得改动开票信息,并于48小时内上传开票信息。

发票的类型如图5—1、图5—2、图5—3所示。

图5—1 增值税专用发票

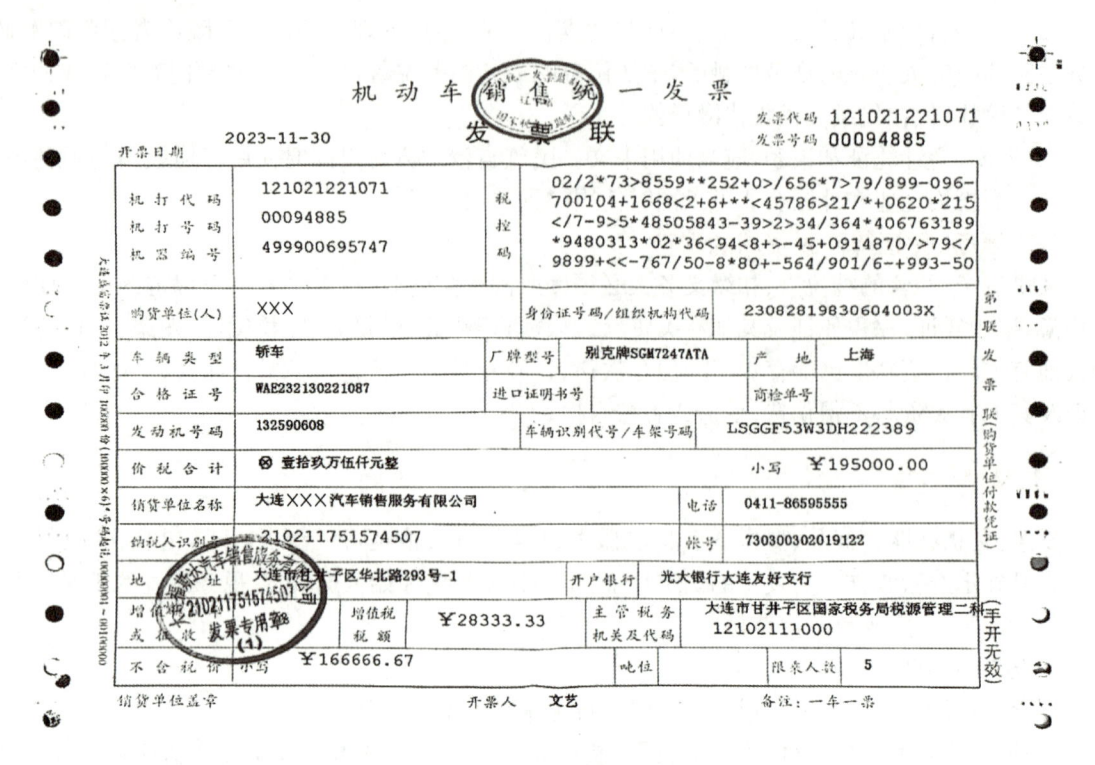

图 5－2　机动车销售发票

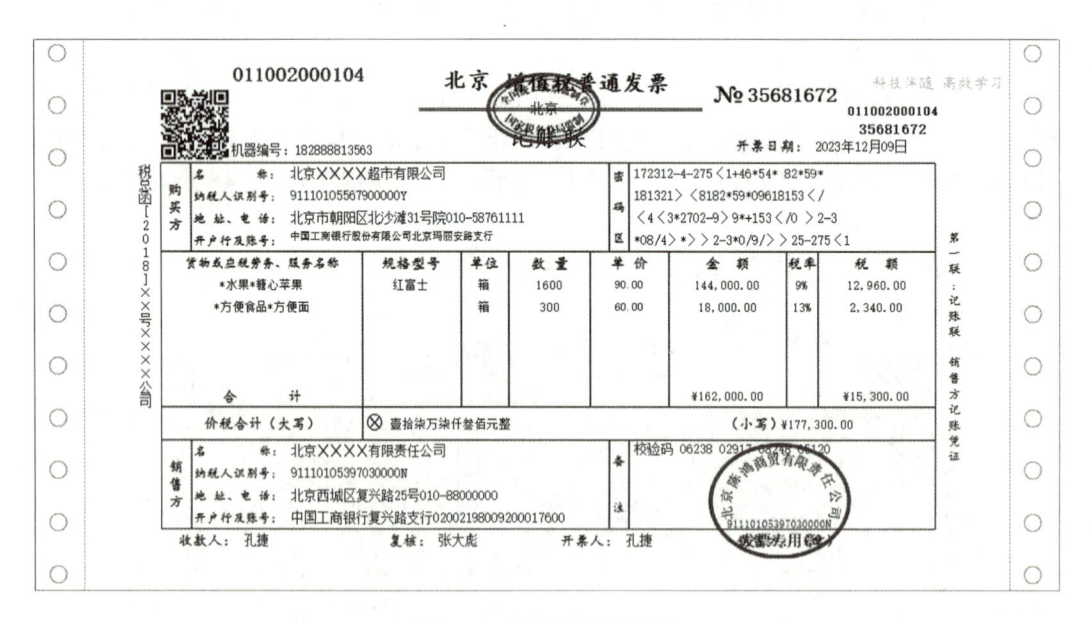

图 5－3　增值税普通发票

2. 发票适用的范围

(1)增值税一般纳税人发生应税销售行为,使用增值税发票管理系统开具增值税专用发票、增值税普通发票、增值税电子普通发票、收费公路通行费增值税电子普通发票、机动车销售统一发票、二手车销售统一发票。

单位和个人可以登录全国增值税发票查验平台(https://inv-veri.chinatax.gov.cn),对新系统开具的发票信息进行查验。

（2）增值税小规模纳税人发生应税销售行为，开具增值税普通发票，一般不使用增值税专用发票，但可以到税务机关代开增值税专用发票。小规模纳税人（其他个人除外）发生增值税应税行为，需要开具增值税专用发票的，也可以自愿使用增值税发票管理系统自行开具。选择自行开具增值税专用发票的小规模纳税人，税务机关不再为其代开增值税专用发票。

（3）增值税普通发票（卷票）由纳税人自愿选择使用，重点在生活性服务业纳税人中推广。纳税人可依法书面向税务机关要求使用印有本单位名称的增值税普通发票（折叠票）或增值税普通发票（卷票），税务机关按规定确认印有该单位名称发票的种类和数量。纳税人通过新系统开具印有本单位名称的增值税普通发票（折叠票）或增值税普通发票（卷票）。

（二）发票的领用

1. 领用发票的程序

需要领用发票的单位和个人，应当持设立登记证件或者税务登记证件，以及经办人身份证明，向主管税务机关办理发票领用手续。领用纸质发票的，还应当提供按照国务院税务主管部门规定式样制作的发票专用章的印模。主管税务机关根据领用单位和个人的经营范围、规模和风险等级，在5个工作日内确认领用发票的种类、数量以及领用方式。

【注意】单位和个人领用发票时，应当按照税务机关的规定报告发票使用情况，税务机关应当按照规定进行查验。

2. 代开发票

需要临时使用发票的单位和个人，可以凭购销商品、提供或者接受服务以及从事其他经营活动的书面证明、经办人身份证明，直接向经营地税务机关申请代开发票。依照税收法律、行政法规规定应当缴纳税款的，税务机关应当先征收税款，再开具发票。税务机关根据发票管理的需要，可以按照国务院税务主管部门的规定委托其他单位代开发票。禁止非法代开发票。

3. 外地经营领用发票

临时到本省、自治区、直辖市以外从事经营活动的单位或者个人，应当凭所在地税务机关的证明，向经营地税务机关领用经营地的发票。临时在本省、自治区、直辖市以内跨市、县从事经营活动领用发票的办法，由省、自治区、直辖市税务机关规定。

（三）发票的开具和使用

1. 发票的开具

（1）销售商品、提供服务以及从事其他经营活动的单位和个人，对外发生经营业务收取款项，收款方应当向付款方开具发票；但下列情况，由付款方向收款方开具发票：①收购单位和扣缴义务人支付个人款项时；②国家税务总局认为其他需要由付款方向收款方开具发票的。

（2）所有单位和从事生产、经营活动的个人在购买商品、接受服务以及从事其他经营活动支付款项，应当向收款方取得发票。取得发票时，不得要求变更品名和金额。

开具发票应当按照规定的时限、顺序、栏目，全部联次一次性如实开具，并加盖发票专用章。不符合规定的发票，不得作为财务报销凭证，任何单位和个人有权拒收。

任何单位和个人不得有下列虚开发票行为：①为他人、为自己开具与实际经营业务情况不符的发票；②让他人为自己开具与实际经营业务情况不符的发票；③介绍他人开具与实际经营业务情况不符的发票。

【学中做5-1】 甲公司的下列行为中，属于虚开发票的有（　　）。（多项选择题）

A. 为乙公司开具与实际经营业务情况不符的发票

B. 让丙公司为自己开具与实际经营业务情况不符的发票

C. 介绍丁公司开具与实际经营业务情况不符的发票
D. 为自己开具与实际经营业务情况不符的发票

答案为 ABCD。

解析：根据税收征管法律制度的规定，为他人、为自己开具与实际经营业务情况不符的发票，让他人为自己开具与实际经营业务情况不符的发票，介绍他人开具与实际经营业务情况不符的发票的行为，都属于虚开发票的行为。

2. 发票的使用和保管

任何单位和个人应当按照发票管理规定使用发票，不得有下列行为：①转借、转让、介绍他人转让发票、发票监制章和发票防伪专用品；②知道或者应当知道是私自印制、伪造、变造、非法取得或者废止的发票而受让、开具、存放、携带、邮寄、运输；③拆本使用发票；④扩大发票使用范围；⑤以其他凭证代替发票使用。

开具发票的单位和个人应当建立发票使用登记制度，设置发票登记簿，并定期向主管税务机关报告发票使用情况。开具发票的单位和个人应当在办理变更或者注销税务登记的同时，办理发票和发票领购簿的变更、缴销手续。开具发票的单位和个人应当按照税务机关的规定存放和保管发票，不得擅自损毁。已经开具的发票存根联和发票登记簿，应当保存 5 年。保存期满，报经税务机关查验后销毁。

(四)发票的检查

税务机关在发票管理中有权进行下列检查：①检查印制、领购、开具、取得、保管和缴销发票的情况；②调出发票查验；③查阅、复制与发票有关的凭证、资料；④向当事各方询问与发票有关的问题和情况；⑤在查处发票案件时，对与案件有关的情况和资料，可以记录、录音、录像、照相和复制。

印制、使用发票的单位和个人，必须接受税务机关依法检查，如实反映情况，提供有关资料，不得拒绝、隐瞒。税务人员进行检查时，应当出示税务检查证。

税务机关需要将已开具的发票调出查验时，应当向被查验的单位和个人开具发票换票证。发票换票证与所调出查验的发票具有同等的效力，被调出查验发票的单位和个人不得拒绝接受。税务机关需要将空白发票调出查验时，应当开具收据。经查无问题的，应当及时返还。

五、纳税申报

纳税申报，是指纳税人、扣缴义务人按照法律、行政法规的规定，在申报期内就纳税事项向税务机关书面申报的一种法定手续。纳税申报是纳税人履行纳税义务、界定法律责任的主要依据。

(一)纳税申报的内容

纳税人、扣缴义务人的纳税申报或者代扣代缴、代收代缴税款报告表的主要内容包括：税种、税目；应纳税项目或者应代扣代缴、代收代缴税款项目；计税依据；扣除项目及标准；适用税率或者单位税额；应退税项目及税额、应减免税项目及税额；应纳税额或者应代扣代缴、代收代缴税额；税款所属期限、延期缴纳税款、欠税、滞纳金等。

(二)纳税申报的方式

纳税申报方式，是指纳税人和扣缴义务人在纳税申报期限内，依照规定到指定税务机关进行申报纳税的形式。纳税申报的方式主要有以下几种：

(1)自行申报。自行申报也称直接申报，是指纳税人、扣缴义务人按照规定的期限自行直接到主管税务机关(报税大厅)办理纳税申报手续。这是一种传统的申报方式。

(2)邮寄申报。邮寄申报，是指经税务机关批准的纳税人使用统一规定的纳税申报专用信封，通过邮政部门办理交寄手续，并向邮政部门索取收据作为申报凭据的方式。邮寄申报以寄出地的邮政局邮戳日期为实际申报日期。

(3)数据电文申报。数据电文申报,是指以税务机关确定的电话语音、电子数据交换和网络传输等电子方式进行纳税申报。例如,目前纳税人的网上申报,就是数据电文申报方式的一种。纳税人、扣缴义务人采取数据电文方式办理纳税申报的,其申报日期以税务机关计算机网络系统收到该数据电文的时间为准,与数据电文相对应的纸质申报资料的报送期限由税务机关确定。

(4)其他方式。实行定期定额缴纳税款的纳税人,可以实行简易申报、简并征期等方式申报纳税。简易申报,是指实行定期定额缴纳税款的纳税人,经税务机关批准,通过以缴纳税款凭证代替申报或简并征期的一种申报方式。简并征期,是指实行定期定额缴纳税款的纳税人,经税务机关批准,可以采取将纳税期限合并为按季、半年、年的方式缴纳税款。

做中学 5-2

某企业按照规定享受 3 年内免纳企业所得税的优惠待遇。当税务局要求该企业进行纳税申报时,会计小李认为,既然本企业享受免税待遇,就不用办理企业所得税纳税申报了。请分析小李的看法是否正确。

(三)纳税申报的其他要求

纳税人在纳税申报时,还应注意以下几点:

(1)纳税人在纳税期内没有应纳税款的,也应当按照规定办理纳税申报。

(2)纳税人享受减税、免税待遇的,在减税、免税期间应当按照规定办理纳税申报。

(3)纳税人、扣缴义务人按照规定的期限办理纳税申报或者报送代扣代缴、代收代缴税款报告表确有困难,需要延期的,应当在规定期限内向税务机关提出书面延期申请,经税务机关核准,在核准的期限内办理。

纳税人、扣缴义务人因不可抗力,不能按期办理纳税申报或者报送代扣代缴、代收代缴税款报告表的,可以延期办理。但是,应当在不可抗力情形消除后立即向税务机关报告。税务机关应当查明事实,予以核准。

经核准延期办理纳税申报、报送事项的,应当在纳税期内按照上期实际缴纳的税额或者税务机关核定的税额预缴税款,并在核准的延期内办理税款结算。

任务三 税款征收与税务检查

一、税款征收

税款征收是税务机关依照税收法律、法规的规定将纳税人依法应当缴纳的税款组织入库的一系列活动的总称。它是税收征收管理工作的中心环节,在整个税收征收管理工作中占有极其重要的地位。

(一)税款征收方式

税款征收方式,是指税务机关根据各税种的不同特点和纳税人的具体情况而确定的计算、征收税款的形式和方法,包括确定征收方式和缴纳方式。目前,税款征收的方式主要有以下几种:

1. 查账征收

查账征收,是指针对财务会计制度健全的纳税人,税务机关依据其报送的纳税申报表、财务会计报表和其他有关纳税资料,依照适用税率,计算其应缴纳税款的税款征收方式。

【提示】查账征收方式较为规范,符合税收法定的基本原则,适用于财务会计制度健全,能够如实核算和提供生产经营情况,并能正确计算应纳税款和如实履行纳税义务的纳税人。

2. 查定征收

查定征收,是指针对账务不全,但能控制其材料、产量或进销货物的纳税单位或个人,税务机关依据正常条件下的生产能力对其生产的应税产品查定产量、销售额并据以确定其应缴纳税款的税款征收方式。

【提示】查定征收方式适用于生产经营规模较小、产品零星、税源分散、会计账册不健全,但能控制原材料或进销货物的小型厂矿和作坊。

3. 查验征收

查验征收,是指税务机关对纳税人的应税商品、产品,通过查验数量,按市场一般销售单价计算其销售收入,并据以计算应缴纳税款的税款征收方式。

【提示】查验征收方式适用于纳税人财务制度不健全、生产经营不固定、零星分散、流动性大的税源。

4. 定期定额征收

定期定额征收,是指税务机关对小型个体工商户在一定经营地点、一定经营时期、一定经营范围内的应纳税经营额(包括经营数量)或所得额进行核定,并以此为计税依据,确定其应缴纳税额的税款征收方式。

【提示】定期定额征收方式适用于经主管税务机关认定和县以上税务机关(含县级)批准的生产、经营规模小,达不到《个体工商户建账管理暂行办法》规定的设置账簿标准,难以查账征收,不能准确计算纳税依据的个体工商户(包括个人独资企业,简称定期定额户)。

(二)应纳税额的核定

1. 核定应纳税额的情形

纳税人有下列情形之一的,税务机关有权核定其应纳税额:①依照法律、行政法规的规定可以不设置账簿的;②依照法律、行政法规的规定应当设置但未设置账簿的;③擅自销毁账簿或者拒不提供纳税资料的;④虽设置账簿,但账目混乱或者成本资料、收入凭证、费用凭证残缺不全,难以查账的;⑤发生纳税义务,未按照规定的期限办理纳税申报,经税务机关责令限期申报,逾期仍不申报的;⑥纳税人申报的计税依据明显偏低,又无正当理由的。

2. 核定应纳税额的方法

为了减少核定应纳税额的随意性,使核定的税额更接近纳税人实际情况和法定负担水平,税务机关有权采用下列任何一种方法核定应纳税额:①参照当地同类行业或者类似行业中经营规模和收入水平相近的纳税人的税负水平核定;②按照营业收入或者成本加合理的费用和利润的方法核定;③按照耗用的原材料、燃料、动力等推算或者测算核定;④按照其他合理方法核定。

当其中一种方法不足以正确核定应纳税额时,可以同时采用两种以上的方法核定。纳税人对税务机关采取上述方法核定的应纳税额有异议的,应当提供相关证据,经税务机关认定后,调整应纳税额。

(三)税款征收措施

为了保证税款征收的顺利进行,《税收征收管理法》及其实施细则赋予了税务机关在税款征收过程中针对不同情况可以采取相应征收措施的职权。

1. 责令缴纳

(1)纳税人未按照规定期限缴纳税款的,扣缴义务人未按照规定期限解缴税款的,税务机关可责令限期缴纳,并从滞纳税款之日起,按日加收滞纳税款万分之五的滞纳金。逾期仍未缴纳的,税务机关可以采取税收强制执行措施。加收滞纳金的起止时间,为税款法定缴纳期限届满次日起至纳税人、扣缴义务人实际缴纳或者解缴税款之日止。

(2)对未按照规定办理税务登记的从事生产、经营的纳税人,以及临时从事经营的纳税人,税务机关核定其应纳税额,责令其缴纳应纳税款。纳税人不缴纳的,税务机关可以扣押其价值相当于应纳税款的商品、货物。扣押后缴纳应纳税款的,税务机关必须立即解除扣押,并归还所扣押的商品、货物;扣押后仍不缴纳应纳税款的,经县以上税务局(分局)局长批准,依法拍卖或者变卖所扣押的商品、货物,以拍卖或者变卖所得抵缴税款。

(3)税务机关有根据认为从事生产、经营的纳税人有逃避纳税义务行为,可在规定的纳税期之前责令其限期缴纳应纳税款。逾期仍未缴纳的,税务机关有权采取其他税款征收措施。

(4)纳税担保人未按照规定的期限缴纳所担保的税款,税务机关可责令其限期缴纳应纳税款。逾期仍未缴纳的,税务机关有权采取其他税款征收措施。

2.责令提供纳税担保

纳税担保,是指经税务机关同意或确认,纳税人或其他自然人、法人、经济组织以保证、抵押、质押的方式,为纳税人应当缴纳的税款及滞纳金提供担保的行为。包括经税务机关认可的有纳税担保能力的保证人为纳税人提供的纳税保证,以及纳税人或者第三人以其未设置或者未全部设置担保物权的财产提供的担保。

(1)适用纳税担保的情形包括:①税务机关有根据认为从事生产、经营的纳税人有逃避纳税义务行为,在规定的纳税期之前经责令其限期缴纳应纳税款,在限期内发现纳税人有明显的转移、隐匿其应纳税的商品、货物,以及其他财产或者应纳税收入的迹象,责成纳税人提供纳税担保的;②欠缴税款、滞纳金的纳税人或者其法定代表人需要出境的;③纳税人同税务机关在纳税上发生争议而未缴清税款,需要申请行政复议的;④税收法律、行政法规规定可以提供纳税担保的其他情形。

(2)纳税担保范围。纳税担保范围包括税款、滞纳金和实现税款、滞纳金的费用。费用包括抵押、质押登记费用,质押保管费用,以及保管、拍卖、变卖担保财产等相关费用支出。

用于纳税担保的财产、权利的价值不得低于应当缴纳的税款、滞纳金,并考虑相关的费用。纳税担保的财产价值不足以抵缴税款、滞纳金的,税务机关应当向提供担保的纳税人或纳税担保人继续追缴。用于纳税担保的财产、权利的价格估算,除法律、行政法规另有规定外,参照同类商品的市场价、出厂价或者评估价估算。

3.采取税收保全措施

税收保全措施,是指税务机关在规定的纳税期之前,对有逃避纳税义务的纳税人,限制其处理可用作缴纳税款的存款、商品、货物等财产的一种行政措施。其目的是预防纳税人逃避税款缴纳义务,防止以后税款的征收不能保证或难以保证,以保证国家税款的及时、足额入库。

(1)适用税收保全的情形及措施。

经县以上税务局(分局)局长批准,税务机关可以采取的税收保全措施包括:①书面通知纳税人开户银行或者其他金融机构冻结纳税人的金额相当于应纳税款的存款;②扣押、查封纳税人的价值相当于应纳税款的商品、货物或者其他财产。

(2)不适用税收保全的财产。

个人及其所扶养家属维持生活必需的住房和用品,不在税收保全措施的范围之内。个人所扶养家属,是指与纳税人共同居住生活的配偶、直系亲属以及无生活来源并由纳税人扶养的其他亲属。个人及其所扶养家属维持生活必需的住房和用品不包括机动车辆、金银饰品、古玩字画、豪华住宅或者一处以外的住房。另外,税务机关对单价5 000元以下的其他生活用品,不采取税收保全措施。

4.采取强制执行措施

(1)适用强制执行的情形及措施。

从事生产、经营的纳税人、扣缴义务人未按照规定的期限缴纳或者解缴税款,纳税担保人未按照规定的期限缴纳所担保的税款,由税务机关责令限期缴纳,逾期仍未缴纳的,经县以上税务局(分局)局长批准,税务机关可以采取的强制执行措施包括:①书面通知其开户银行或者其他金融机构从其存款中扣缴税款;②扣押、查封、依法拍卖或者变卖其价值相当于应纳税款的商品、货物或者其他财产,以拍卖或者变卖所得抵缴税款。

税务机关采取强制执行措施时,对上述纳税人、扣缴义务人、纳税担保人未缴纳的滞纳金同时强制执行。个人及其所扶养家属维持生活必需的住房和用品,不在强制执行措施的范围之内。对单价5 000元以下的其他生活用品,税务机关不采取强制执行措施。

(2)抵税财物的拍卖与变卖。

抵税财物,是指被税务机关依法实施税收强制执行而扣押、查封或者按照规定应强制执行的已设置纳税担保物权的商品、货物、其他财产或者财产权利。拍卖,是指税务机关将抵税财物依法委托拍卖机构,以公开竞价的形式,将特定财物转让给最高应价者的买卖方式。变卖,是指税务机关将抵税财物委托商业企业代为销售、责令纳税人限期处理或由税务机关变价处理的买卖方式。国家税务总局发布的《抵税财物拍卖、变卖试行办法》对抵税财物的拍卖与变卖行为进行规范,以保障国家税收收入并保护纳税人的合法权益。

适用拍卖、变卖的情形包括:①采取税收保全措施后,限期期满仍未缴纳税款的;②设置纳税担保后,限期期满仍未缴纳所担保的税款的;③逾期不按规定履行税务处理决定的;④逾期不按规定履行复议决定的;⑤逾期不按规定履行税务行政处罚决定的;⑥其他经责令限期缴纳,逾期仍未缴纳税款的。对上述③至⑥情形进行强制执行时,在拍卖、变卖之前(或同时)进行扣押、查封,办理扣押、查封手续。

税务机关按照拍卖优先的原则确定抵税财物拍卖、变卖的顺序包括:①委托依法成立的拍卖机构拍卖;②无法委托拍卖或者不适于拍卖的,可以委托当地商业企业代为销售,或者责令被执行人限期处理;③无法委托商业企业销售,被执行人也无法处理的,由税务机关变价处理。国家禁止自由买卖的商品、货物、其他财产,应当交由有关单位按照国家规定的价格收购。

5.阻止出境

欠缴税款的纳税人或者其法定代表人在出境前未按规定结清应纳税款、滞纳金或者提供纳税担保的,税务机关可以通知出境管理机关阻止其出境。

二、税务检查

税务检查又称纳税检查,是指税务机关根据税收法律、行政法规的规定,对纳税人履行纳税义务、扣缴义务人履行扣缴义务,及其他有关税务事项进行监督、审查的活动。税务检查是税收征收管理的重要内容,也是税务监督的重要组成部分。做好税务检查,对于加强依法治税,保证国家财政收入,有着十分重要的意义。

(一)税务检查的内容

1.纳税人履行纳税义务的情况

检查纳税人执行政策的情况,其是否按时、准确、全面地履行了纳税义务,有无逃避税款、欠税问题。如有,应将税收及时足额地征收入库。

2.纳税人遵守财务、会计制度的情况

检查纳税人财务、会计制度及其财务、会计处理办法有无同税法中关于税收的规定相抵触。如有,则应纠正,按税收的有关规定计算纳税。

3.税务人员执行税收征管制度的情况

检查直接主管税务机关和税务人员在税收征收管理中是否存在漏洞或问题。如有,应找出原因,提出改进意见。

4.纳税人的生产经营情况

税务检查的具体内容可因不同的税种而异。流转税的诸税种,主要核查其征税范围、计税依据、计税价格、扣除项目金额、适用税率、纳税环节和征免税界限等。所得税的诸税种,主要查核商品的销售成本、销售费用、营业外收支、利润计算和专用资金提支等。

(二)税务检查的形式

1.重点检查

重点检查是指对公民举报、上级机关交办或有关部门转来的有偷税行为或偷税嫌疑的,纳税申报与实际生产经营情况有明显不符的纳税人及有普遍逃税行为的行业的检查。

2.分类计划检查

分类计划检查是指根据纳税人历来纳税情况、纳税人的纳税规模及税务检查间隔时间的长短等综合因素,按事先确定的纳税人分类、计划检查时间及检查频率而进行的检查。

3.集中性检查

集中性检查是指税务机关在一定时间、一定范围内,统一安排、统一组织的税务检查。这种检查一般规模比较大,如以前年度的全国范围内的税收、财务大检查就属于这类检查。

4.临时性检查

临时性检查是指由各级税务机关根据不同的经济形势、偷逃税趋势、税收任务完成情况等综合因素,在正常的检查计划之外安排的检查,如行业性检查、典型调查性的检查等。

5.专项检查

专项检查是指税务机关根据税收工作实际,对某一税种或税收征收管理某一环节进行的检查,如增值税一般纳税专项检查、漏征漏管户专项检查等。

(三)税务机关在税务检查中的职权和职责

(1)税务机关有权进行下列税务检查:①检查纳税人的账簿、记账凭证、报表和有关资料,检查扣缴义务人代扣代缴、代收代缴税款账簿、记账凭证和有关资料;②到纳税人的生产、经营场所和货物存放地检查纳税人应纳税的商品、货物或者其他财产,检查扣缴义务人与代扣代缴、代收代缴税款有关的经营情况;③责成纳税人、扣缴义务人提供与纳税或者代扣代缴、代收代缴税款有关的文件、证明材料和有关资料;④询问纳税人、扣缴义务人与纳税或者代扣代缴、代收代缴税款有关的问题和情况;⑤到车站、码头、机场、邮政企业及其分支机构检查纳税人托运、邮寄应纳税商品、货物或者其他财产的有关单据、凭证和有关资料;⑥经县以上税务局(分局)局长批准,指定专人负责,凭全国统一格式的检查存款账户许可证明,查询从事生产、经营的纳税人、扣缴义务人在银行或者其他金融机构的存款账户,并有责任为被检查人保守秘密。税务机关在调查税收违法案件时,经设区的市、自治州以上税务局(分局)局长批准,可以查询案件涉嫌人员的储蓄存款。税务机关查询所获得的资料,不得用于税收以外的用途。

(2)税务机关对从事生产、经营的纳税人以前纳税期的纳税情况依法进行税务检查时,发现纳税人有逃避纳税义务行为,并有明显的转移、隐匿其应纳税的商品、货物以及其他财产或者应纳税的收入的迹象的,可以按照《税收征收管理法》规定的批准权限采取税收保全措施或者强制执行措施。

税务机关采取税收保全措施的期限一般不得超过6个月；重大案件需要延长的，应当报国家税务总局批准。

(3)税务机关调查税务违法案件时，对与案件有关的情况和资料，可以记录、录音、录像、照相和复制。

(4)税务机关依法进行税务检查时，有权向有关单位和个人调查纳税人、扣缴义务人和其他当事人与纳税或者代扣代缴、代收代缴税款有关的情况。

(5)税务机关派出的人员进行税务检查时，应当出示税务检查证和税务检查通知书，并有责任为被检查人保守秘密；未出示税务检查证和税务检查通知书的，被检查人有权拒绝检查。

（四）被检查人的义务

(1)纳税人、扣缴义务人必须接受税务机关依法进行的税务检查，如实反映情况，提供有关资料，不得拒绝、隐瞒。

(2)税务机关依法进行税务检查，向有关单位和个人调查纳税人、扣缴义务人和其他当事人与纳税或者代扣代缴、代收代缴税款有关的情况时，有关单位和个人有义务向税务机关如实提供有关资料及证明材料。

任务四　税务行政复议

一、税务行政复议的概念

税务行政复议，是指当事人（纳税人、扣缴义务人、纳税担保人及其他税务当事人）不服税务机关及其工作人员做出的税务具体行政行为，依法向上一级税务机关（复议机关）提出申请，复议机关依法对原行政行为的合理性、合法性做出裁决的行政司法活动。实行税务行政复议制度是为了维护和监督税务机关依法行使税收执法权，防止和纠正违法或者不当的税务具体行政行为，保护纳税人和其他当事人的合法权益。

二、税务行政复议的范围

纳税人及其他当事人（简称申请人）认为税务机关（简称被申请人）的具体行政行为侵犯其合法权益，可依法向税务行政复议机关申请行政复议。税务行政复议机关（简称复议机关），是指依法受理税务行政复议申请，对具体行政行为进行审查并做出行政复议决定的税务机关。

申请人对税务机关下列具体行政行为不服的，可以提出行政复议申请：

(1)税务机关做出的征税行为，包括确认纳税主体、征税对象、征税范围、减税、免税、退税、抵扣税款、适用税率、计税依据、纳税环节、纳税期限、纳税地点和税款征收方式等具体行政行为，征收税款、加收滞纳金，扣缴义务人、受税务机关委托的单位和个人做出的代扣代缴、代收代缴、代征行为等。

(2)行政许可、行政审批行为。

(3)发票管理行为，包括发售、收缴、代开发票等。

(4)税收保全措施、强制执行措施。

(5)税务机关做出的行政处罚行为，包括：①罚款；②没收财物和违法所得；③停止出口退税权。

(6)税务机关不依法履行下列职责的行为，包括：①颁发税务登记证；②开具、出具完税凭证、外出经营活动税收管理证明；③行政赔偿；④行政奖励；⑤其他不依法履行职责的行为。

(7)资格认定行为。

(8)不依法确认纳税担保行为。
(9)政府公开信息工作中的具体行政行为。
(10)纳税信用等级评定行为。
(11)税务机关通知出入境管理机关阻止出境行为。
(12)税务机关做出的其他具体行政行为。

申请人认为税务机关的具体行政行为所依据的下列规定不合法,对具体行政行为申请行政复议时,可以一并向复议机关提出对有关规定(不包括规章)的审查申请:①国家税务总局和国务院其他部门的规定;②其他各级税务机关的规定;③地方各级人民政府的规定;④地方人民政府工作部门的规定。

申请人对具体行政行为提出行政复议申请时不知道具体行政行为所依据的规定的,可以在复议机关做出行政复议决定以前提出对该规定的审查申请。

三、税务行政复议管辖

(一)复议管辖的一般规定

(1)对各级税务局的具体行政行为不服的,向其上一级税务局申请行政复议。
(2)对计划单列市税务局的具体行政行为不服的,向国家税务总局申请行政复议。
(3)对税务所(分局)、各级税务局的稽查局的具体行政行为不服的,向其所属税务局申请行政复议。
(4)对国家税务总局的具体行政行为不服的,向国家税务总局申请行政复议。对行政复议决定不服,申请人可以向人民法院提起行政诉讼,也可以向国务院申请裁决。国务院的裁决为最终裁决。

(二)复议管辖的特殊规定

(1)对两个以上税务机关共同做出的具体行政行为不服的,向共同上一级税务机关申请行政复议;对税务机关与其他行政机关共同做出的具体行政行为不服的,向其共同上一级行政机关申请行政复议。
(2)对被撤销的税务机关在撤销以前所做出的具体行政行为不服的,向继续行使其职权的税务机关的上一级税务机关申请行政复议。
(3)对税务机关做出逾期不缴纳罚款加处罚款的决定不服的,向做出行政处罚决定的税务机关申请行政复议。但是,对已处罚款和加处罚款都不服的,一并向做出行政处罚决定的税务机关的上一级税务机关申请行政复议。

申请人向具体行政行为发生地的县级地方人民政府提交行政复议申请的,由接受申请的县级地方人民政府依法予以转送。

四、税务行政复议申请与受理

(一)税务行政复议申请

申请人可以在知道税务机关做出具体行政行为之日起60日内提出行政复议申请。因不可抗力或者被申请人设置障碍等原因耽误法定申请期限的,申请期限的计算应当扣除被耽误时间。

申请人对复议范围中第(1)项规定(即税务机关做出的征税行为)的行为不服的,应当先向复议机关申请行政复议;对行政复议决定不服的,可以再向人民法院提起行政诉讼。

申请人按照前述规定申请行政复议的,必须依照税务机关根据法律、法规确定的税额、期限,先行缴纳或者解缴税款和滞纳金,或者提供相应的担保,方可在实际缴清税款和滞纳金以后或者所提供的担保得到做出具体行政行为的税务机关确认之日起60日内提出行政复议申请。

申请人对复议范围中第(1)项规定(即税务机关做出的征税行为)以外的其他具体行政行为不服的,可以申请行政复议,也可以直接向人民法院提起行政诉讼。

申请人对税务机关做出逾期不缴纳罚款加处罚款的决定不服的,应当先缴纳罚款和加处罚款,再申请行政复议。

申请人申请行政复议,可以书面申请,也可以口头申请。书面申请的,可以采取当面递交、邮寄、传真或者电子邮件等方式提出行政复议申请。口头申请的,复议机关应当场制作行政复议申请笔录,交申请人核对或者向申请人宣读,并由申请人确认。

(二)税务行政复议受理

复议机关收到行政复议申请以后,应当在 5 个工作日内进行审查,决定是否受理。对不符合规定的行政复议申请,决定不予受理,并书面告知申请人。对不属于本机关受理的行政复议申请,应当告知申请人向有关复议机关提出。复议机关收到行政复议申请以后未按照规定期限审查并做出不予受理决定的,视为受理。

对符合规定的行政复议申请,自复议机关收到之日起即为受理。受理行政复议申请,应当书面告知申请人。

对应当先向复议机关申请行政复议,对行政复议决定不服再向人民法院提起行政诉讼的具体行政行为,复议机关决定不予受理或者受理以后超过行政复议期限不做答复的,申请人可以自收到不予受理决定书之日起或者行政复议期满之日起 15 日内,依法向人民法院提起行政诉讼。

行政复议期间具体行政行为不停止执行。但是有下列情形之一的,可以停止执行:①被申请人认为需要停止执行的;②复议机关认为需要停止执行的;③申请人申请停止执行,复议机关认为其要求合理,决定停止执行的;④法律规定停止执行的。

同步案例 5-1

小丽在学习税法时了解到,纳税人对税务机关征税等具体行为不服的,可以申请行政复议。小丽认为法律这样规定,保护了纳税人的合法权益,的确有必要,但有一点不明白:为什么必须先缴纳税款及滞纳金或者提供相应的担保,才能申请行政复议呢?

五、税务行政复议审查和决定

(一)税务行政复议审查

复议机关应当自受理行政复议申请之日起 7 日内,将行政复议申请书副本或者行政复议申请笔录复印件发送被申请人。被申请人应当自收到申请书副本或者申请笔录复印件之日起 10 日内提出书面答复,并提交当初做出具体行政行为的证据、依据和其他有关材料。

对国家税务总局的具体行政行为不服申请行政复议的案件,由原承办具体行政行为的相关机构向复议机关提出书面答复,并提交当初做出具体行政行为的证据、依据和其他有关材料。

复议机关审理行政复议案件,应当由 2 名以上行政复议工作人员参加。

行政复议原则上采用书面审查的办法,但是申请人提出要求或者复议机关认为有必要时,应当听取申请人、被申请人和第三人的意见,并可以向有关组织和人员调查了解情况。

对重大、复杂的案件,申请人提出要求或者复议机关认为必要时,可以采取听证的方式审理。复议机关决定举行听证的,应当将举行听证的时间、地点和具体要求等事项通知申请人、被申请人和第三人。第三人不参加听证的,不影响听证的举行。

复议机关应当全面审查被申请人的具体行政行为所依据的事实证据、法律程序、法律依据和设定的权利与义务内容的合法性、适当性。

申请人在申请行政复议时,依据《税务行政复议规则》第十五条规定一并提出对有关规定的审查申请的,复议机关对该规定有权处理的,应当在30日内依法处理;无权处理的,应当在7个工作日内按照法定程序逐级转送有权处理的行政机关依法处理,有权处理的行政机关应当在60日内依法处理。处理期间,中止对具体行政行为的审查。

复议机关审查被申请人的具体行政行为时,认为其依据不合法,本机关有权处理的,应当在30日内依法处理;无权处理的,应当在7个工作日内按照法定程序逐级转送有权处理的国家机关依法处理。处理期间,中止对具体行政行为的审查。

(二)税务行政复议决定

复议机关应当对被申请人的具体行政行为提出审查意见,经复议机关负责人批准,按照下列规定做出行政复议决定:

(1)具体行政行为认定事实清楚、证据确凿、适用依据正确、程序合法、内容适当的,决定维持。

(2)被申请人不履行法定职责的,决定其在一定期限内履行。

(3)具体行政行为有下列情形之一的,决定撤销、变更或者确认该具体行政行为违法:①主要事实不清、证据不足的;②适用依据错误的;③违反法定程序的;④超越或者滥用职权的;⑤具体行政行为明显不当的。

决定撤销或者确认该具体行政行为违法的,可以责令被申请人在一定期限内重新做出具体行政行为。复议机关责令被申请人重新做出具体行政行为的,被申请人不得以同一事实和理由做出与原具体行政行为相同或者基本相同的具体行政行为;但复议机关以原具体行政行为违反法定程序而决定撤销的,被申请人重新做出具体行政行为的除外。

(4)被申请人不按照规定提出书面答复,提交当初做出具体行政行为的证据、依据和其他有关材料的,视为该具体行政行为没有证据、依据,决定撤销该具体行政行为。

申请人在申请行政复议时可以一并提出行政赔偿请求,复议机关对符合国家赔偿法的规定应当赔偿的,在决定撤销、变更具体行政行为或者确认具体行政行为违法时,应当同时决定被申请人依法赔偿。申请人在申请行政复议时没有提出行政赔偿请求的,复议机关在依法决定撤销、变更原具体行政行为确定的税款、滞纳金、罚款和对财产的扣押、查封等强制措施时,应当同时责令被申请人退还税款、滞纳金和罚款,解除对财产的扣押、查封等强制措施,或者赔偿相应的价款。

复议机关应当自受理申请之日起60日内做出行政复议决定。情况复杂,不能在规定期限内做出行政复议决定的,经行政复议机关负责人批准,可以适当延期,并告知申请人和被申请人;但是,延期不得超过30日。

复议机关做出行政复议决定,应当制作行政复议决定书,并加盖复议机关印章。行政复议决定书一经送达,即发生法律效力。

任务五 税收法律责任

税收法律责任,是指税收法律关系主体违反税收法律制度的行为所引起的不利法律后果,分为行政责任和刑事责任。

一、纳税人及扣缴义务人违反税收法律制度的法律责任

(1)纳税人有下列行为之一的,由税务机关责令限期改正,可以处2 000元以下的罚款;情节严重的,处2 000元以上1万元以下的罚款:①未按照规定设置、保管账簿或者保管记账凭证和有关

资料的;②未按照规定将财务、会计制度或者财务、会计处理办法和会计核算软件报送税务机关备查的;③未按照规定将其全部银行账号向税务机关报告的;④未按照规定安装、使用税控装置,或者损毁或者擅自改动税控装置的。

(2)扣缴义务人未按照规定设置、保管代扣代缴、代收代缴税款账簿或者保管代扣代缴、代收代缴税款记账凭证及有关资料的,由税务机关责令限期改正,可以处2 000元以下的罚款;情节严重的,处2 000元以上5 000元以下的罚款。

(3)纳税人未按照规定的期限办理纳税申报和报送纳税资料的,或者扣缴义务人未按照规定的期限向税务机关报送代扣代缴、代收代缴税款报告表和有关资料的,由税务机关责令限期改正,可以处2 000元以下的罚款;情节严重的,可以处2 000元以上1万元以下的罚款。

(4)纳税人、扣缴义务人编造虚假计税依据的,由税务机关责令限期改正,并处5万元以下的罚款。

二、税务行政主体实施税收违法行为的法律责任

(1)税务机关违反规定擅自改变税收征收管理范围和税款入库预算级次的,责令限期改正,对直接负责的主管人员和其他直接责任人员依法给予降级或者撤职的行政处分。

(2)税务人员徇私舞弊,对依法应当移交司法机关追究刑事责任的不移交,情节严重的,依法追究刑事责任。

(3)税务机关、税务人员查封、扣押纳税人个人及其所扶养家属维持生活必需的住房和用品的,责令退还,依法给予行政处分;构成犯罪的,依法追究刑事责任。

(4)税务人员与纳税人、扣缴义务人勾结,唆使或者协助纳税人、扣缴义务人有税收违法行为,构成犯罪的,依法追究刑事责任;尚不构成犯罪的,依法给予行政处分。

(5)税务人员利用职务上的便利,收受或者索取纳税人、扣缴义务人财物或者牟取其他不正当利益,构成犯罪的,依法追究刑事责任;尚不构成犯罪的,依法给予行政处分。

(6)税务人员徇私舞弊或者玩忽职守,不征或者少征应征税款,致使国家税收遭受重大损失,构成犯罪的,依法追究刑事责任;尚不构成犯罪的,依法给予行政处分。

(7)税务人员滥用职权,故意刁难纳税人、扣缴义务人的,调离税收工作岗位,并依法给予行政处分。

(8)税务人员对控告、检举税收违法违纪行为的纳税人、扣缴义务人以及其他检举人进行打击报复的,依法给予行政处分;构成犯罪的,依法追究刑事责任。

(9)违反法律、行政法规的规定提前征收、延缓征收或者摊派税款的,由其上级机关或者行政监察机关责令改正,对直接负责的主管人员和其他直接责任人员依法给予行政处分。

(10)违反法律、行政法规的规定,擅自做出税收的开征、停征或者减税、免税、退税、补税以及其他同税收法律、行政法规相抵触的决定的,除依照《税收征收管理法》规定撤销其擅自做出的决定外,补征应征未征税款,退还不应征收而征收的税款,并由上级机关追究直接负责的主管人员和其他直接责任人员的行政责任;构成犯罪的,依法追究刑事责任。

(11)税务人员在征收税款或者查处税收违法案件时,未按照规定进行回避的,对直接负责的主管人员和其他直接责任人员,依法给予行政处分。未按照规定为纳税人、扣缴义务人、检举人保密的,对直接负责的主管人员和其他直接责任人员,由所在单位或者有关单位依法给予行政处分。

(12)税务人员私分扣押、查封的商品、货物或者其他财产,情节严重,构成犯罪的,依法追究刑事责任;尚不构成犯罪的,依法给予行政处分。

应知考核

一、单项选择题

1. 根据税收征收管理法律制度的规定,除法律、行政法规另有规定的外,从事生产、经营的纳税人必须按照国务院财政、税务部门规定的保存期限保管账簿、记账凭证、完税凭证及其他有关涉税资料,该期限为(   )。
   A. 20 年　　　　　B. 15 年　　　　　C. 30 年　　　　　D. 10 年

2. 根据税收征收管理法律制度的规定,下列涉税专业服务业务中,应当由具有税务师事务所、会计师事务所、律师事务所资质的涉税专业服务机构从事的是(   )。
   A. 纳税申报代理　　　　　　　　　B. 涉税鉴证
   C. 代理建账记账　　　　　　　　　D. 一般税务咨询

3. 税务代理业务档案保存至少为(   )。
   A. 2 年　　　　　B. 5 年　　　　　C. 1 年　　　　　D. 3 年

4. 根据税收征收管理法律制度的规定,纳税人申请税务行政复议的法定期限是(   )。
   A. 在税收机关做出具体行政行为之日起 60 日内
   B. 在税收机关做出具体行政行为之日起 3 个月内
   C. 在知道税务机关做出具体行政行为之日起 3 个月内
   D. 在知道税务机关做出具体行政行为之日起 60 日内

5. 根据税收征收管理法律制度的规定,不属于纳税担保方式的是(   )。
   A. 抵押　　　　　B. 质押　　　　　C. 扣押　　　　　D. 保证

6. 根据税收征收管理法律制度的规定,下列各项中,不适用税收保全的财产是(   )。
   A. 纳税人的古董　　　　　　　　　B. 纳税人的别墅
   C. 纳税人的豪华小汽车　　　　　　D. 纳税人的家庭唯一普通住房

7. 根据税收征收管理法律制度的规定,下列各项中,属于税款征收强制执行措施的是(   )。
   A. 书面通知纳税人开户银行冻结纳税人的金额相当于应纳税款的存款
   B. 变卖纳税人价值相当于应纳税款的商品,以变卖所得抵缴税款
   C. 责成纳税人为应当缴纳的税款提供担保
   D. 在规定的纳税期之前责令纳税人限期缴纳应纳税款

8. 根据税收征收管理法律制度的规定,下列情形中,税务机关可以责令纳税人提供纳税担保的是(   )。
   A. 纳税人按照规定应设置账簿而未设置
   B. 纳税人同税务机关在纳税上发生争议而未缴清税款,需要申请行政复议的
   C. 纳税人对税务机关做出逾期不缴纳罚款加处罚款的决定不服,需要申请行政复议的
   D. 纳税人开具与实际经营业务情况不符的发票

9. 对国家税务总局的具体行政行为不服的,向(   )申请行政复议。
   A. 国务院　　　　　　　　　　　　B. 国家税务总局
   C. 人民法院　　　　　　　　　　　D. 向上一级税务机关

10. 按照规定甲公司最晚于 2024 年 5 月 15 日缴纳应纳税款,甲公司迟迟未缴纳。主管税务机关责令其于当年 6 月 30 日前缴纳应纳税款,甲公司直到 7 月 14 日才缴纳税款。关于主管税务机关对甲公司加收滞纳金的起止时间的下列表述中,正确的是(   )。
    A. 2024 年 6 月 30 日至 2024 年 7 月 15 日　　B. 2024 年 6 月 15 日至 2024 年 7 月 15 日

C. 2024年7月1日至2024年7月14日　　D. 2024年5月16日至2024年7月14日

二、多项选择题

1. 根据税收征收管理法律制度的规定,下列各项中,属于税收保全措施的有(　　)。
   A. 拍卖纳税人的价值相当于应纳税款的财产
   B. 扣押纳税人的价值相当于应纳税款的商品
   C. 责令纳税人提供纳税担保
   D. 书面通知纳税人开户银行冻结纳税人的金额相当于应纳税款的存款

2. 根据税收征收管理法律制度的规定,下列各项中,属于纳税申报方式的有(　　)。
   A. 简易申报　　　B. 数据电文申报　　　C. 自行申报　　　D. 邮寄申报

3. 根据税收征收管理法律制度的规定,纳税人对税务机关的下列行政行为不服时,可以申请行政复议的有(　　)。
   A. 罚款
   B. 确认适用税率
   C. 加收滞纳金
   D. 依法制定税收优惠政策

4. 根据税收征收管理法律制度的规定,纳税人对税务机关的下列行政行为不服,可以直接起诉的有(　　)。
   A. 税务机关加收滞纳金的行为
   B. 税务机关将纳税人纳税信用等级由A级降为B级
   C. 税务机关扣押、查封纳税人的财产
   D. 纳税人依照法律规定提供了纳税担保,税务机关不依法确认纳税担保

5. 根据税收征收管理法律制度的规定,下列情形中,税务机关有权核定纳税人应纳税额的有(　　)。
   A. 纳税人设置的账簿账目混乱难以查账的
   B. 纳税人按法律、行政法规规定应当设置但未设置账簿的
   C. 纳税人虽设置账簿,但成本资料、收入凭证、费用凭证残缺不全,难以查账的
   D. 纳税人未按照规定的期限缴纳税款,经税务机关责令限期缴纳,逾期仍不缴纳的

三、判断题

1. 纳税人在纳税期内没有应纳税款的,应当按照规定办理纳税申报。(　　)
2. 甲企业按照国家规定享受3年免缴企业所得税的优惠待遇,甲企业在这3年内不需办理企业所得税的纳税申报。(　　)
3. 有关不依法开具完税凭证的行为属于税务行政复议的范围。(　　)
4. 纳税人在纳税期内没有应纳税款,可以不办理纳税申报。(　　)
5. 税务代理执业人员可以个人名义直接接受税务代理委托,签订税务代理委托协议。(　　)
6. 纳税人对税务检查人员未出示税务检查证和税务检查通知书的,有权拒绝检查。(　　)
7. 在行政复议的听证方式审理中,第三人不参加听证的,不影响听证的举行。(　　)
8. 复议机关以原具体行政行为违反法定程序而决定撤销的,责令被申请人重新做出具体行政行为的,被申请人不得以同一事实和理由做出与原具体行政行为相同或基本相同的具体行政行为。(　　)
9. 行政复议决定书从复议机关制作行政复议决定书并加盖印章之日起,发生法律效力。(　　)

10. 纳税人有骗税行为，由税务机关追缴其骗取的退税款，并处骗取税款50%以上3倍以下的罚款，构成犯罪的，依法追究刑事责任。   (   )

应会考核

一、不定项选择题

2024年9月1日，某旅游公司领取营业执照，主要经营范围为提供境内外旅游服务，开发经营荔园景区及射击、游戏机等游艺项目。公司有关经营情况如下：①2024年9月，申报办理了开业税务登记。②2024年10月，持有关资料办理了发票领购手续。③2024年12月，荔园景区正式接待游客，取得的营业收入包括门票、索道、观光电车、景区环保客用车等旅游收入和游艺收入，各项收入实行分别核算。④2025年1月，公司组织了一个境内夕阳红旅游团，该团共有游客30人，每人收取旅游费3 500元，公司为每位游客支付交通费1 000元、住宿费500元、餐费350元、景点门票费600元；当月支付员工工资5 000元、汽油费3 000元、过路费600元。

已知：城市维护建设税税率为7%，教育费附加征收率为3%。

要求：根据上述资料，不考虑其他因素，分析回答下列小题。

1. 该公司申报办理开业税务登记的最后期限是(   )。
   A. 2024年9月5日   B. 2024年9月10日
   C. 2024年9月15日   D. 2024年9月30日

2. 该公司办理发票领购时，应向税务机关提供的资料是(   )。
   A. 税务登记证件   B. 经办人员身份证明
   C. 法定代表人身份证明   D. 财务印章或发票专用章印模

3. 该公司2024年12月各项收入申报缴纳增值税的下列表述中，不正确的是(   )。
   A. 门票收入和索道收入按照"服务业—旅游业"申报缴纳
   B. 观光电车收入按照"服务业—租赁业"申报缴纳
   C. 景区环保客用车收入按照"交通运输业"申报缴纳
   D. 游艺收入按照"娱乐业"申报缴纳

4. 该公司2025年1月旅游收入应缴纳的税费金额是(   )。
   A. 增值税1 145元   B. 增值税1 575元
   C. 城市维护建设税和教育费附加114.5元 D. 城市维护建设税和教育费附加157.5元

二、案例分析题

1. 王某是下岗工人，申请注册一个小商品经营店，按规定享有一年的免税优惠政策。王某认为既然享有免税优惠就不需要办理税务登记。

请问：
(1) 王某的观点是否正确？为什么？
(2) 王某应办理哪些税务登记？

2. 2024年7月4日，某县级税务局甲集贸税务所了解到辖区内经销新鲜水果的个体工商业户李某打算在月末收摊回外地老家，并存在逃避缴纳7月份税款1 000元的可能。李某系定期定额征收业户，依法应于每月10日前缴纳上月税款。7月5日，甲税务所向李某下达了限7月31日前缴纳7月份税款1 000元的通知。7月27日，甲税务所发现李某正联系货车准备将货物运走，于是，当天以该税务所的名义，由所长签发向李某下达了扣押文书，由本所税务人员赵某带两名协税人员,将李某价值约 1 000 元的新鲜水果扣押存放在某仓库里。7 月 31 日 11 时,李某到税务所缴纳了 7 月份税款 1 000 元,并要求税务所返还所扣押的水果,因存放水果的仓库的保管员未在,未能当时返还。8 月 2 日,税务所将扣押的水果返还给李某。李某在收到水果后,发现部分水果已经腐烂,损失水果价值约 500 元。李某向税务所提出赔偿请求,税务所以扣押时未开箱查验为由不予受理。

请问:税务所的执法行为有哪些过错?请简要说明。

3.某市税务机关在税务检查中发现,某公司新增经营范围,已按规定办理了变更登记,但未办理税务登记变更手续,即责令其限期改正。该公司负责人林某认为,虽然增加了经营范围,但公司名称没有改变,因此不需要办理变更税务登记。

请问:林某的观点是否正确。

项目六　财政法律制度

● **知识目标**

> 理解：预算法律制度的构成、国家预算的概念与作用及预算管理的职权划分。
> 熟知：政府采购法律制度的构成，掌握政府采购的概念、原则和执行模式，以及政府采购的方式及其选择。
> 掌握：国家预算的级次与构成；预算的编制、审批、执行和调整程序，以及决算和预决算的监督；国库单一账户体系以及财政收入收缴与财政支出支付的方式和程序。

● **技能目标**

> 能够理解我国的财政法律制度，能够根据预算管理的职权确定预算收支的范围、编制决算草案、根据国库集中收付制度使用国库单一账户。

● **素质目标**

> 在中共二十大报告提出的"构建高水平社会主义市场经济体制"的思想引领下，认知财政法律制度改革对于明确权责划分，协调政府、市场与社会的关系，保障我国百年目标的实现具有的重要意义。运用所学的财政法律制度知识研究相关案例，培养和提高学生在特定业务情境中分析问题与决策设计的能力。结合行业规范或标准，运用财政法律知识分析行为的善恶，强化学生的职业道德素质。树立崇高的职业道德和操守，培养"量入为出，经世济民"的家国情怀。

● **思政目标**

> 树立财政岗位从业人员遵纪守法、廉洁自律、忠于职守的职业意识；增强内省、慎独的财政职业素养并努力践行。通过财政法律制度的学习，培养学生深刻理解并严格遵循预算法律制度、政府采购法律制度及国库集中收付制度的重要性，树立依法理财的观念，增强法治意识和社会责任感。通过学习，使学生掌握相关财政法规，为将来从事财政管理工作打下坚实基础。

● 项目引例

政府预算不仅是"国家账本"

预算不仅是一般意义上的"账本",而且是国家治理体系的重要组成部分。俗话所言:"吃不穷、穿不穷,算计不到就受穷。"标准科学、规范透明、约束有力的预算制度,将在推进国家治理体系和治理能力现代化中发挥越来越大的作用。

近年来,政府预算日益走进社会公众的视野,每年全国人大会议审查预算报告更是受到高度关注。由于明确了政府各项收支,预算经常被形象地称为"国家账本"或"政府账本"。实际上,预算不仅是一般意义上的"账本",而且是对财政政策实施作出具体安排,明确政府这一年要做些什么,是国家治理体系的重要组成部分。

党的十八届三中全会指出,财政是国家治理的基础和重要支柱。财政深刻影响着经济、政治、社会等各个领域,政府与市场、社会发生各种联系,主要通过收入和支出的各项活动来开展。预算制度则规范政府收支,也就是管着政府的"钱袋子",进而规范政府行为,是财政的核心与基础。可以说,政府预算体现国家的战略和政策,反映政府的活动范围和方向。

思考:

(1)政府预算在推进国家治理体系和治理能力现代化中起到怎样的作用?

(2)国家鼓励大学生自主创业,那么你能做出你的预算资料吗?

● 知识精讲

任务一　预算法律制度

一、预算法律制度的概念及构成

预算法律制度是指国家经过法定程序制定的,用以调整国家预算关系的法律、行政法规和相关的规章制度。我国预算法律制度由《中华人民共和国预算法》(简称《预算法》)、《中华人民共和国预算法实施条例》(简称《预算法实施条例》)以及有关国家预算管理的其他法规制度构成。

(一)《预算法》

《预算法》是我国第一部财政基本法律,是我国国家预算管理工作的根本法律,是制定其他预算法规的基本依据。《预算法》是1994年3月22日由第八届全国人民代表大会通过,2014年8月31日第十二届全国人民代表大会常务委员会第十次会议第一次修正,2018年12月29日第十三届全国人民代表大会常务委员会第七次会议第二次修正,包括总则、预算管理职权、预算收支范围、预算编制、预算审查和批准、预算执行、预算调整、决算、监督、法律责任、附则,共11章101条。《预算法》的颁布实施对于强化预算的分配和监督职能、健全财政预算制度、加强国家宏观调控、保障经济和社会的健康发展,都具有重要意义。

(二)《预算法实施条例》

《预算法实施条例》于1995年11月22日以"中华人民共和国国务院令第186号"的形式发布,自发布之日起施行;于2020年8月3日以"中华人民共和国国务院令第729号"的形式修订,自2020年10月1日起施行。《预算法实施条例》细化了《预算法》有关规定,将近年来财税体制改革和预算管理实践成果以法规形式固定下来,确保公共财政资金节用裕民。《预算法实施条例》包括总则、预算收支范围、预算编制、预算执行、决算、监督、法律责任和附则,共8章97条。该条例是根据《预算法》确立的基本原则和规定,对其中的有关法律概念以及预算管理的方法和程序作了具体规定。

【学中做 6—1】

财政预算是一个国家的账本,预算法则是以法律的形式来规范"钱从哪里来,用到哪里去"的规则。有"经济宪法"之称的我国预算法经历了首次大修,修改后的预算法于 2015 年 1 月 1 日起施行。

请问:

(1)财政部部长最终应向谁进行财政预算报告?

(2)分别从政治常识和经济常识角度说明这样做的理由。

二、国家预算

国家预算也称政府预算,是国家(政府)的基本财政收支计划,即经法定程序批准的国家年度财政收支计划。

(一)国家预算的编制原则

1. 公开性

国家预算反映政府的活动范围、方向和政策,与全体公民的切身利益息息相关。因此,国家预算及其执行情况必须采取一定的形式公开,为公众所了解并置于公众的监督下。

2. 可靠性

每一收支项目的数字指标必须运用科学的方法,依据充分、确定的资料,并总结出规律性,进行计算,不得假定或估算,更不能任意编造。

3. 完整性

应列入国家预算的一切财政收支都要列在预算中,不得打埋伏、造假账、预算外另列预算。国家允许的预算外收支,也应在预算中有所反映。

4. 统一性

虽然一级政府设立一级预算,但所有地方预算连同中央预算一起共同组成统一的国家预算。因此,要求设立统一的预算科目,每个科目都应按统一的口径、程序计算和填列。

5. 年度性

政府必须按照法定预算年度编制国家预算,这一预算要反映全年的财政收支活动,同时不允许将不属于本年度财政收支的内容列入本年度的国家预算之中。

上述预算原则是就一般意义而言的,不是绝对的。一个国家的预算原则一般是依据预算本身的属性,并与本国的经济实践相结合,通过制定预算法来体现。

(二)国家预算的作用

国家预算作为财政分配和宏观调控的主要手段,具有分配、调控和监督职能。国家预算的作用是国家预算职能在经济生活中的具体体现,具有以下方面的作用:

1. 财力保证作用

国家预算既是保障国家机器运转的物质条件,又是政府实施各项社会经济政策的有效保证。

2. 调节制约作用

国家预算作为国家的基本财政计划,是国家财政实行宏观调控的主要依据和主要手段。国家预算的收支规模可调节社会总供给和总需求的平衡,预算支出的结构可调节国民经济结构,因而国家预算的编制和执行情况对国民经济和社会发展都有直接的制约作用。

3. 反映监督作用

国家预算是国民经济的综合反映，预算收入反映国民经济发展规模和经济效益水平，预算支出反映各项事业发展的基本情况。因此，通过国家预算的编制和执行便于掌握国民经济的运行状况、发展趋势以及出现的问题，从而采取对策措施，促进国民经济稳定协调发展。

（三）国家预算的级次划分

我国国家预算实行一级政府一级财政，每级财政都建立一级总预算。目前，我国国家预算设以下5级预算，具体包括：①中央预算；②省级（省、自治区、直辖市）预算；③地市级（设区的市、自治州）预算；④县市级（县、自治县、不设区的市、市辖区）预算；⑤乡镇级（乡、民族乡、镇）预算。

【注意】不具备设立预算条件的乡、民族乡、镇，经省、自治区、直辖市政府确定，可以暂不设立预算。

（四）国家预算的构成

根据政府层次不同，国家预算分为中央预算和地方预算；根据预算对象不同，国家预算分为总预算和部门单位预算。上述预算共同构成了我国国家预算体系。

1. 中央预算

中央预算由中央各部门（含直属单位，下同）的预算组成，包括地方向中央上缴的收入数额和中央对地方返还或者给予补助的数额。

2. 地方预算

地方预算由各省、自治区、直辖市总预算组成，包括下级政府向上级政府上缴的收入数额和上级政府对下级政府返还或者给予补助的数额。

3. 总预算

总预算由本级政府预算和汇总的下一级总预算组成。没有下一级预算的，总预算即指本级预算。地方各级总预算由本级政府预算和汇总的下一级总预算组成。下一级只有本级预算的，下一级总预算即指下一级的本级预算。

4. 部门单位预算

各部门预算由本部门所属各单位预算组成。单位预算是指列入部门预算的国家机关、社会团体和其他单位的收支预算。

三、预算管理的职权

（一）各级人民代表大会的职权

1. 全国人民代表大会的职权

全国人民代表大会审查中央和地方预算草案及中央和地方预算执行情况的报告；批准中央预算和中央预算执行情况的报告；改变或者撤销全国人民代表大会常务委员会关于预算、决算的不适当的决议。

全国人民代表大会常务委员会监督中央和地方预算的执行；审查和批准中央预算的调整方案；审查和批准中央决算；撤销国务院制定的同宪法、法律相抵触的关于预算、决算的行政法规、决定和命令；撤销省、自治区、直辖市人民代表大会及其常务委员会制定的同宪法、法律和行政法规相抵触的关于预算、决算的地方性法规和决议。

2. 县级以上地方各级人民代表大会的职权

县级以上地方各级人民代表大会审查本级总预算草案及本级总预算执行情况的报告；批准本级预算和本级预算执行情况的报告；改变或者撤销本级人民代表大会常务委员会关于预算、决算的不适当的决议；撤销本级政府关于预算、决算的不适当的决定和命令。

县级以上地方各级人民代表大会常务委员会监督本级总预算的执行；审查和批准本级预算的

调整方案;审查和批准本级政府决算;撤销本级政府和下一级人民代表大会及其常务委员会关于预算、决算的不适当的决定、命令和决议。

3. 乡、民族乡、镇的人民代表大会的职权

设立预算的乡、民族乡、镇的人民代表大会审查和批准本级预算和本级预算执行情况的报告;监督本级预算的执行;审查和批准本级预算的调整方案;审查和批准本级决算;撤销本级政府关于预算、决算的不适当的决定和命令。

(二)各级财政部门的职权

1. 国务院财政部门的职权

国务院负责编制中央预算、决算草案;向全国人民代表大会作关于中央和地方预算草案的报告;将省、自治区、直辖市政府报送备案的预算汇总后报全国人民代表大会常务委员会备案;组织中央和地方预算的执行;决定中央预算预备费的动用;编制中央预算调整方案;监督中央各部门和地方政府的预算执行;改变或者撤销中央各部门和地方政府关于预算、决算的不适当的决定、命令;向全国人民代表大会、全国人民代表大会常务委员会报告中央和地方预算的执行情况。

国务院财政部负责具体编制中央预算、决算草案;具体组织中央和地方预算的执行;提出中央预算预备费动用方案;具体编制中央预算的调整方案;定期向国务院报告中央和地方预算的执行情况。

2. 地方各级政府财政部门的职权

县级以上地方各级政府负责编制本级预算、决算草案;向本级人民代表大会作关于本级总预算草案的报告;将下一级政府报送备案的预算汇总后报本级人民代表大会常务委员会备案;组织本级总预算的执行;决定本级预算预备费的动用;编制本级预算的调整方案;监督本级各部门和下级政府的预算执行;改变或者撤销本级各部门和下级政府关于预算、决算的不适当的决定、命令;向本级人民代表大会、本级人民代表大会常务委员会报告本级总预算的执行情况。

乡、民族乡、镇政府编制本级预算、决算草案;向本级人民代表大会作关于本级预算草案的报告;组织本级预算的执行;决定本级预算预备费的动用;编制本级预算的调整方案;向本级人民代表大会报告本级预算的执行情况。

地方各级政府财政部门负责具体编制本级预算、决算草案;具体组织本级总预算的执行;提出本级预算预备费动用方案;具体编制本级预算的调整方案;定期向本级政府和上一级政府财政部门报告本级总预算的执行情况。

(三)各部门、各单位的职权

1. 各部门的职权

各部门具体负责编制本部门预算、决算草案;组织和监督本部门预算的执行;定期向本级政府财政部门报告预算的执行情况。

2. 各单位的职权

各单位负责编制本单位预算、决算草案;按照国家规定上缴预算收入,安排预算支出,并接受国家有关部门的监督。

四、预算收入与预算支出

(一)预算收入

预算收入是指在预算年度内通过一定的形式和程序,有计划地筹措到的归国家支配的资金,是实现国家职能的财力保证。

从来源上看,预算收入包括税收收入、国有资产收益、专项收入、其他收入等。其中,国有资产

收益是指各部门和各单位占有、使用和依法处置境内外国有资产产生的收益,按照国家有关规定应当上缴预算的部分;专项收入是指根据特定需要由国务院批准或者经国务院授权由财政部批准、设置、征集和纳入预算管理,有专项用途的收入。

从归属上看,预算收入划分为中央预算收入、地方预算收入、中央和地方预算共享收入。其中,中央预算收入是指按照财政管理体制,纳入中央预算、地方不参与分享的收入,包括中央本级收入和地方按照规定向中央上缴的收入;地方预算收入是指按照财政管理体制,纳入地方预算、中央不参与分享的收入,包括地方本级收入和中央按照规定返还或者补助地方的收入;中央和地方预算共享收入是指按照财政管理体制,中央预算和地方预算对同一税种的收入,按照一定的划分标准或者比例分享的收入。

(二)预算支出

预算支出是指国家对集中的预算收入有计划地分配和使用而安排的支出。

从内容上看,预算支出包括经济建设支出、事业发展支出、国家管理费用支出、国防支出、各项补贴支出、其他支出等。其中,经济建设支出是指用于经济建设的基本建设投资支出、支持企业的挖潜改造支出、拨付的企业流动资金支出、拨付的生产性贷款贴息支出、专项建设基金支出、支持农业生产支出以及其他经济建设支出;事业发展支出是指用于教育、科学、文化、卫生、体育、工业、交通、商业、农业、林业、环境保护、水利、气象等方面事业的支出,具体包括公益性基本建设支出、设备购置支出、人员费用支出、业务费用支出以及其他事业发展支出。

从主体上讲,预算支出划分为中央预算支出和地方预算支出。其中,中央预算支出是指按照财政管理体制,由中央财政承担并列入中央预算的支出,包括中央本级支出和中央返还或者补助地方的支出;地方预算支出是指按照财政管理体制,由地方财政承担并列入地方预算的支出,包括地方本级支出和地方按照规定上缴中央的支出。

五、预算组织程序

(一)预算的编制

1. 预算年度

我国国家预算年度自公历1月1日起至12月31日止。各级政府、各部门、各单位应当按照国务院规定的时间编制预算草案。

2. 预算草案的编制依据

中央预算和地方各级政府预算,应当参考上一年预算执行情况和本年度收支预测进行编制。

各级政府编制年度预算草案的依据包括:①法律、法规;②国民经济和社会发展计划、财政中长期计划以及有关的财政经济政策;③本级政府的预算管理职权和财政管理体制确定的预算收支范围;④上一年度预算执行情况和本年度预算收支变化因素;⑤上级政府对编制本年度预算草案的指示和要求。

各部门、各单位编制年度预算草案的依据包括:①法律、法规;②本级政府的指示和要求以及本级政府财政部门的部署;③本部门、本单位的职责、任务和事业发展计划;④本部门、本单位的定员定额标准;⑤本部门、本单位上一年度预算执行情况和本年度预算收支变化因素。

3. 预算草案的编制内容

中央预算和地方各级政府预算按照复式预算编制,分为政府公共预算、国有资本经营预算、社会保障预算和其他预算。其中,政府公共预算是指国家以社会管理者身份取得的收入和用于维护公共需要、保障国家安全、维护社会稳定和秩序、发展社会公共事业的预算;国有资本经营预算是指国家以所有者身份取得企业国有资本收益,用于支持实施产业发展规划、国有经济布局和结构调整、企业技术进步,补偿国有企业改革成本以及补充社会保障而编制的预算;社会保障预算是指国家为保证社会成员的基本生活权利而提供救助和补助,以便实现国家社会保障职能、建立社会保障制度而编制的预算。

从预算编制的具体内容来看,中央预算包括:①本级预算收入和支出;②上一年度结余用于本年度安排的支出;③返还或者补助地方的支出;④地方上缴的收入。此外,中央财政本年度举借的国内外债务和还本付息数额应当在本级预算中单独列示。地方各级政府预算的编制内容包括:①本级预算收入和支出;②上一年度结余用于本年度安排的支出;③上级返还或者补助的收入;④返还或者补助下级的支出;⑤上解上级的支出;⑥下级上缴的收入。

编制预算草案的具体事项,由国务院财政部门部署。国务院于每年11月10日前向省、自治区、直辖市政府和中央各部门下达编制下一年度预算草案的指示,提出编制预算草案的原则和要求。财政部根据国务院编制下一年度预算草案的指示,部署编制预算草案的具体事项,规定预算收支科目、报表格式、编制方法,并安排财政收支计划。中央各部门根据国务院的指示和财政部的部署,结合本部门的具体情况,提出编制本部门预算草案的要求,具体布置所属单位编制预算草案。省、自治区、直辖市政府根据国务院的指示和财政部的部署,结合本地区的具体情况,提出本行政区域编制预算草案的要求。县级以上地方各级政府财政部门审核本级各部门的预算草案,编制本级政府预算草案,汇编本级总预算草案,经本级政府审定后,按照规定期限报上一级政府。县级以上地方各级政府财政部门审核本级各部门的预算草案时,发现下级政府预算草案不符合国务院和本级政府编制预算要求的,应当及时向本级政府报告,由本级政府予以纠正。省、自治区、直辖市政府财政部门汇总的本级总预算草案,应当于下一年1月10日前报财政部。中央各部门负责本部门所属各单位预算草案的审核,并汇总编制本部门的预算草案,于每年12月10日前报财政部审核。财政部审核中央各部门的预算草案,编制中央预算草案,汇总地方预算草案,汇编中央和地方预算草案。

各级预算收入的编制,应当与国民生产总值的增长率相适应。按照规定必须列入预算的收入,不得隐瞒、少列,也不得将上年的非正常收入作为编制预算收入的依据。各级预算支出的编制,应当贯彻厉行节约的方针。各级预算支出的编制,应当统筹兼顾,确保重点,在保证政府公共支出合理需要的前提下,妥善安排其他各类预算支出。中央预算和有关地方政府预算中应当安排必要的资金,用于扶助经济不发达的民族自治地方,革命老根据地、边远、贫困地区发展经济文化建设事业。各级政府预算应当按照本级政府预算支出额的1%~3%设置预备费,用于当年预算执行中的自然灾害救灾开支及其他难以预见的特殊开支。各级政府预算的上年结余,可以在下年用于上年结转项目的支出;有余额的,可以补充预算周转金;再有余额的,可以用于下年必需的预算支出。预算周转金是指各级政府为调剂预算年度内季节性收支差额,保证及时用款而设置的周转资金。各级政府预算的上年度专项结余,应当用于上年度结转项目的支出;上年度净结余,应当用于补充预算周转金和下年度需要安排的预算支出。

(二)预算的审批

1. 人民代表大会审批

中央预算由全国人民代表大会审查和批准,地方各级政府预算由本级人民代表大会审查和批准。国务院财政部门在每年全国人民代表大会会议举行的45日前,将中央预算草案的主要内容提交全国人民代表大会财政经济委员会进行初步审查。省、自治区、直辖市、设区的市、自治州政府财政部门在本级人民代表大会会议举行的1个月前,将本级预算草案的主要内容提交本级人民代表大会有关的专门委员会或者根据本级人民代表大会常务委员会主任会议的决定提交本级人民代表大会常务委员会有关的工作委员会进行初步审查。县、自治县、不设区的市、市辖区政府财政部门在本级人民代表大会会议举行的1个月前,将本级预算草案的主要内容提交本级人民代表大会常务委员会进行初步审查。国务院在全国人民代表大会举行会议时,向大会作关于中央和地方预算草案的报告。地方各级政府在本级人民代表大会举行会议时,向大会作关于本级总预算草案的报告。

2. 政府财政部门及各部门的批复

各级政府预算经本级人民代表大会批准后,本级政府财政部门应当及时向本级各部门批复预算,各部门应当及时向所属各单位批复预算。中央预算草案经全国人民代表大会批准后,为当年中央预算。财政部自全国人民代表大会批准中央预算之日起20日内,批复中央各部门预算。中央各部门自财政部批复本部门预算之日起15日内,批复所属各单位预算。地方各级政府预算草案经本级人民代表大会批准后,为当年本级政府预算。县级以上地方各级政府财政部门自本级人民代表大会批准本级政府预算之日起20日内,批复本级各部门预算。地方各部门自本级财政部门批复本部门预算之日起15日内,批复所属各单位预算。

3. 预算上报备案

乡、民族乡、镇政府将经本级人民代表大会批准的本级预算报上一级政府备案。县级以上地方各级政府将经本级人民代表大会批准的本级预算及下一级政府报送备案的预算汇总,报上一级政府备案。国务院将省、自治区、直辖市政府报送备案的预算汇总后,报全国人民代表大会常务委员会备案。国务院和县级以上地方各级政府对下一级政府报送备案的预算,认为有同法律、行政法规相抵触或者有其他不适当之处,需要撤销批准预算的决议的,要提请本级人民代表大会常务委员会审议决定。

(三)预算的执行

1. 政府财政部门的任务

预算经本级人民代表大会批准后,按照批准的预算执行。预算年度开始后,各级政府预算草案在本级人民代表大会批准前,本级政府可以先按照上一年同期预算安排用于各部门、各单位正常运转的人员经费、业务经费等必需的支出数额安排支出。各级预算由本级政府组织执行,具体工作由本级政府财政部门负责。政府财政部门的主要任务是:①研究落实财政税收政策的措施,支持经济和社会的健康发展;②制定组织预算收入和管理预算支出的制度和办法;③督促各预算收入征收部门、各预算缴款单位完成预算收入任务;④根据年度支出预算和季度用款计划,合理调度、拨付预算资金,监督检查各部门、各单位管好用好预算资金,节减开支,提高效率;⑤指导和监督各部门、各单位建立健全财务制度和会计核算体系,按照规定使用预算资金;⑥编报、汇总分期的预算收支执行数字,分析预算收支执行情况,定期向本级政府和上一级政府财政部门报告预算执行情况,并提出增收节支的建议;⑦协调预算收入征收部门、国库和其他有关部门的业务工作。

2. 预算收入执行

各级财政、税务、海关等预算收入征收部门依照有关法律、行政法规和财政部的有关规定,组织预算收入,按照财政管理体制的规定及时将预算收入缴入中央国库和地方国库,不得截留、占用、挪用或者拖欠。未经财政部批准,不得将预算收入存入在国库外设立的过渡性账户。各项预算收入的减征、免征或者缓征,必须按照有关法律、行政法规和财政部的有关规定办理,任何单位和个人不得擅自决定减征、免征、缓征应征的预算收入。

3. 预算支出执行

各级政府财政部门依照法律、行政法规和国务院财政部门的规定,及时、足额地拨付预算支出资金,加强对预算支出的管理和监督。政府财政部门应遵循下列三项原则对预算拨款实施严格管理:①按照预算拨款,即按照批准的年度预算和用款计划拨款,不得办理无预算、无用款计划、超预算、超计划的拨款,不得擅自改变支出用途;②按照规定的预算级次和程序拨款,即根据用款单位的申请,按照用款单位的预算级次和审定的用款计划,按期拨款,不得越级办理预算拨款;③按照进度拨款,即根据各用款单位的实际用款进度和国库库款情况拨付资金。

各级政府、各部门、各单位的支出必须按照预算执行,加强对预算支出的管理,不得擅自扩大支出范围、提高开支标准;严格按照预算规定的支出用途使用资金;建立健全财务制度和会计核算体系,按照标准考核、监督,提高资金使用效益。

4.国库的设置与管理

国库是办理预算收入的收纳、划分、留解和库款支拨的专门机构,分为中央国库和地方国库。县级以上各级预算必须设立国库;具备条件的乡、民族乡、镇也应当设立国库。中央国库业务由中国人民银行经理,接受财政部的指导和监督,对中央财政负责。未设中国人民银行分支机构的地区,由中国人民银行与财政部商量后,委托有关银行办理。地方国库业务依照国务院的有关规定办理,接受本级政府财政部门的指导和监督,对地方财政负责,并报财政部和中国人民银行备案。未设中国人民银行分支机构的地区,由上级中国人民银行分支机构与有关的地方政府财政部门商量后,委托有关银行办理。

各级国库必须按照有关法律、行政法规和财政部、中国人民银行的有关规定,加强对国库业务的管理,及时、准确地办理预算收入的收纳、划分、留解和预算支出的拨付。各级国库库款的支配权属于本级政府财政部门。除法律、行政法规另有规定外,未经本级政府财政部门同意,任何部门、单位和个人都无权动用国库库款或者以其他方式支配已入国库的库款。各级国库凭本级政府财政部门签发的拨款凭证于当日办理库款拨付,并将款项及时转入用款单位的存款账户,不得延解、占压应当缴入国库的预算收入和国库库款。有关银行必须遵守国家有关预算收入缴库的规定,不得占压财政部门拨付的预算资金。中央预算收入、中央和地方预算共享收入退库的审批权属于本级政府财政部门。地方预算收入的退库,由地方政府财政部门或者其授权的机构批准,具体退库程序按照财政部的有关规定办理。办理预算收入退库,应当直接退给申请单位或者申请个人,按照国家规定的用途使用。任何部门、单位和个人不得截留、挪用退库款项。

各级政府应加强对本级国库的管理和监督,加强对预算执行的领导,依据法定权限做出的决定和规定的行政措施,凡涉及财政减收增支的,应当在预算批准前提出并在预算中做出相应安排。在预算执行中一般不制定新的减收增支政策和措施;确需制定的,应当采取相应的增收节支措施。国务院各部门制定的规章,凡涉及减免应缴预算收入,设立和改变收费项目,罚没财物处理,企业成本、费用开支标准和范围,国有资产处置、收益分配,会计核算以及行政事业经费开支标准的,必须符合国家统一的规定。地方政府依据法定权限制定的规章和规定的行政措施,不得涉及减免中央预算收入、中央和地方预算共享收入,不得影响中央预算收入、中央和地方预算共享收入的征收;违反规定的,有关预算收入征收部门有权拒绝执行,并应当向上级预算收入征收部门和财政部报告。各级政府财政部门负责协调本级预算收入征收部门与国库的业务工作,有权对本级各预算收入征收部门征收预算收入的情况进行监督检查,对各部门预算收入的情况和达到的效果进行考核,对擅自减征、免征、缓征及退还预算收入的,责令改正。

(四)预算的调整

预算调整是指经全国人民代表大会批准的中央预算和经地方各级人民代表大会批准的本级预算,在执行中因特殊情况需要增加支出或者减少收入,使原批准的收支平衡的预算的总支出超过总收入,或者使原批准的预算中举借债务的数额增加的部分变更。

各级政府对于必须进行的预算调整,应当由政府财政部门负责编制预算调整方案,列明调整的原因、项目、数额、措施及有关说明,经本级政府审定后,提请本级人民代表大会常务委员会审查和批准。地方各级政府预算的调整方案经批准后,由本级政府报上一级政府备案。未经批准,不得调整预算。未经批准调整预算,各级政府不得做出任何使原批准的收支平衡的预算的总支出超过总收入或者使原批准的预算中举借债务的数额增加的决定。对违反该规定做出的决定,本级人民代表大会、本级人民代表大会常务委员会或者上级政府应当责令其改变或者撤销。

在预算执行中,因上级政府返还或者给予补助而引起的预算收支变化,不属于预算调整。接受返还或者补助款项的县级以上地方各级政府应当向本级人民代表大会常务委员会报告有关情况,按照上级政府规定的用途使用款项,不得擅自改变用途;接受返还或者补助款项的乡、民族乡、镇政府应当向本级人民代表大会报告有关情况。政府有关部门以本级预算安排的资金拨付给下级政府有关部门的专款,必须经本级政府财政部门同意并办理预算划转手续。各部门、各单位的预算支出,必须按照本级政府财政部门批复的预算科目和数额执行,不得挪用;确需做出调整的,必须经本级政府财政部门同意。年度预算确定后,企业、事业单位改变隶属关系,引起预算级次和关系变化的,应当在改变财务关系的同时,相应办理预算划转。

六、决算

决算(即《预算法》所称的"预算草案")是指各级政府、各部门、各单位编制的未经法定程序审查和批准的预算收支的年度执行结果。决算草案由各级政府、各部门、各单位,在每一预算年度终了后按照国务院规定的时间编制。编制决算草案,必须符合法律、行政法规,做到收支数额准确、内容完整、报送及时。政府财政部门、各部门、各单位在每一预算年度终了时,应当清理核实全年预算收入、支出数字和往来款项,做好决算数字的对账工作。不得把本年度的收入和支出转为下年度的收入和支出,不得把下年度的收入和支出列为本年度的收入和支出;不得把预算内收入和支出转为预算之外,不得随意把预算外收入和支出转为预算之内。决算各项数字应当以经核实的基层单位汇总的会计数字为准,不得以估计数字替代,不得弄虚作假。

财政部在每年第四季度部署编制决算草案的原则、要求、方法和报送期限,制发中央各部门决算、地方决算及其他有关决算的报表格式。县级以上地方政府财政部门根据财政部的部署,部署编制本级政府各部门和下级政府决算草案的原则、要求、方法和报送期限,制发本级政府各部门决算、下级政府决算及其他有关决算的报表格式。地方政府财政部门根据上级政府财政部门的部署,制定本行政区域决算草案和本级各部门决算草案的具体编制办法。各部门根据本级政府财政部门的部署,制定所属各单位决算草案的具体编制办法。各单位应当按照主管部门的布置,认真编制本单位决算草案,在规定期限内上报。

各部门在审核汇总所属各单位决算草案的基础上,连同本部门自身的决算收入和支出数字,汇编成本部门决算草案并附决算草案详细说明,经部门行政领导签章后,在规定期限内报本级政府财政部门审核。各级预算收入征收部门应当按照财政部门的要求,及时编报收入年报及有关资料。财政部根据中央各部门决算草案汇总编制中央决算草案,报国务院审定后,由国务院提请全国人民代表大会常务委员会审查和批准,县级以上地方各级政府财政部门根据本级各部门决算草案汇总编制本级决算草案,报本级政府审定后,由本级政府提请本级人民代表大会常务委员会审查和批准。乡、民族乡、镇政府根据财政部门提供的年度预算收入和支出的执行结果,编制本级决算草案,提请本级人民代表大会审查和批准。

县级以上各级政府决算草案经本级人民代表大会常务委员会批准后,本级政府财政部门应当自批准之日起20日内向本级各部门批复决算。各部门应当自本级政府财政部门批复本部门决算之日起15日内向所属各单位批复决算。县级以上地方各级政府自本级人民代表大会常务委员会批准本级政府决算之日起30日内,将本级政府决算及下一级政府上报备案的决算汇总,报上一级政府备案。国务院和县级以上地方各级政府对下一级政府报送备案的决算,认为有同法律、行政法规相抵触或者有其他不适当之处,需要撤销批准该项决算的决议的,应当提请本级人民代表大会常务委员会审议决定;经审议决定撤销的,该下级人民代表大会常务委员会应当责成本级政府依照规定重新编制决算草案,提请本级人民代表大会常务委员会审查和批准。对于年度预算执行中上下级财政之间按照规定需要清算的事项,应当在决算时办理结算。

七、预决算的监督

全国人民代表大会及其常务委员会对中央和地方预算、决算进行监督。县级以上地方各级人民代表大会及其常务委员会对本级和下级政府预算、决算进行监督。乡、民族乡、镇人民代表大会对本级预算、决算进行监督。各级人民代表大会和县级以上各级人民代表大会常务委员会有权就预算、决算中的重大事项或者特定问题组织调查,有关的政府、部门、单位和个人应当如实反映情况和提供必要的材料。各级人民代表大会和县级以上各级人民代表大会常务委员会举行会议时,人民代表大会代表或者常务委员会组成人员,依照法律规定的程序就预算、决算中的有关问题提出询问或者质询,受询问或者受质询的有关的政府或者财政部门必须及时给予答复。各级政府在每一预算年度内至少两次向本级人民代表大会或者其常务委员会作预算执行情况的报告。

县级以上各级政府接受本级人民代表大会及其常务委员会对预算执行情况和决算的监督,乡级人民政府接受本级人民代表大会对预算执行情况和决算的监督;按照本级人民代表大会或其常务委员会的要求,报告预算执行情况;认真研究处理本级人民代表大会代表或者常务委员会组成人员有关改进预算管理的建议、批评和意见,并及时答复。各级政府应当加强对下级政府预算执行的监督,对下级政府在预算执行中违反法律、行政法规和国家方针政策的行为,依法予以制止和纠正;对本级预算执行中出现的问题,及时采取处理措施。

各级政府监督下级政府的预算执行;下级政府接受上级政府对预算执行情况的监督,严格执行上级政府做出的有关决定,根据上级政府的要求,及时提供资料,如实反映情况,并将执行结果及时上报。各级政府财政部门负责监督检查本级各部门及其所属各单位预算的执行,并向本级政府和上一级政府财政部门报告预算执行情况。各部门及其所属各单位接受本级财政部门有关预算的监督检查;按照本级财政部门的要求,如实提供有关预算资料;执行本级财政部门提出的检查意见。各级审计机关依照《审计法》及其他有关法律、行政法规的规定,对本级预算执行情况,对本级各部门和下级政府预算的执行情况和决算进行审计监督。

思政吾身　　　　　深入理解建立现代预算制度的逻辑

2024年是中华人民共和国成立75周年,是实现"十四五"规划目标任务的关键一年,做好财政预算工作意义重大。要在以习近平同志为核心的党中央坚强领导下,以习近平新时代中国特色社会主义思想为指导,全面贯彻落实党的二十大和二十届二中全会精神,按照中央经济工作会议部署,认真执行十四届全国人大二次会议审查批准的2024年中央预算及相关决议,坚持稳中求进工作总基调,完整、准确、全面贯彻新发展理念,加快构建新发展格局,着力推动高质量发展,全面深化改革开放,推动高水平科技自立自强,加大宏观调控力度,统筹扩大内需和深化供给侧结构性改革,统筹新型城镇化和乡村全面振兴,统筹高质量发展和高水平安全,积极的财政政策要适度加力、提质增效,支持切实增强经济活力、防范化解风险、改善社会预期,巩固和增强经济回升向好态势,持续推动经济实现质的有效提升和量的合理增长,增进民生福祉,保持社会稳定,以中国式现代化全面推进强国建设、民族复兴伟业。

预算体现国家的战略和政策,反映政府的活动范围和方向,是推进国家治理体系和治理能力现代化的重要支撑,是宏观调控的重要手段。习近平总书记强调:"建立全面规范透明、标准科学、约束有力的预算制度,全面实施绩效管理。"我们要贯彻落实习近平总书记重要讲话精神,科学把握建立现代预算制度的理论逻辑、历史逻辑和现实逻辑,采取有效举措积极建立现代预算制度。

把握建立现代预算制度的历史逻辑。改革开放以来,我国预算制度建设蕴含着一条历史主线:预算改革始终服从并服务于建立和完善社会主义市场经济体制与国家战略目标的实现。从预算汲取能力、预算控制能力和预算配置能力三个维度看,我国预算制度改革不断突破原有路径依赖,朝着现代预算制度方向稳步迈进。一是预算汲取能力建设助力实现"有为政府"的职能。比如,以政府间预算关系调整为重要抓手,将财政包干制全面改革为分税制,有力推动我国基本形成稳定、规范的政府间财力分配格局,调动了中央和地方两个积极性,在保证持续、充足财源补充的同时,形成了中央强有力的宏观调控能力。又如,分税制下按税种划分各级政府收入来源,理顺政府与企业的关系,促进商品和要素自由流动,推动构建全国统一大市场的进程。二是预算控制能力建设助力理顺政府与市场的关系。通过实施部门预算、国库集中收付和收支两条线等多项改革,成功搭建公共财政框架。1994年出台预算法并于2014年修订,在法治的轨道上强化对政府预算的人大监督、问责机制构建和预算公开。目前,"预算法定"已成为社会主义市场经济条件下约束政府部门行为、处理政府与市场关系的重要准则。三是预算配置能力建设助力政府治理方式转变。在逐步改变"基数加增长"的传统分配模式基础上,大力推进预算绩效改革,财政资金的绩效结果成为预算资源配置的重要依据。2018年9月,《中共中央国务院关于全面实施预算绩效管理的意见》发布,以绩效结果为导向的资金配置模式正在全面构建。政府对预算资源配置能力的提升,有力推动社会主义市场经济的发展。

把握建立现代预算制度的现实逻辑。进入新时代,完善和发展中国特色社会主义制度、推进国家治理体系和治理能力现代化对预算改革提出了更高要求。我国现代预算制度的建立必须立足实际,做到理论与实践相结合、历史与现实相衔接,在发现和解决实际问题中不断实现预算治理能力的新跨越。一是统一部门预算管理口径。各部门预算应当反映一般公共预算、政府性基金预算、国有资本经营预算安排给本部门及其所属各单位的所有预算资金。二是实施全面预算绩效管理。强化事前绩效评估,严格绩效目标管理,完善预算绩效指标体系,提升绩效评价质量;加强绩效评价结果运用,促进绩效评价结果与完善政策、安排预算和改进管理相结合。三是加强跨年度预算平衡。加强中期财政规划管理,进一步加强与国家发展规划的衔接,强化中期财政规划对年度预算的约束;对各类合规确定的中长期支出事项和跨年度项目,要根据项目预算管理等要求,将生命周期内对财政支出的影响纳入中期财政规划。四是改进预决算公开。加大各级政府预决算公开力度,扩大部门预决算公开范围,细化预决算公开内容。充分发挥党内监督的主导作用,加强财会监督,促进财会监督与党内监督、监察监督、审计监督等协同发力,发挥多种监督方式的协同效应,推动形成多维一体的预算监督体系。

任务二 政府采购法律制度

一、政府采购法律制度的构成

政府采购法律制度由《中华人民共和国政府采购法》(简称《政府采购法》)、政府采购法规、政府采购部门规章、政府采购地方性法规和政府规章组成,是政府采购管理的制度基础和工作保障,对于规范政府采购行为、促进政府采购改革与发展具有重要意义。

（一）《政府采购法》

为规范政府采购行为，提高政府采购资金的使用效益，维护国家利益和社会公众利益，保护政府采购当事人的合法权益，促进廉政建设，我国于2002年制定了《政府采购法》。该法由第九届全国人民代表大会常务委员会第二十八次会议审议通过，2014年8月31日第十二届全国人民代表大会常务委员会第十次会议修正，自2003年1月1日起施行。该法共9章88条，包括总则、政府采购当事人、政府采购方式、政府采购程序、政府采购合同、质疑与投诉、监督检查、法律责任和附则。

（二）政府采购法规

为保证《政府采购法》的顺利实施，国务院于2014年12月31日根据《政府采购法》制定发布了《中华人民共和国政府采购法实施条例》，自2015年3月1日起实施。这是我国为进一步规范国家机关、事业单位和团体组织的政府采购行为，完善政府采购法律制度而发布实施的一部重要行政法规。

（三）政府采购部门规章

政府采购部门规章是为贯彻国家有关法律法规和政府政策，由国务院有关部门制定的一系列规章制度。如财政部作为政府采购监督管理部门，相继制定了《政府采购货物和服务招标投标管理办法》《政府采购信息公告管理办法》等。除财政部外，国家发改委等部门也制定了一些政府采购规章制度，对完善政府采购管理发挥了重要作用。

（四）政府采购地方性法规和政府规章

在政府采购地方性法规制度建设方面，有的地方通过人民代表大会立法颁布实施了本区域的政府采购条例，不少地方以人民政府法规或规章的形式制定了本地区政府采购管理实施办法，绝大部分地方财政部门结合本地实际，根据《政府采购法》的规定制定了专项管理办法和具体操作规程，使《政府采购法》及其配套规章制度的实施更具针对性和可操作性。

二、政府采购的概念

所谓政府采购，是指各级国家机关、事业单位和团体组织，使用财政性资金采购依法制定的集中采购目录以内的或者采购限额标准以上的货物、工程和服务的行为。与一般民事采购相比，政府采购具有非营利性、资金来源的财政性或公共性、管理上的规范性和公开性等特点。

（一）政府采购的主体范围

政府采购的主体是依靠国家财政性资金运作的政府机关、事业单位和社会团体等，而所有个人、私人企业和公司均不能成为政府采购的采购方主体。供应商主体却可以是任何有供货条件的个人或企业公司。

（二）政府采购的资金范围

政府采购的资金来源为财政性资金和以财政性资金作为还款来源的借贷资金。其中，财政性资金是指纳入预算管理的资金。这些资金的最终来源为纳税人的税收和政府对公共服务的收费。在财政支出中具体表现为采购支出，即财政支出减去转移支出的余额。

（三）政府集中采购目录和政府采购限额标准

集中采购是政府采购的主要方式之一。集中采购的范围由省级以上人民政府公布的集中采购目录确定。集中采购目录包括集中采购机构采购项目和部门集中采购项目。技术、服务等标准统一，采购人普遍使用的项目，列为集中采购机构采购项目；采购人本部门、本系统基于业务需要有特殊要求，可以统一采购的项目，列为部门集中采购项目。

属于中央预算的政府采购项目，其集中采购目录和采购限额标准由国务院确定并公布；属于地方预算的政府采购项目,其集中采购目录由省、自治区、直辖市人民政府或者其授权的机构根据实际情况,可以确定分别适用于本行政区域省级、设区的市级、县级的集中采购目录和采购限额标准。

(四)政府采购的对象范围

政府采购的对象包括货物、工程和服务。所谓货物,是指各种形态的各类物品,包括原材料、燃料、设备、产品等;所谓工程,是指建设工程,包括建筑物和构筑物的新建、改建、扩建、装修、拆除、修缮等;所谓服务,是指除货物和工程以外的其他政府采购对象,包括政府自身需要的服务和政府向社会公众提供的公共服务。

三、政府采购的原则

根据《政府采购法》的规定,政府采购应当遵循公开透明、公平竞争、公正和诚实信用四条原则。

(一)公开透明原则

公开透明原则是指政府采购所进行的有关活动都必须公开进行,包括采购数量、质量、规格、要求等;采购的合同条件、采购过程、采购结果等采购信息要公开;采购活动要逐项做好采购记录以备审查监督;供应商还可对有关活动和程序进行质疑和投诉。只有在合法的条件下进行的政府采购活动,才能最有效地保证其合理性,使有关供应商和社会公众了解采购情况,监督采购资金的使用。

(二)公平竞争原则

公平竞争原则是指政府采购要通过公平竞争选择最优的供应商,取得最好的采购效果,所有参加竞争的供应商机会均等并受到同等待遇,不得有任何歧视行为,同时应在程序上保证有利于合同相对方权利的实现。政府采购使用的是财政性资金,只有公平竞争,才能保证财政资金的使用效益,也只有公平竞争才能让参与政府采购的供应商信服,维护政府采购在市场上的声誉,有利于引导整个市场形成良性竞争的环境。

(三)公正原则

公正原则是指在公开、公平原则上所取得的结果的公正及整个操作程序和过程的公正。公正原则更体现在确定供应商上,如评标标准明确严格、评标程序公正、利害关系人的回避制度等。政府采购当事人在采购活动中的地位是平等的,任何一方不得向另一方提出不合理的要求,不得将自己的意志强加给对方。公正原则是建立在公开透明和公平的基础上的,只有公开透明和公平,才能有公正的政府采购的结果。

(四)诚实信用原则

诚实信用原则要求政府采购各方都要诚实守信,不得有欺骗背信的行为,以善意的方式行使权利,尊重他人利益和公共利益,忠实地履行约定义务。

四、政府采购的功能

政府采购具有典型的公共性特征和巨大的市场影响力,不仅是采购公共物品与服务的重要手段,而且是一种有效的政策工具,具有多方面的功能作用。

(一)节约财政支出,提高采购资金的使用效益

这是政府采购的基本功能。政府采购遵循公开透明、公平竞争、公正和诚实信用等原则,实行规范的、阳光化的采购,不仅可以使政府得到物美价廉的商品和劳务,大幅度节约支出,降低行政成本,而且可以强化预算约束,减少资金的流通环节,提高资金的使用效率。

(二)强化宏观调控

政府可以从社会公共利益出发,按照社会公众的要求,综合考虑政府采购的社会效果和经济效果,通过制定政府采购政策、确立采购对象等,控制公共采购资金的使用,规定优先采购什么、禁止

采购什么、向谁采购和由谁采购等一系列政策措施,直接影响供应商的生产和销售行为以及投资选择,促进政府多种社会经济政策的贯彻实施,强化政府宏观调控。

(三)活跃市场经济

购买是市场中的一种交易行为。当市场处于低迷状态时,企业和个人的购买需求不振,政府启动与扩大购买内容和范围,可以激发市场活力,提振经济预期,活跃市场经济。政府采购作为市场的现实需求之一,还可以为技术创新者"创造"一块市场,推动技术创新和新兴产业的成长,促进国民经济的结构优化,实现经济结构转型和升级。

(四)推进反腐倡廉

建立政府采购制度,在政府采购过程中引入招标、投标等竞争机制,在当事人之间建立起相互监督的制约关系,各方将在公平、透明的"游戏规则"下为自身利益最大化而展开竞争,从而从制度层面有效地减少采购过程中的权钱交易等腐败现象。

(五)保护民族产业

政府采购原则上应该采购本国产品,担负起保护民族产业的重要职责。尤其是在我国加入世界贸易组织后,面临大量的进口产品对民族产业,特别是对汽车、信息等高技术产业形成冲击和压力的情况下,保留政府采购市场暂不对外开放,显然具有重要意义。通过以法律和政策的方式,规定政府采购应该采购本国产品、支持民族产业发展,可以实现保护民族产业的目标。

五、政府采购的执行模式

我国政府采购实行集中采购和分散采购相结合的执行模式。

(一)集中采购

集中采购是指采购人将列入集中采购目录的项目委托集中采购机构代理采购或者进行部门集中采购的行为。按集中程度不同,集中采购又分为政府集中采购和部门集中采购两类。其中,政府集中采购是指采购单位委托政府集中采购机构(公共资源交易中心)组织实施的,纳入集中采购目录以内的属于通用性的项目采购活动;部门集中采购是指由采购单位主管部门统一负责组织实施的、纳入集中采购目录以内的属于本部门或本系统有专业技术等特殊要求的项目采购活动。

(二)分散采购

分散采购是指采购人将采购限额标准以上的未列入集中采购目录的项目自行采购或者委托采购代理机构代理采购的行为。

集中采购与分散采购相比,具有以下主要区别:

(1)采购项目特征不同。列入集中采购的项目往往是一些大宗的、通用性的项目,一般采购单位都会涉及并需要采购,或者是一些社会关注程度较高、影响较大的特定商品、大型工程和重要服务类项目。而列入分散采购的项目往往是一些专业化程度较高或单位有特定需求的项目,一般不具有通用性的特征。

(2)采购执行主体不同。就集中采购而言,采购单位必须委托集中采购机构代理采购,采购单位不得擅自自行组织采购。其中,部门集中采购可以由主管部门统一组织集中采购。而分散采购,采购单位可以依法自行组织实施采购,也可以委托集中采购机构或其他具有政府采购代理资格的社会中介机构代理采购。委托集中采购机构采购的,采购单位不需支付任何采购代理费用;而委托社会中介代理机构采购的,则需要按规定支付一定的采购代理费用。

(3)采购目的和作用不同。集中采购具有采购成本低、操作相对规范和社会影响力大的特点,可以发挥政府采购的规模优势和政策作用,体现政府采购的效益性和公共性原则,也有利于政府的集中监督和对分散采购的良好示范作用。分散采购可以借助单位的技术优势和社会中介代理机构的专业优势,充分调动单位政府采购的积极性和主动性,提高采购效率。

集中采购和分散采购两者互有优势,可相互补充。采购人或其委托的采购代理机构都必须遵循政府采购的原则,依法组织实施采购活动,并自觉接受同级财政部门和有关监督部门的监督、管理。

六、政府采购当事人

政府采购当事人是指在政府采购活动中享有权利和承担义务的各类主体,包括采购人、供应商和采购代理机构等。

(一)采购人

采购人是指为从事日常的政务活动或为了满足公共服务的目的,利用国家财政性资金和政府借款依法采购货物、工程和服务的国家机关、事业单位、团体组织。

采购人在政府采购活动中应当维护国家利益和社会公共利益,公正廉洁,诚实守信,执行政府采购政策,建立政府采购内部管理制度,厉行节约,科学、合理地确定采购需求。采购人不得向供应商索要或者接受其给予的赠品、回扣或者与采购无关的其他商品、服务。

(二)供应商

供应商是指向采购人提供货物、工程或者服务的法人、其他组织或者自然人。供应商参加政府采购活动应当具备下列条件:具有独立承担民事责任的能力;具有良好的商业信誉和健全的财务会计制度;具有履行合同所必需的设备和专业技术能力;有依法缴纳税收和社会保障资金的良好记录;参加政府采购活动前3年内,在经营活动中没有重大违法记录;法律、行政法规规定的其他条件。

(三)采购代理机构

采购代理机构是指集中采购机构和集中采购机构以外的采购代理机构。其中,集中采购机构是设区的市级以上人民政府依法设立的非营利事业法人,是代理集中采购项目的执行机构,如公共资源交易中心等。集中采购机构应当根据采购人的委托制定集中采购项目的实施方案,明确采购规程,组织政府采购活动,不得将集中采购项目转委托。集中采购机构以外的采购代理机构,是从事采购代理业务的社会中介机构。

采购代理机构应当建立完善的政府采购内部监督管理制度,具备开展政府采购业务所需的评审条件和设施。采购代理机构还应当提高确定采购需求,编制招标文件、谈判文件、询价通知书,拟订合同文本和优化采购程序的专业化服务水平,根据采购人委托在规定的时间内及时组织采购人与中标或者成交供应商签订政府采购合同,及时协助采购人对采购项目进行验收。

采购代理机构不得以不正当手段获取政府采购代理业务,不得与采购人、供应商恶意串通操纵政府采购活动。采购代理机构工作人员不得接受采购人或者供应商组织的宴请、旅游、娱乐,不得收受礼品、现金、有价证券等,不得向采购人或者供应商报销应当由个人承担的费用。

七、政府采购方式

采购人可根据项目特点依法选择以下方式:①公开招标;②邀请招标;③竞争性谈判;④竞争性磋商;⑤单一来源采购;⑥询价;⑦框架协议采购。政府采购达到公开招标限额以上的项目必须公开招标的方式,因特殊情况需采用公开招标方式以外的其他方式,应在采购活动开始前,报经同级政府采购监督管理部门批准。

(一)公开招标

公开招标是政府采购的主要采购方式。公开招标与其他采购方式不是并行的关系。公开招标的具体数额标准,属于中央预算的政府采购项目,由国务院规定;属于地方预算的政府采购项目,由省、自治区、直辖市人民政府规定;因特殊情况需要采用公开招标以外的采购方式的,应当在采购活动开始前获得设区的市、自治州以上人民政府采购监督管理部门的批准。采购人不得将应当以公开招标方式采购的货物或者服务化整为零或者以其他任何方式规避公开招标采购。

(二)邀请招标

邀请招标也称选择性招标,由采购人根据供应商或承包商的资信和业绩,选择一定数目的法人或其他组织(不能少于3家),向他们发出招标邀请书,邀请他们参加投标竞争,从中选定中标的供应商。符合下列情形之一的货物或者服务,可以采用邀请招标方式采购:①具有特殊性,只能从有限范围的供应商处采购的;②采用公开招标方式的费用占政府采购项目总价值的比例过大的。

货物或者服务项目采取邀请招标方式采购的,采购人应当从符合相应资格条件的供应商中通过随机方式选择3家以上的供应商,并向其发出投标邀请书。货物和服务项目实行招标方式采购的,自招标文件开始发出之日起至投标人提交投标文件截止之日止,不得少于20日。在招标采购中,出现下列情形之一的,应予废标:①符合专业条件的供应商或者对投标文件做实质响应的供应商不足3家的;②出现影响采购公正的违法、违规行为的;③投标人的报价均超过采购预算,采购人不能支付的;④因重大变故,采购任务取消的。废标后,采购人应当将废标理由通知所有投标人,除采购任务取消情形外,应当重新组织招标;需要采取其他方式采购的,应当在采购活动开始前获得设区的市、自治州以上人民政府采购监督管理部门或者政府有关部门批准。

(三)竞争性谈判

竞争性谈判是指采购人或代理机构通过与多家供应商(不少于3家)进行谈判,最后从中确定中标供应商。符合下列情形之一的货物或者服务,可以采用竞争性谈判方式采购:①投标后没有供应商投标或者没有合格标的或者重新招标未能成立的;②技术复杂或者性质特殊,不能确定详细规格或者具体要求的;③采用招标所需时间不能满足用户紧急需要的;④不能事先计算出价格总额的。

采用竞争性谈判方式采购的,应当遵循下列程序:①成立谈判小组。谈判小组由采购人的代表和有关专家共3人以上的单数组成,其中专家的人数不得少于成员总数的2/3。②制定谈判文件。谈判文件应当明确谈判程序、谈判内容、合同草案的条款以及评定成交的标准等事项。③确定邀请参加谈判的供应商名单。谈判小组从符合相应资格条件的供应商名单中确定不少于3家的供应商参加谈判,并向其提供谈判文件。④谈判。谈判小组所有成员集中与单一供应商分别进行谈判。在谈判中,谈判的任何一方不得透露与谈判有关的其他供应商的技术资料、价格和其他信息。谈判文件有实质性变动的,谈判小组应当以书面形式通知所有参加谈判的供应商。⑤确定成交供应商。谈判结束后,谈判小组应当要求所有参加谈判的供应商在规定时间内进行最后报价,采购人从谈判小组提出的成交候选人中根据符合采购需求、质量和服务相等且报价最低的原则确定成交供应商,并将结果通知所有参加谈判的未成交的供应商。

(四)单一来源采购

单一来源采购也称直接采购,是指达到了限额标准和公开招标数额标准,但所购商品的来源渠道单一,或属专利、首次制造、合同追加、原有采购项目的后续扩充和发生了不可预见的紧急情况不能从其他供应商处采购等情况下采用的采购方式。该采购方式的最主要特点是没有竞争性。符合下列情形之一的货物或者服务,可以采用单一来源方式采购：①只能从唯一供应商处采购的；②发生了不可预见的紧急情况，不能从其他供应商处采购的；③必须保证原有采购项目的一致性或者服务配套的要求，需要继续从原供应商处添购，且添购资金总额不超过原合同采购金额10%的。

采用单一来源方式采购的，采购人与供应商应当遵循《政府采购法》规定的原则，在保证采购项目质量和双方商定合理价格的基础上进行采购。

(五)询价

询价是指采购人向有关供应商发出询价单让其报价，在报价基础上进行比较并确定最优供应商的一种采购方式。采购的货物规格、标准统一，现货货源充足且价格变化幅度小的政府采购项目，可以采用询价方式采购。

采取询价方式采购的，应当遵循下列程序：①成立询价小组。询价小组由采购人的代表和有关专家共3人以上的单数组成，其中专家的人数不得少于成员总数的2/3。询价小组应当对采购项目的价格构成和评定成交的标准等事项作出规定。②确定被询价的供应商名单。询价小组根据采购需求，从符合相应资格条件的供应商名单中确定不少于3家的供应商，并向其发出询价通知书让其报价。③询价。询价小组要求被询价的供应商一次报出不得更改的价格。④确定成交供应商。采购人根据符合采购需求、质量和服务相等且报价最低的原则确定成交供应商，并将结果通知所有被询价的未成交的供应商。

八、政府采购的监督检查

(一)政府采购的监督机构

依照法律、行政法规的规定对政府采购负有行政监督职责的政府有关部门，应当按照其职责分工，加强对政府采购活动的监督。审计机关对政府采购进行审计监督。监察机关对参与政府采购活动的国家机关、国家公务员和国家行政机关任命的其他人员实施监察。政府采购监督管理部门对政府采购活动及集中采购机构进行业务监督检查。政府采购监督管理部门、政府采购各当事人的有关政府采购活动，应当接受审计机关的审计监督。任何单位和个人对政府采购活动中的违法行为，有权控告和检举，有关部门、机关依照各自的职责及时处理。

(二)政府采购监督管理部门的监督

为确保政府采购合法有序运行，政府采购监督管理部门应当加强对政府采购活动及集中采购机构的监督检查，政府采购当事人应当如实反映情况，提供有关材料。监督检查的主要内容有：①有关政府采购的法律、行政法规和规章的执行情况；②采购范围、采购方式和采购程序的执行情况；③政府采购人员的职业素质和专业技能。为保证政府采购监督管理的公正有效，政府采购监督管理部门不得设置集中采购机构，不得参与政府采购项目的采购活动。采购代理机构与行政机关不得存在隶属关系或者其他利益关系。政府采购监督管理部门对集中采购机构的采购价格、节约资金效果、服务质量、信誉状况、有无违法行为等事项进行考核，并定期如实公布考核结果。

(三)集中采购机构的内部监督

集中采购机构应当建立健全内部监督管理制度。采购活动的决策和执行程序应当明确，并相互监督、相互制约。经办采购的人员与负责采购合同审核、验收人员的职责权限应当明确，并相互分离。集中采购机构的采购人员应当具有相应的职业素质和专业技能，符合政府采购监督管理部门规定的专业岗位任职要求。集中采购机构对其工作人员应当加强教育和培训，对采购人员的专业水平、工作实绩和职业道德状况定期进行考核。采购人员经考核不合格的，不得继续任职。此外，政府采购项目的采购标准应当公开。采购人按照法律规定的采购方式和采购程序完成采购活动后，应当将采购结果予以公布。任何单位和个人不得违反《政府采购法》的规定，要求采购人或者采购工作人员向其指定的供应商进行采购。

📖 同步案例6－1　　　　　　发挥政府采购最大效能

政府采购一头连着政府，一头连着市场，并不是简单的"买买买"，而是财政运行乃至国家治理中的一项重要制度安排。要加快推进政府采购法修订工作，坚持公开透明和公平竞争原则，努力提升财政资金使用绩效。

财政资金如何花出最大效益，关系高质量发展、民生保障，特别是在财政收支紧平衡下更是如此。政府采购作为财政资金重要支出方式，如何发挥其效能至关重要。

我国政府采购市场规模不断扩大，由2002年的1 009亿元增加到2022年的34 993.1亿元，社会关注和影响力日益提高。这就意味着，在我国财政支出中，每10元钱就有0.39元钱是以政府采购的形式花出去的。

请问：

(1)请分析政府采购的作用。

(2)从法律和制度层面为政府采购立规矩，尽可能堵住由于经济社会发展形势变化带来的漏洞和缺陷。为此，你能提供哪些方面的建议？

任务三　国库集中收付制度

一、国库集中收付的概念

国库集中收付是指以国库单一账户体系为基础，将所有财政性资金都纳入国库单一账户体系管理，收入直接缴入国库和财政专户，支出通过国库单一账户体系支付到商品和劳务供应商或用款单位的一项国库管理制度。国库集中收付制度是市场经济体制下公共财政的运作基础，世界上绝大多数市场经济国家实行了国库集中收付制度。

总体来看，国库集中收付制度具有以下三个特征：①财政部门在中央银行或商业银行开设国库单一账户。所有财政资金均纳入国库单一账户运作和管理，收入直接缴入国库，支出由财政部门通过代理银行直接支付给商品或劳务供应商，财政资金不得在国库单一账户体系外运行。②财政资金收入收缴和支出方式运作规范。税收收入和非税收入直接缴入银行，并通过银行清算系统及时划入国库单一账户。财政资金的支出实行财政直接支付或财政授权支付，通过代理银行将款项支付给商品和劳务供应商。③财政设立专门的国库现金管理和支付执行机构。实行国库单一账户制度的国家，普遍设有不同形式的专门履行财政国库现金管理和支付职能的执行机构。

国际上普遍认为，国库单一账户制度具有三个优越性：①可以加快资金的运转速度，提高资金的使用效益；②可以对资金的支付实行有效控制，提高资金支付的透明度，防止截留、挤占、挪用财政资金；③能够及时、准确、系统地提供预算执行信息，有利于国家对宏观经济进行正确决策。

二、国库单一账户体系

国库单一账户体系是指以财政国库存款账户为核心的各类财政性资金账户的集合，所有财政性资金的收入、支出、存储及资金清算活动均在该账户体系中运行。我国财政国库单一账户体系主要包括国库单一账户、财政部门和预算单位的零余额账户、财政专户、特设专户四类。

(一)国库单一账户

财政部门在中央银行开设国库单一账户,用于记录、核算和反映纳入预算管理的财政收入和支出活动,并与财政部门在商业银行开设的零余额账户进行清算,实现资金收缴入库和资金支付。国库单一账户按收入和支出设置分类账,收入账按预算科目进行明细核算,支出账按资金使用性质设立分账册。

(二)财政部门和预算单位的零余额账户

财政部门按资金使用性质在商业银行开设零余额账户;在商业银行为预算单位开设零余额账户。财政部门的零余额账户,用于财政直接支付与国库单一账户支出清算。预算单位的零余额账户,在支出管理中,用于财政授权支付与国库单一账户清算。在收入收缴管理中,财政汇缴专户作为零余额账户,用于非税收入收缴和资金清算。

(三)财政专户

财政部门在商业银行开设财政专户,按收入和支出设置分类账。财政专户用于记录、核算和反映非税收入的收支活动,用于非税收入资金的日常收支清算。

(四)特设专户

经国务院和省级人民政府批准或授权财政部门开设特殊过渡性专户(简称特设专户),用于记录、核算和反映预算单位的特殊专项支出活动,与国库单一账户清算。

上述四类账户构成了我国的国库单一账户体系。通过建立国库单一账户体系,在建立健全现代化银行支付系统和财政管理信息系统的基础上逐步实现由国库单一账户核算所有财政性资金收支活动,并通过各部门在商业银行开设的零余额账户处理日常支付和清算业务。

三、财政收入收缴方式和程序

(一)收缴方式

我国财政收入的收缴分为直接缴库和集中汇缴。

1. 直接缴库

由缴款单位或缴款人按照有关法律法规的规定,直接将应缴收入缴入国库单一账户或预算外资金财政专户。

2. 集中汇缴

由征收机关(有关法定单位)按照有关法律法规的规定,将所收的应缴收入汇总缴入国库单一账户或预算外资金财政专户。

(二)收缴程序

1. 直接缴库程序

直接缴库的税收收入,由纳税人或税务代理人提出纳税申报,经征收机关审核无误后,由纳税人通过开户银行将税款缴入国库单一账户。直接缴库的其他收入,比照上述程序缴入国库单一账户或预算外资金财政专户。

2. 集中汇缴程序

小额零散税收和法律另有规定的应缴收入,由征收机关于收缴收入的当日汇总缴入国库单一账户。非税收入中的现金缴款,比照本程序缴入国库单一账户或预算外资金财政专户。

四、财政支出支付方式和程序

(一)支付方式

按照支付管理实际需要进行分类后,按发出支付令的主体不同,财政支付方式可分为财政直接支付和财政授权支付两种支付方式。财政直接支付是由财政部门发出支付令的支付方式；财政授权支付是由预算单位经财政部门授权自行发出支付令的支付方式。

(二)支付程序

1.财政直接支付程序

预算单位按照批复的部门预算和资金使用计划，按照规定程序上报支付申请，由一级预算单位审核汇总后向财政国库支付执行机构提出支付申请，财政国库支付执行机构根据批复的部门预算和资金使用计划及相关要求对支付申请审核无误后，向代理银行签发支付令，同时向中国人民银行国库部门发出支付清算信息。代理银行支付后，通过全国银行清算系统与国库单一账户实时清算，财政资金从国库单一账户划拨到收款人的银行账户。

财政直接支付程序如图6-1所示。

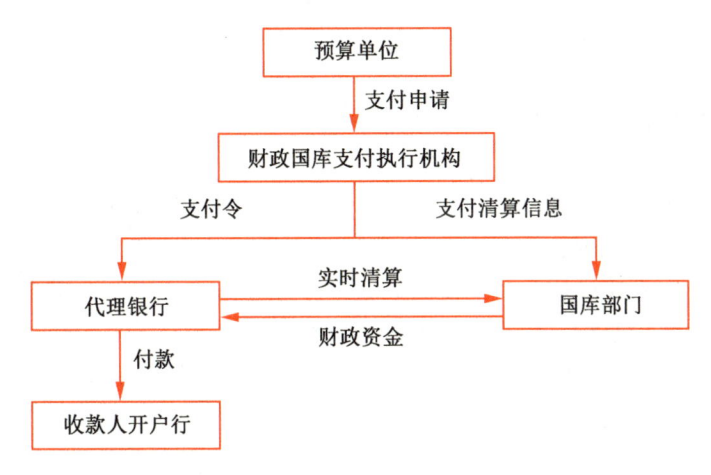

图6-1 财政直接支付程序

2.财政授权支付程序

财政国库支付执行机构根据批复的用款计划，将批准后的财政授权支付额度通知代理银行和预算单位，并通知中国人民银行国库部门。预算单位在月度用款额度内，自行开具支付令送代理银行，代理银行通过国库单一账户体系向收款人付款，并与国库单一账户清算。

财政授权支付程序如图6-2所示。

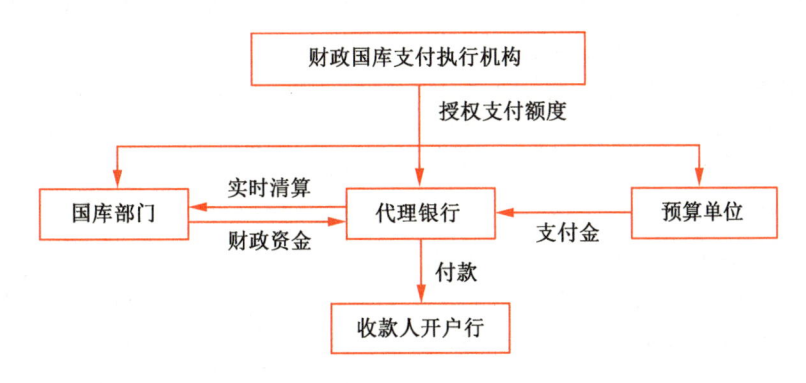

图6-2 财政授权支付程序

应知考核

一、单项选择题

1. 下列表述违反《预算法》规定的是(　　)。
   A. 国家实行一级政府一级预算
   B. 我国国家预算共分为四级
   C. 预算年度自公历1月1日起至12月31日止
   D. 县级以上地方政府的派出机关的预算不作为一级预算

2. 根据我国《预算法》的规定,不属于国务院财政部门预算职权的是(　　)。
   A. 具体编制中央预算、决算草案　　　B. 具体组织中央和地方预算的执行
   C. 审查和批准中央预算的调整方案　　D. 具体编制中央预算的调整方案

3. 我国的预算收入(　　)。
   A. 仅包括中央预算收入
   B. 仅包括中央预算收入和地方预算收入
   C. 仅包括中央和地方共享收入
   D. 包括中央预算收入、地方预算收入以及中央和地方预算共享收入

4. 下列关于预算的审批,说法错误的是(　　)。
   A. 中央预算由全国人民代表大会审查和批准
   B. 地方各级政府预算由本级人民代表大会审查和批准
   C. 中央预算和地方各级政府预算均由全国人民代表大会审查和批准
   D. 各级政府预算批准后,必须依法向相应的国家机关备案

5. 乡级政府编制的决策草案,由(　　)审批。
   A. 国务院　　　　　　　　　　　　B. 县级以上人民政府
   C. 本级人大　　　　　　　　　　　D. 县级人大

6. 下列选项中,适用《政府采购法》的是(　　)。
   A. 某中外合资经营企业采购生产所需的原材料
   B. 某国有企业采购生产设备
   C. 某中学用教育经费拨款购买教学用的电教设施
   D. 某股份有限公司承揽了国家的某项重点建设项目而采购原材料

7. 政府采购要按照事先约定的条件和程序进行,对所有供应商一视同仁,不得有歧视条件和行为,任何一方不得提出不合理要求,这体现了(　　)。
   A. 公开透明原则　　B. 公平竞争原则　　C. 公正原则　　D. 诚实信用原则

8. 我国的政府采购实行的是(　　)的执行模式。
   A. 集中采购　　　　　　　　　　　B. 分散采购
   C. 集中采购与分散采购相结合　　　D. 分批采购

9. 下列选项中,不属于政府采购当事人的是(　　)。
   A. 采购人　　　B. 保证人　　　C. 供应商　　　D. 采购代理机构

10. 甲公司申请取得乙级政府采购代理机构,其应当经过(　　)的审批。
    A. 财政部　　　　　　　　　　　　B. 省级人民政府财政部门
    C. 甲公司所在市财政局　　　　　　D. 省级人民政府

二、多项选择题

1. 国家预算的作用有( )。
A. 财力保证作用 B. 调节制约作用
C. 反映监督作用 D. 平衡收支作用

2. 根据我国《预算法》的规定,属于全国人民代表大会常务委员会负责的有( )。
A. 监督中央和地方预算的执行
B. 审查和批准中央预算的调整方案
C. 撤销国务院制定的同宪法、法律相抵触的关于预算、决算的行政法规、决定和命令
D. 具体编制中央预算的调整方案

3. 下列选项中,不属于我国预算收入中的专项收入的有( )。
A. 税收收入
B. 依法应当上缴的国有资产投资产生的股息收入
C. 征收排污收入
D. 罚没收入

4. 下列关于预算的调整,说法正确的有( )。
A. 预算的调整方案必须提请本级人大常务委员会审查和批准
B. 预算调整方案由各级全国人民代表大会常务委员会负责具体编制
C. 接受上级返还或者补助的地方政府,应当按照上级政府规定的用途使用款项,不得擅自改变用途
D. 政府有关部门以及本级预算安排的资金拨付给下级政府有关部门的专款,必须经过上级政府财政部门同意并办理预算划转手续

5. 下列表述正确的有( )。
A. 由国务院财政部门编制的中央决算草案,经国务院审定后,由国务院提请全国人大批准
B. 由国务院财政部门编制的中央决算草案,由国务院提请全国人大常委会审批
C. 由县级以上地方各级政府财政部门编制的本级决算草案,经本级政府审定后,由本级人大常委会审批
D. 由乡级政府编制的决算草案,由本级人大审批

三、判断题

1. 国家预算作为财政分配和宏观调控的主要手段,具有分配、调控和监督职能。( )
2. 总预算是指各级政府将本级政府的年度财政收支计划汇总编成的预算,又称财政总预算。( )
3. 中央预算和地方各级政府预算,只需要按本年收支预测进行编制。( )
4. 各级政府预算的具体工作由本级政府负责。( )
5. 用于政府采购的财政性资金,包括财政预算资金和预算外资金。( )
6. 政府采购对象中的货物,包括原材料、燃料、设备、产品等。( )
7. 根据《政府采购法》的规定,我国政府采购实行集中采购和分散采购相结合的执行模式。( )
8. 政府采购当事人包括采购人、供应商、采购代理机构以及政府采购监督管理部门等。( )
9. 实行国库集中收付制度后,财政收入的缴库方式包括直接缴库和集中汇缴两种。( )
10. 小额零散税收和法律另有规定的应缴收入,由征收机关在收缴收入的当天汇总缴入财

政专户。 （　　）

应会考核

一、不定项选择题

甲事业单位(简称"甲单位")拟对其办公设备(均未纳入集中采购目录)进行政府采购。其中，A设备是不具备竞争条件的物品，只能从乙供应商处取得采购货物；根据B设备的采购条件，甲单位选择采用邀请招标方式予以采购；根据C设备的采购条件，甲单位选择采用竞争性谈判方式予以采购；根据D设备的采购条件，甲单位选择采用单一来源方式予以采购。

根据以上资料，请回答以下与政府采购方式有关的问题：

1. 以下采购方式中，可以作为甲单位政府采购方式的为(　　)。
   A. 公开招标　　　B. 邀请招标　　　C. 竞争性谈判　　　D. 询价

2. 对于甲单位拟政府采购的A设备，应当采用的采购方式为(　　)。
   A. 公开招标　　　B. 邀请招标　　　C. 竞争性谈判　　　D. 单一来源采购

3. 以下情形中，甲单位对B设备可以采用邀请招标方式采购的为(　　)。
   A. 设备具有特殊性，只能从有限范围的供应商处采购
   B. 设备采用公开招标方式的费用占政府采购项目总价值的比例过大
   C. 发生了不可预见的紧急情况，B设备不能从其他供应商处采购
   D. B设备只能从唯一供应商处采购

4. 以下情形中，甲单位对C设备可以采用竞争性谈判方式采购的为(　　)。
   A. C设备招标后没有供应商投标或者没有合格中标者或者重新招标未能成立
   B. C设备技术复杂或者性质特殊，不能确定详细规格或者具体要求
   C. 设备采用招标所需时间不能满足甲单位的紧急需要
   D. 不能事先计算出C设备价格总额

5. 以下情形中，甲单位对D设备可以采用单一来源方式采购的为(　　)。
   A. D设备只能从唯一供应商处采购
   B. D设备具有特殊性，只能从有限范围的供应商处采购
   C. 发生了不可预见的紧急情况，D设备不能从其他供应商处采购
   D. D设备必须保证原有采购项目的一致性或者服务配套的要求，需要继续从原供应商处添购，且添购资金总额不超过原合同采购金额的10%

二、案例分析题

某市事业单位拟采购30台计算机和2套正版办公软件，合同估算价为16万元，全部使用财政性资金，在该市政府集中采购目录中包括"办公设备"一项，其限额标准为"单项或批量金额在10万元人民币以上"。该项目采用公开招标方式采购，并在该省人民政府财政部门指定的政府采购信息媒体发布了招标公告，公布投标人资格条件。根据项目估算价16万元，按0.5%计算，招标文件售价为800元。

请问：

(1) 该事业单位本次采购是否属于政府采购？
(2) 该事业单位本次采购是否符合政府采购的相关规定？

项目七　会计职业道德

● **知识目标**

理解：职业道德的概念、特征与作用；会计职业道德的概念及规范的主要内容。

熟知：会计人员职业道德规范要求；会计职业道德建设组织与实施；会计职业道德的检查与奖惩。

掌握：会计职业道德与会计法律制度的关系；会计职业道德机制与法治协调；会计职业道德教育的形式；会计职业道德修养。

● **技能目标**

能处理会计职业活动中的各种行为规范；能从会计职业道德规范的视角审视会计人员的教育与管理；能辨析会计职业道德与会计制度之间的区别和联系。

● **素质目标**

养成"爱岗敬业、诚实守信、办事公道、服务群众、奉献社会"的职业操守；运用所学的会计职业道德知识研究相关案例，培养和提高学生在特定业务情境中分析问题与决策设计的能力；结合行业规范或标准，分析会计行为的善恶，强化学生的职业道德素质；能够准确把握会计职业道德规范每条规范的含义和基本要求，从而把理论的要求内化为自觉的行为，自发地提高会计人员道德修养水平。

● **思政目标**

领悟中共二十大报告提出的"明大德、守公德、严私德""弘扬诚信文化 健全诚信建设长效机制"的倡议，明确会计从业人员守"德"的重要意义；通过会计职业道德的学习，培养学生掌握会计职业道德的基本理论，理解其与会计法律制度的紧密联系，并通过实践活动深化对会计职业道德的认识。同时，会运用善恶标准对自己和他人的会计职业行为进行道德评价，从而进一步规范会计人员的职业行为，充分认识会计职业道德建设的意义，做会计职业道德建设的促进者。

● 项目引例

会计人员违反会计职业道德

背景与情境：2024年2月16日，某房地产开发有限公司来公安局报案称，其公司会计王强可能挪用了公司资金，现在已经无法联系，要求公安机关进行调查。接警后，镇江市公安局京口分局经侦大队会同大市口派出所立刻展开调查。2月14日，公司通知王强，将于次日进行年终审计，王强接到电话后随即与公司失去联系。经调查，王强在公司上班期间，利用其担任公司会计，掌管公司账户、印章的职务之便，先后数十次从公司负责人卡、公司建行基本户、工行账户挪用客户房产证代办费、公款，数额达890万元。

2月16日晚上，该公司终于联系上了王强，此时，王强正在上海市的一家医院接受疾病治疗。2月21日，王强出院后在其公司人员陪同下，主动到大市口派出所投案，他对其挪用资金的情况供认不讳。22日，王强被京口公安局依法刑事拘留。警方调查发现，王强挪用房产公司的金额达890万元，现已查询核实。从2023年4月到2024年2月，除了公司库存现金外，王强从公司建行卡取现41次，共计613.3万元，用于个人消费；从公司工行卡6次转账至其银行卡，共计246万元。经查明银行交易明细，这246万元均由王强通过银行转账至其本人支付宝账号，用于个人消费。

思考：王强的行为违反了哪些会计职业道德规范？

● 知识精讲

任务一　会计职业道德概述

一、职业道德的概念、特征与作用

（一）职业道德的概念

职业道德的概念有广义和狭义之分。广义的职业道德，是指从业人员在职业活动中应当遵循的行为准则，涵盖了从业人员与服务对象、职业与职工、职业与职业之间的关系；狭义的职业道德，是指在一定职业活动中应遵循的、体现一定职业特征的、调整一定职业关系的职业行为准则和规范。

基于社会的公共价值标准和取向，各种不同职业的职业道德具有共同的基本内容。我国《公民道德建设实施纲要》提出了职业道德的基本内容，即"爱岗敬业、诚实守信、办事公道，服务群众、奉献社会"。其中，爱岗敬业是职业道德的基础，是职业道德所倡导的首要规范；诚实守信是职业道德的最基本准则，也是职业道德的精髓；奉献社会是职业道德的出发点和归宿。

（二）职业道德的特征

职业道德具有职业性（行业性）、实践性、继承性和多样性等特征。

1. 职业性（行业性）

职业道德的内容与职业实践活动紧密联系，反映出特定职业活动对从业人员行为的道德要求。因此，职业道德具有很强的行业性，而不具有全社会普遍的适用性。一定的职业道德规范只适用于一定的职业活动领域。

2. 实践性

由于职业活动都是具体的实践活动，因此，根据职业实践经验概括总结出来的职业道德规范，具有较强的针对性和实践性，容易形成条文。职业道德规范一般采用行业公约、工作守则、行为须知、操作规程等具体的规章制度形式，来教育、约束本行业的从业人员，并且职业道德规范都会公之于众，让行业内外人员（包括服务对象）检查、监督。有的职业道德规范甚至被纳入法律规范，如《中国注册会计师职业道德基本准则》就是以财政部部门规范性文件的形式颁布的,可以直接指导、规范注册会计师的职业活动。

3. 继承性

职业道德作为社会意识形态的一种特殊形式,是受社会经济关系决定的,并随着社会经济关系的变化而改变。由于职业道德首先是与职业活动紧密结合的,所以在不同的社会经济发展阶段,同样一种职业因服务对象、服务手段、职业利益、职业责任和义务相对稳定,职业行为道德要求的核心内容就被继承和发扬。

4. 多样性

社会上有多种多样的职业,它们各有自己的特殊活动方式和特点,在社会生活中起着不同的作用,不同的职业道德必须鲜明地表达本职业的职业义务和职业责任,以及职业行为上的道德准则,这就形成了各自职业特定的道德传统和道德习惯,以及不同职业的人所持有的道德心理和道德品质,从而形成了职业道德的多样性。

(三)职业道德的作用

职业道德是社会道德体系的重要组成部分,它一方面具有社会道德的一般作用,另一方面具有自身的特殊作用。具体表现在以下两个方面:

1. 促进职业活动的有序进行

职业道德最主要的作用就是通过协调和处理职业关系中的各种矛盾和差异,维护正常的职业活动秩序,促进职业活动健康有序地发展。

2. 对社会道德风尚产生积极的影响

道德能够通过劝善警恶,并辅之以舆论的赞扬或谴责等方式,来塑造人们高尚的道德良心和道德情感。职业道德作为社会道德的一个重要组成部分,能够对社会道德风尚产生积极的影响。

二、会计职业道德的概念和特征

(一)会计职业道德的概念

会计职业道德,是指在会计职业活动中应当遵循的、体现会计职业特征的、调整会计职业关系的职业行为准则和规范。其含义包括以下几个方面:

1. 会计职业道德是调整会计职业活动中各种利益关系的手段

会计工作的性质决定了在会计职业活动中需要处理单位与单位、单位与国家、单位与投资者、单位与债权人、单位与职工、单位内部各部门之间以及单位与社会公众之间等各类经济关系,这些经济关系的实质是经济利益关系。会计职业道德可以配合国家法律制度,调整职业关系中的经济利益关系,维护正常的经济秩序。在市场经济活动中,当各经济主体的利益与国家利益、社会公众利益发生冲突的时候,会计职业道德不允许通过损害国家和社会公众利益来获取违法利益,但允许个人和各经济主体获取合法的自身利益。

2. 会计职业道德具有相对稳定性

会计是一种专业技术性很强的职业,在对单位经济事项进行确认计量、记录和报告的过程中,会计标准的确定、会计政策的制定、会计方法的选择,都必须遵循其内在的客观经济规律和要求。由于人们面对的是共同的、不变的客观经济规律,因此,会计职业道德在社会经济关系不断的变迁中,始终保持自己的相对稳定性。在会计职业活动中,诚实守信、客观公正、保守商业秘密等是对会计人员的普遍要求。

3. 会计职业道德具有广泛的社会性

会计职业道德的社会性是由会计职业活动所生成的产品决定的。会计不仅要为政府机关、企业管理层、金融机构等提供符合质量要求的会计信息,而且要为投资者、债权人及社会公众服务。会计作为一个信息系统,其服务对象涉及的社会面很广,提供的会计信息是公共产品,因此会计职业道德的优劣将影响国家和社会公众利益。会计信息质量直接影响着社会经济的发展和社会经济秩序的健康运行,因而,会计职业道德必然受到社会关注,具有广泛的社会性。

(二)会计职业道德的特征

会计作为社会经济活动中的一种特殊职业,除了具有职业道德的一般特征外,与其他职业道德相比还具有如下特征:

1. 具有一定的强制性

法律是具有强制性的,它要求人们"必须这样或那样做";而道德一般不具有强制性,它要求人们"应该这样或那样做"。但在我国,会计职业道德与其他道德不一样,许多内容直接纳入了会计法律制度,如《中华人民共和国会计法》《会计基础工作规范》等都规定了会计职业道德的内容和要求。因此,会计职业道德是一种"思想立法",它已经超出"应该怎样做"的界限,跨入"必须这样做"的范围。如果不按照"守则""准则""条例"去做,有的虽谈不上犯罪,但也是违反职业纪律的,更是职业道德所不允许的。会计职业道德的这种独特的强制性,是由会计工作在市场经济活动中的特殊地位所决定的。当然,会计职业道德的许多非强制性内容仍然存在,而且在发挥着作用。例如,会计职业道德中的提高技能、强化服务、参与管理、奉献社会等内容虽然是非强制性要求,但其直接影响到专业胜任能力、会计信息质量和会计职业的声誉,也要求会计人员遵守。

2. 较多关注公众利益

会计职业的一个显著特征是会计职业活动与社会公众利益密切联系。在会计工作中,会计确认、计量、记录和报告的程序、标准和方法,在选择和运用上发生任何变化,都会引起与经济主体有关的各方经济利益受到直接的影响。由于会计人员自身的经济利益往往与其所处的经济主体的利益一致,当经济主体利益与国家利益和社会公众利益出现矛盾时,会计人员的利益指向如果偏向经济主体,那么国家和社会公众的利益就会受损,便会产生会计职业道德危机。因此,会计职业的特殊性,对会计职业道德提出了更高的要求,要求会计人员客观、公正,在会计职业活动中,发生道德冲突时要坚持准则,把社会公众利益放在第一位。

> **思政吾身　　　　习近平总书记希望青年这样修身立德**
>
> 人无德不立。习近平总书记多次强调,"广大青年要把正确的道德认知、自觉的道德养成、积极的道德实践紧密结合起来,自觉树立和践行社会主义核心价值观,带头倡导良好社会风气","不断修身立德,打牢道德根基,让自己的人生道路走得更正、走得更远"。以下是习近平总书记的重要论述。
>
> (1)牢记"从善如登,从恶如崩"的道理。广大青年要把正确的道德认知、自觉的道德养成、积极的道德实践紧密结合起来,自觉树立和践行社会主义核心价值观,带头倡导良好社会风气。要加强思想道德修养,自觉弘扬爱国主义、集体主义、社会主义思想,积极倡导社会公德、职业道德、家庭美德。要牢记"从善如登,从恶如崩"的道理,始终保持积极的人生态度、良好的道德品质、健康的生活情趣。要倡导社会文明新风,带头学雷锋,积极参加志愿服务,主动承担社会责任,热诚关爱他人,多做扶贫济困、扶弱助残的实事好事,以实际行动促进社会进步。
>
> ——2013年5月4日,在同各界优秀青年代表座谈时的讲话
>
> (2)人生的扣子从一开始就要扣好。我为什么要对青年讲讲社会主义核心价值观这个问题?是因为青年的价值取向决定了未来整个社会的价值取向,而青年又处在价值观形成和确立的时期,抓好这一时期的价值观养成十分重要。这就像穿衣服扣扣子一样,如果第一粒扣子扣错了,剩余的

扣子都会扣错。人生的扣子从一开始就要扣好。"凿井者,起于三寸之坎,以就万仞之深。"青年要从现在做起、从自己做起,使社会主义核心价值观成为自己的基本遵循,并身体力行大力将其推广到全社会去。

——2014年5月4日,在北京大学师生座谈会上的讲话

(3)养大德者方可成大业。道德之于个人、之于社会,都具有基础性意义,做人做事第一位的是崇德修身。这就是我们的用人标准为什么是德才兼备、以德为先,因为德是首要、是方向,一个人只有明大德、守公德、严私德,其才方能用得其所。修德,既要立意高远,又要立足平实。要立志报效祖国、服务人民,这是大德,养大德者方可成大业。同时,还得从做好小事、管好小节开始起步,"见善则迁,有过则改",踏踏实实修好公德、私德,学会劳动、学会勤俭,学会感恩、学会助人、学会谦让、学会宽容,学会自省、学会自律。

——2014年5月4日,在北京大学师生座谈会上的讲话

(4)让爱国主义精神在广大青少年心中牢牢扎根。要结合弘扬和践行社会主义核心价值观,在广大青少年中开展深入、持久、生动的爱国主义宣传教育,让爱国主义精神在广大青少年心中牢牢扎根,让广大青少年培养爱国之情、砥砺强国之志、实践报国之行,让爱国主义精神代代相传、发扬光大。

——2015年12月30日,在十八届中央政治局第二十九次集体学习时的讲话

(5)不断养成高尚品格。广大青年要自觉践行社会主义核心价值观,不断养成高尚品格。要以国家富强、人民幸福为己任,胸怀理想、志存高远,投身中国特色社会主义伟大实践,并为之终生奋斗。要加强思想道德修养,自觉弘扬爱国主义、集体主义精神,自觉遵守社会公德、职业道德、家庭美德。要坚持艰苦奋斗,不贪图安逸,不惧怕困难,不怨天尤人,依靠勤劳和汗水开辟人生和事业前程。

——2016年4月26日,在知识分子、劳动模范、青年代表座谈会上的讲话

(6)时常用真善美来雕琢自己。青年在成长和奋斗中,会收获成功和喜悦,也会面临困难和压力。要正确对待一时的成败得失,处优而不养尊,受挫而不短志,使顺境逆境都成为人生的财富而不是人生的包袱。广大青年人人都是一块玉,要时常用真善美来雕琢自己,不断培养高洁的操行和纯朴的情感,努力使自己成为高尚的人。

——2017年5月3日,在中国政法大学考察时的讲话

(7)时时想到国家,处处想到人民。爱国,是人世间最深层、最持久的情感,是一个人立德之源、立功之本。孙中山先生说,做人最大的事情,"就是要知道怎么样爱国"。我们常讲,做人要有气节、要有人格。气节也好,人格也好,爱国是第一位的。我们是中华儿女,要了解中华民族历史,秉承中华文化基因,有民族自豪感和文化自信心。要时时想到国家,处处想到人民,做到"利于国者爱之,害于国者恶之"。爱国,不能停留在口号上,而是要把自己的理想同祖国的前途、把自己的人生同民族的命运紧密联系在一起,扎根人民,奉献国家。

——2018年5月2日,在北京大学师生座谈会上的讲话

(8)品德润身、公德善心、大德铸魂。加强品德教育,既有个人品德,也有社会公德、热爱祖国和人民的大德。要坚持教育引导学生培育和践行社会主义核心价值观,做到品德润身、公德善心、大德铸魂。

——2018年9月10日,在全国教育大会上的讲话

(9)从做好小事、管好小节开始起步。要教育引导学生从做好小事、管好小节开始起步,踏踏实实修好品德,学会感恩、学会助人、学会谦让、学会宽容,学会自省、学会自律,成为有大爱大德大情怀的人。

——2018年9月10日,在全国教育大会上的讲话

(10)要有饮水思源、懂得回报的感恩之心。人无德不立,品德是为人之本。止于至善,是中华民族始终不变的人格追求。我们要建设的社会主义现代化强国,不仅要在物质上强,更要在精神上强。精神上强,才是更持久、更深沉、更有力量的。青年要把正确的道德认知、自觉的道德养成、积极的道德实践紧密结合起来,不断修身立德,打牢道德根基,在人生道路上走得更正、走得更远。面对复杂的世界大变局,要明辨是非、恪守正道,不人云亦云、盲目跟风。面对外部诱惑,要保持定力、严守规矩,用勤劳的双手和诚实的劳动创造美好生活,拒绝投机取巧、远离自作聪明。面对美好岁月,要有饮水思源、懂得回报的感恩之心,感恩党和国家,感恩社会和人民。要在奋斗中摸爬滚打,体察世间冷暖、民众忧乐、现实矛盾,从中找到人生真谛、生命价值、事业方向。

——2019年4月30日,在纪念五四运动100周年大会上的讲话

(11)明大德、守公德、严私德。新时代中国青年要自觉树立和践行社会主义核心价值观,善于从中华民族传统美德中汲取道德滋养,从英雄人物和时代楷模的身上感受道德风范,从自身内省中提升道德修为,明大德、守公德、严私德,自觉抵制拜金主义、享乐主义、极端个人主义、历史虚无主义等错误思想,追求更有高度、更有境界、更有品位的人生,让清风正气、蓬勃朝气遍布全社会!

——2019年4月30日,在纪念五四运动100周年大会上的讲话

(12)立大志、明大德、成大才、担大任。广大青年要肩负历史使命,坚定前进信心,立大志、明大德、成大才、担大任,努力成为堪当民族复兴重任的时代新人,让青春在为祖国、为民族、为人民、为人类的不懈奋斗中绽放绚丽之花。

——2021年4月19日,在清华大学考察时的讲话

(13)加强道德修养,明辨是非曲直。要锤炼品德,自觉树立和践行社会主义核心价值观,自觉用中华优秀传统文化、革命文化、社会主义先进文化培根铸魂、启智润心,加强道德修养,明辨是非曲直,增强自我定力,矢志追求更有高度、更有境界、更有品位的人生。

——2021年4月19日,在清华大学考察时的讲话

(14)做社会主义核心价值观的坚定信仰者、积极传播者、模范践行者。广大青年要做社会主义核心价值观的坚定信仰者、积极传播者、模范践行者,向英雄学习、向前辈学习、向榜样学习,争做堪当民族复兴重任的时代新人,在实现中华民族伟大复兴的时代洪流中踔厉奋发、勇毅前进。

——2022年4月25日,在中国人民大学考察时的讲话

(15)习近平指出,新时代新征程上,全国各族青年听从党和人民的召唤,在科技创新、乡村振兴、绿色发展、社会服务、卫国戍边等各领域各方面勇当排头兵和生力军,展现出自信自强、刚健有为的精神风貌。党中央对广大青年充分信任、寄予厚望!广大青年要继承和发扬五四精神,坚定不移听党话、跟党走,争做有理想、敢担当、能吃苦、肯奋斗的新时代好青年,在推进强国建设、民族复兴伟业中展现青春作为、彰显青春风采、贡献青春力量,奋力书写为中国式现代化挺膺担当的青春篇章。

——2024年5月3日在五四青年节到来之际,习近平向全国广大青年致以节日祝贺和诚挚问候

三、会计职业道德的功能与作用

(一)会计职业道德的功能

1. 指导功能

会计职业道德通过对会计人员的行为动机提出相应的要求,引导、规范、约束会计人员树立正确的职业观念,遵循职业道德要求,从而达到规范会计行为的目的。

2. 评价功能

会计职业道德通过对会计人员的行为依照一定的道德标准进行评价,指导和纠正会计人员的

行为,激发会计人员的内在积极性和主动性,促进会计人员自我肯定、自我发展、自我完善。这一功能分为褒扬功能和谴责功能。

3. 教化功能

道德具有引导人的行为的功能。这种引导的特点是,劝善戒恶,并辅之以社会舆论的赞扬或谴责,进而作用于人的道德良心和道德情感。这对于会计人员的思想、感情和行为有一种潜移默化的塑造作用,不但能够影响会计人员当下的动机和行为,而且能够改造会计人员的道德品质,提高会计人员的道德境界。

(二)会计职业道德的作用

1. 会计职业道德是规范会计行为的基础

动机是行为的先导,有什么样的动机就有什么样的行为。会计职业道德对会计的行为动机提出了相应的要求,如诚实守信、客观公正等,引导、规劝、约束会计人员树立正确的职业观念,建立良好的职业品行,从而达到规范会计行为的目的。

2. 会计职业道德是实现会计目标的重要保证

从会计职业关系角度讲,会计目标就是为会计职业关系中的各个服务对象提供真实、可靠的会计信息。由于会计职业活动既是技术性的处理过程,又涉及对多种经济利益关系的调整。会计目标能否顺利实现,既取决于会计从业者的专业技能水平,也取决于会计从业者能否严格履行职业行为准则。如果会计从业者故意或非故意地提供了不真实、不可靠的会计信息,就会导致服务对象的决策失误,甚至导致社会经济秩序混乱。因此,依靠会计职业道德规范约束会计从业者的职业行为,是实现会计目标的重要保证。

3. 会计职业道德是对会计法律制度的重要补充

在现实生活中,人们的很多行为很难由法律作出规定。例如,会计法律只能对会计人员不得违法的行为作出规定,不宜对他们如何爱岗敬业、诚实守信、提高技能等提出具体要求,但是,如果会计人员缺乏爱岗敬业的热情和态度,缺乏诚实守信的做人准则,没有必要的职业技能,则很难保证会计信息达到真实、完整的法定要求。很显然,会计职业道德是其他会计法律制度所不能替代的。会计职业道德是对会计法律规范的重要补充。

4. 会计职业道德是会计人员提高素质的内在要求

社会的进步和发展,对会计人员的素质要求越来越高。会计职业道德正是会计人员素质的重要体现。一个高素质的会计人员理应做到爱岗敬业、诚实守信,提高专业技能水平。这不仅是会计职业道德的主要内容,而且是会计人员遵循会计职业道德的可靠保证。大力倡导会计职业道德,不断加强会计职业道德教育,并结合会计职业活动,引导会计人员进一步加强自我修养,提高专业胜任能力,有利于促进会计人员整体素质的不断提高。

【学中做7-1】 下列关于会计职业道德的表述中,不正确的有(   )。(多项选择题)
A. 会计职业道德涵盖了人与人、人与社会、人与自然之间的关系
B. 会计职业道德与会计法律制度两者在性质上一样
C. 会计职业道德规范的全部内容归纳起来就是廉洁自律与强化服务
D. 会计职业道德不调整会计人员的外在行为
答案:ABCD。
解析:选项A,指道德的涵盖内容;选项B,两者的性质是不同的,一个是自律性,另一个是他律性;选项C,会计职业道德规范的内容有八条;选项D,道德既注重外在行为又注重内在世界。

四、会计人员职业道德规范要求

根据《中华人民共和国会计法》《会计基础工作规范》,财政部制定了《会计人员职业道德规范》,具体规范要求包括:

(1)坚持诚信,守法奉公。牢固树立诚信理念,以诚立身、以信立业,严于律己、心存敬畏。学法知法守法,公私分明、克己奉公,树立良好职业形象,维护会计行业声誉。

(2)坚持准则,守责敬业。严格执行准则制度,保证会计信息真实完整。勤勉尽责、爱岗敬业,忠于职守、敢于斗争,自觉抵制会计造假行为,维护国家财经纪律和经济秩序。

(3)坚持学习,守正创新。始终秉持专业精神,勤于学习、锐意进取,持续提升会计专业能力。不断适应新形势新要求,与时俱进、开拓创新,努力推动会计事业高质量发展。

五、会计职业道德规范的主要内容

(一)爱岗敬业

1. 爱岗敬业的概念

爱岗敬业指的是忠于职守的事业精神,这是会计职业道德的基础。爱岗就是会计人员应该热爱自己的本职工作,安心于本职岗位,稳定、持久地在会计天地中耕耘,恪尽职守地做好本职工作。敬业就是会计人员应该充分认识本职工作在社会经济活动中的地位和作用,认识本职工作的社会意义和道德价值,具有会计职业的荣誉感和自豪感,在职业活动中具有高度的劳动热情和创造性,以强烈的事业心、责任感从事会计工作。

2. 爱岗敬业的基本要求

第一,正确认识会计职业,树立职业荣誉感。爱岗敬业精神,自始至终都是以人们对职业的认识程度以及所采取的态度作为行动的指导并体现在实际工作中的。如果会计人员对所从事的会计职业缺乏正确的认识,认为会计不过是简单的"写写算算""收收支支"的琐碎工作,或者有"会计难当,职权难用,成绩难见,违纪难免"的想法,就必然会自觉或不自觉地把这些意识反映到其工作行动中,表现出"懒""惰""拖"的不良行为,给会计职业及其声誉造成不良影响。

会计人员只有正确地认识会计本质,明确会计在经济管理工作中的地位和重要性,树立职业荣誉感,才有可能爱岗敬业。这是做到爱岗敬业的前提,也是首要要求。

第二,热爱会计工作,敬重会计职业。热爱一项工作,首先就意味着对这项工作有一种职业的荣誉感,有自信心和自尊心;其次是对这项工作抱有浓厚的兴趣,把职业生活看成一种乐趣。于是平凡的甚至是琐碎的日常工作,就成为生活中不可缺少的内容,并且能在工作中时时感受到其乐趣。只要人们是根据自己的爱好、兴趣和特长来选择职业,通常都对所选职业充满感情,喜爱这一职业。但是,任何社会、任何时候都难以绝对保证人们所选择的职业是自己满意的。因此,在所从事的职业与自己的兴趣、爱好不一致时,要求人们对其所从事的职业有一个正确的认识态度。如果做了会计,就应该热爱会计工作,敬重会计职业,即使对会计职业不是很感兴趣。

拓展阅读 7—1　　　　　　　　干一行爱一行

我国各行各业的无数职业道德标兵的先进事迹告诉我们,对自己的工作是否热爱、对自己的岗位是否敬重,是做好本职工作的前提。会计人员只要树立了"干一行爱一行"的思想,就会发现会计职业中的乐趣;只有树立"干一行爱一行"的思想,才会刻苦钻研会计业务技能,才会努力学习会计业务知识,才会发现在会计核算、企业理财领域有许多值得人们去研究探索的东西。有了对本职工作的热爱,就会激发出一种敬业精神,自觉、自愿地执行职业道德的各种规范,不断改进自己的工作,在平凡的岗位上取得不平凡的业绩。

第三,安心工作,任劳任怨。安心本职工作,就是以从事会计工作为"乐",而不是"这山望着那山高"。只有安心本职工作,才能潜下心来"勤学多思,勤问多练",才能对会计工作中不断出现的新问题去探索和研究,也才能真正做到敬业。任劳任怨,要求会计人员具有不怕吃苦的精神和不计较个人得失的思想境界。会计人员在对会计事项进行处理时会出现两难的境地,当集体利益与职工个人利益或国家利益与单位利益发生冲突时,会计人员如果维护了国家利益或集体利益,就可能不被人们理解甚至产生抱怨;反之,则会有道德危机。会计职业道德要求会计人员既任劳也任怨。

第四,严肃认真,一丝不苟。从业者对自己本职工作的热爱,必定会体现在对工作所必需的职业技能的态度上,体现在对自己工作成果的追求上,这就是对工作严肃认真、一丝不苟,对技术精益求精。会计工作是一项严肃、细致的工作,没有严肃、认真的工作态度和一丝不苟的工作作风,就容易出现偏差。对一些损失浪费、违法乱纪的行为和一切不合法、不合理的业务开支,要严肃、认真地对待,把好费用支出关。严肃认真、一丝不苟的职业作风贯穿于会计工作的始终,不仅要求数字计算准确、手续清楚完备,而且绝不能有"都是熟人不会错"的麻痹思想和"马马虎虎"的工作作风。

第五,忠于职守,尽职尽责。忠于职守,不仅要求会计人员认真地执行岗位规范,而且要求会计人员在各种复杂的情况下能够抵制各种诱惑,忠实地履行岗位职责。尽职尽责具体表现为会计人员对自己应承担责任和义务所表现出的一种责任感和义务感。这种责任感和义务感包含两方面的内容:一是社会或他人对会计人员规定的责任;二是会计人员对社会或他人所负的道义责任。

拓展阅读 7—2　　　　　　　岗位与责任、义务

在现代经济生活中,会计职业因其所处的环境具有特殊性,不同的岗位要求承担的责任和义务不尽相同。注册会计师接受单位委托对委托者进行审计、鉴证或咨询,要维护委托人的权益,保守商业秘密,依法出具审计报告。单位内部会计人员不仅要尽职尽责地履行会计职能,客观、真实地记录反映服务主体的经济活动状况,负责其资金的有效运作,积极参与经营和决策,而且应抵制不当的开支,防止有人侵占单位资产,保护财产安全、完整。在对单位(或雇主)的忠诚与国家及社会公众利益发生冲突时,会计人员应该忠实于国家、忠实于社会公众,承担起维护国家和社会公众的责任。单位会计人员应对外提供有关服务主体真实、可靠的会计信息;注册会计师不仅要对委托人负责,而且要对广大的信息使用者负责,对被审计单位的财务状况和经营成果作出客观、公允的审计报告。

(二)诚实守信

1. 诚实守信的概念

诚实是指言行跟内心思想一致,不弄虚作假、不欺上瞒下,做老实人,说老实话,办老实事。守信就是遵守自己所作出的承诺,讲信用,重信用,信守诺言,保守秘密。诚实守信是做人的基本准则,是人们在古往今来的交往中产生的最根本的道德规范,也是会计职业道德的精髓。

拓展阅读 7—3　　　　　　　诚实与守信

诚实与守信具有内在的因果联系,一般来说,诚实即为守信,守信就是诚实。有诚无信,道德品质得不到推广和延伸;有信无诚,信就失去了根基,德就失去了依托。诚实必须守信。

中国现代会计学之父潘序伦先生认为,"诚信"是会计职业道德的重要内容。他终身倡导:"信以立志,信以守身,信以处事,信以待人,毋忘'立信',当必有成",并将其作为立信会计金融学院的校训。为凸显并倡导会计职业的诚信,潘序伦先生一生的实业皆冠之以"立信",如立信会计师事务所、上海立信会计金融学院、立信会计出版社等。

人无信不立,国无信不强。在现代市场经济社会,"诚信"尤为重要。市场经济是"信用经济""契约经济",注重的就是"诚实守信"。可以说,信用是维护市场经济步入良性发展轨道的前提和基础,是市场经济社会赖以生存的基石。朱镕基同志在2001年视察北京国家会计学院时,为其题词:"诚信为本,操守为重,坚持准则,不做假账。"这是对广大会计人员和注册会计师最基本的要求。

2.诚实守信的基本要求

第一,做老实人,说老实话,办老实事,不搞虚假。做老实人,要求会计人员言行一致、表里如一、光明正大。说老实话,要求会计人员说话诚实,是一说一、是二说二,不夸大、不缩小、不隐瞒,如实反映和披露单位经济业务事项。办老实事,要求会计人员工作踏踏实实,不弄虚作假,不欺上瞒下。总之,会计人员应言行一致、实事求是,如实反映单位经济业务活动情况,不为个人和小集团利益伪造账目、弄虚作假,损害国家和社会公众利益。

第二,保守秘密,不为利益所诱惑。所谓保守秘密,就是指会计人员在履行自己的职责时,应树立保密观念,做到保守商业秘密,对机密资料不外传、不外泄,守口如瓶。在市场经济中,秘密可以带来经济利益,严守单位的商业秘密是极其重要的,它往往关系到单位的生死存亡。而会计人员因职业特点经常接触到单位和客户的一些秘密,如单位的财务状况、经营情况、成本资料及重要单据、经济合同等。因此,会计人员应依法保守单位秘密,这是会计人员应尽的义务,也是诚实守信的具体体现。

拓展阅读 7—4　　　　　　　　　　泄　密

泄密,不仅是一种不道德的行为,而且是违法行为,是会计职业的大忌。会计人员在没有得到法律规定或经单位规定程序批准外,不能以任何借口或方式把单位商业秘密泄露出去。我国有关法律制度对会计人员保守秘密作了相关的规定。如《中华人民共和国注册会计师法》第19条规定:"注册会计师对执行业务中知悉的商业秘密,负有保密义务";财政部印发的《会计基础工作规范》第23条规定:"会计人员应当保守本单位的商业秘密。除法律规定和单位领导人同意外,不能私自向外界提供或者泄露单位的会计信息"。

会计人员如果泄露本单位的商业秘密,不仅会对单位的利益产生威胁,而且会损害会计人员自身的形象和利益。一是会计人员是单位里的一分子,泄露单位的商业秘密后会使单位利益受损,单位的损失最终将不同程度地反映到每位员工身上,会计人员因此也会受损。二是泄露商业秘密属于违法行为,一旦查出,泄露秘密的会计人员将承担法律责任。三是会计人员泄露商业秘密将对整个会计职业的社会声誉产生负面影响,使会计职业信誉"受到怀疑",整个行业的利益将会蒙受损失。在这一点上,对注册会计师的影响尤为显著。

会计人员要做到保密守信,就要注意不在工作岗位以外的场所谈论、评价企业的经营状况和财务数据。此外,在日常生活中会计人员也应保持必要的警惕,防止无意泄密。俗话说,"说者无意,听者有心"。人们在日常交流中经常会对熟知的事情脱口而出,而没有想到后果。为了防止这种情况的发生,会计人员要了解自己所知的信息中,哪些是商业秘密,哪些是无关紧要的事项,以防止无意泄密的情况发生,而且要抵制住各种各样的利益诱惑,绝对不能用商业秘密作为谋利的手段。

同步案例 7—1

一个顾客走进一家汽修店,自称是某运输公司的汽车司机。"在我的账单上多写点零件,我回公司报销后,有你一份好处。"他对店主张老板说。但店主拒绝了这样的要求。顾客纠缠说:"我的生意不算小,会常来的,你肯定能赚很多钱!"店主告诉他,这事无论如何也不会做。顾客气急败坏地嚷道:"谁都会这么干的,我看你是太傻了。"店主火了,他要那个顾客马上离开,到别处谈这种生意去。这时顾客露出微笑并满怀敬佩地握住店主的手:"我就是那家运输公司的老板,我一直在寻找一个固定的、信得过的维修店,今天我找到了,就是你的店了!"

请问:(1)面对诱惑,不怦然心动,不为其所惑,这是一种怎样的品格?其基本要求是什么?(2)你如何看待汽车维修店店主的做法?这个故事对你有何启示?(3)张老板为什么要拒绝顾客的要求?这件事体现了他什么样的职业道德品质?顾客将张老板的店作为将来定点维修店,说明了什么?

(三)廉洁自律

1.廉洁自律的概念

廉洁就是不贪污钱财,不收受贿赂,保持清白。自律是指自律主体按照一定的标准,自己约束自己、自己控制自己的言行和思想的过程。廉洁自律是会计职业道德的前提,也是会计职业道德的内在要求,这是会计工作的特点所决定的。

自律的核心就是用道德观念自觉地抵制自己的不良欲望。一个能自律的人,能保持清醒的头脑,把持住自我,不迷失方向;而不能自律的人则头脑昏昏,丧失警惕,终将成为权、财的奴隶。惩治腐败,打击会计职业活动中的各种违法活动和违反职业道德的行为,除了要靠法制手段,建立坚强和完善的法律外,会计人员应严格自律,防微杜渐,构筑思想道德防线,也是防止腐败的有效手段。

拓展阅读7—5　　　　　廉洁与自律

作为整天与钱财打交道的会计人员,必须两袖清风,不取不义之财,做到面对金钱不眼红。会计人员只有首先做到自身廉洁,严格约束自己,才能要求别人廉洁,才能理直气壮地阻止或防止别人侵占集体利益,正确行使反映和监督的会计职责,保证各项经济活动正常进行。

会计人员的廉洁是会计职业道德自律的基础,而自律是廉洁的保证。自律性不强就很难做到廉洁,不廉洁就谈不上自律。"吃了人家的嘴软,拿了人家的手短。"会计人员必须既廉洁又自律,二者不可偏废。

2.廉洁自律的基本要求

第一,树立正确的人生观和价值观。廉洁自律要求会计人员必须加强世界观的改造,树立正确的人生观和价值观。自觉抵制享乐主义、个人主义、拜金主义等错误的思想。

第二,公私分明,不贪不占。公私分明就是指严格划分公与私的界限,公是公,私是私。如果公私分明,就能够廉洁奉公,一尘不染,做到"常在河边走,就是不湿鞋";如果公私不分,就会出现以权谋私的腐败现象,甚至出现违法违纪行为。

拓展阅读7—6　　　　　"贪"与"欲"

廉洁自律的天敌就是"贪""欲"。在会计工作中,由于大量的钱财要经过会计人员之手,因此,很容易诱发会计人员的"贪""欲"。一些会计人员贪图金钱和物质上的享受,利用职务之便,自觉或不自觉地行"贪"。有的被动受贿,有的主动索贿,有的贪污、挪用公款,有的监守自盗,有的集体贪污。究其根本原因是这些会计人员忽视了世界观的自我改造,放松了道德的自我修养,弱化了职业道德的自律。

第三,遵纪守法,尽职尽责。遵纪守法,正确处理会计职业权利与职业义务的关系,增强抵制行业不正之风的能力,是会计人员廉洁自律的又一个基本要求。会计人员的权利和义务在《会计法》中有明确规定。会计人员不仅要遵纪守法,不违法乱纪、以权谋私,做到廉洁自律;而且要敢于、善于运用法律所赋予的权利,尽职尽责、勇于承担职业责任,履行职业义务、保证廉洁自律。

(四)客观、公正

1.客观、公正的概念

客观是指按事物的本来面目去反映,不掺杂个人的主观意愿,也不为他人意见所左右。公正就是平等、公平、正直,没有偏失。但公正是相对的,世上没有绝对的公正。客观、公正是会计职业道德所追求的理想目标。

对会计职业活动而言,客观主要包括两层概念:一是真实性,即以实际发生的经济活动为依据,对会计事项进行确认、计量、记录和报告;二是可靠性,即会计核算要准确,记录要可靠,凭证要合法。

在会计职业活动中,由于涉及对多方利益的协调处理,因此,公正就是要求各企、事业单位管理层和会计人员不仅应当具备诚实的品质,而且应公正地开展会计核算和会计监督工作,即在履行会计职能时,摒弃单位、个人私利,公平、公正,不偏不倚地对待相关利益各方。作为注册会计师在进行审计鉴证时,应以超然独立的姿态,进行公平、公正的判断和评价,出具客观、适当的审计意见。

拓展阅读 7—7　　　　　　客观与公正

客观是公正的基础,公正是客观的反映。要达到公正,仅仅做到客观是不够的。公正不仅仅单指诚实、真实、可靠,而且包括在真实、可靠中做出公正选择。这种选择尽管是建立在客观的基础之上,还需要在主观上做出公平、合理的选择。是否公平、合理,既取决于客观的选择标准,也取决于选择者的道德品质和职业态度。

2.客观、公正的基本要求

第一,端正态度。坚持客观、公正原则的基础是会计人员的态度、专业知识和专业技能。没有客观、公正的态度,就不可能尊重事实。有了正确的态度之后,没有扎实的理论功底和较高的专业技能,工作也会出现失误,会计人员会感到力不从心。

第二,依法办事。依法办事,认真遵守法律法规,是会计工作保证客观、公正的前提。当会计人员有了端正的态度和专业知识技能之后,必须依据《会计法》《企业会计准则》《企业会计制度》等法律、法规和制度的规定进行会计业务处理,并对复杂疑难的经济业务做出客观的会计职业判断。总之,只有熟练地掌握并严格遵守会计法律法规,才能客观、公正地处理会计业务。

第三,实事求是,不偏不倚。社会经济是复杂多变的,会计法律制度不可能对所有的经济事项作出规范,那么会计人员对经济事项的职业判断就可能会出现偏差。因此,客观、公正是会计工作和会计人员追求的目标,通过不断地提高专业技能,正确理解、把握并严格执行会计准则、制度,不断消除非客观、非公正因素的影响,做到最大限度的客观、公正。

在实际生活中,要做到"客观、公正",最根本的是要有"实事求是"的科学态度。没有实事求是的严谨态度,主观地、片面地、表面地看问题,就无法做到"情况明",也就无法根据客观情况来公正地处理问题。即使主观上想"客观、公正",客观上也无从实现。

拓展阅读 7—8　　　　　会计活动过程中的客观、公正

客观、公正应贯穿于会计活动的整个过程:一是在处理会计业务的过程中或进行职业判断时,应保持客观、公正的态度,实事求是,不偏不倚。二是指会计人员对经济业务的处理结果是公正的。例如,某人因公出差丢失了报销用的车票,在处理业务时,不能因为无报销凭证就不报销,也不能随意报销,而要求出差人员办理各种合法、合理的证明手续后,才能报销,即最终结果是客观、公正地进行会计处理。不报销或随意报销,都是不客观、不公正的。总之,会计核算过程的客观、公正和最终结果的客观、公正都是十分重要的,没有客观、公正的会计核算过程作为保证,结果的客观、公正性就难以保证;没有客观、公正的结果,业务操作过程的客观、公正就没有意义。注册会计师的职业特征是维护国家和社会公众的利益。注册会计师在进行职业判断时,将会涉及多方的利益,在处理这些复杂的利益关系时,绝不能采取折中的态度和方法。注册会计师应始终站在第三者的独立立场上,不偏不倚地对待有关利益各方,不以牺牲一方利益为条件而使另一方受益,超然独立地对企业遵守会计准则、制度的具体情况进行客观、公正的评价并做出恰当的审计意见。只有这样,财务报告的使用者才能确定企业财务报告的可信度,并做出适当的投资决策或信贷决策。

第四,保持独立性。客观、公正是会计职业者的一种工作态度。它要求会计人员对会计业务的处理,对会计政策和会计方法的选择,以及对财务会计报告的编制、披露和评价,必须独立进行职业判断,做到客观、公平、理智、诚实。

拓展阅读 7—9　　保持独立性,对于注册会计师行业尤为重要

由于工作关系和经济利益等问题,决定了单位会计人员在形式上或实质上都难以保证绝对的独立性。所以,这里所说的独立性主要是指注册会计师在执行审计业务的过程中,与相关利益当事人应保持独立。独立是客观、公正的基础,也是注册会计师行业存在的基础。根据《中国注册会计师职业道德规范指导意见》,注册会计师保持其独立性应当做到以下两点:

一是注册会计师应当回避可能影响独立性的审计事项,实现形式上的独立。注册会计师在履行其职责时,保持独立性固然十分重要,但财务报表的使用者对这种独立性的信任也很重要。如果审计人员在执业过程中实质上是独立的,但报表的使用者认为他们是客户的辩护人,则审计职业的大部分价值将随之丧失。

二是注册会计师应当恪守职业良心,保持实质上的独立。形式上独立是实质上独立的必要条件,形式上不独立,就不能保证实质上独立,而形式上独立也不一定能够保持实质上独立。注册会计师更重要的是保持实质上的独立。

(五)坚持准则

1. 坚持准则的概念

坚持准则是指会计人员在处理业务过程中,要严格按照会计法律制度办事,不为主观或他人意志左右。这里所说的"准则",不仅是指会计准则,而且包括会计法律、法规、国家统一的会计制度以及与会计工作相关的法律制度。坚持准则是会计职业道德的核心。

会计人员在进行核算和监督的过程中,只有坚持准则,才能以准则作为自己的行动指南,在发生道德冲突时,应坚持准则,以维护国家利益、社会公众利益和正常的经济秩序。注册会计师在进行审计业务时,应严格按照独立审计准则的有关要求和国家统一会计制度的规定,出具客观、公正的审计报告。

拓展阅读 7—10　　职业会计师道德守则

在实际工作中,经常会出现单位、社会公众和国家利益发生冲突的情况。面对不同的情况,会计人员应如何处理,国际会计师联合会发布的《职业会计师道德守则》提出了如下建议:

第一,如遇到严重的职业道德问题时,职业会计师首先应遵循所在组织的已有政策加以解决;如果这些政策不能解决道德冲突,则可私下向独立的咨询师或会计职业团体寻求建议,以便采取可能的行动步骤。

第二,若自己无法独立解决,可与最直接的上级一起研究解决这种冲突的办法。

第三,若仍无法解决,则在通知直接上级的情况下,可请教更高一级的管理层。若有迹象表明,上级已卷入这种冲突,职业会计师必须和更高一级的管理人员商讨该问题。

第四,如果在经过内部所有各级审议之后道德冲突仍然存在,那么对于一些重大问题,如舞弊,职业会计师可能没有其他选择。作为最后手段,他只能辞职,并向该组织的适当代表提交一份信息备忘录。

上述解决的途径值得我们借鉴。我国会计人员如果遇到道德冲突,首先要对发生的事件作出"是""非"判断,如涉及严重的道德冲突,应维护国家和社会公众的利益。

2. 坚持准则的基本要求

第一,熟悉准则。熟悉准则是指会计人员应了解和掌握《会计法》和国家统一的会计制度及与会计相关的法律制度,这是遵循准则、坚持准则的前提。只有熟悉准则,才能按准则办事,才能遵纪守法,才能保证会计信息的真实性、完整性。

第二,遵循准则。遵循准则即执行准则。准则是会计人员开展会计工作的外在标准和参照物。会计人员在会计核算和监督时要自觉地严格遵守各项准则,将单位具体的经济业务事项与准则相对照,先做出是否合法合规的判断,对不合法的经济业务不予受理。在实际工作中,由于经济的发展和社会环境的变化,会计业务日趋复杂,因而准则规范的内容也会不断地变化和完善。这就要求会计人员不仅要经常学习、掌握准则的最新变化,了解本部门、本单位的实际情况,准确地理解和执行准则,而且在面对经济活动中出现的新情况、新问题以及准则未涉及的经济业务或事项时,通过运用所掌握的会计专业理论和技能,做出客观的职业判断,予以妥善处理。

第三,坚持准则。市场经济是利益经济。在会计工作中,常常由于各种利益的交织,引起会计人员道德上的冲突。如果会计人员为了自己的个人利益不受影响,放弃原则,做"老好人",就会使会计工作严重偏离准则,会计信息的真实性、完整性就无法保证。作为会计人员,也应当承担相应的责任。

> **拓展阅读 7-11   坚持准则,赋予了会计人员相应的权利**
>
> 会计人员坚持准则,往往会受到单位负责人和其他人员的阻挠、刁难甚至打击报复。为了切实维护会计人员的合法权益,《会计法》强化了单位负责人对单位会计工作的法律责任,赋予了会计人员相应的权利,改善了会计人员的执法环境。会计人员应认真执行国家统一的会计制度,依法履行会计监督职责,发生冲突时,首先应坚持准则,对法律负责,对国家和社会公众负责,敢于同违反会计法律法规和财务制度的现象作斗争,确保会计信息的真实性和完整性。

(六)提高技能

1. 提高技能的概念

会计人员是会计工作的主体。会计工作质量的好坏,一方面受会计人员职业技能水平的影响;另一方面受会计人员道德品行的影响。会计人员的道德品行是会计职业道德的根本和核心,会计人员的职业技能水平是会计人员职业道德水平的保证。会计工作是一门专业性和技术性很强的工作,从业人员必须"具备一定的会计专业知识和技能",才能胜任会计工作。作为一名会计工作者必须不断地提高其职业技能,这既是会计人员的义务,也是在职业活动中做到客观公正、坚持准则的基础,是参与管理的前提。

职业技能,也可称为职业能力,是人们进行职业活动、承担职业责任的能力和手段。就会计职业而言,职业技能包括会计理论水平、会计实务操作能力、职业判断能力、自动更新知识能力、提供会计信息的能力、沟通交流能力和职业经验等。提高技能就是指会计人员通过学习、培训和实践等途径,持续提高上述职业技能,以达到和维持足够的专业胜任能力的活动。遵守会计职业道德客观上需要不断提高会计职业技能。

会计人员只有不断地学习,才能保持持续的专业胜任能力、职业判断能力和交流沟通能力,不断地提高会计专业技能,以适应我国深化会计改革和会计国际化的要求。

2. 提高技能的基本要求

第一,具有不断提高会计专业技能的意识和愿望。随着市场经济的发展、全球经济一体化以及科学技术日新月异,会计在经济发展中的作用越来越明显,对会计的要求也越来越高,会计人才的竞争也越来越激烈。会计人员要想生存和发展,就必须具有不断提高会计专业技能的意识和愿望,才能不断进取,才会主动地求知、求学,刻苦钻研,使自身的专业技能不断提高,使自己的知识不断更新,从而掌握过硬的本领,在会计人才的竞争中立于不败之地。

第二,具有勤学苦练的精神和科学的学习方法。专业技能的提高和学习不可能是一劳永逸之事,必须持之以恒,不间断地学习、充实和提高,"活到老,学到老"。只有锲而不舍地"勤学",同时掌握科学的学习方法,在学中思,在思中学,在实践中不断锤炼,才能不断地提高自己的业务水平,才能推动会计工作和会计职业的发展,以适应不断变化的新形势和新情况的需要。

【提示】谦虚好学、刻苦钻研、锲而不舍,是练就高超的专业技术和过硬本领的唯一途径,也是衡量会计人员职业道德水准高低的重要标志之一。

(七)参与管理

1. 参与管理的概念

参与管理简单地讲就是参加管理活动,为管理者当参谋,为管理活动服务。会计管理是企业管理的重要组成部分,在企业管理中具有十分重要的作用。但会计工作的性质决定了会计在企业管理活动中更多的是从事间接管理活动。参与管理就是要求会计人员积极、主动地向单位领导反映本单位的财务、经营状况及存在的问题,主动提出合理化的建议,积极地参与市场调研和预测,参与决策方案的制订和选择,参与决策的执行、检查和监督,为领导的经营管理和决策活动当好助手和参谋。

2. 参与管理的基本要求

第一,努力钻研业务,熟悉财经法规和相关制度,提高业务技能,为参与管理打下坚实的基础。娴熟的业务、精湛的技能,是会计人员参与管理的前提。会计人员只有努力钻研业务,不断提高业务技能,深刻领会财经法规和相关制度,才能有效地参与管理,为改善经营管理、提高经济效益服务。

第二,熟悉服务对象的经营活动和业务流程,使管理活动更具针对性和有效性。会计人员应当了解本单位的整体情况,特别是要熟悉本单位的生产经营、业务流程和管理情况,掌握单位的生产经营能力、技术设备条件、产品市场及资源状况等情况。只有如此,才能充分利用会计工作的优势,更好地满足经营管理的需要,才能在参与管理的活动中有针对性地拟定可行性方案,从而提高经营决策的合理性和科学性,更有效地服务于单位的总体发展目标。

(八)强化服务

1. 强化服务的概念

强化服务就是要求会计人员具有文明的服务态度、强烈的服务意识和优良的服务质量。服务态度是服务者的行为表现,"文明服务,以礼待人",不仅是对服务行业提出的道德要求,而且是对所有职业活动提出的道德要求。在我们的社会生活中,各岗位上的就业者都处于服务他人和接受他人服务的地位。在服务他人的过程中,人们承担对他人的责任和义务的同时,也接受着他人的服务。

2. 强化服务的基本要求

第一,强化服务意识。会计人员要树立强烈的服务意识,为管理者服务、为所有者服务、为社会公众服务、为人民服务。不论服务对象的地位高低,都要摆正自己的工作位置,管钱管账是自己的工作职责,参与管理是自己的义务。只有树立了强烈的服务意识,才能做好会计工作、履行会计职能,为单位和社会经济的发展做出应有的贡献。

第二,提高服务质量。强化服务的关键是提高服务质量。单位会计人员的服务质量表现在是否真实地记录单位的经济活动,向有关方面提供可靠的会计信息,是否积极、主动地向单位领导反映经营活动情况和存在的问题,提出合理化建议,协助领导决策,参与经营管理活动。注册会计师的服务质量表现在是否以客观、公正的态度正确评价委托单位的财务状况、经营成果,出具恰当的审计报告,为社会公众及信息使用者服好务。

【提示】在会计工作中提供上乘的服务质量,并不是无原则地满足服务主体的需要,而是在坚持原则、坚持准则的基础上尽量满足用户或服务主体的需要。

做中学 7-1

东方电子公司会计张红因工作努力,钻研业务,积极提出合理化建议,多次被公司评为先进会计工作者。张红的男友在一家民营电子企业任总经理,在其男友的多次请求下,张红将在工作中接触到的公司新产品研发计划及相关会计资料复印件提供给其男友,给公司带来一定的损失。公司认为张红不宜继续担任会计工作。

1. 张红的行为(　　)。
A. 属于违法行为　　　　　　　　B. 属于犯罪行为
C. 属于违纪行为　　　　　　　　D. 违反了会计职业道德规范

2. 张红的行为违反了会计职业道德中(　　)的要求。
A. 客观公正　　B. 参与管理　　C. 诚实守信　　D. 廉洁自律

3. (　　)可以对张红违反会计职业道德行为进行处理。
A. 财政部门　　B. 会计职业组织　　C. 张红所在单位　　D. 税务部门

任务二　会计职业道德与会计法律制度的关系

会计职业道德与会计法律制度都属于会计人员行为规范的范畴,两者既有联系,也有区别。

一、会计职业道德与会计法律制度的联系

(一)两者在作用上相互补充、协调

在规范会计行为中,我们不可能完全依赖会计法律制度的强制功能而排斥会计职业道德的教化功能,会计行为不可能都由会计法律制度进行规范,不需要或不宜由会计法律制度进行规范的行为,可通过会计职业道德规范来实现。同样,那些基本的会计行为必须运用会计法律制度强制遵守。

(二)两者在内容上相互渗透、相互重叠

会计法律制度中含有会计职业道德规范的内容,同时,会计职业道德规范中也包含会计法律制度的某些条款。

(三)两者在地位上相互转化、相互吸收

最初的会计职业道德规范就是对会计职业行为约定俗成的基本要求,后来制定的会计法律制度吸收了这些基本要求,便形成了会计法律制度。

总之,会计法律制度和会计职业道德在实施过程中相互作用,会计职业道德是会计法律规范实施的重要的社会和思想基础,会计法律制度是促进会计职业道德规范形成和遵守的制度保障。

二、会计职业道德与会计法律制度的区别

(一)两者的性质不同

会计法律制度反映统治者的意志和愿望,因而在同一社会内,只允许存在一种会计法律制度,并通过国家机器强制执行。

凡违法者,轻者被罚款,重者触犯刑律的则被判刑,失去人身自由乃至失去生命。会计法律具有很强的他律性。而会计职业道德并不都代表统治者的意志,很多来自职业习惯和约定俗成。在同一社会里,会计职业道德不是唯一的。会计职业道德依靠会计从业人员的自觉性,自愿地执行,并依靠社会舆论和良心来实现,基本上是非强制执行的,具有很强的自律性。

(二)两者的作用、范围不同

会计法律制度侧重于调整会计人员的外在行为和结果的合法化,具有较强的客观性。会计职业道德不仅要求调整会计人员的外在行为,而且调整会计人员内在的精神世界,其调节的范围远比法律广泛。会计人员某些错误的行为,只要还不到触犯会计法律的地步,法律可以不予追究、制裁,但从道德方面来说,却要受到社会舆论的批评、谴责。可以这么说,受到会计职业道德谴责的,不一定受到会计法律的制裁;而受到会计法律制裁的,一般都会受到道德的谴责(某些过失犯罪除外)。

(三)两者的表现形式不同

会计法律制度是通过一定的程序由国家立法部门或行政管理部门制定和颁布的,其表现形式是具体的、正式形成文字的成文条款。而会计职业道德源自会计人员的职业生活和职业实践,日积月累、约定俗成。其表现形式既有明确成文的规定,也有不成文的只存在于会计人员内心的意识和信念。即使是那些成文的会计职业道德,与会计法律制度相比,在表现形式上也缺乏具体性和准确性,通常只是指出会计人员应当做或不应当做某种行为的一般原则和要求。

(四)实施保障机制不同

会计法律制度由国家强制力保障实施;会计职业道德既有国家法律的相应要求,又需要会计人员自觉遵守。

(五)两者的评价标准不同

会计法律是以会计人员享有的权利和义务为标准来判定其行为是否违法。会计法律规定会计人员享有一定的权利,如果这种权利遭受侵犯,造成不良后果,那么侵权者就要受到会计法律制裁;会计法律同时规定了会计人员要承担的义务,如果会计人员不尽义务,造成不良后果,同样要受到会计法律的制裁。而会计职业道德则以善恶为标准来判定人们的行为是否违背道德规范。如果一个会计人员的职业行为符合会计职业的道德规范,就是善的,就会受到社会舆论的赞扬、鼓励,自己内心也会受到激励;反之,就是恶的、不道德的,就会受到社会舆论的批评、谴责,其内心将是痛苦的,感到内疚不安。一般来说,道德重在确认人们的义务,而不讲权利,即不以谋取个人某种权利作为履行义务的前提和归宿,这点与兼顾权利与义务的法律规范也是不同的。

任务三　会计职业道德机制与法治协调

一般来说,高素质的人才、良好的职业道德机制、有效的监管机制是任何一个行业成功的三大要素。而要想让进入会计行业的人有良好的道德行为,也必须具备三个条件:一是必须明白什么是诚信,什么是不诚信;二是树立一些诚信的榜样,明确诚信会推动团结、铸造团队,会带来效益、赢得市场;三是有严格的奖惩机制。对会计行业来讲,就是要树立行业榜样,树立那些遵守职业道德的榜样,同时构建会计职业道德管理机制,即会计职业道德管理自律机制和他律机制,这些机制告诉

会计人员何为诚实、何为不诚实，以及相应的奖惩。

一、会计职业道德自律机制

(一) 职业道德自律的概念

自律是个体为追求道德本身的目的而制定的伦理原则，个体达到一种不受外在的约束或情感的左右而依据其"良心"法则行动的自主状态。现代社会职业越发展，职业生活越丰富，人们在职业活动中的主体地位也就越突出。

首先，职业道德自律表现为自我立法。在职业活动中，它表现为个体将外在职业道德规范即职业义务内在生成为自我的职业良心，形成自己的职业道德认识、职业道德情感、职业道德意志以及职业道德习惯等。

其次，职业道德自律意味着自我选择。个体依据自己的"良心"制定伦理原则，本身就内含着个体的选择自由。由于个体及其价值观的复杂多样，因此职业活动中个体的职业道德观念和职业道德行为层次有别，这也正是个体选择自由的一种表现。

最后，职业道德自律还意味着自我控制。自律所内含的个体选择自由绝不是任意而毫无限制的。为维护社会各行各业的正常运行，个体的职业行为选择必须遵循一些共同的准则，这就要求个体达到自我选择的自由是以个体具有理性和支配自身行为的能力为必要前提。

(二) 会计职业道德自律及其表现形式

会计职业道德自律是指会计人员在会计职业生活中，在履行对他人和社会义务的过程中形成的一种会计职业道德意识。会计职业道德自律既是体现在会计人员意识中的一种强烈的会计职业道德责任感，又是会计人员在意识中依据一定的会计职业道德准则进行自我评价的能力。

首先，会计职业道德自律表现为一种职业道德情感，它是会计人员对他人和社会义务感的强烈表现。

其次，会计职业道德自律表现为一种自我评价，它是一定社会的道德原则、规范在会计人员意识中形成的相对稳定的会计信念和意志。

最后，会计职业道德自律，还往往表现为会计职业道德良心。会计职业道德良心是对会计职业责任的自觉意识，是会计人员认识、情感、意识和信念在职业活动过程中的统一。

(三) 自律在会计职业道德建设中的作用

建立会计职业道德自律机制是会计职业道德形成和发展的高级形态，对培养和造就从业者的自律精神具有极其重要的意义。

(1) 会计职业活动首先是人的创造性劳动，始终离不开会计工作者主观能动性的发挥。要有效组织人力资源挖掘个体的潜能，使会计人员积极主动地从事会计工作，没有敬业、乐业、勤业的自律自觉精神显然是不可想象的。

(2) 会计职业生活是会计人员个体社会化的重要场所。会计人员在劳动中创造着社会的物质文明和精神文明，也正是在劳动中实现着包括职业荣誉感和职业成就感在内的精神需要的满足。在这里，个体找到了自我与社会的接洽点，没有一种发自内心的自主自觉，个体是难以在创造社会价值中实现自我价值的。

(3) 会计职业道德自律作为会计人员道德践行的发动机制，对在解决当前社会转型期，由于价值观嬗变和理想信念失落等引起的职业道德领域的道德混乱，乃至道德"真空"等问题时具有风向标的作用。通过增强自律，提高会计人员的自我辨识能力，促使会计人员的职业道德素质和社会道德风貌趋于健全完善。

(四)会计职业道德自律机制的组成

所谓会计职业道德自律机制,就是指会计职业道德自律的一种结构和活动原理。它是会计职业道德规范的具体要求、标准和内容转化为职业会计组织和会计人员的内在目标、标准和需要,也是会计人员自觉承担起职业行为选择的结果。在这种机制下,会计职业道德规范的执行并不受制于外力,而是通过会计人员自我调节、自我约束、自我判断和自我"立法"来体现会计职业道德规范的内容及要求。

会计职业道德自律机制的内容是指保证会计职业道德自律机制正常运行,发挥其职能作用的基本构成要件和因素。其主要包括会计职业道德自律管理组织机制、自律管理规范机制、自律目标机制、自律环境机制等内容。

(五)会计职业道德自律建设内容

1. 树立会计职业道德信念

会计职业道德信念是指会计从业人员应具备的对做好会计工作的理想追求,既包括社会理想,也包括道德理想,如把自己塑造为能被社会承认的良好人格形象的愿望,表现为对做人的尊严、价值和品格的追求等对自己社会人格的良好期望。

2. 履行会计职业道德义务

会计职业道德义务指会计从业人员在一定信念和道德观的支配下,自觉履行对社会、对他人的责任。它包括两个方面:其一,社会或他人对会计人员规定的责任;其二,会计人员对社会或他人所负的责任。对社会负责是会计职业品德的核心内容。

3. 培养会计职业道德良心

会计职业道德良心是指会计人员在履行职业义务过程中形成的道德责任感,以及对自己的职业道德行为稳定的自我评价能力与自我调节能力。会计职业道德良心的表现是多方面的,它表现为会计人员对会计本职工作的责任感、对职业对象的同情感、对自己行为的是非感、对正确职业行为的荣誉感、对错误职业行为的羞愧感。

4. 注重会计职业道德荣誉

会计职业道德荣誉是指会计机构或会计人员履行了社会责任义务后,得到的道德上的褒奖和赞许。它既反映了社会对会计人员行为的道德价值的一种肯定,也反映了周围人的尊敬程度。会计职业道德荣誉成为推动会计人员履行职业义务的高尚情感和巨大的精神力量,它可以激发会计人员关心自己的名声、集体的威望和整个行业的信誉,鼓舞会计人员奋发努力,在本职岗位上做出贡献。

5. 捍卫会计职业道德尊严

尊严是认识到自己存在的社会价值而产生的一种自尊心或尊严感。会计职业道德尊严是指社会或他人对会计职业道德的尊敬,以及会计人员对自己职业的珍爱。这种职业道德尊严感,来自对会计这一职业的崇高信念和社会作用的明确认识。会计职业道德尊严只能在严格履行会计职业道德义务和责任的过程中形成。要使会计职业在社会中获得应有的地位,并得到社会的承认和尊重,需要会计人员共同努力,追求会计职业的自我完善,得到社会对会计的良好口碑,形成有影响力的会计职业精神。捍卫会计职业尊严感能使会计人员在会计工作中坚守责任、胸怀正义,还能最大限度地激发会计人员的自豪感,从而使其在会计工作中处于最佳的精神状态。

6. 坚守会计职业道德节操

会计职业道德节操是指会计人员在职业行为上应体现大公无私和高度自觉的原则性。会计人员的日常工作直接与钱、物打交道,工作中所接触的人和事也与其经济利益有着密切的关系。因此,坚守会计职业道德节操对会计从业人员来说尤为重要。会计职业道德节操包含以下方面:①在局部与整体利益关系上坚持原则;②在个人与集体利益关系上公私分明;③拒绝拉拢腐蚀。

【提示】会计人员的道德节操是做好会计工作、保持会计人员一生清白的最基本的职业道德。

二、会计职业道德他律机制

(一)会计职业道德他律的内涵

他律是相对于自律而言的,是指服从自身以外的权威与规则的约束而行事的道德原则。德国哲学家康德认为,他律这种约束人们行事的原则,可以来自社会,"快乐的引诱,或对幸福的渴求",也可以来自"宗教权威、宗教礼仪、宗教狂热与迷信"。

会计职业道德他律可以从以下两个方面来理解其内涵:第一,会计职业道德他律是外在于会计人员主体的规范系统,尚未形成会计人员主体自觉,对会计人员主体来说是一种不得已而为之的律令,因而具有外在制约性。它是维护会计职业活动正常进行所必需的社会规则,以及会计职业准则对不同会计执业人员的统一要求。第二,会计职业道德他律是一种外在于会计人员主体的评价系统,它以社会舆论为导向,通过公众舆论的褒贬抑扬实现行为的社会调控。对会计人员主体自身来说,他律作为一种外在于会计人员主体的评价系统往往实现着某种道德之外的目的,因而会计职业道德他律作为对个人主观任意的一种制约,是为维系社会秩序而对个体自律程度不足的一种补充。

(二)他律在会计职业道德建设中的作用

在会计职业道德建设中,他律发挥着极其重要的作用。

首先,会计职业道德建设的过程也可以说是职业道德规范由他律到自律的个体职业道德生成的过程,也即通过会计职业道德义务的他律灌输才逐渐提升到形成会计职业道德良心的自律自觉,这是道德形成和发展的一般规律在会计职业道德建设中的体现。在这里,他律灌输及制约是不可逾越的,道德的实践性特点决定了他律灌输的必要性。

其次,职业活动至今尚是人们用以谋生的手段,会计职业也不例外。会计职业活动中的道德建设就必须从现实活动中的会计人员个体出发,会计人员个体的特点及其矛盾性决定了会计职业道德建设必须运用他律机制。在我国目前体制转型引发道德"真空"的情况下,良心的自我约束力大为减弱,他律的运用显得尤为紧迫和必要。

最后,职业活动作为一项社会性生产,其社会分工的复杂化和利益主体的多元化决定了职业活动需要多种社会规范进行调控。规范最终是通过自律来达到社会控制的目标的,但社会存在决定社会意识,正视我国目前的社会现状也就会发现,会计职业道德建设至今仍是以他律型为主。

(三)会计职业道德他律机制的形式

会计职业道德建设要遵循道德形成和发展的一般规律,重在培养造就会计从业人员的自律自觉精神。我们之所以要强调他律向自律的转化,是因为自律是他律的基础,他律最终通过自律起作用,离开自律的他律难以从根本上改变人,无法唤起会计从业人员自我修养与自我改造的热情,治标不治本。会计职业道德他律机制主要包括以下内容:

1. 行业自律组织机制

建立行业自律组织机制,广泛开展会计职业道德评议讨论制度。为了切实有效地促使会计人员遵守职业道德,保护会计人员不受打击报复,顺应时代发展,应借鉴国际惯例,建立一个权威的会计行业自律组织,实行会计人员自律组织管理。我国的会计职业道德在管理体制上应实行行业自律与政府管制的统一、协调,政府管制应在坚持行业自律原则的前提下明确管理的范围和形式,同时加强执法力度。

2. 社会舆论监督机制

长期以来,社会舆论监督在职业活动中发挥着他律制约作用,但这种抽象的监督机制顺应低效率、慢节奏、结构单一的社会体制的需要,运作社会成本较高,并要以全民的文化素质和社会参与能力的相当水准为前提,多半属事后监督。况且这种舆论监督即使为被监督者所接受,但如果从业者对此种舆论充耳不闻抑或闻而不动,或者即便最终有所行动也莫过于慈悲为怀,那么这种监督必定是软弱无力的。

3. 法律制度机制

我国十分重视会计立法,已经拥有独立于其他法律之外的《会计法》,颁布后经过实践又进行了修订,这在国际上并不多见,与之配套的会计法规文件则更多。这些法律、法规明确规定了与会计相关的单位、部门、个人在会计行为中的权利、责任;强调加强各单位内部监督及单位负责人、会计机构、会计人员会计监督的法定职责;对违反《会计法》的法律责任,特别是对单位负责人法律责任的规定是前所未有的。

4. 财经审计监督机制

当企业的财务行为与会计法规制度发生抵触时,往往片面强调搞活经营,而放松了对违纪违规行为的监督。目前,会计监督、财政监督、审计监督、税务监督等形式上的监督很多,但监督标准不统一,各部门在管理上各自为政,功能上相互交叉,造成各种监督不能有机结合,不能从整体上有效地发挥监督作用。

5. 内部会计控制机制

内部会计控制机制是指企业各级管理部门在内部相互制约、相互联系的基础上采取的一系列具有控制功能的方法、措施和程序,并进行规范化、标准化和制度化而形成的一整套严密的控制体系,如组织机构控制机制、职务分离控制机制、授权批准控制机制、预算控制机制、财产安全控制机制、会计业务程序控制机制等。

6. 会计监督机制

会计人员如果道德水准不高,可能会受诱惑而失职。一支低素质的会计职业队伍是很难适应市场经济发展要求的。因此,应对现有会计队伍做清理,对会计人员水平做确认,使不符合条件的会计人员下岗,缺少的岗位数向社会公开招聘。可以预见,会计队伍整体素质的提高必将有助于会计职业道德水平的提高,也有助于会计监管等各项工作的开展。

7. 会计职业道德教育机制

这包括:一是加强在职继续教育,可以先在会计职称考试、注册会计师考试中增加有关会计职业道德的内容,同时对会计人员分层次进行培训;二是加强在校教育,本科、大专、中专学校应在经济类专业中增加会计职业道德教育内容,可单独成科,也可在现有的相关会计课程中追加这方面的内容,方法和手段上可借鉴发达国家的经验,采用诸如案例教学、团体活动和模拟角色以及电话视听等形式进行教学。

三、会计德治与会计法治协调机制

(一)会计职业道德与会计法律制度的关系

会计法是我国法律体系的重要组成部分,是为了调整和处理会计工作与各方面关系而制定颁布的法律、法令、条例的总称。会计法作为法律体系的组成部分,具有法律共有的特征。它与宪法、刑法和其他法律一样,是统治阶级意志的法律表现,是一种特殊的社会规范,由国家制定或认可,并由国家强制力保证实施。不同点在于,会计法是统治阶级意志在会计领域中的法律体现,是根据统治阶级的利益和需要来调整、处理会计工作与其他各方面关系的特殊行为规范,是国家领导和管理会计工作的重要手段。

1. 会计职业道德与会计法律制度的联系

会计职业道德与会计法一样,都是由社会经济关系所决定的社会意识形态和上层建筑,都为经济基础服务,有着明显的阶级性,两者都是调整会计工作中个人与个人之间、个人与集体之间、集体与集体之间相互关系的行为规范。这种高度的一致性由它们产生的共同基础决定:不同形式的社会主义生产资料所有制是其共同的经济基础,党和国家的路线、方针、政策是其共同的政治基础,马克思列宁主义、毛泽东思想、邓小平理论、"三个代表"重要思想、科学发展观、习近平新时代中国特色社会主义思想是其共同的思想基础,也是它们共同的指导原则。

共同的基础决定了它们目的和内容的一致性。从目的看,会计职业道德和会计法都是为我国社会主义现代化建设服务的。从内容看,社会主义会计法所禁止的行为,一般来说,也是社会主义会计职业道德所谴责的行为;同样,社会主义会计法所鼓励的行为,也是社会主义会计职业道德所倡导的行为。会计法体现了工人阶级和广大人民群众的利益,规定了会计人员的权利和义务,具有广泛、深刻的社会主义会计职业道德内容,因此其法律责任也是会计人员的道德责任。

《会计法》明确规定:"为了规范会计行为,保证会计资料真实、完整,加强经济管理和财务管理,提高经济效益,维护社会主义市场经济秩序,制定本法。"会计法反映了社会主义会计职业道德原则的要求。会计职业道德认为自私自利、损公肥私的行为不道德,要求会计人员廉洁奉公、不谋私利。会计法要求"会计机构、会计人员依照本法规定,进行会计核算,实行会计监督",这也符合会计职业道德对会计人员行为规范的要求。社会主义会计法是教育会计人员,传播社会主义会计职业道德的一种手段;社会主义会计职业道德要求会计人员遵守社会主义会计法,认真完成会计法律责任,自觉履行会计法律义务,教育会计人员自觉、积极地同一切违法乱纪行为作斗争。

2.会计职业道德与会计法律制度的区别

第一,两者调整的层次、范围不同。会计职业道德是共产主义道德体系的组成部分,它从共产主义道德的高度规定会计人员的行为规范,每位会计人员都应具有会计职业道德。社会主义会计法根据宪法的要求,体现国家在会计活动中的意志,是国家会计政策的法律化,具有普遍的法律效力,是现阶段约束和调整全体会计人员的行为规范,它仅仅反映会计职业道德规范中最起码的要求。

第二,会计职业道德作用的领域、规定的范围较会计法广泛。会计职业道德规定了会计人员的最高行为标准和一些基本原则以及行为规范。会计法所规定的行为规范包括在会计职业道德要求之内。会计职业道德的行为规范不仅标准比会计法高得多,而且内容和范围也广泛得多,它贯穿于社会经济活动的各个领域、各个方面。违反会计法的行为必定违反会计职业道德;而违反会计职业道德的行为不一定违反会计法。

第三,两者调整的手段、方法不同。会计法是由文字明确规定的法律、法令、条例,具有强制性,规定的权利和义务具有肯定的形式,一般表现为禁止性规范和命令性规范,对违反会计法的行为视情节轻重实行经济制裁、行政制裁直至追究刑事责任;而会计职业道德则是存在于会计人员内心的一种不成文的法,是对他们内心世界的约束力,靠社会舆论和说服教育、榜样的激励和感染力量来实现。当社会舆论对行为的赞扬或谴责引起人们内心的同感,并通过内心的约束力起作用时,会计职业道德就具有强制力,但这与法的外在强制力有性质上的不同。

(二)会计职业道德与会计法律制度的协调作用机理

1.会计职业道德是会计法律制度的必要补充

由于会计法只反映了会计职业道德规范最基本的要求,因此是对会计人员提出的最低的行为标准。即使会计法有相当周密严谨的条文,也不可能包括会计人员的一切行为规范,再者,目前我国的会计法尚不够健全、完善,执行起来就更不容易。法律体现的义务需要以道德义务作为基础,这样,会计法才能充分发挥作用,会计法的尊严才能得到保障。在现实的经济生活中,人们的政治信念和道德理想与守法、犯罪有密切联系。会计人员如果有共产主义政治信仰和社会主义会计职业道德规范理想，一般就不会违反会计法。那些与会计工作有关的经济犯罪行为，一般与违法者缺乏共产主义信念和会计职业道德有关。因此，要从根本上树立共产主义道德理想，形成浓厚的会计职业道德气氛和强有力的会计职业道德舆论。在某种意义上讲，这种气氛、舆论所形成的道德舆论压力往往比某种具体惩罚还要强大、沉重。因此，会计职业道德能大大提高会计法的教育作用和威力，成为社会主义会计法的必要补充。

2. 会计职业道德是执行会计法律制度的重要保障

一般来说，会计法律制度是由国家会计事务管理机关制定的，是以会计人员的工作实践和会计活动本身的客观规律为依据制定的。会计法律制度一旦形成，客观上就规范着会计人员的行为，同时也规范着社会其他人员有关会计工作的行为。不过，会计法律制度以条文形式出现，相对来说是"硬性"的规定。为了使会计工作中的各项规章制度得以彻底的贯彻执行，还必须借助会计职业道德的力量，通过会计职业道德使会计法律制度落到实处。可以说，会计职业道德是执行会计法律制度的重要保障，这是由会计工作本身的特点决定的。

在会计工作中，会计人员对会计法律制度往往具有双重意义。一方面，会计人员是会计法律制度的客体，因为会计人员本身要遵守会计法律制度所规定的各项条款；另一方面，会计人员又是执行会计法律制度的主体，因为会计人员有职责根据会计法律制度的规定监督社会其他成员对会计法律制度的执行。不管是作为客体，还是作为主体，会计人员都要身体力行地遵守和执行会计法律制度，维护会计法律制度的权威性、严肃性。因此，会计职业道德就成为广大会计人员遵守会计法律制度的内在动力。没有这种内在动力，就难以完全自觉地、真正全面地执行会计法律制度。会计职业道德除了具有上述保证会计法律制度执行的作用外，还有坚持和巩固会计法律制度的作用。它促使会计人员严格把好会计法律制度关口，随时同一切破坏、违反会计法律制度的现象作斗争。

当然，会计法律制度不仅需要执行、巩固，而且本身还需要有一个不断适应客观的会计实践要求的过程。特别是随着经济体制改革的深入开展，有些制度就需要修订、完善，除掉一些过时的规定，增加一些新的内容。会计人员应该加强学习，掌握新情况，发现新问题，提出新对策，主动热情地支持和参与改革，积极宣传和解释新规定，自觉遵守和履行新制度。这是会计人员应尽的会计职业道德义务。实际上，不可能有永恒不变的会计法律制度。会计法律制度的某些改变，是社会政治、经济体制改革的反映，更是会计改革的要求，它可以进一步提高会计工作水平，解放和发展生产力，并且，改革会计法律制度中不适应形势发展要求的规定和条款，本身就具有会计职业道德意义。

3. 会计法律制度是会计职业道德的有力保证

一方面，会计职业道德中的基本行为规范需要会计法律制度予以保障。在现阶段，由于生产力发展程度较低，各种思想观念同时存在，影响冲击人们的思想，因此，会计职业道德不可能成为每一个会计人员自觉的行为规范。这就需要把会计职业道德中最起码的要求用会计法的形式固定下来，使之成为强制、普遍的行为规范。《会计法》第4条规定，"单位负责人对本单位的会计工作和会计资料的真实性、完整性负责"，并且《会计法》第5条对会计人员职责作了明确的规定，这就是"进行会计核算，实行会计监督"。《会计法》还明确规定了违反会计法的法律责任，并指出凡违反会计法的都要受到处罚，视情节轻重给予处分，或依法追究刑事责任。

另一方面，社会主义会计法和其他法律一起严肃有力地打击经济犯罪活动，可以显示法律的威力，同时有助于对广大会计人员进行会计职业道德教育，有利于会计职业道德舆论的开展和效果的提高。会计法体现奖励与惩罚相结合的原则。会计人员在履行会计法律义务取得成绩时，可得到不同形式的奖励，这对培养高尚的会计职业道德，使会计职业道德规范具体化、普遍化，使会计人员自觉地形成和遵守会计职业道德习惯有重要作用。

任务四　会计职业道德教育

会计职业道德教育，是指根据会计工作的特点，有目的、有组织、有计划地对会计人员施加系统的会计职业道德影响，促进会计人员形成职业道德品质，履行会计职业道德义务的活动。

一、会计职业道德教育的形式

（一）接受教育

接受教育即外在教育，是指通过学校或培训单位对会计从业人员进行以职业责任、职业义务为核心内容的正面灌输，以规范其职业行为，维护国家和社会公众利益的教育。接受教育具有导向作用，行业部门或行业协会通常是职业道德教育的组织者，由其对从业人员开展正面的职业道德教育和灌输；接受教育是一种被动学习、被动接受教育。

（二）自我教育

自我修养属于内在教育，是指会计人员在会计职业活动中，按照会计职业道德的基本要求，在自身道德品质方面进行的自我教育、自我改造、自我锻炼、自我提高，从而达到一定的职业道德境界的行为活动。

1. 自我教育的内容

第一，职业义务教育。会计职业客观上要求会计人员承担起本职工作对社会和国家的道德使命与职责。会计人员自我教育的目的，就在于提高会计人员对本职工作社会责任的认识，使会计人员具有强烈的职业道德义务感，能做到在没有社会舆论压力、没有他人监督的情况下，都能很好地履行自己应尽的职业道德义务。

第二，职业荣誉教育。就是通过会计实践活动，使会计人员充分认识到本职工作在社会经济活动中的重要社会地位和真正的职业价值，从而逐步形成对自己所从事职业的光荣感、自豪感、幸福感。

第三，职业节操教育。节操，也称作志气、气节。会计职业节操，就是要不畏压力、不为利诱，在任何时候、任何情况下都要诚信为本，坚持准则，廉洁自律，严格把关，尽职尽责，一尘不染。

2. 自我教育的方法

第一，自我解剖法。就是会计人员对自己所做的会计工作要进行自我批评、自我解剖，用会计职业道德这面镜子对照检查，认真找出自己的缺点、差距，并通过主观努力来加以改正，使自己的行为纳入职业道德规范和要求的轨道，用自我批评的方法来加强自身的职业道德修养，同时要虚心听取别人的意见。对待别人的批评，要态度诚恳、虚心接受。

第二，自重自省法。就是会计人员通过注意自己的言行，反省自己的缺点，不断摒除杂念，严于自我剖析，敢于做到是非观、价值观、知行观的自我斗争，逐步树立起正确的道德观念，培养高尚的道德品质，提高自己的精神境界。

第三，自警自励法。自警就是要随时警醒、告诫自己，防止各种不良思想对自己的侵袭。自励就是要以崇高的会计职业道德理想、信念激励自己、教育自己。经常用会计职业道德规范这把标尺，认真度量自己在职业实践中的一切言行，树立起正确的会计职业道德观。

第四，自律慎独法。慎独就是在单独处事、无人监督时，仍能坚持道德准则，不做任何对国家、对社会、对他人不道德的事情。慎独，既是一种道德修养方法，又是一种很高的道德境界。通过自我约束、自我监督，可以更好地培养、锻炼坚强的职业道德信念和意志。慎独的最基本特征是以高度自觉性为前提，要求会计人员在独立工作、无人监督的环境下，也能够严格按照会计职业道德规范行事。

二、会计职业道德教育的内容

（一）会计职业道德观念教育

会计职业道德观念教育是指学校、社会、媒体、会计人员所在单位等通过各种途径和手段，大力宣传并普及会计职业道德的基本知识，增强会计人员和准会计人员的会计职业责任感与会计职业荣誉感，稳固并提升会计职业节操水平，在全社会普遍形成"遵守会计职业道德者光荣，违背会计职业道德者可耻"的道德风尚。

1. 会计职业责任感

会计职业责任感是指会计人员和准会计人员对会计工作所负责任的认知、意志和信念，以及与之相应的遵守会计职业道德规范、承担责任及履行义务的自觉态度。加强会计职业责任感教育，有利于促使会计人员和准会计人员积极努力提高专业知识与技能水平以胜任会计工作，重视会计核算水平和会计信息质量，增强其社会责任感和职业义务感，做到在没有他人监督、没有社会舆论压力、没有额外激励措施的情况下，仍然能够很好地履行会计职业道德义务。

2. 会计职业荣誉感

会计职业荣誉感是指特定组织积极对会计人员遵守职业道德行为予以肯定和褒奖，会计人员能够从特定组织获得的与会计职业业绩相关的积极评价，以及会计人员因意识到这种肯定、褒奖和积极评价所产生的道德情感。加强会计职业荣誉感教育，能够使会计人员充分认识本职会计工作在社会经济生活中的重要地位和价值，从而逐步形成会计职业的光荣感、名誉感、自豪感和幸福感。

3. 会计职业节操

会计职业节操是指会计人员在从事会计工作过程中必须遵从的最低职业道德底线和行业行为规范。会计职业节操水平涉及对整个会计行业的职业道德的要求尺度，稳固并提升会计职业节操水平不仅是整个会计行业的任务，而且是每一位会计人员的责任。会计人员应当不惧压力，不受利诱，在任何时候、任何情况下都要诚信为本、操守为重，守法奉公，不贪不占，防微杜渐，尽职尽责，坚持准则，不做假账。

（二）会计职业道德规范教育

会计职业道德规范教育是指对会计人员和准会计人员开展以会计职业道德规范为内容的教育。前面已学习过，会计职业道德规范的主要内容包括"坚持诚信，守法奉公""坚持准则，守责敬业""坚持学习，守正创新"。会计职业道德规范教育是会计职业道德教育的核心内容，其范围广泛、形式多样，贯穿于会计职业道德教育的始终。

（三）会计职业道德警示教育

会计职业道德警示教育是指对会计人员和准会计人员开展关于违反会计职业道德行为和会计违法行为典型案例的宣传、讨论和学习，给会计人员和准会计人员以启迪、震慑和警示的教育。会计职业道德警示教育是会计职业道德教育的重要补充，有利于向会计人员和准会计人员普及会计职业道德和会计法律基本知识，提高会计人员和准会计人员的会计职业道德水平和会计法律意识，提高会计人员和准会计人员分辨是非、弃恶择善的能力。

（四）与会计职业道德相关的其他教育

与会计职业道德相关的其他教育主要有思政教育、品德教育、法制教育等。

（1）思政教育的重点是贯彻习近平总书记"法律是准绳，任何时候都必须遵循；道德是基石，任何时候都不可忽视。必须坚持依法治国和以德治国相结合，使法治和德治在国家治理中相互补充、相互促进、相得益彰"等重要讲话，进一步全面、系统地加强与会计人员和准会计人员的思政教育相关的职业道德教育和培训,提高广大会计人员和准会计人员思想政治水平与职业道德水平。

(2)品德教育的重点是引导会计人员和准会计人员自觉运用包括会计职业道德规范在内的各种道德规范来指导和约束自己的行为,形成诚信、负责、自律、稳定的道德品格。

(3)法制教育的重点是引导会计人员和准会计人员了解与熟悉与会计职业相关的法律法规,尤其是学习与会计职业道德相关的法律法规,增强会计职业道德观念和会计法律意识,成为一个知法、懂法、守法的公民。

做中学 7-2

王某,23岁,大学毕业后被分配到某市国有银行国债服务一部,担任柜台出纳兼任金库保管员。2023年5月11日,王某偷偷从金库中取出2021年国库券30万元,4个月后,王某见无人知晓,胆子开始大了起来,又取出50万元,通过证券公司融资回购方法,拆借人民币89.91万元,用来炒股,没想到赔了钱。王某在无力返还单位债券的情况下索性于2023年12月14日和15日,将金库里剩余的14.03万元国库券和股市上所有的73.7万元人民币取出后潜逃,用化名在该市一处民房租住隐匿。至案发前,王某共贪污2021年国库券94.03万元,折合人民币118.51万元。案发后,当地人民检察院立案侦查,王某迫于各种压力,于2024年1月8日投案自首,检察院依法提起公诉。

请问:

(1)上述案例中犯罪嫌疑人王某年轻、有学历,在比较重要的岗位工作,但胆大妄为,从学校刚刚走上工作岗位就犯罪。这说明了什么?

(2)结合上述案例,简述会计职业道德教育的意义。

(3)简述会计职业道德教育的具体内容。

三、会计职业道德修养

(一)会计职业道德修养的概念

会计职业道德修养是指会计人员在会计职业活动中,按照会计职业道德的基本要求,在自身道德品质方面进行的自我教育、自我改造、自我锻炼、自我提高,从而达到一定的职业道德境界。

会计职业道德修养要求会计人员学习职业道德的知识,培养自己的职业情感,在履行义务时,克服困难和障碍,磨炼职业道德意志,树立坚定的职业道德信念。职业道德修养的最终目的,在于把职业道德原则和规范逐步地转化为自己的职业道德品质,从而将职业实践中对职业道德的意识情感和信念上升为职业道德习惯,使其贯穿于职业活动的始终。此时,会计人员对职业道德规范的遵守,已成为自己的职业本能。

(二)会计职业道德修养的途径

在会计职业活动中,会计人员会遇到各种利益关系和人际关系的协调处理,有成功的经验,也有失败的教训,这就需要加强意志的修养;在会计职业活动中,会计人员还会遇到现实的义利关系、理欲关系,要抵制社会各种不良风气和错误思潮的侵袭,就需要加强品质的修养;在会计职业活动中,会计人员为了更好地与职业对象打交道,还要注意自身形象。总之,会计职业道德修养一刻也离不开社会实践,只有在社会实践中不断磨炼,才能不断提高会计职业道德修养。

(三)会计职业道德修养的境界和方法

1. 慎独

会计职业道德修养的最高境界在于做到"慎独",即在一个人单独处事、无人监督的情况下,也应该自觉地按照道德准则去办事。慎独的前提是坚定的职业信念和职业良心。会计职业道德修养讲"慎独",就是要求每个会计人员严格要求自己,在履行职责时自律谨慎,不管财经法规、制度是否有漏洞,也不管是否有人监督、领导管理是否严格,都按照职业道德的要求去办。

2. 慎欲

慎欲是指用正当的手段获得物质利益。会计人员做到慎欲,一是要把国家、社会公众和集体利益放在首位,在追求自身利益的时候不损害国家和他人的利益。二是做到节欲,对利益的追求要适度、适当,要合理、合法,反对用不正当的手段达到利己的目的。

3. 慎微

慎微是指在微处、小处自律,从微处、小处着眼,积小善成大德。慎微,首先要求从微处自律,俗话说"千里之堤,溃于蚁穴";其次要求从小事着手,从一点一滴的小事做起,日积月累,就能获得良好的信誉。

4. 慎省

慎省是指认真自省,通过自我反思、自我解剖、自我总结而发扬长处、克服短处,不断地自我升华、自我超越。

任务五 会计职业道德建设组织与实施

要抓好会计职业道德建设,关键在于加强和改善会计职业道德建设的组织和领导,并使之切实得到贯彻和实施。这需要政府部门、行业组织、有关单位积极参与,通过运用经济、法律、行政、自律等综合治理手段保证会计职业道德规范的有效实施。

一、财政部门的组织推动

各级财政部门应当负起组织和推动本地区会计职业道德建设的责任,把会计职业道德建设与会计法制建设紧密结合起来。

(一)采用多种形式开展会计职业道德宣传教育

会计职业道德建设是会计管理工作的重要组成部分,应当列入财政部门管理会计工作的重要议事日程。各级财政部门应充分认识到新形势下加强会计职业道德建设的艰巨性、长期性和紧迫性,把会计职业道德建设作为新时期会计管理工作的一项十分重要的内容,肩负起组织和推动本地区会计职业道德建设的责任,常抓不懈,做到有计划、有步骤有目标地开展各阶段的工作。

(二)会计职业道德建设与会计专业技术资格考评、聘用相结合

初级、中级、高级等会计专业技术资格考试的报名条件包括基本条件和具体条件,基本条件中的第一条为:坚持原则,具备良好的职业道德品质。会计专业技术资格考试管理机构在组织报名时,应对参加报名的会计人员的职业道德情况进行检查。对有不遵守会计职业道德记录的,应取消其报名资格。高级会计师资格采取考试和评审相结合的方式,职业道德不仅是考试的重要内容,而且是评审标准的重要内容。各单位在聘用会计人员时,除考察其专业胜任能力外,更应将遵守职业道德情况作为一项重要的考核内容,将会计职业道德建设与会计专业技术资格的考、评、聘联系起来。

(三)会计职业道德建设与《会计法》执法检查相结合

财政部门作为《会计法》的执法主体,可以依法对各单位执行会计法律制度情况及会计信息质量进行检查。财政部门通过检查,一方面督促各单位严格执行会计法律制度,另一方面掌握各单位会计人员遵守会计职业道德的情况。对于检查中发现的违反《会计法》的行为,会计人员不仅要承担《会计法》规定的法律责任,受到行政处罚或刑事处罚,而且必须接受相应的道德制裁。道德制裁

可以是在会计行业范围内通报批评、指令其参加一定学时的继续教育课程、在行业内部的公开刊物上予以曝光等。

(四)会计职业道德建设与会计人员表彰奖励制度相结合

《会计法》规定,对认真执行本法、忠于职守、坚持原则、做出显著成绩的会计人员,给予精神的或者物质的奖励。因此,对于那些自觉遵守会计职业道德规范的优秀会计人员应当给予精神的或者物质的奖励。此外,《会计法》对忠于职守、坚持原则的会计人员,也给予保护。会计职业道德规范的贯彻与实施,既要对违背会计职业道德的行为进行惩戒,同时又要对自觉遵守会计职业道德规范的先进单位和先进个人进行表彰。

二、会计行业的自律

会计职业组织应该建立行业自律机制和会计职业道德惩戒制度。会计职业组织是会计与政府之间的桥梁,应充分发挥协会等会计职业组织的作用,改革和完善会计职业组织自律机制,有效发挥自律机制在会计职业道德建设中的促进作用。近年来,我国通过会计行业自律组织强化自律管理和行业惩戒的工作取得了一定进展。除注册会计师协会外,应在会计学会、总会计师协会等职业组织中设立职业道德委员会,专司职业道德规范的制定、解释、修订和实施之职,建立健全行业自律制度。

三、企事业单位的内部监督

形成内部约束机制,防范舞弊和经营风险,支持并督促会计人员遵守会计职业道德依法开展会计工作。

单位负责人要切实抓好会计职业道德建设。《会计法》规定,单位负责人对本单位的会计工作和会计资料的真实性、完整性负责。因此,单位负责人必须重视和加强本单位会计人员的职业道德建设,在任用会计人员时,应当审查其职业记录和诚信档案,选择业务素质高、职业道德好、无不良记录的会计人员从事会计工作;在日常工作中,应注意开展对会计人员的道德和纪律教育,并加强检查,督促会计人员诚实守信、坚持原则;在制度建设上,要重视内部控制制度建设,完善内部约束机制,有效防范舞弊和经营风险。同时,单位负责人要做遵纪守法的表率,支持会计人员依法开展工作。

各有关部门和机构要重视会计职业道德建设。要根据会计职业道德规范的要求,结合本系统、本行业(单位)特点,有针对性地制定具体的职业道德规范,开展多种形式的宣传教育,抓好督促落实,要使外在的会计职业道德要求转化为会计人员内在的职业道德品质,促使会计人员自觉履行应尽的职业义务,保证会计信息的真实性和完整性。

四、社会各界的监督与配合

加强会计职业道德建设,既是提高广大会计人员素质的一项基础性工作,又是一项复杂的社会系统工程;不仅是某一个单位、某一个部门的任务,而且是各地区、各部门、各单位的共同责任。

应广泛开展会计职业道德的宣传教育,加强舆论监督,在全社会会计人员中倡导诚信为荣、失信为耻的职业道德意识,引导会计人员提高职业修养。

各新闻媒体要加强社会舆论监督,形成良好的社会氛围。良好的会计职业道德风尚离不开社会舆论的支持和监督,强化舆论监督有利于在全社会形成守信的氛围。要以新闻媒体为阵地,广泛开展会计职业道德的宣传教育,使社会各界了解会计职业道德规范的内容,促进良好的会计职业道德风尚深入人心,形成良好的会计职业道德环境和氛围。

同步案例 7－2

山东省济南市财政局与济南市电视台合作录制了一档名为"罪与罚"的电视系列节目,要求自 2024 年 7 月 1 日起在全市财政干部中进行宣传教育,并通过各级财政部门与会计行业组织、各企事业单位协调配合,以各种形式组织全市会计人员观看。片中对有关会计人员的职务犯罪与处罚进行了生动形象的解读与分析,触目惊心的犯罪事实给广大会计人员以深刻的警示。该节目同时在多个电视台多次播出,营造了良好的会计职业道德建设的社会氛围。

请问:
(1)财政局的做法正确吗?
(2)财政部门应该怎样组织推动会计职业道德的建设?

任务六　会计职业道德的检查与奖惩

一、会计职业道德检查与奖惩的意义

(一)促使会计人员遵守职业道德规范的作用

奖惩机制利用人类趋利避害的特点,以利益的给予或剥夺为砝码,对会计人员起着引导或威慑的作用,使会计行为主体不论出于什么样的动机,都必须遵循会计职业道德规范,否则就会遭受利益上的损失。奖惩机制把会计职业道德要求与个人利益结合起来,体现了义利统一的原则。

(二)对各种会计行为进行裁决,对会计人员具有深刻的教育作用

作为会计人员哪些会计行为是对的、哪些会计行为是不对的,均可通过会计职业道德的检查与奖惩做出裁决。在这里,会计职业道德的检查与奖惩起着道德法庭的作用。它是运用各种会计法规、条例及道德要求等一系列标准,鞭笞违反道德的行为,同时褒奖那些符合职业道德要求的行为,并使其发扬光大,蔚为风气,互相砥砺。因此,通过对会计职业道德的检查与奖惩,使广大会计人员直接地感受到道德的价值分量,其教育的作用是不可低估的。

(三)有利于形成抑恶扬善的社会环境

会计职业道德是整个社会道德的一个组成部分,因此,会计职业道德的好坏,对社会道德环境的优劣会产生一定的影响;反之,社会道德环境的好坏,也影响着会计的职业行为。奖惩机制是抑恶扬善的杠杆。对会计行为而言,判断善恶的标准就是会计职业道德规范。那些遵守职业道德规范的行为,就可称之为善行;反之,那些违背职业道德规范的行为,就可称之为恶行。通过倡导、赞扬、鼓励自觉遵守会计职业道德规范的行为,贬抑、鞭挞、谴责查处会计造假等不良行为,有助于人们分清是非,形成良好的社会风气,从而进一步促进会计职业道德的发展。

就道德规范自身特点而言,它主要是依靠传统习俗、社会舆论和内心信念来维系的。这种非刚性的特征也就决定了它的落实、实施还必须借助政府部门的行政监管、职业团体自律性监管和企事业单位内部纪律等外在的硬性他律机制。只有这样,才能有效地发挥道德规范潜在的裁判和激励效力。

【学中做 7－2】　开展会计职业道德检查与奖惩有着很重要的现实意义,包括(　　)。(多项选择题)

A. 能促使会计人员遵守职业道德规范
B. 对会计人员具有深刻的教育作用

C. 有利于形成抑恶扬善的社会环境
D. 有利于提高企业经济效益

答案：ABC。

解析：开展会计职业道德检查与奖惩有着很重要的现实意义，包括：①具有促使会计人员遵守职业道德规范的作用；②可以对各种会计行为进行裁决，对会计人员具有深刻的教育作用；③有利于形成抑恶扬善的社会环境。

二、会计职业道德检查与奖惩机制

（一）财政部门的监督检查

《会计法》第7条规定，国务院财政部门主管全国的会计工作，县级以上的财政部门管理本行政区域内的会计工作。《注册会计师法》第5条规定，财政部对注册会计师、会计师事务所和注册会计师协会进行监督指导。因此，各级财政部门应负起组织和推动本地区会计职业道德建设的责任。财政部门可以利用行政管理上的优势，对会计职业道德情况实施必要的行政监管。

（二）会计职业组织的自律管理与约束

对会计职业道德情况的检查，除了依靠政府监管外，行业自律也是一种重要手段。会计行业自律是一个群体概念，是会计职业组织对整个会计职业的会计行为进行自我约束自我控制的过程。在会计职业较发达的市场经济国家，会计职业道德准则一般是由会计职业组织制定、颁布与督导实施的，有些做法和经验值得借鉴。

在日常会计工作中，经常发生这样的情况：一些会计人员缺乏必要的专业胜任能力，业务素质低下，专业知识贫乏，对新颁布的会计准则、会计制度知之甚少，导致记账不符合规范，账簿混乱，账账、账表不符，报表挤数现象时有发生；还有一些会计人员按照领导的意志，放弃了客观性原则，钻准则、制度的空子，通过改变会计估计或会计方法，调节利润或亏损，达到隐瞒拖欠或逃避应交税费的目的。这些做法有的虽然没有触犯法律，但违背了会计职业道德。在会计行业自律组织比较健全的情况下，可以由职业团体通过自律性监管，对发现违背会计职业道德的行为进行相应的惩罚。

（三）激励机制的建立

对会计人员遵守职业道德情况进行考核和奖惩，对自觉遵守会计职业道德的优秀会计工作者进行表彰、宣传，可以使受表彰者感受到遵守道德规范的回报和社会肯定，强化其道德行为。同时，还可以树立本行业的楷模、榜样，使会计职业道德原则和规范具体化、人格化，使广大会计工作者从这些富有感染性、可行性的道德榜样身上获得启示、获得动力，在潜移默化中逐渐提高自身的职业道德素质。奖励是积极的，是对一个人的肯定。它利用人的上进心，调动人的荣誉感，使其遵纪守法、尽职尽责，并发挥内在的潜能。它带给人的是满足、自尊、自豪感。惩罚则是消极的，它利用人的恐惧心理，使人循规蹈矩，过分的惩罚会使人产生挫折感，损伤自尊心和自信心。大量事实表明，奖励和惩罚相结合的方法优于只奖不罚或只罚不奖。赏罚结合可以带来双重的激励效果。因此，在对违背会计职业道德的行为进行惩戒的同时，还应对自觉遵守会计职业道德的先进人物进行表彰。

会计职业道德激励机制与会计人员表彰制度相结合，可以起到弘扬正气、激励先进鞭策后进的作用。我国会计人员队伍庞大，涌现出许多优秀的先进人物和感人事迹。在会计职业道德检查中，应善于发现典型，树立榜样，在表彰时注意将物质奖励和精神奖励相结合。通过对优秀会计工作者进行表彰、奖励，营造抑恶扬善的环境，在潜移默化中提高全体会计人员的职业道德素质。

应知考核

一、单项选择题

1. 会计人员热爱会计工作,安心本职岗位,忠于职守,尽心尽力,尽职尽责,这是会计职业道德规范中(　　)的具体体现。
   A. 爱岗敬业　　　　B. 诚实守信　　　　C. 提高技能　　　　D. 强化服务

2. 会计人员在工作中"懒""惰""拖"的不良习惯和作风,是会计人员违背会计职业道德规范中(　　)的具体体现。
   A. 爱岗敬业　　　　B. 诚实守信　　　　C. 办事公道　　　　D. 客观公正

3. 会计人员对于工作中知悉的商业秘密应依法保密,不得泄露,这是会计职业道德规范中(　　)的具体体现。
   A. 诚实守信　　　　B. 廉洁自律　　　　C. 客观公正　　　　D. 坚持准则

4. 下列会计职业道德规范中,要求会计人员熟悉国家法律、法规和国家统一的会计制度,始终按照法律、法规和国家统一的会计制度的要求实行会计核算,实施会计监督的是(　　)。
   A. 廉洁自律　　　　B. 坚持准则　　　　C. 客观公正　　　　D. 提高技能

5. 下列各项会计职业道德规范中,要求会计人员树立服务意识,提高服务质量,努力维护和提升会计职业的良好社会形象的是(　　)。
   A. 爱岗敬业　　　　B. 客观公正　　　　C. 提高技能　　　　D. 强化服务

6. "做老实人,说老实话,办老实事",这句话体现的会计职业道德规范内容是(　　)。
   A. 参与管理　　　　B. 诚实守信　　　　C. 爱岗敬业　　　　D. 提高技能

7. 中国现代会计学之父潘序伦先生倡导:"信以立志,信以守身,信以处事,信以待人,毋忘'立信',当必有成。"这句话体现的会计职业道德内容是(　　)。
   A. 坚持准则　　　　B. 客观公正　　　　C. 诚实守信　　　　D. 廉洁自律

8. "常在河边走,就是不湿鞋",这句话体现的会计职业道德规范内容是(　　)。
   A. 参与管理　　　　B. 廉洁自律　　　　C. 提高技能　　　　D. 强化服务

9. "理万金,分文不沾"体现的会计职业道德是(　　)。
   A. 参与管理　　　　B. 廉洁自律　　　　C. 提高技能　　　　D. 强化服务

10. "坚持好制度胜于做好事,制度大于天,人情薄如烟",这句话体现的会计职业道德内容要求是(　　)。
    A. 参与管理　　　　B. 提高技能　　　　C. 坚持准则　　　　D. 强化服务

二、多项选择题

1. 会计职业道德的功能包括(　　)。
   A. 指导功能　　　　B. 评价功能　　　　C. 规范功能　　　　D. 教化功能

2. 下列各项中,体现会计职业道德特征的有(　　)。
   A. 会计人员自身必须廉洁　　　　B. 具有一定的强制性
   C. 具有一定的他律性　　　　　　D. 较多关注公众利益

3. 下列各项中,属于会计职业技能的有(　　)。
   A. 提供会计信息的能力　　　　　B. 会计实务操作能力
   C. 职业判断能力　　　　　　　　D. 沟通交流能力

4. 单位会计人员泄露本单位的商业秘密,将可能导致的后果有(　　)。

A. 损害会计人员自身信誉　　　　　　B. 会计人员将承担法律责任
C. 损害单位的经济利益　　　　　　　D. 损害会计行业声誉

5. 下列各项中,体现会计职业道德关于"爱岗敬业"规范要求的有(　　)。
A. 忠于职守　　　B. 尽职尽责　　　C. 任劳任怨　　　D. 认真负责

三、判断题

1. 在会计工作中一定要提供上乘的服务质量,不管服务主体提出什么样的要求,会计人员都要尽量满足服务主体的需要。(　　)
2. 诚实守信是会计人员在职业活动中做到客观公正、坚持准则的基础,是参与管理的前提。(　　)
3. 当单位利益与社会公共利益发生冲突时,会计人员应先考虑单位利益,后考虑社会公共利益。(　　)
4. 会计职业道德是会计人员在会计职业活动中应当遵循的职业行为准则和规范。(　　)
5. 会计职业道德是会计法律制度正常运行的社会和思想基础。(　　)
6. 会计法律制度是促进会计职业道德规范形成和遵守的制度保障。(　　)
7. 会计职业道德与会计法律制度具有相同的调整对象,但目标不同。(　　)
8. 会计职业道德允许个人和各经济主体获取合法的自身利益,但反对损害国家和社会公众利益而获取非法利益。(　　)
9. 会计职业道德具有他律性。(　　)
10. 会计职业道德具有广泛的社会性。(　　)

应会考核

一、不定项选择题

郭某毕业于某大学,自从参加工作以来一直从事办公室文秘,恪守职责,兢兢业业,深受公司领导和同事们的好评。由于单位会计部门缺人手,公司领导要求郭某担任财务部门的出纳工作。领导认为,虽然郭某没有取得会计从业资格证书,但出纳并不是会计岗位,郭某工作能力强,很快就能适应。郭某从事出纳工作半年后,参加了当年全省会计从业资格的统一考试,并取得了会计从业资格证书。后来,郭某因工作努力,钻研业务,积极提出合理化建议,多次被公司评为先进会计工作者。郭某的丈夫在一家私有电子企业任总经理,在其丈夫的多次请求下,郭某将在工作中接触到的公司新产品研发计划及相关会计资料复印件提供给其丈夫,给公司造成了损失,但尚未构成犯罪。公司认为她不宜继续担任会计工作。

根据材料,选择下列符合题意的选项:

1. 根据《会计工作基础规范》的规定,下列属于会计工作岗位的是(　　)。
A. 稽核岗位　　B. 总会计师岗位　　C. 工资核算岗位　　D. 单位内部审计岗位
2. 下列关于领导任用郭某担任出纳的行为,观点正确的是(　　)。
A. 领导的决定符合会计法律的规定
B. 出纳确实不属于会计岗位,但郭某应该实习1个月,不能立刻上岗
C. 郭某应当取得会计从业资格证书后才能从事出纳工作
D. 出纳属于会计岗位的范围
3. 郭某工作努力,钻研业务,积极提供合理化建议,体现了她具有(　　)的职业道德。

A. 爱岗敬业　　　　B. 客观公正　　　　C. 提高技能　　　　D. 参与管理

4. 郭某将公司新产品的研发资料复印件给其丈夫,给公司造成损失,违背了(　　)的会计职业道德。

A. 客观公正　　　　B. 诚实守信　　　　C. 廉洁自律　　　　D. 强化服务

5. 对郭某违反会计职业道德的行为可由(　　)给予处罚。

A. 财政部门　　　　B. 人民法院　　　　C. 本公司　　　　D. 会计职业团体

二、案例分析题

2024年6月,某公司因产品销售不畅,新产品研发受阻。公司财会部预测公司本年度将发生800万元亏损。刚刚上任的公司总经理责成总会计师王某千方百计实现当年的盈利目标,并说:"实在不行,可以对会计报表做一些会计技术处理。"总会计师很清楚公司本年度亏损已成定局,要落实总经理的盈利目标,只能在财务会计报告上做手脚。总会计师感到左右为难:如果不按总经理的意见去办,自己以后在公司待不下去;如果按照总经理的意见办,对自己也有风险。为此,总会计师思想负担很重,不知如何是好。

要求:根据《会计法》和会计职业道德的要求,分析总会计师王某应如何处理,并简要说明理由。

参考文献

[1] 财政部会计资格评价中心.经济法基础[M].北京:经济科学出版社,2023.
[2] 中国注册会计师协会.税法[M].北京:中国财政经济出版社,2024.
[3] 《中华人民共和国现行税收法规及优惠政策解读》编委会.现行税收法规及优惠政策解读[M].上海:立信会计出版社,2024.
[4] 法律出版社法规中心.财税法律法规全书[M].北京:法律出版社,2024.
[5] 《中华人民共和国现行会计法律法规汇编》编委会.现行会计法律法规汇编[M].上海:立信会计出版社,2024.
[6] 李贺.财政学[M].3版.上海:上海财经大学出版社,2024.
[7] 李贺.经济法概论[M].2版.上海:上海财经大学出版社,2021.
[8] 李贺.经济法基础(初级)[M].3版.上海:立信会计出版社,2023.
[9] 李贺.税法[M].3版.上海:上海财经大学出版社,2023.
[10] 李贺.税务会计[M].2版.上海:上海财经大学出版社,2020.
[11] 李贺.财经法规与会计职业道德[M].2版.上海:上海财经大学出版社,2021.
[12] 李贺.税收学[M].上海:上海财经大学出版社,2023.